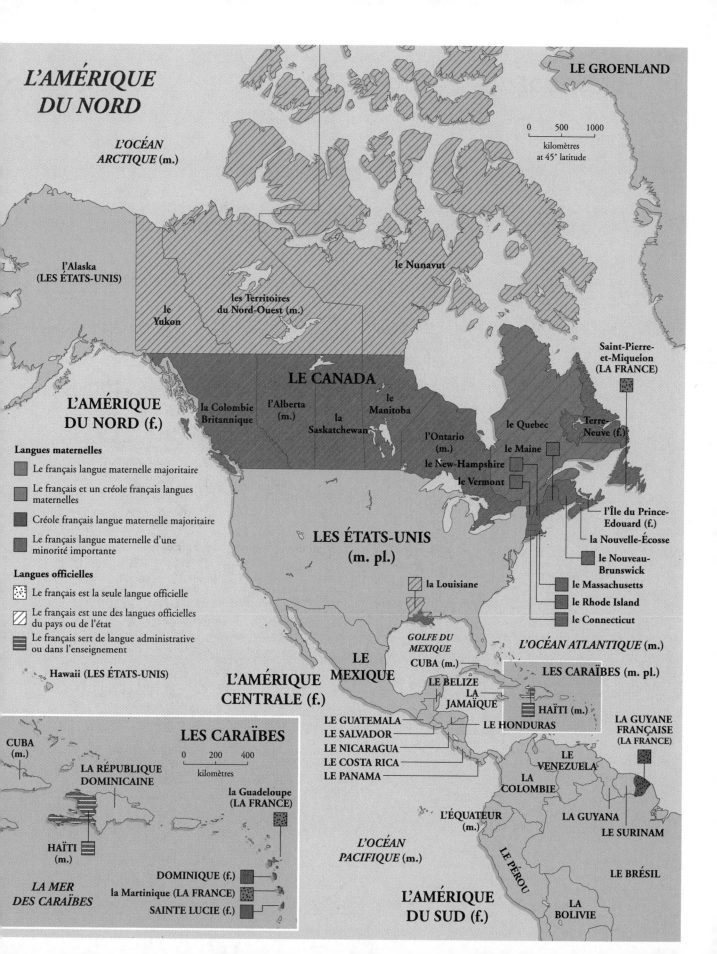

L'AMÉRIQUE DU NORD

LE GROENLAND

L'OCÉAN ARCTIQUE (m.)

0   500   1000
kilomètres
at 45° latitude

l'Alaska
(LES ÉTATS-UNIS)

le Nunavut

le Yukon

les Territoires
du Nord-Ouest (m.)

Saint-Pierre-
et-Miquelon
(LA FRANCE)

L'AMÉRIQUE DU NORD (f.)

LE CANADA

la Colombie
Britannique

l'Alberta
(m.)

le
Manitoba

la
Saskatchewan

le Quebec

Terre-
Neuve (f.)

l'Ontario
(m.)

le Maine

le New-Hampshire

le Vermont

l'Île du Prince-
Edouard (f.)

la Nouvelle-Écosse

le Nouveau-
Brunswick

le Massachusetts

le Rhode Island

le Connecticut

Langues maternelles

Le français langue maternelle majoritaire

Le français et un créole français langues maternelles

Créole français langue maternelle majoritaire

Le français langue maternelle d'une minorité importante

Langues officielles

Le français est la seule langue officielle

Le français est une des langues officielles du pays ou de l'état

Le français sert de langue administrative ou dans l'enseignement

Hawaii (LES ÉTATS-UNIS)

LES ÉTATS-UNIS
(m. pl.)

la Louisiane

L'OCÉAN ATLANTIQUE (m.)

GOLFE DU
MEXIQUE

CUBA (m.)

LES CARAÏBES (m. pl.)

L'AMÉRIQUE
CENTRALE (f.)

LE
MEXIQUE

LE BELIZE

LA
JAMAÏQUE

HAÏTI (m.)

LE GUATEMALA

LE SALVADOR

LE NICARAGUA

LE COSTA RICA

LE PANAMA

LE HONDURAS

LA GUYANE
FRANÇAISE
(LA FRANCE)

LE
VENEZUELA

LA
COLOMBIE

LA GUYANA

LE SURINAM

L'ÉQUATEUR
(m.)

L'OCÉAN
PACIFIQUE (m.)

LE PÉROU

LE BRÉSIL

L'AMÉRIQUE
DU SUD (f.)

LA
BOLIVIE

LES CARAÏBES

CUBA
(m.)

LA RÉPUBLIQUE
DOMINICAINE

0   200   400
kilomètres

la Guadeloupe
(LA FRANCE)

HAÏTI
(m.)

DOMINIQUE (f.)

la Martinique (LA FRANCE)

SAINTE LUCIE (f.)

LA MER
DES CARAÏBES

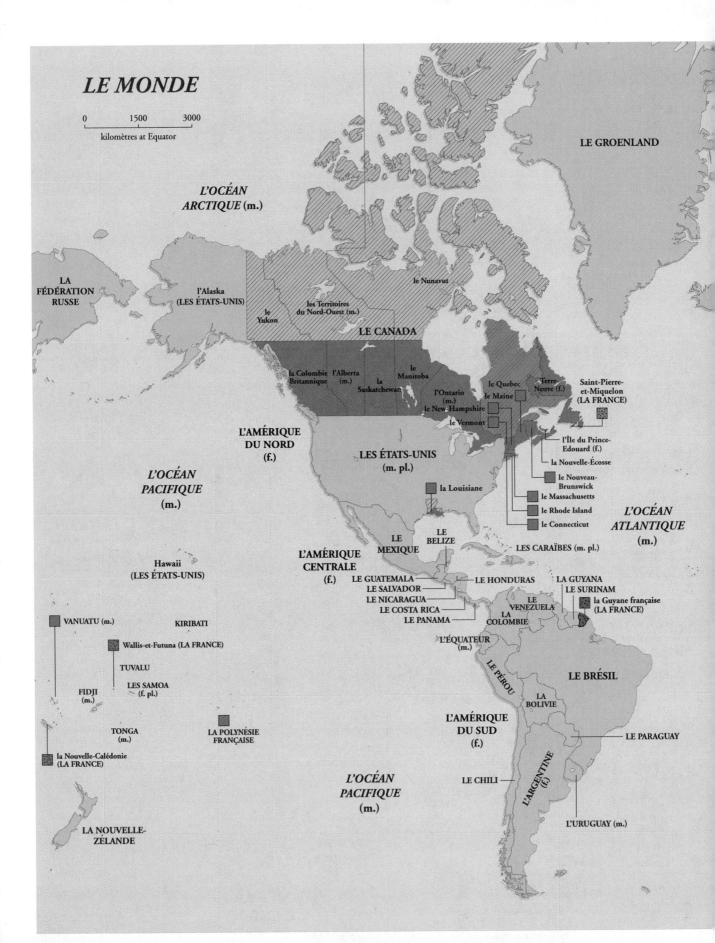

LE MONDE

0   1500   3000
kilomètres at Equator

L'OCÉAN ARCTIQUE (m.)

LE GROENLAND

LA FÉDÉRATION RUSSE

l'Alaska (LES ÉTATS-UNIS)

le Nunavut

le Yukon

les Territoires du Nord-Ouest (m.)

LE CANADA

la Colombie Britannique   l'Alberta (m.)   la Saskatchewan   le Manitoba   l'Ontario (m.)   le Quebec   le Maine   Terre Neuve (f.)

Saint-Pierre-et-Miquelon (LA FRANCE)

le New-Hampshire

le Vermont

l'Île du Prince-Edouard (f.)

la Nouvelle-Écosse

L'AMÉRIQUE DU NORD (f.)

LES ÉTATS-UNIS (m. pl.)

le Nouveau-Brunswick

le Massachusetts

L'OCÉAN PACIFIQUE (m.)

la Louisiane

le Rhode Island

le Connecticut

L'OCÉAN ATLANTIQUE (m.)

Hawaii (LES ÉTATS-UNIS)

LE BELIZE

LE MEXIQUE

LES CARAÏBES (m. pl.)

L'AMÉRIQUE CENTRALE (f.)

LE GUATEMALA

LE SALVADOR

LE NICARAGUA

LE COSTA RICA

LE PANAMA

LE HONDURAS

LA GUYANA

LE SURINAM

LE VENEZUELA

LA COLOMBIE

la Guyane française (LA FRANCE)

VANUATU (m.)

KIRIBATI

Wallis-et-Futuna (LA FRANCE)

TUVALU

FIDJI (m.)

LES SAMOA (f. pl.)

L'ÉQUATEUR (m.)

LE PÉROU

LE BRÉSIL

LA BOLIVIE

TONGA (m.)

LA POLYNÉSIE FRANÇAISE

L'AMÉRIQUE DU SUD (f.)

LE PARAGUAY

la Nouvelle-Calédonie (LA FRANCE)

LE CHILI

L'ARGENTINE (f.)

L'OCÉAN PACIFIQUE (m.)

L'URUGUAY (m.)

LA NOUVELLE-ZÉLANDE

L'EUROPE

Langues maternelles

▪ Le français langue maternelle majoritaire

▪ Le français langue maternelle d'une minorité importante

Langues officielles

⊡ Le français est la seule langue officielle

⊠ Le français est une des langues officielles du pays ou de l'état

⊠ Le français est la langue de culture ou des affaires pour une partie importante de la population

LA FINLANDE

LA FÉDÉRATION RUSSE

LA NORVÈGE

LA MER BALTIQUE

L'ESTONIE (f.)

LA SUÈDE

LA LETTONIE

LE DANEMARK

LA MER DU NORD

LA FÉDÉRATION RUSSE

LA LITUANIE

LA BIÉLORUSSIE

LES PAYS-BAS (m. pl.)

LA POLOGNE

L'UKRAINE (f.)

LE ROYAUME-UNI

L'ALLEMAGNE (f.)

LA SLOVAQUIE

LA MOLDAVIE

LA BELGIQUE

la Wallonie

LA RÉPUBLIQUE TCHÈQUE

LE LUXEMBOURG ⊡

L'AUTRICHE (f.)

LA HONGRIE

LA ROUMANIE

LA SUISSE

LA FRANCE

le Val d'Aoste

LA SLOVÉNIE

LA CROATIE

LA BOSNIE-HERZÉGOVINE

LA SERBIE

LA BULGARIE

L'OCÉAN ATLANTIQUE (m.)

L'ITALIE (f.)

LE MONTÉNÉGRO

LA MACÉDOINE

MONACO ▪

L'ALBANIE (f.)

LA TURQUIE

L'ANDORRE ⊠ (f.)

la Corse

LA GRÈCE

L'ESPAGNE (f.)

la Sardaigne

LA MER MÉDITERRANÉE

LA CHYPRE

| 0 | 100 | 200 |

kilomètres

LA FRANCE

LA MER DU NORD

LE ROYAUME-UNI

LES PAYS-BAS (m. pl.)

LA BELGIQUE
la Wallonie

LE LUXEMBOURG

L'ALLEMAGNE (f.)

Langues maternelles
- Le français langue maternelle majoritaire
- Le français langue maternelle d'une minorité importante

Langues officielles
- Le français est la seule langue officielle
- Le français est une des langues officielles du pays ou de l'état
- Le français est la langue de culture ou des affaires pour une partie importante de la population

LA MANCHE

Dunkerque
Calais
Boulogne
Lille
LA PICARDIE
Dieppe
Amiens
Charleville
Cherbourg
Le Havre
LA CHAMPAGNE
Reims
Metz
Rouen
Verdun
Caen
Paris
Versailles
L'ÎLE DE FRANCE (f.)
LA LORRAINE
St. Malo
LA NORMANDIE
Chartres
Nancy
Strasbourg
le Mont-St.-Michel
Fontainebleau
Troyes
LES VOSGES
L'ALSACE (f.)
Brest
Orléans
Colmar
LA BRETAGNE
Le Mans
Blois
la Loire
Besançon
Rennes
Angers
Tours
la Saône
Dijon
LA TOURAINE
Bourges
LA BOURGOGNE
Nantes
LA VENDÉE
LE JURA
LA SUISSE
LE POITOU
Poitiers
La Rochelle
LA FRANCE
Limoges
Clermont-Ferrand
Lyon
le Val d'Aoste
L'OCÉAN ATLANTIQUE (m.)
L'AUVERGNE (f.)
Grenoble
L'ITALIE (f.)
Bordeaux
Rocamadour
LES ALPES (f. pl.)
LE MASSIF CENTRAL
le Rhône
LE DAUPHINÉ
la Garonne
Moissac
Albi
Avignon
Nîmes
LA PROVENCE
Nice
Toulouse
Montpellier
Arles
Aix-en-Provence
Cannes
Biarritz
Carcassonne
Marseille
LE PAYS BASQUE
Lourdes
MONACO
LES PYRÉNÉES (f. pl.)
LE LANGUEDOC
Perpignan
la Corse
L'ANDORRE (f.)
LA MER MÉDITERRANÉE
L'ESPAGNE (f.)

0   100   200
kilomètres

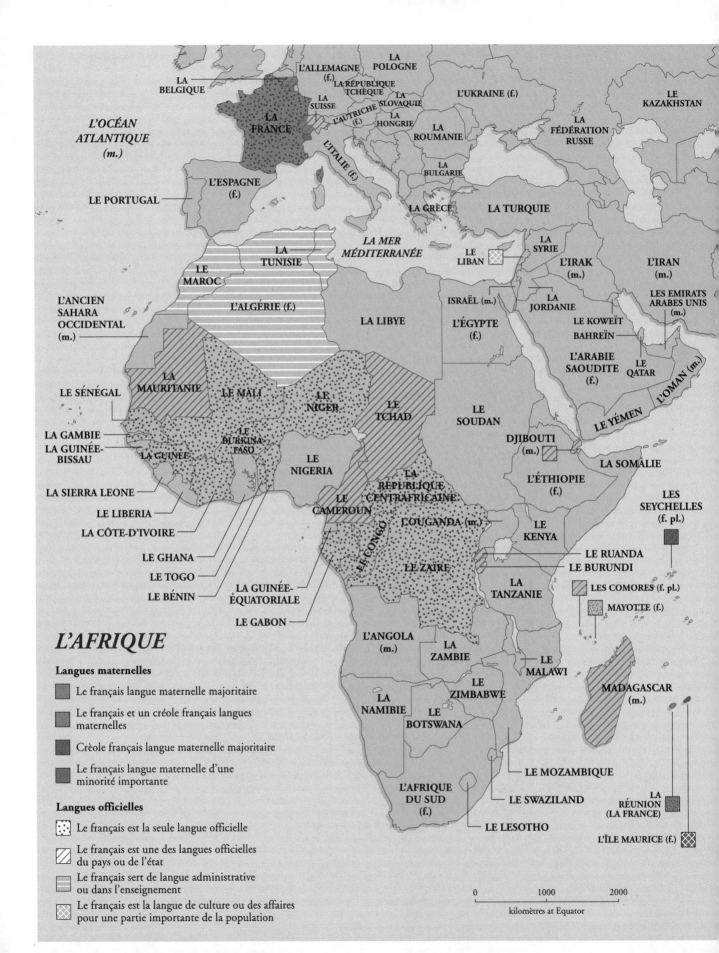

Bonne route !

Deuxième édition

Bonne route !

À la découverte du français dans le monde

Patricia P. De Méo ◆ James W. Brown ◆ B. Edward Gesner

Dalhousie University

THOMSON

NELSON

Australia   Canada   Mexico   Singapore   Spain   United Kingdom   United States

THOMSON
∗
NELSON

Bonne route ! À la découverte du français dans le monde
Deuxième Édition

by Patricia P. De Méo, James W. Brown, B. Edward Gesner

Editorial Director and Publisher:
Evelyn Veitch

Executive Editor:
Joanna Cotton

Acquisitions Editor:
Brad Lambertus

Marketing Manager:
Cara Yarzab

Developmental Editors:
Klaus Unger and Camille Isaacs

Managing Production Editor:
Susan Calvert

Copy Editor/Proofreader:
Michel Gontard

Production Coordinator:
Julie Preston

Creative Director:
Angela Cluer

Interior Design:
Peter Papayanakis

Interior Illustrations:
Kathryn Adams

Cover Design:
Ken Phipps

Cover Photo Credit:
The Elbe Near Dresden, c. 1921.
Oskar Kokoschka, City of Detroit
Purchase. Photograph © 1985 The
Detroit Institute of Arts and
© PROLITTERIS/SODART 2002.

Compositor:
Nelson Gonzalez

Printer:
Transcontinental

**National Library of Canada
Cataloguing in Publication Data**

De Méo, Patricia
  Bonne route : à la découverte du
français dans le monde / Patricia P.
De Méo, James W. Brown,
B. Edward Gesner. — 2e éd.

Includes index.
For English-speaking students of
  French as a second language at
  the university or college level.
ISBN 0-17-622450-5

  1. French language—Textbooks
for second language learners—
English speakers. I. Brown,
James W. (James White), 1942–
II. Gesner, Edward, 1942– III. Title.

PC2129.E5D4 2003   448.2'421
C2002-906155-5

Preface

Preface to the Second Edition

We are delighted to see that *Bonne route !* will continue in a second edition. We received feedback from instructors who have been using the textbook, which has guided us in our revisions. We have maintained the story line and the cast of characters from the first edition, as they have served their double purpose of providing coherence throughout the text, as well as a plausible means of introducing students to various parts of the francophone world. We have maintained the spiral approach to the presentation of language forms, as we remain convinced that this maximizes the opportunity for students to learn and master the material.

What has changed, then? We have naturally updated cultural references throughout the text. We have also provided substantially greater opportunities for students to practice the language forms being studied: there are additional practice exercises in the textbook itself (called *Pratique pratique*) as well as in the workbook. The entire audio component is provided on the CD-ROM that accompanies the text; students no longer need to go to a language lab to do the listening exercises in the workbook. Finally, thanks to our new co-author Carol Thorne, there are integrative exercises on the CD-ROM for each chapter. These are culturally-based and integrate the language forms under study; they therefore provide an effective synthesis for each chapter.

Why a new textbook?

Bonne route ! À la découverte du français dans le monde provides not only a grounding in the French language, but also a genuine introduction to francophone cultures worldwide, with an emphasis on North America and France. It responds to the need frequently expressed by students and instructors for a lively resource that develops communicative proficiency while at the same time focussing on grammatical accuracy.

In keeping with current teaching / learning theory, language is presented as required by realistic contexts. Only as much of a given language form is presented as the context suggests. Succeeding contexts create a need for presentation of other (more advanced) aspects of the language form. Language forms thus appear in a spiral fashion with partial presentations leading to syntheses. The positive role that awareness and appreciation of francophone cultures play in successful language learning is built into situation contexts and interwoven with language forms and practice.

Throughout its development, *Bonne route !* has received extensive – and highly successful – testing in classrooms. Responses of students and instructors have been carefully integrated into the overall design and the detailed content of the textbook.

Bonne route ! is designed for use by students at the university or college level with minimal or no French background through intermediate level. Its organisation is appropriate for either semester or full-year systems. A high degree of flexibility and a wide range of features make it attractive for instructors using assorted styles and for students having various learning needs.

Overall concept

Fully dimensioned, dynamic characters

To maximize the realism of language, context, and culture and to promote student identification and involvement with these, the textbook provides a coherent story line with a cast of true-to-life characters. The main cast includes Canadian and American men and women of various ages and backgrounds; some are students, others are in the working world. In the early chapters, the characters meet and get to know one another at a summer immersion programme in Quebec. After planning their projects for the next year, they part ways. The plot follows their interaction with local residents in various destinations in the francophone world, including Senegal, Martinique, France, Belgium, and the United States. Throughout, the characters maintain contact with each other to share their new experiences and insights.

Spirited dialogue • International locations • Cultural notes

Lifelike scenes and interaction being a priority for this approach, the characters' dialogues are contemporary and fast-paced. In keeping with their lively personalities, emotional discussions and humorous exchanges appear as naturally as conversations about issues or plans. These qualities make it natural to detail contrasts in culture or language use between France and francophone Canada, and provide insights into the culture of francophone regions and countries such as Louisiana, Senegal, Martinique, France, and Belgium.

Efficient spiral presentation of language items

Each chapter focusses on realistic experiences from the lives of different combinations of the characters. Language forms and vocabulary items are chosen to meet the needs of the situation rather than vice versa. Language forms accompanying a given situation reflect what francophones would really say; this leads naturally to the spiral approach to grammar. For example, the first chapter offers a partial presentation of the pronoun **en** because its use is functionally logical in the communicative situation presented. In later chapters, other uses of the pronoun **en** appear, as needed by later communicative situations. Earlier uses are revisited frequently through **Rappel !** At a further stage, all uses of the pronoun are brought together as a synthesis presentation.

The multiple passes at grammar structures as they are functionally required by context, help students to use the forms appropriately to speak and write more effectively.

Authentic or realistic readings • Full colour, functional photographs and illustrations

Authentic published materials intermixed with realistic readings contribute to a real-life atmosphere. Key words or expressions are glossed. In the case of the dialogues and chapter readings, students are not expected to understand every word, or to use all the terms as part of their active vocabulary. They should, however, be able to read effectively for meaning and use the ideas provided in the readings. Photographs and illustrations, most in full colour, are tightly linked to the geographical, cultural, or interpersonal focus of the dialogues, exercises, or readings, and have been chosen to provide extra dimensions.

Overall structure

The textbook begins with an introductory section, *Mise en route*, that offers background information on the French-speaking world and contact between English and French. Along with several learning strategies, classroom "survival expressions" and a pronunciation table are provided. The regular chapters are preceded by the *Chapitre préliminaire,* a shorter chapter offering elementary French material in an easy access format, appropriate to true beginners.

Over the course of the textbook, the chapter focus shifts from the city of Quebec to embrace progressively wider perspectives.

Québec : Chapitre préliminaire + Chapters 1, 2, 3, 4
Au Québec et en Amérique francophone : Chapters 5, 6, 7
En France et en Europe francophone : Chapters 8, 9, 10
La francophonie dans le monde : Chapters 11, 12, 13, 14

Each chapter begins with an overview page, listing the communicative objectives, language structures, active vocabulary sets, and main cultural focusses of the chapter. Then follow *Scène 1 and Scène 2*, each containing an initial conversation / culture section (*Sur le vif !*) and a set of language presentations and exercises (*Fonctions et observations langagières*). Finally, *Plus loin* provides a reading passage, a set of integrated activities, and a full list of active vocabulary for the chapter. Appendices contain various reference materials.

Overview pages

Mise en contexte : The context for the two dialogues of the chapter.
Objectifs communicatifs : The language functions targeted in the chapter.

Structures et expressions : The language forms introduced and practised in the chapter.
Vocabulaire actif : The individual vocabulary lists provided on specific subjects.
Culture : The main cultural focusses of each chapter.

Scène 1, then Scène 2

Each *Scène* contains the following:

Sur le vif !

A dialogue that illustrates, in a realistic context and with a cast of characters, the objectives, structures, and vocabulary presented in the *Scène*.

On the first reading of each conversation, students should attempt to pick out as many cognates as possible and refer to the translations for the glossed words. This will give them a general sense of the meaning and the tone of the exchange. Further readings will let them refine their understanding. When listening to the dialogue on the tape, students should go through the same process again, paying special attention to pronunciation and intonation.

Pour en savoir plus : Cultural or linguistic information designed to give extra dimension to the dialogue.
Vous avez bien compris ? Exercises and activities to help students check their comprehension of the conversation as well as improve their ability to understand spoken French. This section will also give students a chance to start formulating their own answers.
Réflexions sur la culture : Activities designed to stimulate thought about the cultural phenomena in the conversation and the notes, and to relate francophone culture to their own culture. By reflecting upon their own culture, students will better grasp the extent of cultural content in any conversation or social situation.

Fonctions et observations langagières

References to communicative functions introduce the explanations of related language forms. Examples of these usages are provided, many taken from the chapter dialogues. Cultural insights are carefully integrated. Several on-going features contribute to the integrated learning of new language forms linked with cultural context and related vocabulary (*Rappel ! ; À noter ! ; Vocabulaire actif*).

Allez-y ! A variety of exercises and activities following each new language feature, designed to help students use the feature naturally and correctly. Work with partners or with small groups is encouraged, and language is always practised in meaningful, and often personalized, contexts.
Rappel ! Reminders of language forms presented earlier to ensure that new language forms build upon students' earlier knowledge.
À noter ! Aspects of an explanation deserving special attention.
Vocabulaire actif : Vocabulary needed for particular subjects.

Plus loin

The final section is composed of reading material and integrative exercises.

Lecture

An authentic or realistic reading document that is thematically, culturally, and linguistically related to the focus of the chapter. Students should read the text several times, first noticing cognates and checking glossed terms and then guessing the meaning of other expressions from the context as needed. The lexique or a dictionary should only be consulted after these steps. The *Allez-y !* section following the *Lecture* will help students achieve the best level of comprehension and expression.

Activités d'intégration

A variety of interactive oral activities and writing exercises designed to let students actively synthesize the full contents of the chapter, including *Scène 1* and *Scène 2* (dialogues, language structures, vocabulary, cultural information, communication strategies, etc.), and the *Lecture*. As students progress through the chapters, they will naturally create more complex situations, re-introducing what they have learned in the preceding chapters.

Vocabulaire actif

This list, at the end of each chapter, summarizes the active vocabulary words and expressions for the chapter.

Appendices

The following are provided: phonetic symbols, a glossary of grammatical terms, verb conjugation tables, French-English and English-French vocabularies, and an index.

Ancillaries

Lab Manual / Workbook
CD-ROM
Instructor's Manual

Acknowledgements

Second edition

We wish to acknowledge the following reviewers for their comments on the first edition and suggestions for the second edition: Janyne Baby, Nadine Bouchardon, Serge Bouffard, Françoise Kenny, and Jennifer Wisniowski.

The authors are enormously grateful for the dedication and enthusiasm of our new co-author of the Workbook, Carol Thorne.

As ever, we thank our families for their support. We also thank the staff at Nelson for their invaluable help: special thanks to Brad Lambertus, Susan Calvert, Klaus Unger, Camille Isaacs, Patricia Buckley, and Michel Gontard.

First edition

We gratefully acknowledge the help of many individuals in the creation of this text. Several people provided cultural insights which helped us to shape our characters and conversations: Dr. Max Michalon, Dr. Gloria Onyeoziri-Miller, Ginette Richard and Annette Thibodeau. Several people read the conversations closely and gave detailed feedback regarding the language used by the characters; these include Jean-Claude Bergeron, Roland Bonnel, Martine Borde, Sandra Clark, Peter Edwards, Michel Gagnon, Ludovic Lapôtre and Nathalie Tremblay. Several other people read the entire manuscript carefully and gave invaluable suggestions: Bibiana Burton, Vito De Filippo, Gordon DeWolf. We also wish to acknowledge a number of reviewers. We thank in particular: Pat Aplevich, Raymond Beauchesne, Marianne Beauvilain, Janis Black, Louise-Marie Bouchard, Glen W. Campbell, Ellen Chapco, Sister Mary Frances Dorschell, Maura Dubé, Daniel Fearon, John Greene, Elizabeth Guthrie, Diane Huot, Jurate D. Kaminskas, Patrick Karsenti, Amin Khafagi, Michael Kliffer, Jean-Paul Mas, Kenneth Meadwell, Joseph Morello, François Paré, Raymond Pelletier, Susan Purdy, Christiane Richards, David Smith, David M. Stillman, Véronique Szlavik, Alain Thomas, A. Thoms, Marie Tremblay, Don Gamble, Gerald Moreau, James J. Herlan, Heather Franklyn. We are grateful for the suggestions made by students in sections of French 1000 during the 1992-93 and 1993-94 academic years. We thank Bonita Outhit for her ever-cheerful and efficient clerical help.

We thank the staff at Harcourt Brace for their on-going support: special thanks to Heather McWhinney, Chris Carson, Marcel Chiera, Carol Tong, and Françoise Bénillan. We gratefully acknowledge the key role of Dr. John Metford in the final revision of the text.

Finally, we thank our families for their support and patience.

A Note from the Publisher

Thank you for selecting *Bonne route ! À la découverte du français dans le monde,* deuxième édition, by Patricia P. De Méo, James W. Brown and B. Edward Gesner. The authors and publisher have devoted considerable time to the careful development of this book. We appreciate your recognition of this effort and accomplishment.

Cast of characters

Core characters (In order of appearance)

Maria Chang (French immersion summer course student): Maria takes a one-year position as an English teaching assistant at a secondary school in Charleville-Mézières, France, visiting Paris on her way. Majoring in French and political science, Maria is from Fort St John, British Columbia. She was born in Seattle, Washington, to a Chinese-American father and an Italian-Canadian mother from Toronto, Ontario.

Jane Harrison (French immersion summer course student): After the summer course, Jane remains at Laval University in Quebec to study French for the following year. She plans to resume her studies in French at Middlebury College in Burlington, Vermont. Jane comes from Boulder, Colorado.

Gérard LeBlanc (assistant for French immersion summer course): Gérard spends a year in Poitiers, France, starting Ph.D. work on French linguistics; as part of his research he interviews a French family. An Acadian from Shippagan, New Brunswick, Gérard is intrigued by the Poitiers area of France from which his family emigrated in the 1700s. Gérard is a mature student who worked on his father's fishing boat before returning to university for graduate studies.

Jocelyne Tremblay (assistant for French immersion summer course): Jocelyne follows her ideals to Senegal where she works for C.I.D.A. (Canadian International Development Agency). She is an ***artisane***, a weaver, with a degree in fine arts. Her home is in Chicoutimi, Quebec.

Réjean Charbonneau (instructor for French immersion summer course): A French professor at Laval University, Réjean teaches for two terms at the Université des Antilles-Guyane in Fort-de-France, Martinique on an exchange with a colleague from Fort-de-France. Réjean is originally from Chambly, Quebec.

Robert Therrien (French immersion summer course student): Robert continues his French studies at Laval University. Growing up in Sudbury, Ontario, with an anglophone mother and a father of Franco-Ontarian stock, stimulated his interest in francophone folklore and traditions.

Gabrielle Boilly (assistant for French immersion summer course): Gabrielle's contract as an ***animatrice*** at Laval University is renewed for the next year. With a degree (in math) from the Collège Universitaire de Saint-Boniface in her home town in Manitoba, she is familiar with the problems of linguistic assimilation.

Heather Sawchuk (French immersion summer course student): An oceanographer, Heather spends a year working in a marine ecology research institute in Marseille, France. She rents a house with her husband (Michael O'Brien) and children (Emily, 12; Andy, 8) in the nearby village of Roquevaire. Heather lives in Halifax, Nova Scotia, but comes originally from Saskatchewan. She earned her Ph.D. in San Diego, California.

Michael O'Brien (French immersion summer course student): An artist, Michael accompanies his wife and children to Roquevaire, France where he paints, looks after the house, and cooks. Michael is from San Diego, California.

Joseph Arceneaux: (researcher visiting Laval University): Joseph is a member of the Cajun francophone minority in Lafayette, Louisiana. He works for CODOFIL (Council for the Development of French in Louisiana) researching francophone issues in Canada. He explains his views in a talk show in New Orleans, Louisiana.

Contact characters *(By city, in order of appearance)*

Quebec City: **Cécile Charbonneau:** Cécile writes international cookbooks and is married to Réjean Charbonneau.

New Orleans: **Carole Broussard:** The host of a Radio Acadie program in Louisiana, Carole interviews Joseph Arceneaux.

Paris: **Chantal Collard:** A contact of Maria's in Paris, France, Chantal plays squash with her and shows her some of the attractions of the French capital.

Roquevaire (France): **Henri and Odile Arnaud:** The Arnauds are the owners of the house in Roquevaire, France, that the Sawchuk-O'Brien family rents. **Marie-Josée Lacoste:** A newly graduated biologist, Marie-Josée is a colleague and friend of Heather Sawchuk in the marine ecology institute in Marseille, France.

Gravelbourg (Saskatchewan): **Mme Sawchuk:** The mother of Heather Sawchuk, she visits her daughter and her family in Roquevaire, France.

Brussels: **Jean-Luc Barthomeuf:** This Belgian friend shows Gérard and Maria around part of the Belgian capital.

Fort-de-France (Martinique): **Max Londé:** Professor at University of Antilles-Guyane at Fort-de-France. **Hélène Londé:** Married to Max; they have known the Charbonneaus for many years. **Yves:** Nephew of the Londés; **Aline:** Friend of Yves.

Dakar (Senegal): **Fatou Sorano:** An elementary school teacher in Dakar, Senegal, Fatou becomes a friend of Jocelyne Tremblay when Jocelyne finds herself teaching in the same school. **Maman:** Fatou's mother works in a government office in Dakar, Senegal, and treats Jocelyne as part of the family. **Souleye Diop:** A friend of Fatou in business for himself, Souleye accompanies Fatou and Jocelyne to the Musée des Arts africains in Dakar.

Marseille: **Hassan El Nouty:** A medical student of Arab origin and friend of Marie-Josée Lacoste. Marie-Josée and Hassan frequently visit Heather and Michael.

Table des matières

Fonctions et observations langagières

Sur le vif !

Fonctions et observations langagières

Plus loin

Vocabulaire actif

Chapitre 1 *La première classe*   **38**

Sur le vif !

Fonctions et observations langagières

Vocabulaire actif

Adjectifs descriptifs qui précèdent le nom 108; Adjectifs
descriptifs irréguliers 109, 110; Noms irréguliers 110;
Les adjectifs de nationalité, d'ethnie et d'origine géographique
112; Adjectifs irréguliers 113; Adjectifs invariables 113;
Adjectifs devant / après le nom 114; Les couleurs 115;
Terminer une conversation 121; Les sports, les travaux
ménagers et les attitudes 123; Expressions utiles pour
parler du passé 127

Fonctions et observations langagières

Mise en route

Bienvenue au monde francophone

Bonne route, the title of this textbook, draws attention to the fact that as you increase your proficiency in French, you begin a new journey into the entire French-speaking world (**La francophonie**).

Did you know that...

- there are more francophones in Canada than in Belgium and Switzerland combined?
- during the 17th century, French settlements were made in India (Chandernagor and Pondichery)?
- French was spoken in the Russian, Prussian, and Swedish courts during the 18th century?
- the largest concentration of Québécois outside of Canada is in Florida?

140 million native speakers worldwide

You may be surprised to learn that approximately 140 million people in the world are native speakers of the French language. In addition to the more than 60 million French-speakers from France, there are about 6 and a half million francophones in Canada, 2 million in the United States, and many millions worldwide, stretching from Haiti in the Caribbean all the way to New Caledonia in the Pacific.

International language

French is an official language for many major international organizations, including the United Nations. The greatest number of native French-speakers

Village cadien près de Lafayette (Louisiane)

Les Champs-Élysées à Paris

Le domaine de la Pagerie (Martinique)

La baie de Ha! Ha! à Saint-Jean (Québec)

are found on the European continent, mainly in France, Belgium, Switzerland, Luxembourg, and Monaco. Another 50 million people use French as a working second language, for example in many African countries, where French is an official language. In fact, there is a high concentration of francophones on the African continent, largely due to French colonial expansion during the 17th through 19th centuries. Significantly, a summit meeting of the leaders of the world's francophone nations was held in Dakar, Senegal, one of the many French-speaking countries of Western Africa.

Language of culture

French is not only a major language in the world today, it has also been a language of great historical and cultural significance. The French have long been major players in world diplomacy. Francophone writers, artists, and musicians have had a great influence in shaping Western civilization. It is not surprising then, to find that French is a vigorous force in the modern world. We are witnessing a renewal of its linguistic vitality and literary and cultural activities in the francophone world on our own continent – **le Québec, l'Acadie, la Louisiane** – as well as in various other smaller yet equally vibrant francophone communities in North America.

Geographical distribution

As you begin to communicate meaningfully and effectively in French, you will have the opportunity to become better acquainted with the various areas of the francophone world and their diverse and fascinating cultures. The maps at the beginning of the book draw your attention to the locations of the countries and regions that you will be learning more about throughout the pages of *Bonne route !*

Chamonix dans les Alpes françaises

Linguistic variation

Since the francophone world encompasses approximately 140 million speakers, it is not surprising to find that there is a considerable amount of linguistic variation among these people. Certainly everyone is familiar with the differences in accent between British, American, and Canadian speakers of English, not to mention the differences found *within* each of the above groups. Such distinctions also affect other aspects of the language as well, for example, spelling, vocabulary, and stress.

British English	Canadian English	American English
colour; cheque	colour; cheque	color; check
lorry; lift	truck; elevator	truck; elevator
laboratory	laboratory	laboratory

We find that these types of differences also occur between French as it is spoken in France, in Canada, and in the other francophone countries of the world. You might already know that an automobile is most frequently called **une voiture** in France and **une auto** in Quebec. Naturally, there are plenty of other words to designate an automobile in both Quebec and France, words that often belong to a more familiar register of speech. Can you think of various other equivalents for "automobile" in English?

These linguistic variants have been taken into account in *Bonne route !* French-Canadian usage is included wherever possible, along with other variants from other parts of the francophone world.

Linguistic borrowing

You are probably aware that in recent years and to varying degrees, the borrowing of English words into French has become an important phenomenon in many parts of the francophone world, including France. While many francophones are distressed by this trend, if you read a French

Le marché Kermel à Dakar (Sénégal)

La terrasse Dufferin à Québec

newspaper or newsmagazine, you may be surprised by the number of English words you find. Here is a headline from a newsmagazine that happens to contain a very large number of borrowed words.

Mitsou, chanteuse québécoise

LE LOOK, C'EST UN MUST

Pop ou rock, pour faire un hit au top 10, il faut jouer la game des designers de stars.

French and English in contact

Language and culture

When you learn a second language, you become aware of the influences of that language on your own native tongue. This awareness helps to facilitate the learning process. If you are an English speaker learning French for example, you will find that the task of vocabulary acquisition becomes much easier as you come to understand the various cultural influences that the French-speaking world has had on your daily life.

Of course there are also new sounds, words, and phrases to be learned as well as new grammatical structures and rules of pronunciation. However, you will find that there are new ways of communicating beyond just the obvious linguistic differences. Language is embedded in culture, and it derives much of its significance not only from what people say to each other, but also from how they say it and in what context.

One of the fascinating (if sometimes frustrating) things about learning a new language is that what is an appropriate level of courtesy in one language may not be appropriate in another. For example, English-speaking North Americans might well greet their professor by saying "Hi!" Greeting a professor in France with the word-for-word equivalent (**Salut !**) would be considered overly familiar to the point of being offensive and rude. In French-Canadian universities, on the other hand, **Salut !** might be appropriate for greeting one's professor.

Similarly, in English, as in French, you would not greet a head of state in the same manner as you would greet your friend on the street. Nor would you show your anger (language-wise) in the same way with a teacher, a parent, or a close friend. Language, behaviour, and formulas for expressing courtesy vary according to the perceived levels of formality or informality and its context. Such variations are called registers of speech; they constitute a very important part of any verbal interaction.

Thus, speaking another language means much more than learning new words, or translating directly from one language to another. These are areas that we will be emphasizing throughout *Bonne route !*

Recognizing French words

As you read the following headlines, notice how many of the words are already familiar to you:

DÉMOGRAPHIE GÉNÉTIQUE MÉDECINE

LA RÉVOLUTION DES BÉBÉS

Face à une nouvelle taxe sur les prêts étudiants

Les étudiants protestent

SOCIÉTÉ DE DÉVELOPPEMENT DU COTON DU CAMEROUN

L' opéra à Paris : mission accomplie

L'architecte canadien Carlos Ott est content de son œuvre.

Cognates

Were you able to understand some or even most of what you just read? Those French words that resemble English words are called cognates (**mots apparentés**). Make a list of those you found; you may be surprised at how long the list is!

Beware, however, of difficulties with cognates. They are usually pronounced, and sometimes spelled, somewhat differently from their counterpart in the other language. For example, compare both the pronunciation and spelling of the cognates *society* and **société**. Here are a few cognates to help you get started. As your instructor models them, note how the pronunciation differs from their English counterparts:

Cognates

architecture	musique	sports
artiste	nature	télévision
cinéma	théâtre	journalisme
danse	science	sculpture

Les faux amis

Unfortunately, many words that look like cognates may have slightly different or even very different meanings in another language. Such words are called **faux amis** (literally *false friends*). For example, **actuel** means *current*. Here are a few faux amis to be wary of:

Faux amis

actuellement	*currently*	chambre	*bedroom*
collège	*secondary school*	sensible	*sensitive/appreciable*
sympathique	*nice*	librairie	*bookstore*

Contextual guessing

In the headline «**Face à une nouvelle taxe sur les prêts étudiants Les étudiants protestent**», were you also able to guess the meaning of the words **face à** and **prêts**, even though they do not resemble their English counterparts? How about **œuvre** in the headline «**L'architecte canadien Carlos Ott est content de son œuvre**»? Contextualized guessing is an important aid in learning a second language and can save many a trip to the dictionary. Try guessing the meaning of the words in bold print in the text that follows, then check with your instructor to see if you were right.

> <<**Comme** le Coca-Cola, le rock est un produit **pétillant** qui s'adresse **d'abord et avant tout** aux adolescents et qui **accorde beaucoup** d'importance à l'**emballage.**>>
>
> L'actualité

How to be a good language learner: some tips

In the preceding pages, you have seen some linguistic, social, and cultural features of the francophone world that may help you to familiarize yourself with the territory, so to speak, and to help you overcome some of the obstacles along the way. Learning a second language is a demanding task, but it can bring great pleasure and, if approached in the spirit of discovery, can open up vast new horizons for you.

The opportunity to learn a new language brings you an exciting second chance to interact with other people in the world, to help shape events, and to further the progress of mutual understanding and tolerance. After all, communicating is sharing.

Finding out *how* to learn, practise, monitor, revise, see patterns, and so on, will help you to become a more effective language learner. In the paragraphs that follow, you will find some practical tips to help you on your way. Other **petits conseils** concerning language learning techniques and strategies will be found in many of the chapters of *Bonne route* !

Take risks. Any learning situation, precisely because it is a new experience, involves risk-taking. You should expect to make mistakes as part of the learning process, and know that you will learn from these mistakes, and often get a good laugh from them, too!

Attend to meaning. Try to remember that meaning does not come from the sum total of words tacked one upon the other. Meaning is a global awareness of what is being communicated, and a good language learner attends to words, voice, gestures, the situation, and a host of other factors that make up a speech event. Above all, meaning is contextual and, as we have already pointed out, is often socially or culturally determined, so you must be attentive not only to what is being said, but also to *how, when, where, why, by whom, to whom,* etc.

Attend to form. Try to be aware that form is the means by which a message is conveyed. Words are forms, and so are sentences, paragraphs, and so on. It is important to note that such combinations and patterns are based on rules, in this case, rules of grammar, style, and register. A change in form signals a change in meaning, for example, I **give**, I **gave**. Almost anyone can communicate by means of gestures, shrugs, and grunts with some basic vocabulary thrown in, but *real* communication occurs with the mastery of form. We must try to do more than simply get the message across. We should try to communicate with accuracy and efficiency.

Attending to form means *concentrating* on details, as you read, write, listen, and speak, and requires extensive practice such as verb conjugations. The *practice* components of this text are designed to be as interesting as possible, but only you can acquire these structures for your own active use by bringing a concentrated effort to your practice sessions. This means for example, that whenever you write something, you should expect to make several drafts, and to revise and correct your work. *All* good writers do this, particularly so in a second language.

Expose yourself to French. Take every available opportunity to listen to French radio, watch French television, go to French movies, or find a French equivalent of whatever type of magazine you enjoy in English. Do not expect to understand every word, especially at first. Indeed, you should congratulate yourself if you have followed the general meaning. Little by little, you will find that you are understanding more and more of what you watch and read.

Be persistent! Try as much as possible to work on your French on a daily basis, even if only for a short time. As in most endeavours, nothing replaces steady work. Before long, you will be rewarded for your efforts – both linguistically and culturally.

Pour survivre en salle de classe

Survival expressions

You will find the following words and expressions, including the numbers from 0 to 60, useful as you begin to interact with your instructor and classmates in French. Feel free to turn to these pages as often as you need to.

Verifying comprehension

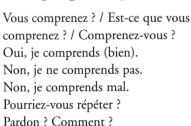

Vous comprenez ? / Est-ce que vous comprenez ? / Comprenez-vous ?	*Do you understand?*
Oui, je comprends (bien).	*Yes, I understand (well).*
Non, je ne comprends pas.	*No, I don't understand.*
Non, je comprends mal.	*No, I don't understand well.*
Pourriez-vous répéter ?	*Would you repeat?*
Pardon ? Comment ?	*Pardon?*

Asking for information/replying

Comment dit-on X en français ?	*How do you say X in French?*
On dit ...	*You say...*
Qu'est-ce que X veut dire ? /	
Que veut dire X ?	*What does X mean?*
Ça veut dire ...	*It means...*
Qu'est-ce que c'est ?	*What is that?*
C'est (un bureau).	*It is (a desk).*
Je ne sais pas.	*I don't know.*
Je ne suis pas sûr(e).	*I'm not sure.*

Making requests/Giving instructions

Écoutez (bien).	*Listen (carefully).*
Répétez, s'il vous plaît (s.v.p.).	*Please repeat.*
Parlez plus lentement, s.v.p.	*Please speak more slowly.*
Parlez plus fort, s.v.p.	*Please speak more loudly/louder.*
Répondez à la question, s.v.p.	*Please answer the question.*
Lisez ...	*Read ...*
Prenez (un stylo).	*Take (a pen).*
Écrivez (votre nom).	*Write (your name).*

Épelez (votre nom).	*Spell (your name).*
Ouvrez votre livre à la page ...	*Open your book to page ...*
Fermez votre livre.	*Close your book.*
Regardez le tableau.	*Look at the blackboard.*
Pour demain, étudiez ...	*For tomorrow, study ...*
préparez la leçon ...	*prepare lesson ...*
Remettez vos devoirs.	*Hand in your homework/assignment(s).*
Asseyez-vous.	*Sit down.*
Levez-vous.	*Stand up.*
Levez la main.	*Raise your hand.*

Talking about language

un mot	*word*
une phrase	*sentence*
une question	*question*
une explication	*explanation*

Basic expressions of courtesy

Pardon / Excusez-moi.	*Pardon/Excuse me.*
S'il vous plaît (s.v.p.).	*Please.*
Merci (beaucoup) !	*Thank you (very much)!*
De rien !	*You're welcome!*
Un moment ... une petite seconde ...	*Just a minute ...*

Other useful expressions

Ça y est !	*Here we are; here we go!*
On y va !	*Let's go!*
oui ; non	*yes ; no*
N'est-ce pas ?	*Isn't it?/Don't you think so?*
D'accord !	*O.K.!*

Classroom vocabulary

le professeur-la professeure*	*instructor/professor*
l'étudiant-l'étudiante	*student*
le cours	*class/course*
la salle de classe	*classroom*
le tableau	*blackboard*
le livre	*book*
le cahier	*workbook/exercise book*
la page	*page*
à la page	*on/to page...*

*The feminine forms of some professions tend to be used only in Canada.

Numbers from 0 to 60

0 = zéro	18 = dix-huit	40 = quarante
1 = un	19 = dix-neuf	41 = quarante et un
2 = deux	20 = vingt	42 = quarante-deux
3 = trois	21 = vingt et un	50 = cinquante
4 = quatre	22 = vingt-deux	60 = soixante
5 = cinq	23 = vingt-trois	
6 = six	24 = vingt-quatre	
7 = sept	25 = vingt-cinq	
8 = huit	26 = vingt-six	
9 = neuf	27 = vingt-sept	
10 = dix	28 = vingt-huit	
11 = onze	29 = vingt-neuf	
12 = douze	30 = trente	
13 = treize	31 = trente et un	
14 = quatorze	32 = trente-deux	
15 = quinze	33 = trente-trois	
16 = seize		
17 = dix-sept		

Allez-y !

Exercice A : Pratique pratique

1. Look at the maps of **La francophonie** in the front of this book. As your instructor calls out the name of a country or region, see how quickly you can find and identify it.
2. Say the following numbers loud: 5, 18, 27, 33, 47, 6, 0, 59
3. Make up a student number and read it to a classmate who will write it down. Did he or she get it right? Now, invent an address, telephone number and driver's licence number and read them to a classmate. Then reverse roles.
4. Look at the chart below of average temperatures around the world in February (**février**) and July (**juillet**):

Température maximale en degrés Celsius

		février	juillet
Port-au-Prince	(Haïti)	25,5°C	28,5°C
Abidjan	(Côte-d'Ivoire)	27°C	24,5°C
Paris	(France)	4°C	20°C
Tunis	(Tunisie)	11,5°C	26°C
Bruxelles	(Belgique)	3,5°C	17,5°C
Montréal	(Canada)	–9°C	21°C
Papeete	(Tahiti)	27°C	25°C

Choose a partner and quiz each other about the chart, for example:

Port-au-Prince en février ? **25,5°C (vingt-cinq virgule 5 degrés)**
3,5°C ? **Bruxelles en février.**

Did you know that...

- French was spoken at the English court in the 11th century, during the Norman conquest?
- approximately 60% of English vocabulary is derived from French?

L'alphabet

You will need to know the French alphabet for spelling words in French. Although the letters are the same, their names are pronounced differently from their English equivalents. Practise repeating the *names* of the letters with your instructor. The following **aide-mémoire** might help you to remember how to pronounce their names.

letters   The letters' names sound like this:

a	a	as in	Canada	n	aine	as in	Seine
b	bé	as in	bémol	o	o	as in	allô
c	cé	as in	célèbre	p	pé	as in	péquiste
d	dé	as in	décimal	q	cu	as in	lacune
e	e	as in	Europe	r	erre	as in	erre
f	ef	as in	nef	s	esse	as in	laisse
g	gé	as in	géant	t	té	as in	thé
h	ache	as in	moustache	u	u	as in	unique
i	i	as in	ici	v	vé	as in	vélo
j	gi	as in	magie	w	double vé	as in	«double vé»
k	ka	as in	karaté	x	ix	as in	mixte
l	elle	as in	citadelle	y	i grec	as in	y + grec
m	aime	as in	aime	z	zed	as in	«zed»

Allez-y !

Practise spelling your name and the town you are from for a classmate, who will try to write them down. You might also spell the name of your university/college.

Initials and acronyms are called **sigles** in French. They are frequently used both in writing and in speaking to refer to the names of political parties, organizations, companies, countries, and so on.

Exercice A : Que veut dire ... ?

One student should ask the meaning of the following **sigles**, and another should try to answer. Your instructor will be able to help you.

modèle : Que veut dire EDF ?
Je ne sais pas. or **Ça veut dire Électricité de France.**

1. PQ
2. MLF
3. BNP
4. TPS
5. SNCF
6. NPD
7. CGT
8. ONF
9. STCUM

Exercice B : Et aussi ...

Many of these **sigles** are pronounced like words rather than as a succession of letters. After you pronounce the following **sigles,** ask your instructor about their meaning, if you can't guess:

1. OTAN
2. ONU
3. SMIC
4. CÉGEP
5. OVNI
6. SIDA
7. ALENA
8. UQUAM

Les accents ou marques orthographiques

The use of certain accents or spelling marks may change the pronunciation of the vowel or consonant they accompany. There are five of these **signes diacritiques** in all. Note their use in the following chart:

signe diacritique	possibilités	par exemple
l'accent aigu *acute*	é	écoutez
l'accent grave *grave*	à, è, ù	à, chère, où
l'accent circonflexe *circumflex*	â, ê, î, ô, û	château, fenêtre, île, hôtel, dû
le tréma *dieresis*	ë, ï	Noël, naïf
la cédille *cedilla*	ç	garçon

À noter !

In French, as in English, when the letter c is followed by **a, o,** or **u,** it is normally pronounced as a **/k/** (e.g. **cabale**), but when followed by **e** or **i,** it is pronounced as an **/s/** (e.g. **ceci**). A cedilla under a **c** followed by **a, o,** or **u** indicates that an **/s/** should be pronounced (e.g. **français, garçon, reçu**).

Prononciation

The following table shows the basic *sounds* of French with their phonetic transcription, some common spellings, and a few examples. You will find the phonetic transcription particularly useful when you work on pronunciation, both with your instructor and with the *Cahier* and audio tapes. Good pronunciation is important. Sound conveys meaning and can aid or impede successful communication.

Prononciation – tableau de référence

Vowels

Oral vowels

symbol	common written forms	examples
/i/	i, y	**i**c**i**, f**i**che, Orl**y**
/e/	é, ée, ez, er	r**é**sidence, f**ée**, entr**ez**, regard**er**
/ɛ/	e, è, ê; ai *or* ei + *pronounced consonant*	ch**e**r, ch**è**re, f**ê**te, cha**i**se, p**ei**ne
/a/	a, à	m**a**dame, l**à**, **a**rtiste
/ɑ/	a, â	ch**â**teau, p**a**s (Can.)
/ɔ/	o	c**o**llègue, **o**rganise, hist**o**rique
/o/	o, ô, au(x), eau(x)	rep**o**s, **au**, anim**aux**, b**eau(x)**
/u/	ou, où, oû	v**ou**s, **où**, g**oû**t
/y/	u	d**u**, sal**u**t, **u**ne
/ø/	eu, œu	p**eu**, v**œu**
/œ/	eu, œu + *pronounced consonant*	s**eu**lement, profess**eu**r, **œu**vre
/ə/	e	j**e**, l**e**, p**e**tit, pr**e**mier

Nasal vowels

symbol	common written forms	examples
/ɛ̃/	in, ain, im, aim, ein	v**in**, v**ain**, **im**portant, f**aim**, h**ein**, r**ein**
/ɑ̃/	an, am, en, em	étudi**an**t, c**am**pus, **en**trez, **em**porter
/ɔ̃/	on, om	b**on**, acc**om**pli
/œ̃/	un, um	**un**, parf**um**

Semi vowels

symbol	common written forms	examples
/j/	i, y + *pronounced vowel;* -ille; -il(le) *preceded by* a *or* e	étud**i**ante, doss**i**er, **y**eux, trava**il**, bout**eille**, gent**ille**
/ɥ/	u + *pronounced vowel*	s**u**is, s**u**édois, pers**ua**der
/w/	ou + *pronounced vowel;* oi; oi(n) (= lwal)	**oui**, j**ou**et **t**oi, v**oi**là, l**oin**

Consonants

symbol	common written forms	examples
/p/	p	**p**as, po**p**ulaire, a**pp**elle
/t/	t, th	**t**rès, **th**éâtre, raque**tt**e
/k/	c + a, o, u; k; qu	**c**ulotte, **c**ollègue, **c**aché, **k**angarou **qu**itter
/b/	b	**b**iographique, **b**eaucoup
/d/	d	ma**d**ame, **d**ans, **d**e
/g/	g; g + a, o, u	**G**agnon, pro**g**ramme, **G**uy
/f/	f, ph	**f**ort, **ph**ysique
/v/	v	**v**a, **v**enez, **v**oici
/s/	s, ss, ç, c + i or e t + ion	**s**auter, de**ss**ert, **ç**a, **c**inéma, **c**'est, na**t**ion
/z/	z; s between 2 vowels	**z**one; ré**s**idence
/ʃ/	ch	**ch**ambre, ar**ch**itecture
/ʒ/	g + e or i; j	voya**g**e, **G**ilberte, man**g**eons, **j**e
/l/	l	**l**e, **l**a, **l**es, **l**arge
/r/	r	fu**r**et, **r**ésidence
/m/	m	**m**onitrice, so**mm**e
/n/	n	a**n**imal, traditio**nn**elle
/ɲ/	gn	si**gn**ature, monta**gn**e

Bonne route : Mode d'emploi

You are now ready to turn to the preliminary chapter of *Bonne route !* Please keep in mind that language does not exist in a vacuum. In any given situation, you will need to know simultaneously what language forms are grammatically correct and culturally appropriate. In *Bonne route !* we have attempted as much as possible, to integrate rather than separate, acts of communication, structures, vocabulary, and cultural connotations of French. The overall structure and role of the various components of each chapter were detailed in the *Preface*.

We encourage you to take advantage of the extra practice made available through the workbook and CD-ROM accompanying *Bonne route !* Many of the activities in the workbook come with a key to facilitate self-correction. Those exercises not included in the answer key might be handed in to your instructor for further corrective feedback.

Scène de rue à Paris

Bonne route !

Maria arrive à Laval

Mise en contexte

Une étudiante de Colombie-Britannique arrive à l'Université Laval, près de la ville de Québec, pour commencer un programme d'été pour non-francophones. Elle va au bureau des inscriptions et ensuite à sa chambre, dans la résidence, où elle fait la connaissance de sa camarade de chambre.

Objectifs communicatifs

Scène 1

Se présenter, répondre aux présentations
Présenter les autres
Identifier les personnes et les choses
Poser des questions, répondre à des questions
Exprimer la négation

Scène 2

Indiquer ses origines
Décrire les possessions
Renvoyer à quelque chose qu'on a déjà
    mentionné (en)

Structures et expressions

Scène 1

Les pronoms sujets
Le verbe être
L'interrogation
    • N'est-ce pas ?
    • par l'intonation
La négation: ne (n') + verbe + pas

Scène 2

La préposition de et l'adverbe où
Le verbe avoir
Les articles indéfinis
Le pluriel régulier des noms
L'expression il y a
Le pronom en

Vocabulaire actif

Scène 1

Quelques expressions idiomatiques pour (se)
    présenter, saluer

Scène 2

Les possessions

Culture

Les cours d'été de français pour
    non-francophones
Les niveaux de langue
Quelques différences entre le français canadien
    et le français européen
La musique québécoise

Chapitre Préliminaire

Rue St. Louis à Québec

Étudier à l'Université Laval (Québec)

Scène 1

L'arrivée

Sur le vif !

Maria Chang, a university student from northern British Columbia, has arrived at Laval University to begin a summer immersion programme. She is directed to the Pavillon Charles de Koninck where registration is taking place. Maria goes to the registrar's office.

Maria : Bonjour, Madame. Je m'appelle Maria Chang et° je suis étudiante° dans° le programme d'immersion.

Madame Gagnon : Bonjour, Maria[1]. Moi, je suis° Madame Gagnon, co-ordonnatrice du programme. Bienvenue[2] à° Québec, et à Laval.

5   **Maria** : Merci, Madame. C'est ici° les inscriptions°?

Madame Gagnon : Oui, c'est ici. Assoyez-vous un instant°. (*She gets Maria's application form from a file.*) Oui, oui, votre° dossier est là°, et il est complet. Vous êtes de° Colombie-Britannique, n'est-ce pas ?

Maria : C'est ça°, Madame[1], je viens° de Fort Saint-Jean.

10   **Madame Gagnon** : Bien°. Voici° le plan du campus. Vous êtes dans la résidence Lemieux, la chambre° numéro 14. Voici la clé° de° votre chambre.

Maria : Merci, Madame.

Madame Gagnon : Bienvenue.[2]

Glosses (left margin):

and; I am a student
in

I am
to

Is this...?; registration

Sit down for a moment.
your; here
You are from

That's right; come

Fine; Here is
room; key; to

Maria : La résidence est loin°?

far

Madame Gagnon : Non, ce n'est pas loin. Regardez sur le plan° du campus. La résidence Lemieux est là.

15

Look on the map

Maria : Merci bien, Madame.

Madame Gagnon : De rien.[2] Au revoir°, Maria. Bonne journée° et bon séjour° à° Laval !

Good bye; Have a nice day; have a good stay; at

Maria : Au revoir, Madame.

20

Pour en savoir plus

1. In general, it is far more common in francophone Canada than in France to use first names with someone whom you are meeting for the first time. Social status and ages of the speakers come into play, but as a general rule, francophone Europeans tend to be somewhat more formal than French-Canadians.

2. The expression **bienvenue** has two common meanings in Canadian French, both of which are illustrated in this conversation. Compare:

English	Canadian French	European French
Welcome!	**Bienvenue !**	**Bienvenue !**
(to Laval)	**(à Laval)**	**(à Laval)**
You're welcome!	**De rien !** or **Bienvenue !** (fam.)	**De rien !**

Bienvenue !

Vous avez bien compris ?

Would Madame Gagnon or Maria be more likely to make the following comments? Or would neither? Be prepared to justify your answer (in French if possible).

1. Je suis de Colombie-Britannique.
2. Je suis professeure (Can.) à l'Université Laval.
3. Bon séjour à Laval, Madame Gagnon.
4. Le premier cours est demain (*tomorrow*).
5. Bienvenue à Montréal, Maria.

Réflexions sur la culture

Try to think of one or two examples of formal vs. informal register that you use in speaking or writing your first language. In what circumstances do you normally use these registers?

Fonctions et observations langagières

I. Se présenter, répondre aux présentations

You saw one type of introduction in the conversation:

Maria : Bonjour, Madame. Je m'appelle Maria Chang ...

There are, in both English and French, *formal* (or *more formal*) and *informal* (or *less formal*) levels of language. In general, the informal style is usually reserved for friends, family, pets, and those people in the same occupation or social setting as the speaker. As already mentioned, Canadians tend to make greater use of the informal style than do the European French.

Vocabulaire actif : *Présentations*

	More formal style	Less formal style
Introducing oneself	Permettez-moi de me présenter. Je m'appelle Jean Duclos.	Salut. Bonjour. Je m'appelle Jean Duclos.
Responding to an introduction	Bonjour, Monsieur[1] Duclos (Madame / Mademoiselle[2] / Mesdames / Messieurs) Enchanté(e)[3]	Bonjour Jean. Salut, Jean.

À noter !

1. The abbreviations for common titles when they are written before names are: **M. (Monsieur)**, **Mme (Madame)**, **Mlle (Mademoiselle)**.
2. The title **Mademoiselle** (*Miss*) is used only for young girls or teenagers. It is usually considered more polite to address all women over 20 as **Madame**.
3. A man would respond, **Enchanté**; a woman would respond, **Enchantée**. The written difference is not reflected in pronunciation in this instance, though it is often in others. The convention **...(e)** is used in this textbook to show that the term applies equally to males and females.

Allez-y !

Exercice A : Faisons connaissance !

What would you say in the following circumstances? How might the other person respond?

1. You are introducing yourself to:
   a. a new neighbour
   b. a fellow student

    c. your History professor

    d. your new room-mate

2. You have just been introduced to:

    a. your best friend's uncle

    b. your best friend's sister (your age)

    c. the person sitting behind you in Chemistry class

    d. your new bank manager

Exercice B : Personnalisons !

Introduce yourself to the person sitting nearest to you. Try to pronounce your name as you believe a francophone would probably say it.

II. Présenter les autres

In *En classe,* M. Charbonneau introduces Gabrielle, Gérard and Jocelyne to the class members:

> *M. Charbonneau* : Je vous présente mes collègues ...

Rappel !

You have just seen different ways of introducing yourself and responding to an introduction: **Permettez-moi de me présenter ... ; Salut ! ...**

- Just as in introducing yourself, there are more and less formal ways of introducing others.

Vocabulaire actif : *Présentations*

	More formal style	Less formal style
Introducing	Je vous présente...	Je te présente...
someone	(*one or more people*)	(*one person*)

Allez-y !

Exercice A : Présentations

What would you say in the following circumstances? How might the people you are introducing respond? You are introducing your friend Paul (**mon ami Paul**) to:

a. a classmate

b. the pharmacist at your neighborhood drugstore

c. the librarian at your college

d. a parent

Exercice B : Jeu de rôles (*role-play for three students*)

You and a close acquaintance arrive at a mutual friend's home and her father answers the door. Introduce yourself, then introduce your friend.

III. Identifier les personnes et les choses

In the conversation *L'arrivée*, characters identify themselves and provide some additional information:

> *Maria* : ... je suis étudiante.
> *Madame Gagnon* : Vous êtes dans la résidence Lemieux ...

Les pronoms sujets

Referring to people without naming or describing them is done by using pronouns. Here are the pronouns used as subjects:

je	*I*	**nous**	*we*
tu	*you* (singular, less formal)	**vous**	*you* (singular, more formal OR plural)
elle	*she; it*	**elles**	*they* (feminine)
il	*he; it*	**ils**	*they* (masculine)
on	*one* (often used to mean nous or people in general)		

> **À noter !**
>
> If the plural includes both masculine and feminine, the form **ils** is used.

Le verbe être (to be)

Allez-y !

Exercice A : Pratique pratique

Fill in the blanks with the appropriate subject pronoun.

1. Bonjour. _____ suis (*I am*) Mme Gagnon.

2. Votre dossier est là et _____ est (*it is*) complet.

3. _____ êtes (*You are*) dans la résidence Lemieux ?

4. Comment dit-_____ (*one say*) « book » en français ?

5. Maria ? _____ est (*She is*) de Colombie-Britannique.

The common verb **être** is conjugated as follows in the present tense:

être

je **suis**	*I am*	nous **sommes**	*we are*
tu **es**	*you are*	vous **êtes**	*you are*
elle / il / on **est**	*she/he/one is*	elles / ils **sont**	*they are*

Être is used to describe professions, nationalities and other attributes or to indicate a state of being or someone's origin.

> modèles : Je **suis** étudiante. / Mme Gagnon **est** coordonnatrice. / Vous **êtes** dans la résidence ? / Georges et Paul **sont** fatigués. / Pauline **est** de Calgary.

Allez-y !

Exercice A : Pratique pratique

Substitute the words indicated for the italicized words and make all necessary changes.

1. Je *suis* dans la cafétéria. (il / nous / tu / vous / elle)
2. Elle *est* professeure. (Robert / tu / nous / vous)

IV. Poser des questions; répondre à des questions

N'est-ce pas ?

In the conversation, Mme Gagnon wants to make sure that she has the right file when she is talking to Maria Chang. She confirms Maria's home province as follows:

> *Madame Gagnon* : Vous êtes de Colombie-Britannique, **n'est-ce pas ?**

N'est-ce pas ? is normally used at the end of a sentence if you expect a *yes* answer to your question.

L'intonation montante

On the other hand, Maria uses a technique called *rising intonation* when asking Mme Gagnon whether the residence is far:

> *Maria* : La résidence est loin ?

The use of rising intonation to indicate a question is usually done with questions that may be answered by either *yes* or *no*.

Allez-y !

Exercice A : Pratique pratique

Make the following statements into questions by using **n'est-ce pas**, then repeat the exercise using rising intonation.

modèle : Vous êtes à Québec.
Vous êtes à Québec, **n'est-ce pas** ?
Vous êtes à Québec ?

1. Elles sont en classe.
2. Marie et Jane sont dans la chambre numéro 14.
3. Mme Gagnon est de Québec.
4. Tu es artiste.
5. Vous êtes de Colombie-Britannique.

Exercice B : Oui !

Ask a question from the elements below. Your partner will answer in the affirmative and will use a subject pronoun in the answer to avoid unnecessary repetition.

modèle : Marie / petite
Marie est petite ? / Marie est petite, n'est-ce pas ?
Oui, elle est petite.

1. La résidence / loin
2. M. et Mme Gagnon / de Québec
3. Philippe / étudiant
4. Tu / dans la chambre
5. Vous / étudiants
6. Je / en (*in*) classe
7. Marc et Louise / de Calgary
8. Jane / américaine

V. Exprimer la négation

When Maria asks whether the residence is far, she receives the following reply:

Madame Gagnon : Non, ce **n'**est **pas** loin.

LA MALADIE N'ATTEND PAS. NOUS NON PLUS.

Telle est notre devise chez GlaxoSmithKline. Dans notre lutte contre la maladie, nous employons plus de 1 800 Canadiens, dans tous les secteurs, de la recherche médicale de pointe à la fabrication de médicaments.

Chaque année, nous soutenons leurs efforts en investissant au-delà de 100 millions de dollars en R-D, ce qui nous place aux premiers rangs à ce chapitre au pays. De plus, notre Fonds Pathfinders, doté de 10 millions de dollars, permet de créer des postes de recherche dans toutes les grandes écoles de médecine du Canada et contribue à attirer chez nous d'éminents chercheurs.

Notre investissement au Canada est loin de se limiter aux médicaments. En tant qu'entreprise partenaire d'Imagine, nous versons plus de 6,5 millions de dollars aux groupes communautaires chaque année. De ce fait, nous comptons parmi les dix sociétés donatrices les plus généreuses au pays.

Chez GlaxoSmithKline, nous croyons que nous nous devons d'assurer la santé de notre pays.

GlaxoSmithKline. Améliorer la qualité de vie en donnant aux gens la possibilité d'être plus productifs, d'avoir une meilleure santé et de vivre plus longtemps.

Imagine ▓ Une entreprise généreuse   www.gsk.com   gsk GlaxoSmithKline

The elements **ne** (or **n'**) and **pas** surrounding a verb serve to make it negative. Here are some examples:

Je **ne** suis **pas** professeur.
Elle **n'**est **pas** artiste.

Allez-y !

Exercice A : Pratique pratique

Put the following sentences in the negative.

> modèle : Le premier cours est demain.
> Le premier cours **n'**est **pas** demain.

1. La chambre de Maria est la 12.
2. Vous êtes étudiants dans le programme d'immersion.
3. Mme Gagnon est de Calgary.
4. Je suis dans la résidence Lemieux.
5. Nous sommes à Laval.

Exercice B : Oui ou non ?

Ask a classmate whether the information provided below is accurate.

> modèle : Tu es étudiant ?
> **Oui, c'est ça. / Non, je ne suis pas étudiant.**

1. Le campus est joli (*pretty*) ?
2. Maria est canadienne ?
3. Mme Gagnon est professeure ?
4. Tu es artiste ?
5. Paul Martin est premier ministre ?
6. Hillary Clinton est présidente ?
7. Vous êtes professeur ?
8. Les Blue Jays sont canadiens ?

Le pavillon de Koninck à l'Université Laval

Scène 2

En résidence

Sur le vif !

When Maria arrives at her room in residence, her roommate, Jane Harrison, has already arrived and has put her things away. Maria remembers that she is required to use French at all times, even with her anglophone classmates!

Jane : Entrez ! (*Maria comes in.*) Salut ! (*Maria shakes Jane's hand.*) Jane Harrison. Et toi°? Tu es ma camarade de chambre°?

you; my roommate

Maria : Oui. Maria Chang. (*She looks around.*) Elle est bien°, la chambre.

nice

Jane : Oui, pas mal. Un peu petite°, mais° ça va°.

a bit small; but; it's OK

5   (*Maria brings in her suitcase and boxes, and begins unpacking.*)

Maria : Je suis de Fort Saint-Jean, moi. Et toi, tu es d'où ?

Jane : Fort Saint-Jean ? C'est où, ça°?

Where's that?

Maria : C'est en Colombie-Britannique.

Jane : Eh bien°, moi°, je suis de Burlington, au Vermont. (*She watches Maria*

Well; me

10   *unpack.*)

Ah, tu as un baladeur°! Super°! Tu as des cassettes de Gilles Vigneault[1] ou° de Céline Dion[2] ?

walkman; Great; or

Maria : Oui, j'en ai. Ils sont fantastiques, hein°?

Eh?

Jane : Et tu as un ordinateur°, toi aussi.

computer

Maria : Oui, bien sûr°. Mais je n'ai pas d'imprimante° ici. Tu en as une, toi ? 15 *of course; printer*

Jane : Oui. Elle est là-bas°. *over there*
(*Jane offers to share the printer with Maria.*)

Jane : Oh ! Tu as une raquette de tennis. Il y a des courts de tennis pas loin.

Maria : Oui ? Super !

Jane : (*pointing*) C'est une raquette de badminton, ça ? 20

Maria : Non, c'est une raquette de squash. Il y a un club de squash à Laval ?

Jane : Je ne sais pas. On va° explorer un peu ? *Shall we go*

Maria : Bonne idée !

(*Jane and Maria go for a walk to familiarize themselves with the Laval campus. Maria takes her tennis racket and Jane her swimsuit. At the gym, they part ways, Jane to swim and Maria to the tennis court in search of a partner.*)

Pour en savoir plus

1. Gilles Vigneault is probably Quebec's most famous and influential poet-singer-songwriter. He started to gain a following in the 1960s, and many of his songs have become expressions of Quebec's national identity; this is particularly true of *Gens du pays* and *Mon pays*. Vigneault belongs to a tradition of Quebec singers called **chansonniers**.

2. Céline Dion has become an enormously popular Quebec singer. Born in Charlemagne, she has gathered a huge following from both her French and English hits. Céline has won numerous Félix and Juno awards for best female artist and a Grammy award with Peabo Bryson for the theme song for the movie *Beauty and the Beast*. She has crossed all language barriers with a series of international hits including *My Heart Will Go On* from the soundtrack of the picture *Titanic*.

Gilles Vigneault

Céline Dion

Vous avez bien compris ?

Write the name of the character (Maria or Jane) who corresponds to the following statements. If the statement corresponds to neither, write X.

1. _____ est américaine.

2. _____ est canadienne.

3. _____ est de Montréal.

4. _____ est de Fort Saint-Jean.

5. _____ a une télé pour la chambre.

6. _____ a un lecteur de cassettes.

7. _____ a des cassettes de Vigneault et de Dion.

Réflexions sur la culture

1. Several francophone singers such as Gilles Vigneault and Céline Dion are well known in North America outside Quebec. What other francophone artists do you know of?
2. What factors do you feel contribute to artists having more or less recognition outside Quebec?

Fonctions et observations langagières

I. Indiquer ses origines

De ; d'où

The preposition **de** indicates origin. Before a vowel or silent h, **de** is contracted to **d'** (**d'Orono, d'Halifax**):

> *Jane* : ... je suis de Burlington.

The adverb **où** (*where*) is often combined with de when asking about origins. The contracted form is **d'où** (*from where*):

> *Maria* : Et toi, tu es **d'où** ?

À noter !

The question form **Tu** es **d'où ?** is informal and a similar one **D'où tu es ?** is more informal. A more formal style would be: **D'où es-tu ?** or **D'où êtes-vous ?** More on this in Chapter 2.

Allez-y !

Exercice A : Tu es d'où ?

Find out the home town of several classmates.

Exercice B : Jeu de mémoire

Study for a minute the list on page 29 of some of the main characters you will be meeting in Bonne route ! and their home towns. Then each person should cover the hometown column and ask his/her partner where each of the characters is from.

> modèle : Jocelyne est d'où ? **Elle est de Chicoutimi.**
> Jocelyne est de Sudbury ? / Jocelyne est de Sudbury, n'est-ce pas ?
> **Non, elle est de Chicoutimi.**

Jocelyne Tremblay (Chicoutimi)   Gabrielle Boilly (Saint-Boniface)
Réjean Charbonneau (Chambly)   Gérard LeBlanc (Shippagan)
Jane Harrison (Burlington)   Heather Sawchuk (Halifax)
Maria Chang (Fort St John)   Michael O'Brien (Halifax)
Robert Therrien (Sudbury)   Joseph Arceneaux (Lafayette)

II. Décrire les possessions

Le verbe avoir

The verb **avoir** (to have) is perhaps the most common way of denoting possession and is also one of the most frequently used irregular verbs in French. You saw examples of avoir in the conversation:

Jane : Ah, tu as un baladeur !

avoir

j'**ai**	I *have*	nous **avons**	we *have*
tu **as**	you *have*	vous **avez**	you *have*
elle / il / on **a**	she/he/one *has*	elles / ils **ont**	they *have*

> **À noter !**
>
> Compare: avoir : elles / ils ont – être : elles / ils sont.

Allez-y !

Exercice A : Pratique pratique

Practise using the various forms of the verb avoir by substituting the subjects in parentheses. Vary the intonation so that you sound enthusiastic, ironic, skeptical, or envious.

1. J'ai une jolie (*pretty*) chambre. (Tu, Marie, Georges et Martine, vous, nous).
2. Elles ont des cassettes. (Pierre, Pierre et François, nous, vous, je)

Les articles indéfinis

The verb avoir is often followed by an indefinite article:

Tu as **un** vélo ?	*Do you have **a** bike?*
Tu as **des** cassettes ?	*Do you have **any** cassettes?*
J'ai **des** cassettes.	*I have **some** cassettes.*

All nouns in French have a gender, and the words modifying the noun take the gender of the noun:

vélo (*masculine*)	→	**un** vélo / **des** vélos
cassette (*feminine*)	→	**une** cassette / **des** cassettes

> **À noter !**
>
> In English, we often omit the words *any, some* ("I have cassettes.").
> Be careful not to forget **des** in French.

In the negative, the indefinite articles all become **de** (**d'** before a vowel or a silent h) when used with the verb avoir:

Je n'ai pas **de** vélo
Elle n'a pas **d'**imprimante.

Nous n'avons pas **d'**affiches (posters).
Il n'a pas **de** cassettes.

Vocabulaire actif : *Les possessions*

Entertainment

un baladeur	*walkman*
une chaîne stéréo	*stereo system*
une cassette	
un lecteur de cassettes	*cassette player*
un disque laser (disque compact)	*compact disk*
un instrument de musique	*musical instrument*
un piano, une guitare, une flûte	
un magnétophone	*tape recorder*
un magnétoscope	*VCR*
une télé	*TV*
une machine à popcorn	

Sports; transportation

une bicyclette / un bicycle (Can.)	
une bicyclette / un vélo (Fr.)	*bicycle*
une voiture	*car*
une raquette (de tennis, de squash, de badminton)	*racket*
une piscine	*swimming pool*
un court de tennis	

Study tools

un cahier	*notebook*	un crayon	*pencil*
une gomme	*eraser*	du papier	*paper*
un dictionnaire (bilingue)		un livre	*book*
un ordinateur	*computer*	une imprimante	*printer*
une règle	*ruler*	un stylo	*pen*

Miscellaneous

un radio-réveil	*clock-radio*	un réveille-matin	*alarm clock*
un chat	*cat*	un chien	*dog*
une affiche	*poster*		

Les noms au pluriel

Noun plurals are usually formed by simply adding the letter **-s** to the end of the noun. The **-s** is generally not pronounced:

un livre   →   des livres   une cassette   →   des cassettes

Exercice A : Pratique pratique

Fill in the blanks with the correct form of the indefinite article (**un, une, de, d', des**)

1. Maria a _____ baladeur et _____ cassettes dans sa chambre.

2. En France on dit _____ bicyclette ou _____ vélo, mais au Québec on dit souvent _____ bicycle.

3. Moi, j'ai _____ ordinateur mais je n'ai pas _____ imprimante.

4. Est-ce que vous avez _____ instruments de musique ?

    Oui, j'ai _____ guitare.

5. Nous n'avons pas _____ réveille-matin.

Exercice B : Tu as ... ?

Ask a partner whether he or she has the items shown in the vocabulary box on the preceding page.

> modèle : Tu as des cassettes de Madonna ?
> **Oui, j'ai des cassettes de Madonna.**
> **Non, je n'ai pas de cassettes de Madonna.**

Exercice C : Il / Elle a ... ?

Two groups of two students combine to form a foursome. Find out which items the "new" group of two students owns, and be ready to report the groups' findings to the class:

> modèle : Il / Elle a des affiches ?
> **Oui, il / elle a des affiches.**
> **Non, il / elle n'a pas d'affiches.**

Exercice D : Et vous ?

Find out whether your instructor owns any of the items.

Il y a ...

This expression, derived from the verb **avoir,** is useful for indicating the existence of things or people. The expression **il y a** is both singular and plural.

> **Il y a** une place ...   *There **is** a space...*
> **Il y a** des courts de tennis ...   *There **are** tennis courts...*

Note the use of **il y a** in the negative:

> **Il n'y a pas** *de* piscine.
> **Il n'y a pas** *de* courts de tennis.

Exercice A : À l'université

Ask a classmate whether there are the following things at your university/college.

> modèle : Il y a des résidences françaises ?
> **Oui, il y a des résidences françaises.**
> **Non, il n'y a pas de résidences françaises.**

1. des concerts de musique classique
2. un département d'anthropologie
3. une banque
4. une galerie d'art
5. une piscine
6. un département de musique
7. une équipe (*team*) de football
8. une patinoire

III. Renvoyer à quelque chose qu'on a déjà mentionné

Le pronom en

You may have noticed that you were using repetitive language in the previous exercises:

> Tu as une bicyclette ?
> Oui, j'ai **une bicyclette.** / Non, je n'ai pas **de bicyclette.**

When answering questions, it is in fact much more natural to replace some words by a pronoun.

In French, the pronoun **en** is used to replace a noun preceded by an indefinite article:

> Tu as **des** cassettes ? Oui, j'**en** ai.

- The pronoun precedes the verb:

  J'**en** ai. *I have some.*

- If singular, the article **un** or **une** must appear along with the pronoun in an affirmative answer, but not in a negative one. The article **des**, however, is never used without a noun.

Tu as une bicylette ?	Tu as des affiches ?
Oui, j'**en** ai **une**. *I have one.*	Oui, j'**en** ai. *I have some.*
Non, je n'**en** ai pas. *I don't have one.*	Non, je n'**en** ai pas. *I don't have any.*

- Note the word order with the expression **il y a**:

  Il y a un ordinateur ? Oui, il y **en** a **un**. / Non, il n'y **en** a pas.

Exercice A : Pratique pratique

Give an appropriate response to the following question fragments using the pronoun **en** if required.

> modèle : des chiens ?
>> Oui, j'**en** ai. / Non, je n'**en** ai pas.

1. un vélo ?
2. une machine à popcorn ?
3. des cassettes ?
4. une règle ?

5. des livres ?
6. un radio-réveil ?
7. une voiture ?
8. des crayons ?

Exercice B : Tu as ... ?

Ask a classmate whether he or she has some of the items shown in the vocabulary box *Les possessions* (page 31). The answer should include the pronoun **en**.

> modèle : Tu as une bicyclette ?
>> **Oui, j'en ai une.**

Exercice C : À l'université

Ask a classmate whether the following things may be found at your university/college. Again, answer with **en**.

> modèle : Il y a un club de squash ?
>> **Oui, il y en a un. / Non, il n'y en a pas.**

1. un département d'art dramatique
2. un département de mathématiques
3. une faculté de médecine
4. un gymnase

5. des concerts de musique rock
6. un ciné-club français
7. une cafétéria
8. des courts de tennis

L'Université Laval : quelques faits importants

Pré-lecture

The following text is taken from brochures describing Laval University. By noticing the large number of cognates in the text, and by making educated guesses, you will be able to understand all of the information.

Présentation

La plus vieille université de langue française en Amérique (1852).

Située dans la ville de Sainte-Foy, à 5 kilomètres de la ville de Québec.

Plus de 37 000 étudiants par année (y compris au-delà de 11 000 étudiants à temps partiel).

Des centres de recherche de réputation internationale.

Des programmes pour tous les goûts

Plus de 300 programmes touchant quelque 140 champs d'études.

Possibilité d'obtenir un baccalauréat (1er cycle), une maîtrise (2e cycle) ou un doctorat (3e cycle).

Cours d'immersion

Programme spécial de français pour non-francophones à l'École des Langues Vivantes

Niveaux élémentaire et intermédiaire

Allez-y !

Exercice A : Vérification

For each answer, indicate the strategies you used (finding cognates, using inference), and the key words you found helpful.

1. When was Laval University founded?
2. Is it the oldest or the youngest francophone university in North America?
3. Are there more than or less than 33 000 students?
4. Does this include or exclude part-time students?
5. Is it located in or near Quebec City?
6. Are there numerous or few programmes?
7. Are there important research activities under way at Laval?
8. Can you get a Bachelor's degree from Laval?

Le pavillon Casault,
Université Laval

9. Can you do an advanced level immersion programme at Laval?
10. What do you think the word *faits* in the title means?

Activités d'intégration

En résidence

Work with a partner you have not yet worked with, if possible. Imagine that you are new room-mates, just meeting as you unpack your things in residence. Introduce yourselves, find out where the other person is from, and inquire about each other's possessions.

Vous avez la parole ! (activité orale)

Choose as a partner another classmate that you have not already met. Imagine that one of you has just arrived at the university/college, and wants to find out what facilities there are. Introduce yourselves, using some of the examples given for the less formal style of greeting, then ask about the facilities available.

Vocabulaire actif

Présentations, p. 20, 21
Les possessions, p. 31

Noms
la cafétéria *cafeteria*
le-la camarade de chambre *roommate*
la capitale *capital*
la chambre *room, bedroom*
le concert *concert*
l'étudiant-l'étudiante *mf student*
le programme d'immersion *immersion program*
la résidence *residence*
l'université *f university*

Verbes
Assoyez-vous. *Sit down.* (Can.)
Asseyez-vous. *Sit down.*
avoir° *to have*
Entrez. *Come in.*
être° *to be*
il y a *there is/there are*
voici *here is*
voilà *there is*

Conjonctions
et *and*

Prépositions
à *to/at*
de *from/for/of*
dans *in*
en (résidence) *in (residence)*
pour *for*

Adverbes
bien *well*
demain *tomorrow*
là *there*
ne... pas *not*
où *where*

Adjectifs
fantastique *fantastic*
joli(e) *pretty*
petit(e) *small*
super *super*

Autres
Bienvenue. *Welcome/You're welcome.* (Can)
C'est ça. *That's right.*
De rien. *You're welcome.*
en français *in French*
merci *thank you*
non *no*
oui *yes*

° verb presentation in chapter

La première classe

Mise en contexte

Les étudiants du programme d'immersion vont à leur premier cours. Ils font la connaissance de leurs professeurs et commencent à se connaître.

Objectifs communicatifs

Scène 1

Identifier les personnes et les choses (suite)
Saluer, parler de choses et d'autres, prendre congé
Dire ce qu'on aime et ce qu'on n'aime pas
Demander et donner des renseignements
Identifier les choses (suite)

Scène 2

Renvoyer à quelqu'un ou à quelque chose qu'on a déjà mentionné (le, la, l', les)
Parler d'activités et de préférences passées
Expliquer ce qu'on fait dans la vie
Discuter d'activités
Exprimer les quantités
Exprimer la durée

Structures et expressions

Scène 1

L'interrogation avec Qui est-ce ?
Conjugaison des verbes réguliers en -er
  • les verbes aimer, adorer, détester, préférer
  • les verbes + nom
L'interrogation avec Est-ce que ... ?
Les articles définis : le, la, l', les

Scène 2

Les pronoms objets directs : le, la, l', les
L'imparfait (présentation partielle)
Les verbes + infinitif
La préposition depuis + présent pour exprimer la durée

Vocabulaire actif

Scène 1

Les études
Les goûts et les préférences
Les activités

Scène 2

Présentations
La musique et la danse
Les sports
Le cinéma et la télévision
Les professions
Les nombres (70 - 1 000 000)
Des notions de durée

Culture

La musique québécoise (suite)
Les loisirs et les passe-temps
Les normes sociales et linguistiques
L'assimilation des francophones

Chapitre

1

Les étudiants du programme d'immersion à l'Université Laval

Rester en forme à l'Université Laval

Scène 1

En route

Sur le vif !

The summer immersion classes begin today. Jane and Maria are walking from the residence to the building where they will have their first class. They meet the people Maria had played tennis with the preceding afternoon.

Say!; Look at that young man

Maria : Tiens°! Regarde ce jeune homme° là-bas.

Jane : Qui est-ce ?

Maria : C'est Gérard. Il est étudiant en linguistique et il aime le tennis. (*Gérard comes up to them.*) Salut Gérard ! Je te présente ma camarade de chambre, Jane.

tired; game

Gérard : Salut, Jane; salut Maria. Comment ça va ce matin ? Tu n'es pas fatiguée° après la partie° de tennis hier ?

in shape

Maria : Non, ça va, merci. Je suis en forme°! Et toi ?

I'am suffering, never mind; there is
plays

Gérard : Je souffre, mais tant pis°. Tiens, voilà° Jocelyne. (*He turns to Jane.*) Jocelyne est ma partenaire au tennis. Elle joue° très bien !
(*Jocelyne comes up and joins the conversation.*)

near

Maria : Jane, je te présente Jocelyne. Elle vient de Chicoutimi[1], près du° lac Saint-Jean. Jocelyne ... Jane, ma camarade de chambre.

were you

Jocelyne : Salut, Jane. Tiens , est-ce que tu étais° à la classe d'aérobic ce matin ?

Jane : Salut! Oui, j'aime faire de° l'aérobic le matin°. Écoute° , Maria et moi, nous aimons les sports, mais aussi° la musique. Est-ce qu'il y a des spectacles en ce moment ?

15

I like doing; in the morning; Listen

also

Jocelyne : Certainement. Il y a un concert de Roch Voisine[2] à la télévision demain.

Maria : Oui ? Super! J'adore sa voix°!

20

voice

Gérard : Et il y a aussi plusieurs° spectacles en ville ou à Montréal. Par exemple, il y a Daniel Bélanger[2], Hart Rouge[2] ou même° Madonna, au stade du Parc olympique !

several

even

Jocelyne : Ou bien, pour encore plus° de variété, il y a Jean-Pierre Ferland[3] ..., et ce n'est pas fini°.

25

still more

finished

Maria : Comment choisir°!

How to choose!

Pour en savoir plus

1. Chicoutimi (population approximately 63 000) is located 200 km north of Quebec City, in the Saguenay-Lac Saint-Jean region. Founded in 1676, it quickly became an important trading post and earned the nickname **la métropole du Saguenay** in the seventeenth century. One of the campuses of the Université du Québec is located there. Chicoutimi is also known for its many galleries and craft stores. It is surrounded by beautiful lakes and forests with excellent hunting and fishing. The Saguenay region is also reknown for its fjords. Jean Chrétien, elected Prime Minister in 1993, comes from this region as well.

Le lac Saint-Jean (Québec)

2. Roch Voisine is a Francophone Acadian song writer-composer-singer from New Brunswick; he is extremely popular in France as well as Quebec. Daniel Bélanger, a Quebec singer, won the 1993 Album of the Year in Quebec in the pop-rock category. Hart Rouge is a group from Saskatchewan composed of three sisters and their brother; they sing mainly

in French. *Blou* and *Grand dérangement,* two Acadian groups from the southwest shore of Nova Scotia, are popular both in Canada and France.

3. Jean-Pierre Ferland, a more traditional singer, decided in 1954 to devote his energy full time to his music. He writes songs of love, memories, hopes and fears.

Vous avez bien compris ?

Answer the following questions.

1. Qui est étudiant en linguistique ?
2. Maria est fatiguée ? Pourquoi / pourquoi pas (*why/why not*) ?
3. Qui gagne (*wins*) probablement plus de (*more*) points, Gérard ou Jocelyne ?
4. Où est-ce qu'il y a un concert de Roch Voisine ?
5. Où est-ce qu'il y a d'autres (*other*) spectacles ?

Réflexions sur la culture

1. Which other artists do you know of who sing or perform in more than one language?
2. Do the artists sing similar kinds of songs in each language? Why or why not? Give examples.

Fonctions et observations langagières

I. Identifier les personnes et les choses (suite)

Qui est-ce ? C'est …

In their conversation, Maria is identifying for Jane someone she recently met. She gives his name and his major.

> *Jane* : Qui est-ce ?
> *Maria* : C'est Gérard. Il est étudiant en linguistique.

- To enquire about a person's identity, use **Qui est-ce ?**

> modèles : Qui est-ce ?
> **C'est** Gérard.
> **Ce sont** Maria et Jane.
> **C'est** un(e) professeur(e).
> **Ce sont** des professeur(e)s.

- To *identify* a person by name, use **c'est** (singular) or **ce sont** (plural).

> Qui est-ce ?
> **C'est** Paul.
> **Ce sont** Albert et Jeanne.

- To *identify* a person by profession, indefinite articles are used after **c'est** and **ce sont**.

    modèle : Qui est-ce ?

    > **C'est** une professeure.
    > **Ce sont** des médecins.

- To refer *back* to a specific person who was previously mentioned, use **il / elle est** or **ils / elles sont**:

    Qui est-ce ?
    C'est Gérard. Il est étudiant en linguistique.
    Ce sont Maria et Jane. Elles sont étudiantes en français.

À noter !

In the above examples, **étudiant** and **étudiantes** are used without the indefinite articles **un / des**, since they indicate vocation or professions. Indefinite articles are used after **c'est / ce sont**.

Compare: **C'est Gérard. Il est étudiant.**   and: **C'est un *étudiant*.**

Allez-y !

Exercice A : Pratique pratique

Identify the following by referring back to their name.

modèle : Qui est-ce ? Maria (être étudiante en immersion)
> C'est Maria. **Elle** est étudiante en immersion.

1. Jane (être de Burlington)
2. Mme Gagnon (être coordonnatrice du programme)
3. Maria et Jane (être camarades de chambre)
4. Jocelyne (être l'amie de Gérard)
5. Réjean Charbonneau (être professeur de français)

Exercice B : Et vous ?

Form a group of four, and find out each other's major, or area of interest. You might then, on the blackboard or on the overhead projector, make a composite class profile.

> modèle : Tu es étudiant-étudiante en sciences ?
> > **Non, je suis étudiant-étudiante en philosophie.**

Vocabulaire actif : *Les études*

étudiant *m*	en	**sciences** *f*
étudiante *f*		biologie *f*
		chimie *f* (*chemistry*)
		génie *m* (*engineering*)
		géologie *f*
professeur *m*	de (d')	informatique *f* (*computer science*)
professeure *f*		mathématiques *f*
		médecine *f*
		microbiologie *f*
		physique *f*
		psychologie *f*

sciences humaines *f*
économie *f*
histoire *f*
sociologie *f*
sciences politiques *f*
anthropologie *f*

lettres *f* (*arts*)
langues *f* (*languages*)
allemand *m* (*German*)
anglais *m* (*English*)
espagnol *m* (*Spanish*)
français *m*
italian *m* (*Italian*)
philosophie *f*
linguistique *f*

Exercice C : À une party

Imagine that you are at a class party. Ask your partner to identify one or two people on the other side of the room, and to tell you something about them. If your partner does not know, he or she will guess.

> modèle : Qui est-ce ?
> **C'est Patrick. Il est étudiant en anglais.**

II. Saluer, parler de choses et d'autres, prendre congé

It is natural for a certain amount of "small talk" to occur at the beginning of a conversation such as enquiries about health, how things are going, etc.

Gérard : Salut, Jane; salut Maria. Comment ça va ce matin ?

- Here are some expressions to help you begin conversations:

Vocabulaire actif : *Bonjour! Ça va ? Au revoir !*

	More formal style	Less formal style
Greeting / Making small talk	Bonjour, Monsieur. Comment allez-vous ? *How are you?*	Salut, Monique. Comment ça va ? *How are things?*
	Je vais bien, merci. Et vous ? *I'm fine, thanks. And you?*	Pas mal (comme ci, comme ça), merci. Et toi ? *Not bad (so-so), thanks. And you?*
	Très bien, merci. *Very well, thanks.* Assez bien. *Quite well.* Pas très bien. *Not very well.*	Moi, ça va, merci. *I'm fine, thanks.* Ça va mal. *Things are not going well.*
Taking leave	Au revoir, Madame. *Good-bye.* Bonsoir, Monsieur. *Good evening.*	Au revoir, Jean. *Good-bye.* Salut Ciao (France) *Bye (Canada)* *Bye for now*

À noter !

In Quebec, **bonjour** may be the equivalent of both *hello* and *good-bye*. This is particularly true of telephone conversations, although **au revoir** is increasingly common. The same remark, as we have just seen, may be made for **salut** in informal conversations throughout the francophone world. **Bonsoir** may be used both at the beginning and end of an evening conversation in France as well as Quebec.

Francophones often initiate and conclude conversations by a handshake or, depending on how well the participants know each other, by two or more kisses (**la bise**) on the cheeks. In Quebec, two bises are standard, while in France, two, three or even four **bises** may be exchanged depending on the region.

Just before concluding a conversation, you may want to use one of the following expressions:

Vocabulaire actif : *Au revoir*

À bientôt !	*See you soon!*
À la prochaine !	*Be seeing you!*
À demain !	*See you tomorrow!*
À lundi, mardi, mercredi, jeudi vendredi, samedi, dimanche !	*See you Monday, Tuesday, Wednesday, Thursday, Friday, Saturday, Sunday!*
À tout à l'heure !	*See you in a little while!*
Bonne journée !	*Have a good day!*
Bonne soirée !	*Have a nice evening!*
Bonne fin de semaine*! (*Can.*)	*Have a good weekend!*
Bon week-end*! (*Fr.*)	*Have a good weekend!*
Bon séjour !	*Have a nice stay!*

*In many cases, Québécois French avoids anglicisms more than does European French, although it is Québécois French that has often had a reputation for being heavily influenced by English.

Allez-y !

Exercice A : Salutations

What might you say (en français) in greeting the following? How would you ask how they are doing? How might you take leave of them?

1. your sister
2. your dentist
3. your pet snake
4. a policeman/woman
5. your professor
6. a young child

Exercice B : Parler de choses et d'autres (small talk)

With a partner, create an appropriate small talk exchange.

III. Dire ce qu'on aime et ce qu'on n'aime pas

Exprimer les goûts et les préférences

The characters in the conversation shared their likes and dislikes:

> *Maria* : J'adore sa voix.

- The following will help you express your tastes in some detail:

Vocabulaire actif : *J'aime / Je déteste*

J'aime assez	Je n'aime pas tellement
I rather like	*I'm not very fond of*
J'aime assez bien	Je n'aime pas beaucoup
I like fairly well	*I don't like much*
J'aime bien	Je n'aime pas
I quite like	*I don't like*
J'aime	Je n'aime pas du tout
I like	*I don't like at all*
J'aime beaucoup	Je déteste
I like very much	*I hate*
J'adore	
I love	
Je préfère / J'aime mieux	
I prefer	

Allez-y !

Exercice A : Pratique pratique

Using the expressions from the *Vocabulaire actif,* say how you feel about the following:

> modèle : Adrienne Clarkson
>
> **J'aime assez** Adrienne Clarkson.

1. Gérard LeBlanc
2. les mathématiques
3. le campus de l'université
4. Nelly Furtado
5. la résidence
6. la chimie
7. la cafétéria
8. les sciences politiques

Les verbes réguliers en -er au présent

- The verb **aimer** (*to like*) is called a *regular* verb; that is, its conjugation follows a pattern similar to that of other verbs in that group. The group consists of most verbs ending in **-er**. Therefore, the verbs **détester** (*to dislike*) and a**dorer** (*to adore*) have the same endings.

aim**er**

j'aime	nous aim**ons**
tu aim**es**	vous aim**ez**
elle / il / on aime	elles / ils aim**ent**

> **À noter !**
>
> The endings **-e**, **-es** and **-ent** are not pronounced. Liaison is required in te plural forms: nous aimons, vous aimez, ils aiment.

- The verb **préférer** (*to prefer*) takes the regular **-er** verb endings. Note, however, the spelling changes that occur in the stem of the verb, and the changes in pronunciation associated with the accents:

préfé**rer**

je préfère	nous préférons
tu préfères	vous préférez
elle / il / on préfère	elles / ils préfèrent

Allez-y !

Exercice A : Cherchez le verbe.

Find examples of -**er** verbs in the conversation *En route*. What is the infinitive form of each one?

Exercice B : Pratique pratique

Substitute the subject in parentheses for the subject provided in the sentences below.

1. Nous adorons les films italiens. (je, tu, Georges, vous, Hélène et Sophie)
2. Je préfère les films français. (nous, elle, vous, tu)
3. Est-ce que tu aimes les sports ? (vous, Paul, elles)
4. Je déteste les serpents (*snakes*). (tu, Henri, nous, vous, Chantal et Pierre)

Exercice C : Et toi ?

Compare your tastes for the following items with a partner's, adding other items if you like.

modèle : J'adore les sports. Et toi ?
Moi, j'aime assez les sports.

les sports	l'opéra
les films italiens	les films canadiens
la musique rock	la musique classique

IV. Demander et donner des renseignements

Est-ce que ... ?

The words **est-ce que** are another very simple and commonly used way of forming a question in French. **Est-ce que** (or **Est-ce qu'** before a vowel) is simply placed before the subject and verb of a sentence.

Tu es de Calgary. → Est-ce que tu es de Calgary ?
Il est étudiant. → Est-ce qu'il est étudiant ?

- The following regular **-er** verbs are useful in discussing activities and interests:

Vocabulaire actif : *Activités*

chanter *to sing*	marcher *to walk*
danser *to dance*	parler *to speak/to talk*
écouter (la radio)	regarder (la télévision)
to listen (to the radio)	*to watch (television)*
étudier *to study*	skier *to ski*
habiter *to live*	voyager *to travel*
embrasser *to hug/to kiss*	

- adverbs below can help you express nuances of meaning relating to activities:

Vocabulaire actif : *Adverbes de nuance*

+	+ / −	−
souvent *often*	quelquefois *sometimes*	rarement *rarely*
beaucoup *a lot*		
bien *well*	assez bien *fairly well*	mal *badly*
très bien *very well*		

par exemple : Je chante mal. / Elles skient assez bien. / Il danse très bien.

Exercice A : Pratique pratique

Conjugate the following -er verbs by combining them with the words in parentheses.

> modèle : chanter bien (Pauline) **Pauline chante** bien.

1. écouter la radio (Je / elle / vous)
2. parler français (tu / ils / nous)
3. préférer les sciences humaines (Gérard / nous / Jane et Marie)
4. habiter en résidence (ma camarade de chambre / les étudiants / vous)

Exercice B : Est-ce que...?

Combine the elements provided to formulate a question using **Est-ce que**. Don't forget to add any necessary words.

> modèle : Paul / parler / français
> **Est-ce que Paul parle français ?**

1. Henri et Patrick / chanter / bien
2. Tu / marcher /beaucoup
3. Vous / danser/ quelquefois
4. Hélène / voyager / rarement
5. Tu / écouter souvent / radio
6. Marie / habiter / en résidence
7. Nous / étudier / tout le temps
8. Charles et Pauline / skier / assez bien

Exercice C : Trouvez quelqu'un qui ...

Circulate among your classmates. Try to find a person or persons who correspond to each statement below. Practise using **Est-ce que** to ask your questions.

_____ chante très bien.
_____ danse mal.
_____ regarde rarement la télé.
_____ écoute souvent la radio.
_____ ne voyage pas beaucoup.
_____ et _____ parlent assez bien le français.
_____ marche assez souvent.
_____ et ____ aiment bien l'université.
_____ et ____ skient quelquefois très bien.
_____ parle italien.
_____ et _____ habitent en résidence.
_____ étudie les mathématiques.

V. Identifier les choses (suite)

Les articles définis : le, la, l', les

Compare the following excerpts from the conversation En route:

> *Gérard* : ... après la partie de tennis hier ? (*...after the tennis game yesterday?*)
>
> *Jane* : ... nous aimons les sports. (*...we like sports.*)

- In the first sentence, the article **la** is translated as *the*, identifying a *specific* thing.
- In the second example, the article is not translated; it serves to identify a thing in a *general* and not a specific sense.

le	+ masculine noun	(**le** folklore)
la	+ feminine noun	(**la** musique)
l'	+ masculine or feminine noun beginning with a vowel	(**l'**émission)
les	+ plural (masculine or feminine)	(**les** activités, **les** sports)

À noter !

Since articles are used so widely in French, you would be wise to learn new nouns along with their article, for example, **le ski**. This will help you remember to use the article, and also to remember the gender.

Allez-y !

Exercice A : Pratique pratique

Fill in the blanks with the appropriate definite article: **le, la, l', les.**

1. Maria écoute toujours _____ professeure.

2. Georges déteste _____ films bizarres.

3. Nous aimons assez _____ opéra.

4. Maurice préfère _____ biologie marine.

5. Vous aimez bien _____ programme d'immersion ?

6. Elles adorent _____ résidence.

Exercice B : Sherlock au travail

What would you expect to find in the room of a student who has the following interests? You may invent objects in addition to the list of suggestions below.

> modèle : Martine aime / tennis *m*
>
> **Martine aime le tennis; il y a sûrement** (*surely*) **une raquette dans sa** (*her*) **chambre.**

Préférences

Martine aime / squash *m*
Jean-Paul aime / musique classique f
Janine aime / cyclisme *m*
Luc aime écouter / informations f (*news*)
Barbara aime / théâtre *m*
Claire aime / politique f
Stéphane aime / rock *m*
Thomas aime / nature f
Andrée aime / littérature f
Marie aime / musique f folk

Objets

radio f
Les Misérables
baladeur *m*
skis *m*
guitare f
vélo *m*
disques de Mozart *m*
biographie f de Gandhi
raquette f
masques *m*

Étudier à l'Université du Nouveau-Brunswick à St. Jean

Scène 2

En classe

Sur le vif !

The director greets the class and introduces some of the staff.

M. Charbonneau : Bonjour, tout le monde°! Bienvenue à Laval. Je m'appelle
Réjean Charbonneau. Je vous[1] présente mes collègues : Gabrielle Boilly est
animatrice°, et Gérard LeBlanc est animateur. Jocelyne Tremblay est
monitrice°; elle organise les activités et les excursions.

M. Charbonneau asks the students to introduce themselves to a neighbour and then 5
*to fill out their **fiches**° biographiques. They are to exchange **fiches** with their*
*partner, and after looking at the other person's **fiche**, they are to ask a few*
questions. Students and staff then mix:

Jocelyne : Alors, comme ça°, Robert, je vois que° tu[1] es de Sudbury[2] et que tu
es étudiant en français. Tu es à Québec depuis longtemps°? 10

Robert : Non, depuis hier° seulement. Et toi ? Tu es de Chicoutimi, n'est-ce
pas ?

Jocelyne : Oui, c'est ça°. Mais moi, je suis à Québec depuis trois semaines°.
Dis-moi°, tu aimes la ville de Québec ?

Robert : Oh, oui. Je l'aime beaucoup! J'adore les villes historiques. Et toi, je 15
vois que tu[1] aimes les textiles.

Jocelyne : Oui, j'aime beaucoup les métiers d'art°. J'aime aussi le folklore en
général.

everyone

animator
facilitator

biographical card

so, then; I see that
Have you been in Quebec long?

since yesterday

that's right; weeks
Tell me

crafts

animals

ferret; funny
gentle; hidden

our

has a degree in

likes to eat
to cook; athletic

That's fine; I think that's enough

a few years

Robert : Je vois aussi que tu aimes les animaux°.

20 **Jocelyne** : Oui, je les adore. J'ai un furet°... Il s'appelle Gaston. Il est très drôle° et très doux°. (*She whispers.*) Gaston est caché° dans ma chambre.

Robert : Tu n'es pas sérieuse !

They talk some more, then each person introduces his or her partner to the group.

Robert : Je vous présente Jocelyne Tremblay, notre° monitrice. Elle est de
25 Chicoutimi. Elle est diplômée en° arts avec une majeure[3] en textiles. Elle aime aussi le folklore québécois et les métiers d'art en général. Elle est gourmande° et elle aime bien cuisiner°. Elle est sportive°, mais elle déteste regarder les émissions sportives à la télévision. Elle aime les animaux exotiques, surtout les furets. Elle a ...

30 *(Jocelyne immediately has a coughing fit, and cuts Robert off.)*

Jocelyne : C'est bien°, Robert. Je pense que ça suffit°. Merci ! Permettez-moi de vous présenter Robert Therrien. Robert est de Sudbury; il est franco-ontarien, mais il parle français depuis quelques années° seulement[4]. Il aime la nature et le camping, et il aime aussi la politique.

Pour en savoir plus

1. Most Québécois professors would call students by their first name, and use vous when talking to one student as well to several; students would normally use vous with the professor and call him/her **Monsieur** or **Madame** (**M.** or **Mme**). This is a sign of social distance and respect. On the other hand, students would use **tu** with each other, and with the three young assistants, a sign of social closeness. Note, however, that there is considerable variation in this regard in Quebec. Some professors use the less formal **tu** with their students, and vice-versa.

2. Sudbury is located in northeastern Ontario, about 400 km north of Toronto. Its population (93 000) is roughly 30% French and 70% English. Once strictly a mining town, Sudbury now offers more employment opportunities since the Ontario Government has moved many of its ministries there. A long-term regreening program is returning trees and grass to much of the area. The city boasts the bilingual Laurentian University (*Université Laurentienne*) and the Science North complex.

3. In Quebec and in francophone Canada in general, the term **majeure** (*major*) is used, as in this dialogue. In Europe, however, one would normally use **dominante** (*f*).

4. Francophones in many parts of English Canada find themselves assimilated in large numbers into the English-speaking population. In families where one parent is anglophone and one is francophone, English often becomes the language of the home. However, many young people coming from such families, like Robert, are now reestablishing their francophone roots, and it seems that more young families are choosing to speak both languages at home. Nonetheless, assimilation remains a very real threat to minority laanguages and cultures.

Vous avez bien compris ?

Mais tu n'as rien compris !

Horace Pasbrillant has read the conversation *En classe,* and thinks he has understood everything. However, he needs to improve his listening skills.

> modèle : M. Charbonneau est étudiant.
> **Mais, non! Il n'est pas étudiant; il est professeur !**

1. Jocelyne est étudiante.
2. Jocelyne a un rat dans sa chambre.
3. Gabrielle est étudiante.
4. Gaston est en classe.
5. Robert est de Hamilton.
6. Gaston est féroce.
7. Jocelyne est de Toulouse.
8. Gérard est moniteur.
9. Robert est étudiant en biologie.
10. Robert est à Québec depuis trois semaines.

Réflexions sur la culture

1. (Small group and then whole class discussion) How do you visualize the characters that you've met so far? Do you think that any cultural stereotypes contribute to the visualization?
2. Do you know of any traditional Québécois films? See how many films you and your classmates can think of.
3. Where are there concentrations of Canadian francophones outside of Quebec?

Fonctions et observations langagières

I. Renvoyer à quelqu'un ou à quelque chose qu'on a déjà mentionné

Les pronoms objets directs : le, la, l', les

If someone asked you, "Do you like Atom Egoyan movies?" you would be unlikely to answer, "Yes, I like *Atom Egoyan movies* quite a lot." Rather, you would say, "Yes, I like *them* quite a lot." In the example above, *Atom Egoyan movies* is the *direct object* of the verb like, and *them* is the *direct object pronoun.*

- You will see that the direct object pronouns are easy to remember, they have exactly the same form as the definite articles:

  le – (masculine singular) *him, it*
  la – (feminine singular) *her, it*
  l' – (masculine or feminine singular + vowel) *him, her, it*
  les – (masculine or feminine plural) *them*

These pronouns replace a name of a person or a thing and **precede** the verb:

Est-ce que tu aimes **les films d'Atom Egoyan** ?
Oui, je **les** aime beaucoup.
Est-ce que tu aimes **le cinéma** en général ?
Oui, je **l'**adore.
Est-ce que les enfants regardent **la télévision** ?
Oui, ils **la** regardent.

À noter !

In the negative, word order is as follows:

subject	+	**ne**	+	pronoun	+	verb	+	**pas**
Je		ne		**l'**		aime		pas.
Ils		ne		**la**		regardent		pas.

Rappel !

It is the pronoun **en** that is used to replace a noun accompanied by an *indefinite article*: Tu as **un** vélo ? Oui, j'**en** ai un.

Allez-y !

Exercice A : Pratique pratique

A. Answer the following questions by replacing the nouns in italics with the appropriate direct object pronoun.

modèle : Est-ce que Jocelyne aime *le rock* ?
Oui, elle **l'**aime.

1. Tu aimes *la philosophie* ?
2. Tu préfères *la musique country*, n'est-ce pas ?
3. Est-ce que Jane *aime le tennis* ?
4. Michael déteste *les films américains*, n'est-ce pas ?
5. Est-ce que Gérard et Maria adorent *le sport* ?

B. Put the following sentences in the negative and replace the italicized nouns with pronouns.

modèle : Elle déteste *les sciences*.
Elle **ne les** déteste **pas**.

1. Nous préférons *la musique classique*.
2. J'aime bien *le programme d'immersion*.
3. Henri adore *la ville de Québec*.
4. Vous écoutez *la radio*.
5. Tu détestes *les serpents*.

Exercice B : Est-ce que tu aimes ... ?

Discuss your interests in groups of three, using the vocabulary lists on the next page.

– Ask your question using **Est-ce que** and the verb **aimer**.
– In answering, use a verb that best expresses your meaning:
    J'adore ... J'aime (beaucoup, bien, assez)
    Je n'aime pas (tellement) ... Je déteste
– Answer using a pronoun whenever appropriate, and adding some detail.

    modèle : Est-ce que tu aimes la **musique** ?
               Oui, je l'adore. Je préfère la musique classique,
               surtout (*especially*) **la musique de chambre. Et toi ?**
               Moi, je préfère la musique rock. J'adore les *Barenaked*
               Ladies.

Vocabulaire actif : *La musique et la danse*

la musique rock	le jazz
la musique classique	le ballet
la musique country	la danse moderne
la musique folk	la danse aérobique
la musique moderne	la danse latine
la musique de (*name of musician/composer*)	
le rap	

Vocabulaire actif : *Les sports*

le baseball	le patinage *skating*
le basketball	le ski alpin / nordique / nautique
le cyclisme	*downhill / cross-country / water*
le football	le soccer
le golf	le squash
le hockey	le tennis
la natation *swimming*	le volleyball

Vocabulaire actif : *Le cinéma et la télévision*

les films de (*name of filmmaker*)
les films policiers *detective*
les films d'aventure; les émissions *programs* d'aventure
les films comiques; les émissions comiques
les films d'épouvante *horror*
les émissions policières
les drames psychologiques
les comédies musicales

Exercice C : Et vous ?

Ask your instructor questions about some of her/his interests, using the list above. Don't forget to use **vous**!

II. Parler d'activités et de préférences passées

L'imparfait (au singulier)

When we talk about our tastes in the past, we often say, in English, "*I used to* like…, hate…; *I used to* swim a lot," etc. In both cases, we are talking about an indefinite period of time, as opposed to, for example, a definite period of time: "Yesterday, I swam a mile."

The tense in French which corresponds to "I used to…" is the **imparfait.**

À noter !

The **imparfait** has other uses as you will see in Chapters 6 and 10.

- The stem, or base form, of the **imparfait** is the **nous** form of the verb in the present tense, minus the present tense endings:

  nous aim**ons** (*stem* = **aim-**)
  nous av**ons** (*stem* = **av-**)

Only the verb être has an irregular stem: **ét-**

- The endings of the **imparfait** are added to the stem. Only the forms for **je, tu, elle / il / on** are presented here.

	aimer	avoir	être
j' **-ais**	aim**ais**	av**ais**	ét**ais**
tu **-ais**	aim**ais**	av**ais**	ét**ais**
elle / il / on **-ait**	aim**ait**	av**ait**	ét**ait**

> **À noter !**
>
> The endings **-ais** and **-ait** are pronounced identically.

Allez-y !

Exercice A : Pratique pratique

Put the verbs of the following sentences in the *imparfait.*

> modèle : Elle demande l'addition.
> Elle **demandait** l'addition.

1. Je marche beaucoup.
2. Tu aimes les sciences ?
3. Il n'écoute pas le professeur.
4. J'ai une radio dans ma chambre.
5. Elle est coordonnatrice.

Exercice B : Quand tu étais à l'école élémentaire ...

Ask a classmate about her or his tastes and activities while in elementary school. Use vocabulary from the boxes in the previous section.

> modèle : Quand tu étais à l'école élémentaire (secondaire), est-ce que tu aimais les sports ? (la musique rock, etc.)
> **Oui, j'aimais ... / Non, je n'aimais pas ...**

III. Expliquer ce qu'on fait dans la vie

In introducing his colleagues, M. Charbonneau identified their jobs:

> *M. Charbonneau* : Gabrielle Boilly est animatrice, et Gérard Leblanc est animateur.
> Jocelyne Tremblay est monitrice ...

- Below is a list of professions in French. Most have a masculine and feminine form. Canadian French has been much more progressive in feminizing names of professions than has European French.

Vocabulaire actif : *Les professions*

féminin	masculin
actrice	acteur
artiste	artiste
avocate	avocat *lawyer*
auteure	auteur *author*
chanteuse	chanteur *singer*
comptable	comptable *accountant*
dentiste	dentiste
écrivaine	écrivain *writer*
électricienne	électricien
enseignante	enseignant *teacher*
étudiante	étudiant *student*
femme d'affaires	homme d'affaires *businesswoman/man*
fermière	fermier *farmer*
infirmière	infirmier *nurse*
informaticienne	informaticien *computer scientist*
journaliste	journaliste
docteure (Can.)	docteur *doctor*
(femme) médecin (Fr.)	médecin *doctor*
musicienne	musicien
ouvrière	ouvrier *worker / blue-collar*
plombière (Can.)	plombier *plumber*
(femme) plombier (Fr.)	plombier *plumber*
professeure (Can.)	professeur *teacher / professor*
(femme) professeur (Fr.)	professeur
psychologue	psychologue *psychologist*
scientifique	scientifique *scientist*
secrétaire	secrétaire
vendeuse	vendeur *salesperson*

Allez-y !

Exercice A : Pratique pratique

Identify the profession of the following:

> modèle : Gérard
>> Gérard est **animateur**.

1. Alanis Morissette
2. Peter Mansbridge et Pamela Wallin
3. Roch Carrier
4. Heather Reisman
5. Steven Hawking

Exercice B : Qui est-ce ?

Identify the people below by giving their probable profession and possible name(s). For students, add their area of study.

> modèle : C'est Marthe. Elle est journaliste.

IV. Discuter d'activités

La structure verbe + infinitif

In the conversation *En classe*, Robert uses this construction in describing Jocelyne's interests:

> *Robert* : ... et elle **déteste** regarder les émissions sportives...

- The verbs **aimer, adorer, détester,** and **préférer** are often followed directly by another verb, in what is called the *infinitive* form. So far, most infinitives we have seen end in **-er**.

Allez-y !

Exercice A : Pratique pratique

Combine the fragments into complete sentences.

> modèle : Arthur / adorer / voyager
> Arthur **adore voyager.**

1. Maria / aimer / faire de l'aérobic
2. Les étudiants / adorer / aller au cinéma
3. Je / détester / parler de l'économie
4. Vous / préférer / étudier la philosophie
5. Tu / aimer bien / danser

Exercice B : Tu aimes chanter ?

Interview a partner to determine her or his taste for the following activities. Then, make a foursome with another pair, and compare your likes and dislikes.

- aller au théâtre / au cinéma
- chanter
- étudier les maths, etc.
- parler en classe de français
- marcher
- lire *to read*

- écouter la radio
- habiter en résidence
- danser
- skier
- regarder la télévision
- parler de la politique

V. Exprimer les quantités

Rappel !

In *Mise en route,* you saw numbers up to 60.

- Here are higher numbers to begin to use:

Vocabulaire actif : *Les nombres de 70 à 1 000 000*

70 = soixante-dix
71 = soixante et onze
72 = soixante-douze
73 = soixante-treize
80 = quatre-vingts
81 = quatre-vingt-un
90 = quatre-vingt-dix
91 = quatre-vingt-onze
100 = cent
101 = cent un
200 = deux cents
201 = deux cent un
1 000 = mille
1 001 = mille un
2 000 = deux mille
1 000 000 = un million (de)

À noter !

In Canada, numbers are usually separated by spaces or commas:
10 000 or 10,000. In Europe, periods are sometimes used : 10.000.

- In Quebec, people tend to give telephone numbers one figure at a time, as is done in English. For example: 555-1212 = cinq cinq cinq, un deux un deux.
- In France, one typically divides the number into two-figure segments. For example: 55.12.12.20 = cinquante-cinq, douze, douze, vingt.

Exercice A : Pratique pratique

Selected students will read the numbers aloud while others write them out on the blackboard.

76	280
84	1 591
90	3 000
104	1 000 002

Exercice B : Quel est ton numéro de téléphone ?

Exchange telephone numbers as you would in Quebec, inventing numbers if you wish.

> modèle : Quel est ton numéro de téléphone ?
> **C'est le 555-1212**

Now, how would you say the following French telephone numbers?

1. 31.97.62.81   4.   42.78.22.95
2. 80.67.77.09   5.   59.89.90.47
3. 69.70.71.14   6.   26.13.15.71

Exercice C : Quelle est ton adresse ?

Exchange real or imaginary addresses in French.

> modèle : Quelle est ton adresse ?
> **C'est 555, rue (*street*)...avenue...boulevard...**

Exercice D : Questions démographiques

Share information about numbers of people.

1. Quelle est la population de votre (*your*) ville (*town/city*) ?
2. Quelle est la population du Canada ?
3. Quelle est la population des États-Unis (*United States*) ?
4. Il y a combien (*how many*) d'étudiants à votre université ?
5. Il y a combien d'étudiants dans votre classe la plus grande (*biggest*) ?
6. ?

VI. Exprimer la durée

Depuis + le présent

Choose depuis to indicate duration from the past to the present.

- Although used with the present tense, **depuis** designates an action that began in the past and is still going on at the moment of speaking. Typically, it means *for.*

  Tu es là **depuis** longtemps ?
  Have you been here *for* a long time?

- However, when used with an expression marking the beginning of an action, **depuis** means *since.* Words expressing the beginning of an action might include **hier** (*yesterday*) as well as the days of the week that you learned earlier in Chapter 1.

  Non, (je suis là) **depuis** ce matin seulement.
  No, (I've been here) only *since* this morning.

  depuis + expression of length of time = for
  depuis + expression marking beginning of action = since

Vocabulaire actif : *Des notions de durée*

10 minutes	
une heure	*an hour*
trois jours	*three days*
une semaine	*a week*
un mois	*a month*
un an	*a year*
peu de temps	*a short while/not very long*

Exercice A : Depuis longtemps ... ?

Use **depuis** in both the question and answer.

> modèle : Jacques est étudiant (un mois)
>> Jacques est étudiant depuis longtemps ?
>> **Non, (il est étudiant) depuis un mois seulement.**

1. Le professeur est là (deux minutes)
2. Tu es à Laval (ce matin)
3. Marc et Chantal sont mariés (*married*) (7 mois)
4. Tu habites en résidence (cinq jours)
5. Roland est bouddhiste (2 ans)
6. Pauline a un piano (hier)
7. Maria et Jane ont une machine à popcorn (une semaine)

Exercice B : Et toi ?

Ask a classmate a few questions using depuis.

> modèle : Tu / être / à l'Université X ?
>> Tu es à l'Université X depuis longtemps ?
>> **Non, je suis étudiant-étudiante depuis un mois seulement.**

1. Tu / être / dans la salle de classe
2. Tu / habiter / en résidence
3. Tu / habiter / à (city)
4. Tu / étudier / le français, etc.
5. Tu / avoir / un chat, un chien, etc.

Plus loin

Fiches biographiques

Pré-lecture

On the following pages, you will find the **fiches biographiques** filled out by all of the students and staff at the summer immersion programme. Even though there may be words you have not yet seen, you can probably guess at the meaning of most of them. Try to do so whenever possible.

FICHE BIOGRAPHIQUE
Université Laval, cours d'immersion

nom : **THERRIEN**

prénom (s) : Robert

sexe : **X** masculin _____ féminin   âge **22 ans**

lieu de résidence permanente :

   ville : Sudbury

   province : Ontario

profession (+ majeure, si étudiant / étudiante) : étudiant
   (de français)

Passe-temps et préférences :

   la guitare et la musique folk
   la politique du bilinguisme
   le ski
   la nature
   le camping

FICHE BIOGRAPHIQUE
Université Laval, cours d'immersion

nom : **SAWCHUK**

prénom (s) : Heather

sexe : _____ masculin **X** féminin   âge **45 ans**

lieu de résidence permanente :

   ville : Halifax

   province : Nouvelle - Écosse

profession (+ majeure, si étudiant / étudiante) : scientifique
   (écologie marine)

Passe-temps et préférences :

   l'écologie, l'environnement
   les romans policiers
   les promenades

FICHE BIOGRAPHIQUE
Université Laval, cours d'immersion

nom : **O'BRIEN**

prénom (s) : Michael

sexe : **X** masculin _____ féminin   âge **46 ans**

lieu de résidence permanente :

   ville : Halifax

   province : Nouvelle - Écosse

profession (+ majeure, si étudiant / étudiante) : artiste
   (peintre)

Passe-temps et préférences :

   les beaux-arts, la cuisine
   les vins (collection d'étiquettes)
   les voyages, les surprises
   les grands chiens

FICHE BIOGRAPHIQUE
Université Laval, cours d'immersion

nom : **LE BLANC**

prénom (s) : Gérard

sexe : **X** masculin _____ féminin   âge **30 ans**

lieu de résidence permanente :

   ville : Shippagan

   province : Nouveau - Brunswick

profession (+ majeure, si étudiant / étudiante) : étudiant
   (prépare un doctorat en dialectologie française)

Passe-temps et préférences :

   la bonne cuisine, la mer (la pêche)

   la politique

FICHE BIOGRAPHIQUE
Université Laval, cours d'immersion

nom: __HARRISON__

prénom (s) : __Jane__

sexe :   masculin   __X__   féminin   âge __19 ans__

lieu de résidence permanente :

     ville : __Burlington__

     état : __Vermont__

profession (+ majeure, si étudiant / étudiante) : __étudiante__

__(de français)__

Passe-temps et préférences :

__le journalisme, le ski, la religion__

__le théâtre et la danse__

FICHE BIOGRAPHIQUE
Université Laval, cours d'immersion

nom: __CHARBONNEAU__

prénom (s) : __Réjean__

sexe :   __X__   masculin   féminin   âge __53 ans__

lieu de résidence permanente :

     ville : __Chambly__

     province : __Québec__

profession (+ majeure, si étudiant / étudiante) : __professeur__

Passe-temps et préférences :

__la littérature antillaise, l'art antillais__

__la poésie, les discussions__

FICHE BIOGRAPHIQUE
Université Laval, cours d'immersion

nom: __BOILLY__

prénom (s) : __Gabrielle__

sexe :   masculin   __X__   féminin   âge __23 ans__

lieu de résidence permanente :

     ville : __Saint - Boniface__

     province : __Manitoba__

profession (+ majeure, si étudiant / étudiante) : __professeure__

__(diplômée du Collège Universitaire de Saint - Boniface)__

Passe-temps et préférences :

__le kayak__
__la nature, la tranquillité__
__le cyclisme, la musique classique (la flûte)__

FICHE BIOGRAPHIQUE
Université Laval, cours d'immersion

nom: __CHANG__

prénom (s) : __Maria__

sexe :   masculin   __X__   féminin   âge __20 ans__

lieu de résidence permanente :

     ville : __Fort St John__

     province : __Colombie - Britannique__

profession (+ majeure, si étudiant / étudiante) : __étudiante__

__(de français)__

Passe-temps et préférences :

__le cyclisme, la raquette, le ski de fond__

__les beaux - arts__

```
                    FICHE BIOGRAPHIQUE
                Université Laval, cours d'immersion

    nom :  TREMBLAY

    prénom (s) :  Jocelyne

    sexe :  _____   masculin   X   féminin      âge  22 ans

    lieu de résidence permanente :

            ville :  Chicoutimi

            province :  Québec

    profession (+ majeure, si étudiant / étudiante) :   artisane


    Passe-temps et préférences :

        les textiles (je suis tisserande)
        le folklore, les traditions du Québec
        la cuisine
        les animaux
```

Allez-y !

Exercice A : Qui suis-je ?

Glance through the **fiches biographiques** and pick the one that most appeals to you. Then, work with a partner for the following role-play, adopting the role of the character you have chosen.

1. Greet each other.
2. Introduce yourselves.
3. Tell where you're from and find out where your partner is from.
4. Express one or two of your likes and dislikes and find out those of your partner.

> modèle : *Robert* : **Salut ! Robert Therrien.**
> *Gabrielle* : **Salut ! Gabrielle Boilly.** (*They shake hands.*)
> *Robert* : **Moi, je suis de Sudbury. Et toi ?**
> *Gabrielle* : **Je suis de Saint-Boniface, etc.**

Exercice B : Hypothèses

Judging from the fiches, who would probably like (**aimerait probablement**) the following? Note that there may be more than one correct answer. Work with a partner if you like. Give your answers in complete sentences.

> modèle : Jocelyne aimerait probablement les légendes africaines; elle aime le folklore en général.

1. les concerts de Zachary Richard
2. le musée Cousteau à Monaco
3. la tapisserie de Bayeux
4. le musée Rodin à Paris
5. les élections fédérales

Activités d'intégration

Quel concert ?

Decide with your partner which singer you prefer to see on the weekend.

Rédaction

Imagine that you are requesting a French-speaking pen pal (**correspondant-correspondante francophone**). The agency responsible for pairing pen pals has asked you to write a short description of your interests. In doing so, refer to the vocabulary lists in this chapter.

Le jumelage

Exchange your description with that of a classmate whom you do not know. Circulate in the class in an attempt to find another student who has interests closely matching those of the student whose description you are holding. In asking information of your classmates, you might model your questions on those below:

- Comment s'appelle l'étudiant-l'étudiante ?
- Il / Elle habite ...? étudie ...? aime ...? etc.

Vocabulaire actif

Les études, p. 44
Bonjour ! Ça va ? Au revoir ! p. 45
Au revoir, p. 46
J'aime / Je déteste, p. 47
Activités, p. 49
Adverbes de nuance, p. 49
La musique et la danse, p. 57
Les sports, p. 57
Le cinéma et la télévision, p. 58
Les professions, p. 60
Les nombres de 70 à 1 000 000, p. 62
Des notions de durée, p. 64

Noms

l'ami-l'amie *mf friend*
l'animal *m* (les animaux) *animal(s)*
la classe *class*
l'école *f school*
l'émission *f (TV) show*
le film *movie/film*
le matin *morning*
le numéro *number*
la rue *street*
le téléphone *telephone*
la ville *town/city*

Verbes

adorer° *to adore*
aimer° *to like*
détester° *to dislike*
organiser *to organize*
préférer° *to prefer*

° verb presentation in chapter

Conjonctions

mais *but*
quand *when*

Prépositions

depuis *since*
sur *on*

Adverbes

en général *in general*
aussi *also*
hier *yesterday*
mieux *better*
sûrement *surely*
surtout *especially*
très *very*
un peu *a little*

Adjectifs

exotique *exotic*
fatigué(e) *fatigued/tired*
francophone *French-speaking*

Autres

depuis *since*
ou *or*
par exemple *for example*
quand *when*
Qui est-ce ? *Who is it?*
Tiens ! *Say!/Look!*
tout le monde *everyone*

On se retrouve à la cafétéria

Mise en contexte

Maria, Gabrielle, Heather, Gérard et Michael se retrouvent à la cafétéria de l'Université Laval. Puis Robert et Jocelyne arrivent avec un visiteur de Louisiane.

Objectifs communicatifs

Scène 1

Décrire les personnes et les choses
Parler des membres d'une famille et de leurs possessions
Décrire les personnes

Scène 2

Faire des projets
Bien s'exprimer : les verbes suivis des prépositions à et de
Exprimer des opinions, demander l'avis de quelqu'un

Structures et expressions

Scène 1

Les adjectifs
  • invariables (genre)
  • réguliers
Les adjectifs possessifs
Indiquer la possession avec être à + pronon tonique et par la préposition de
Le verbe avoir pour exprimer l'âge

Scène 2

Le temps présent pour exprimer le futur
Les verbes aller et venir
Les contractions au, aux; du, des
Les pronoms y et en

Vocabulaire actif

Scène 1

Décrire les personnes ou les choses
Les membres de la famille
Exprimer l'âge
Les descriptions physiques

Scène 2

Les activités en ville ou sur le campus
Donner son opinion

Culture

Le français canadien et le français européen (suite)
L'impact de l'anglais sur le français et vice-versa
La taquinerie dans la culture française
Les minorités francophones : le Québec au Canada; la Louisiane aux États-Unis

Chapitre 2

Le Rocher Percé en Gaspésie

Des muffins haute cuisine

Scène 1

Le déjeuner

Sur le vif !

are having breakfast

Maria et Gabrielle déjeunent° à la cafétéria avec un autre membre de la classe, Heather. Gérard arrive :

is there someone (sitting here)?

Gérard : Excusez, il y a quelqu'un°?

come sit down.

Gabrielle : Ah, salut, Gérard. Non, viens t'asseoir°. Ça va, toi ?

I'm feeling great; looks for

Gérard : Oui, je suis en pleine forme°. (*Il regarde, cherche° Michael.*) Mais où est Michael ?

the trays; Just look at

5 **Heather** : Il est encore dans notre chambre; il arrive. (*Heather regarde les plateaux°.*) Regarde donc° tout le plastique et le papier. C'est atroce !

this; Gabrielle's plate

Gérard : C'est normal, Heather. La cuisine est atroce aussi. Il est abominable, ce° café ! (*Il indique l'assiette de Gabrielle°.*) Et ça, Gabrielle, qu'est-ce que c'est dans ton assiette ?

You can plainly see
smart alec; besides

10 **Gabrielle** : Mais tu vois bien° que ce n'est pas une banane ! C'est un muffin [2], mon petit drôle° [3], et il est délicieux. Et en plus°, je trouve que le café est bon. Écoute, Gérard, ce n'est pas un restaurant gastronomique; c'est une cafétéria universitaire.

Gérard : Je sais°, je sais ... Mais je pense à ma famille, aux déjeuners. Chez moi, mon père prépare toujours le café, et il est superbe. Et les muffins de ma mère, ils sont fantastiques ! Mon frère a seulement° 10 ans, et il en mange° quatre par jour°! Ici, à la cafétéria, eh bien, c'est très ordinaire. *I know*
only; he eats
per day

Maria : Je comprends, Gérard. Mon père est boulanger°, et le pain° et les gâteaux° à la maison° sont formidables. *baker; bread*
cakes; at our house

Michael : Salut, tout le monde ! Bon appétit !

Gérard : Qui c'est ? (*Il se tourne°.*) Incroyable°, mais c'est Michael ! Tu es là enfin°, gros paresseux° [3]! *turns around; Unbelievable*
finally; (you) lazybones

Heather : Viens, Michael, il y a une place ici.

Michael : Merci. Alors, quoi de neuf°, tout le monde ? *what's new*

Maria : Oh, rien°, on parle de la nourriture° à la cafétéria ... ce n'est pas une conversation très gaie. *nothing; food*

Michael : Quel° est le problème ? Il y a un grand choix°... *What; choice*

Maria : Oui, mais ce n'est pas très bon.

Michael : Ah ! Heureusement° que je ne suis pas difficile, moi. Ce café est pour° moi ? *Luckily*
for

Gérard : Non, il est à moi. Touche pas !

Pour en savoir plus

1. As we have already noted, there may be a good deal of variation in vocabulary from one francophone country or region to another. The equivalent of "to have breakfast" is usually **déjeuner** in Canada, but **prendre le petit déjeuner** in Europe. Here are some more examples, all related to meals:

> **Vocabulaire actif :** *Les repas*
>
> | français européen | français canadien | anglais |
> |---|---|---|
> | le petit déjeuner | le déjeuner | *breakfast* |
> | le déjeuner | le dîner | *lunch* |
> | le goûter | la collation | *snack* |
> | le dîner | le souper | *dinner/supper* |

2. Why is there no translation in French for *muffin*, or in English for the French word **croissant**? As we borrow a part of another culture's "reality" (in this case culinary), we import the corresponding words as well. English has accepted relatively few French words in the twentieth century, but French has borrowed a substantial amount from English in the last few decades.

3. French speakers are noted for their enjoyment of teasing (**la taquinerie**). Thus Gabrielle does not mean literally that Gérard is a little smart alec

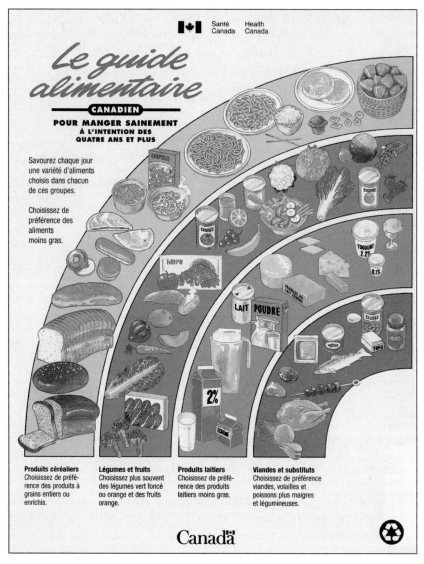

Le guide alimentaire canadien

when he inquires (presumably tongue-in-cheek!) about the muffin she has ordered. A better translation might be something like "You silly character, you silly rascal, etc." Similarly, Gérard is obviously teasing Michael when he calls him a **gros paresseux** (*big lazybones*).

Vous avez bien compris ?

Give the name of the character who would be the most likely to say the following in the context of the mini-conversation. Be prepared to justify your response.

1. J'arrive toujours après (*after*) les autres.
2. J'aime bien les muffins de la cafétéria.
3. Michael arrive bientôt (*soon*).
4. Ça va très, très bien, merci.

5. Mais non, je ne suis pas paresseux.
6. Je trouve que le café ici est horrible.
7. Mon père prépare des petits pains délicieux.

Réflexions sur la culture

1. What are the first five French words commonly used in English that come to your mind? Do you use most of these words fairly frequently? In particular, can you think of some common food items (or other items) that keep their French names in English or another language? Check with your neighbours to see if you often use the words on their lists, and vice-versa.
2. Do you feel that teasing (**la taquinerie**) is also an integral part of your own culture?

Fonctions et observations langagières

I. Décrire les personnes et les choses

L'accord des adjectifs

We are constantly describing ourselves, others and the world around us as we express opinions, pleasure and displeasure, and so on. We very frequently use adjectives in doing so. You will recall these examples from *Le déjeuner*.

> *Gérard* : La cuisine est **atroce** aussi.
> *Maria* : Les gâteaux ... sont **formidables**.

You will remember from Chapter 1 that nouns in French may be either masculine or feminine (*le* **livre**, *la* **chambre**), and as well they may be either singular or plural (*le* **livre**, *les* **livres**). In French, the same is true of adjectives, and they are said *to agree with* the noun or pronoun that they describe or qualify, both in *gender* (masculine/feminine) and in *number* (singular/plural).

> *Gérard* : Et les muffins de ma mère, ils sont **fantastiques** !

Les adjectifs invariables (genre)

• A large number of French adjectives have the same form for both the masculine and feminine singular - they end with the letter **-e**. And, as with *les* **livres**, they form their plural with the consonant **-s**. In terms of pronunciation, since the final **-s** is silent, *all four forms have the same pronunciation*.

	singulier	pluriel
m	superbe	superbes
f	superbe	superbes

Vocabulaire actif : *Description de personnes et d'objets*

-iste
égoïste (*selfish*)
idéaliste / matérialiste
réaliste / irréaliste
triste *sad*

-ique
comique
fantastique
magnifique
sympathique / sympa (*fam.*) *nice*

-able
agréable / désagréable
confortable *things only*
formidable *wonderful/great*
incroyable *unbelievable*

-ible
horrible
possible / impossible
sensible *sensitive*)

-aire
célibataire *unmarried*
nécessaire
ordinaire / extraordinaire
populaire

As well as:

autre *other*	juste / injuste	facile / difficile	riche / pauvre
célèbre *famous*	atroce	drôle *funny*	honnête
bête *silly*			

Allez-y !

À noter !

Many of the adjectives in the preceding and following lists form patterns. Please consult the list of additional adjectives in the Annex (p. 101) before doing these exercises.

Exercice A : Pratique pratique

Practice using adjectives by creating sentences that compare the following:

modèle : Jean est **formidable** mais Paul est **horrible.**

1. Marc / Robert
2. Gérard et Michael / Alain et Georges
3. Marie / Anne
4. Jean et Pauline / Jacques et Nicole
5. La cuisine à la cafétéria / la cuisine chez moi

Exercice B : Pas d'accord !

> modèle : Tu es pessimiste (*pessimist*), n'est-ce pas ?
> **Mais non, je suis optimiste (*optimist*).**

1. Est-ce que tu es calme ?
2. Est-ce que le français est difficile ?
3. Les salles de classe sont désagréables, n'est-ce pas ?
4. Est-ce que les professeurs sont horribles ?
5. La cuisine en résidence est superbe, n'est-ce pas ?
6. Est-ce que le climat ici est atroce ?

Exercice C : Mon opinion

Complete the sentences below by adding an adjective of your choice. Compare your answers to those of one or two classmates.

1. Les chambres en résidence sont _____.
2. La musique de Beethoven est _____.
3. La musique rap est _____.
4. J'ai 50% à mon quiz. C'est _____.
5. J'ai 90% à mon quiz. C'est _____.
6. Eric Lindros est _____.
7. Les Blue Jays de Toronto sont _____.
8. La classe de français est _____.

Les adjectifs réguliers

- Another group of adjectives is often called *regular*; the feminine of these adjectives is formed by adding an (**e**) to the masculine singular form. As usual, simply add an **-s** for the plural.

	singulier	**pluriel**
m	Il est amusant.	Ils sont amusant**s**.
f	Elle est amusant**e**.	Elles sont amusant**es**.

Vocabulaire actif : *Description de personnes et d'objets*

-(vowel)	-n	-s
compliqué	américain	anglais
fatigué	fin *nice* (Qué.)	français
fiancé / marié / divorcé		québécois
	-ent	
-ant	compétent	**-t**
amusant	content	fort *strong*
arrogant	différent	parfait *perfect*
charmant	intelligent	
élégant	lent *slow*	**-d**
méchant *mean*	patient	laid *ugly*
passionnant *fascinating*	prudent *careful*	rond *round*
	récent	

What example of this type of adjective can you find in the ad below? You are not expected to understand all the words.

CERTAINS PROFESSIONNELS FONT PARFOIS LEURS PREMIERS PAS SANS VRAIMENT SAVOIR OÙ ILS METTENT LE PIED.

Allez-y !

Exercice A : Pratique pratique

Substitute the words in parentheses for the italicized word and make all necessary changes.

> modèle : *Magali* est contente. (Henri)
> Henri est **content**.

1. *Paul* est américain. (Marie, les étudiants, vous, nous)
2. Est-ce que *vous* êtes compétent(e) ? (Georges et Paul, nous, la coordonnatrice, tu)
3. *Tu* n'es pas Québécoise ? (Je, Carole, vous, elles)

Exercice B : Ne soyons pas sexistes !

Pay particular attention to the *forms* of the adjectives as you work on the following activity.

> modèle : Les femmes sont assez tolérantes.
> **Et les hommes sont assez tolérants aussi.**

1. Les femmes sont assez patientes.
2. Les hommes sont assez individualistes.
3. Les femmes sont assez sensibles.
4. Les hommes sont assez indépendants.
5. Les femmes sont assez dynamiques.
6. Les hommes sont assez embêtants.
7. Les femmes sont assez intelligentes.
8. Les hommes sont assez réalistes.
9. Les femmes sont assez compétentes.
10. Les hommes sont assez arrogants.

Exercice C : Mini-sondage

Describe the following:

> modèle : musiciens rock
> **En général, ils sont assez riches !**

1. les personnages politiques
2. les présidents-présidentes d'université
3. les joueurs (*players*) de hockey
4. les vedettes de cinéma (*movie stars*)
5. les professeurs-professeures
6. les animateurs d'émissions télévisées ou radiodiffusées comme Oprah Winfrey et Mike Bullard
7. les «verts» (les écologistes)
8. les enquêteurs (*poll-takers*)

À noter !

Be careful of the adverb **assez**; it can mean *fairly, rather* or *enough*. No doubt rock musicians are often both *rather* rich and rich *enough*! You will frequently find it useful, when giving your views, to modify some adjectives with adverbs. For example, concerning rock musicians, you might have said that:

Ils sont **très** célèbres.
Ils sont **trop** (*too*) arrogants.
Ils sont **complètement** égoïstes.
Ils sont **absolument** fantastiques.
Ils sont **quelquefois** (*sometimes*) bizarres.
Ils sont **souvent très** énergiques.
Ils sont **presque** (*almost*) **toujours** (*always*) **assez** intéressants.

Exercice D : Interview

Use a few of the following questions to interview a classmate about some of his or her personality traits.

1. Est-ce que tu es presque toujours optimiste ?
2. Est-ce que tu es assez idéaliste ?
3. Tu es toujours sincère, non ?
4. Tu es prudent(e) ?
5. Tu es très, très modeste, c'est vrai ?
6. Tu es quelquefois trop matérialiste ?
7. Tu es souvent un peu (*a bit*) embêtant(e), non ?
8. Tu es parfait(e), oui ?!
9. ?

II. Parler des membres d'une famille et de leurs possessions

Les adjectifs possessifs

To talk both about ownership and about what members of our immediate and extended families are doing, we have several options, such as the following that you have seen in *Le déjeuner*:

> *Heather* : Il est encore dans **notre** chambre ...
> *Michael* : Ce café est pour moi ?
> *Gerand*: Non, il est **à moi** !

When we express ownership, we frequently use possessive adjectives.

> *Gérard* : Et ça, Gabrielle, qu'est-ce que c'est dans **ton** assiette ?

À noter !

While possessive adjectives indicate the identity of the possessor, the adjective itself agrees both in gender and in number with the person or thing possessed. Thus, **sa raquette** may mean either *his* or *her racket*, **son muffin** either *his* or *her muffin*, etc.

---

singulier		pluriel	
m	*f*	*m / f*	
mon muffin	**ma** raquette	**mes** oranges	*my*
ton muffin	**ta** raquette	**tes** oranges	*your*
son muffin	**sa** raquette	**ses** oranges	*his/her/its*
notre muffin	**notre** raquette	**nos** oranges	*our*
votre muffin	**votre** raquette	**vos** oranges	*your*
leur muffin	**leur** raquette	**leurs** oranges	*their*

À noter !

- Before feminine nouns beginning with a vowel or silent **h**, the *masculine* singular form of the possessive adjective is used:

  mon amie, **ton** auto, **son** hôtel

- There is a liaison with the plural forms **mes, tes, ses, nos, vos, leurs** and a following word beginning with a vowel or silent **h**: **mes** amis, **nos** enfants, etc.

Auberge
du Parc

Ses chambres confortables
Son Parc ombragé
Son Jardin d'oliviers
Sa piscine
        vous attendent

Renseignements à l'intérieur

Exercice A : Pratique pratique

Use the example to help you decide what form of the possessive adjective would be appropriate in the following contexts (the names in parentheses are the "owners"):

modèle : (Andrew) La grande photo montre __sa__ ville.

1. (Mélanie) La petite photo montre _____ chat.
2. (nous) _____ sport préféré est le hockey.
3. (Louise et Yves) J'aime bien _____ bicyclettes.
4. (moi) Voici _____ nom et _____ adresse.
5. (vous) Vous mangez à la cafétéria avec _____ amis ?
6. (Robert) _____ amis habitent toujours avec _____ parents.
7. (Evelyne et Doris) Elles détestent _____ cours de géographie.

Exercice B : C'est à moi, ça !

Answer the following questions according to the model.

modèle : Est-ce que c'est ta bicyclette ?
Oui, c'est **ma** bicyclette.
Non, ce n'est pas **ma** bicyclette.

1. Est-ce que vous avez vos disques laser ? (oui)
2. Est-ce que Marie a sa guitare ? (non)
3. Est-ce que c'est mon baladeur ? (non)
4. Vous avez notre machine à popcorn, n'est-ce pas ? (oui)
5. C'est leur télé ? (oui)
6. Est-ce que c'est ta voiture ? (non)
7. Tu as ton livre de français, n'est-ce pas ? (oui)
8. C'est leur dictionnaire ? (non)

Exercice C : Organisons un voyage !

What possessions would you probably want to take with you if you were planning to spend a year studying French at Laval? If your best friend were also going, what do you think she/he would not want to leave behind?

modèle : Je voudrais (*would like*) emporter (*take*) mon vélo et mes cassettes.
Je pense que X voudrait emporter sa raquette de squash et ses skis.

Être à + les pronoms toniques

The expression **être à** also indicates possession. It is followed by a noun or a stress pronoun.

Il y a une bicyclette dans le couloir (*corridor*).
Elle est à Paul. *It's Paul's.*
Elle est **à moi**. *It's mine.*

Les pronoms toniques

moi *me*   **nous** *us*
toi *you (fam.)*   **vous** *you (formal or plural)*
elle *her*   **elles** *f them*
lui *him*   **eux** *m them*

À noter !

Stress pronouns are also used

1. for purposes of emphasis, as in the following expressions:

   J'ai un chat. Et toi ?
   Moi, je n'ai pas de chat.
   J'ai une bicyclette, **moi aussi**.
   Tu as une machine à popcorn, **toi aussi** ?

2. after prepositions as in the following:

   Ce café est **pour moi.**
   Chez moi, mon père prépare toujours le café.
   Marie arrive avec Suzanne ? Oui, ell arrive **avec elle.**

Allez-y !

Exercice A : Pratique pratique

Who owns each of the following items? The real owners are highlighted. Use **à** + stress pronouns to be as clear as possible.

> modèle : (moi ou toi) le dernier muffin
>   **Il est à moi.**

1. (**Suzanne** ou Nick) l'imprimante laser
2. (**Georges** ou Sandra) les cassettes de Roch Voisine
3. (**Louisa** ou Sandra) le baladeur
4. (**Philippe et Adrienne** ou nous) la voiture américaine
5. (**Suzanne et Louisa** ou Philippe et Adrienne) les livres de français
6. (**toi et moi** ou Thomas) la machine à popcorn

Exercice B : Je fais mes devoirs chez moi !

Answer the following questions using a stress pronoun to replace the word(s) in italics.

> modèle : Est-ce que vous travaillez pour *Pierre* ?
>   Oui, je travaille pour **lui.**

1. Est-ce que ces muffins sont pour *Gérard* ? (oui)
2. Vous arrivez avec *Philippe et Jean* ? (non)
3. Nicole habite chez *ses parents*, n'est-ce pas ? (oui)

---

4. Est-ce que vous parlez souvent avec *votre camarade de chambre* ? (non)
5. Le livre est pour *vous* ? (oui)
6. Ils jouent au hockey avec *mon copain et moi*, n'est-ce pas ? (non)

La préposition de

- One might also express the idea of ownership, or relationship between people, by using the preposition **de**.

C'est la voiture **de** Pierre.	*It's Peter's car.*
Le fils **de** Jean est à Hamilton.	*John's son is in Hamilton.*
C'est l'oncle **de** Gregory.	*That's Gregory's uncle.*
Voici la chambre **de** notre fille.	*Here is our daughter's room.*

- You will find the following vocabulary useful when talking about members of your immediate or extended family.

Vocabulaire actif : *Les membres de la famille*

l'homme *man*	l'enfant *child*
la femme *woman*	la fille *girl*
la mère *mother*	le garçon *boy*
le père *father*	la tante *aunt*
les parents *parents; relatives*	l'oncle *uncle*
la femme *wife*	la nièce *niece*
le mari *husband*	le neveu *nephew*
la fille *daughter*	la cousine *cousin*
le fils *son*	le cousin *cousin*
la sœur *sister*	la petite-fille *granddaughter*
le frère *brother*	le petit-fils *grandson*
la grand-mère *grandmother*	la belle-mère *mother-in-law, stepmother*
le grand-père *grandfather*	le beau-père *father-in-law, stepfather*
les grands-parents *grandparents*	la belle-sœur *sister-in-law*
les petits-enfants *grandchildren*	le beau-frère *brother-in-law*
la belle-fille, la bru (Can.) *daughter-in-law*	
le beau-fils, le gendre *son-in-law*	

Allez-y !

Exercice A : L'arbre généalogique de Jocelyne

Jocelyne Tremblay spent part of her last holidays in Chicoutimi completing a sketch of part of her family tree. Ask a classmate what relationship the other family members are to Jocelyne.

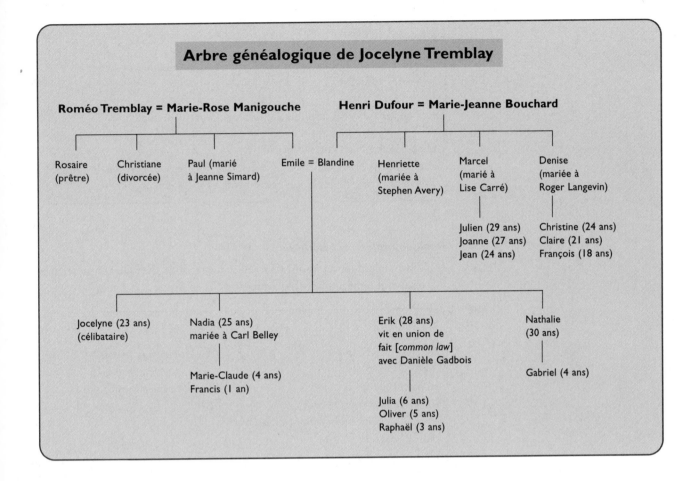

Arbre généalogique de Jocelyne Tremblay

Roméo Tremblay = Marie-Rose Manigouche   **Henri Dufour = Marie-Jeanne Bouchard**

Rosaire (prêtre)

Christiane (divorcée)

Paul (marié à Jeanne Simard)

Emile = Blandine

Henriette (mariée à Stephen Avery)

Marcel (marié à Lise Carré)

Denise (mariée à Roger Langevin)

Julien (29 ans)
Joanne (27 ans)
Jean (24 ans)

Christine (24 ans)
Claire (21 ans)
François (18 ans)

Jocelyne (23 ans) (célibataire)

Nadia (25 ans) mariée à Carl Belley

Erik (28 ans) vit en union de fait [*common law*] avec Danièle Gadbois

Nathalie (30 ans)

Marie-Claude (4 ans)
Francis (1 an)

Julia (6 ans)
Oliver (5 ans)
Raphaël (3 ans)

Gabriel (4 ans)

modèle : Qui est Nadia ?
  C'est la sœur de Jocelyne.
  Qui est Marie-Rose Manigouche ?
  C'est sa grand-mère.

III. Décrire les personnes

Expressions avec avoir

When talking about his mother's delicious muffins, Gérard points out:

Gérard : Mon frère **a** seulement **10 ans**, et il en mange quatre par jour.

In French, it is the verb **avoir** that is used to express age.

Vocabulaire actif : *Exprimer l'âge*

Tu **as** quel âge ? (*How old are you?*)
J'ai 23 ans. (*I'm 23.*)
Quel âge **a** votre maison ?
Elle **a** 120 ans.

À noter !

The word **ans** is always mentioned in French, although *years old* is optional in English.

• The verb **avoir** is also used to describe *parts* of the body:

Elle a les cheveux courts et bruns. (*She has short, brown hair.*)
Il a les yeux verts et les cheveux noirs. (*He has green eyes and black hair.*)
The definite article **les** is used after **avoir** in these expressions.

Quelques adjectifs descriptifs

• When describing a person's physical characteristics, the following adjectives are useful (and not only for expressions using **avoir**):

Vocabulaire actif : *La description physique*

court - courte *short*   (Il a les cheveux courts.)
long - longue   (Il a les cheveux longs.)
châtain *chestnut brown*   (Elle a les cheveux châtain.*)
roux - rousse *red (for hair)*
blanc - blanche *white - grey (for hair)*
blond - blonde
bleu - bleue *blue*
brun - brune *brown*
vert - verte *green*
clair - claire *light*
foncé - foncée *dark*
petit - petite *short*
grand - grande *tall*
fort - forte *strong/stout/large*
mince *slim*

* Note that **châtain** is invariable and thus does not agree with **cheveux**.

Exercice A : Pratique pratique

Fill in the blanks with the correct form of the verb **avoir**.

1. Paul _____ les cheveux blonds, mais ses frères _____ les cheveux bruns.
2. Tu _____ dix-huit ans, n'est-ce pas ?
3. Est-ce que nous _____ un disque de Natalie McMaster ?
4. Monsieur et madame Dupont ne (n') _____ pas de petit-fils.
5. Est-ce qu'elle _____ des cousines ?

Exercice B : Ma famille

With a classmate, take turns briefly describing the members of your own family. Use as many descriptive adjectives as possible.

> modèle : J'ai une sœur formidable et trois frères assez embêtants. Ma sœur Monique a 20 ans. Elle étudie la psychologie à l'université. Elle est grande; elle a les cheveux roux et les yeux verts. Elle est très intelligente et très sympathique. Un de mes frères …

Exercice C : L'enfant idéal

Imagine that you are describing to a classmate the ideal children you might like to have some day. Describe the children. Include their age, what they are doing, their physical characteristics and personality.

Exercice D : Le personnage politique idéal; la vedette de cinéma idéale; la personne qui va vous embaucher (*is going to hire you*) l'été prochain

Describe the person whom you selected.

Rencontres à la cafétéria de Laval

Scène 2

Quoi faire ?

Sur le vif !

begin; plan; meet

Les étudiants commencent° à planifier° leur semaine, et rencontrent° un voyageur de la Louisiane.

I know
wine
tonight

Gérard : Écoutez, vous autres, j'ai une idée. Je connais° un bon restaurant où on prépare des steaks extraordinaires et où le vin° et le café sont excellents. On y va ce soir° ?

party

Maria : Ce soir, il y a la soirée° chez M. Charbonneau; on y va demain soir ?

before

5   **Michael** : Excellente idée, et pourquoi pas aller au cinéma avant° ? Tu viens, Gabrielle ?

the others

Gabrielle : Oui, bien sûr ! On invite les autres° aussi ?

Heather : Certainement !

(Robert et Jocelyne arrivent d'une autre table avec Joseph Arceneaux, un visiteur à
10   *Laval.)*

works

Robert : Bonjour, tout le monde. Je vous présente Joseph Arceneaux, qui travaille° pour le CODOFIL[1] en Louisiane.

Maria : Qu'est-ce que c'est, le CODOFIL?

tries to; protect

Joseph : Eh bien[2], c'est un organisme qui essaie° de protéger° et de développer
15   le français des Cadiens[3] en Louisiane. Je viens étudier la situation des francophones au Canada.

Jocelyne : Est-ce que vous trouvez que le français au Canada est en bon état° ? — shape

Joseph : À mon avis, c'est inégal°. Dans certaines provinces, il y a un danger réel d'assimilation. Au Québec, ça va bien. Je pense que les lois° … — uneven; laws

Maria : *(Elle l'interrompt.)*° Ne parlons pas de° la loi 101[4] ! C'est une catastrophe ! — 20 — She interrupts him.; Let's not talk about

Robert : Ah, là, tu as tort°, Maria. Le français au Québec ne peut pas survivre sans la protection de la loi 101. — you're wrong

Gérard : Robert a bien raison !

Jocelyne : *(Elle sourit° à Robert.)* Je suis heureuse de trouver un Ontarien qui comprend la situation des Québécois. — 25 — smiles

Joseph : C'est sûrement compliqué. Mais en Louisiane, c'est clair°, la langue française est en danger. — clear

Gabrielle : Au Manitoba aussi. *(Elle regarde sa montre°.)* Tiens[2], il faut° aller en classe. Vous venez ? — her watch; we must — 30

Michael : Allez-y°, j'arrive°. — Go ahead; I'll be right there

Gabrielle : À tout à l'heure°, Michael. — See you soon

Heather : Ce° Michael, toujours le dernier° ! — that; the last one

Pour en savoir plus

1. CODOFIL stands for Council for the Development of French in Louisiana (Conseil pour le Développement du français en Louisiane). The spelling of Joseph's last name, Arceneaux, is typical of Louisiana. There are many Arsenaults in the Acadian areas of the Maritime provinces of Canada, especially in Prince Edward Island.

Le CODOFIL en français, s.v.p.

2. All languages tend to make use of what are often called "pause phenomena." As we stall for time in deciding what we are going to say next, we frequently, in English, say something like Uh … Oh, well … you know … like … and so on. Here are a few useful "fillers" you may hear in French (we encourage you to begin to use them):

Euh …	*Uh …*
Eh bien (ben, ben alors) …	*Well (now)…*
Oh, tu sais / vous savez …	*Oh, you know…*
Voyons …	*Let's see…*
Enfin, tu vois / vous voyez …	*Now, you see…*
Et pis / Ça fait que *(Can.)* …	*So…*

Interjections are also common in most languages. Here are a few common French interjections:

Tiens / Tenez ...	*Hey...; Here...*
Dis / Dites (donc) ...	*Say...*
Ouf ...	*Phew...*
Bof (*with shrug*) ...	*So what?*

3. The Cajuns are French-speaking residents of Louisiana, descended from the Acadians deported from the Maritime provinces of Canada beginning in 1755. A number of Acadians eventually reached Louisiana, and began settlements there. The name **Cadien** (formerly *Cajun*) derives from **Acadien**.

4. Bill 101, adopted in 1977, declared French the only official language of Quebec. Its proponents believed it to be vital for the preservation of the French language in Quebec. It was a source of controversy, as a number of anglophone Quebeckers felt, and still feel, that the law discriminates against them.

Musicien cadien (Louisiane)

Vous avez bien compris ?

Give a two to three word answer to the following questions.

1. Est-ce que les étudiants vont au restaurant ce soir ? Pourquoi ?
2. D'où vient Joseph Arceneaux ?
3. Qu'est-ce que le CODOFIL essaie de protéger ?
4. Quelle loi protège le français au Québec ?
5. Pourquoi est-ce que les amis quittent la cafétéria ?

Réflexions sur la culture

1. Why do you think the government of Quebec felt the need to declare the province unilingual French? Do you share Maria's or Robert's reaction to it?
2. Do you know of examples, other than the Acadians, of ethnic groups being deported or interned? Discuss.

Fonctions et observations langagières

I. Faire des projets

Employer le présent pour indiquer le temps futur

Gabrielle, Gérard and the others are making some decisions and plans for what they are going to be doing later on and right away:

Gérard : Je connais un bon restaurant où on prépare des steaks extraordinaires ... On y va ce soir ?

Gabrielle : Tiens, il faut aller en classe. Vous venez ?

The simplest way to express the idea that something will be taking place at some point in the future is to use the *present tense* of the verb. This is generally used in expressions relating to intentions. The context itself (**... il faut aller en classe. Vous venez ?**) or an adverbial expression indicating future time (**On y va *ce soir* ?**) make it clear that the action has not taken place yet.

Les verbes aller et venir

You may have noticed that you have been using parts of the irregular verbs **aller** (*to go*) and **venir** (*to come*) since the preliminary chapter of *Bonne route*.

> Ça *va* bien ?
> On y *va* demain soir ?
> Je *viens* de Fort Saint-Jean.

- It is time now to learn their complete conjugations.

aller

je **vais**	nous **allons**
tu **vas**	vous **allez**
elle / il / on **va**	elles / ils **vont**

venir

je **viens**	nous **venons**
tu **viens**	vous **venez**
elle / il / on **vient**	elles / ils **viennent**

À noter !

Aller can also be followed by a preposition + a place name.

> modèle : Je vais **à la cafétéria** / Nous allons **à Calgary**.

This will be discussed in more detail in Chapter 6.

The verb **tenir** *(to hold; to take)* is conjugated like **venir**. See *Pour en savoir plus* note number 2 for idiomatic usage of **tenir**.

Allez-y !

Exercice A : Pratique pratique

Make sure you are comfortable with the various forms of **aller** and **venir** by constructing a few sentences in the present tense:

> modèle : Je / aller / Kingston
> **Je vais à Kingston.**

1. Yvette / venir / demain
2. Patrick / aller / en classe maintenant
3. Tu / venir / avec Suzanne, n'est-ce pas ?
4. Nous / venir / souvent ici
5. Sandrine, Odile et Zoé / aller / ce soir
6. Je / aller / quelquefois / avec ma copine
7. Vous / venir / maintenant ?
8. François et Marie-Luce / venir / aujourd'hui (*today*)
9. La mère / tenir / son enfant
10. Nous / aller / Montréal / demain soir / n'est-ce pas ?

II. Bien s'exprimer : les verbes suivis des prépositions à et de

Les contractions au, aux; du, des

When making plans to go out to dinner, Michael suggests:

Michael : ... pourquoi pas aller **au** cinéma avant ?

- The verb **aller** is often followed by the preposition **à** to indicate destination (**aller *à* la banque** - to go *to* the bank).

- Similarly, the verb **venir** is often followed by the preposition **de** to indicate the point of origin (**venir *de* la banque** - to come *from* the bank). Other verbs may also be followed by either the preposition **à** or **de**.

- When these prepositions are followed by the definite articles **le** or **les**, their forms contract as follows:

$$\begin{aligned} &\textbf{à + le = au} &&\textbf{à + les = aux} \\ &\textbf{de + le = du} &&\textbf{de + les = des} \end{aligned}$$

Here are a few examples of **à** and **de** followed by the definite articles:

Je vais **au** théâtre ce soir.	Il vient **du** musée.
Il va **à l'**hôtel maintenant (*now*).	Nous arrivons **de la** bibliothèque.
Marc va **à la** résidence.	Je viens **de l'**aéroport (*airport*).

Quelques oppositions : à ou de ?

- Choosing **à** or **de** will often change a verb's meaning. **Jouer** and **penser** are two of the most common cases.

Elle joue **au** squash.
(jouer à + sport)

Il joue **de la** flûte et **du** piano.
(jouer de + instrument)

Je pense **aux** vacances (*vacation*).
(penser à quelque chose /
à quelqu'un = *to think about
something/someone*)

Qu'est-ce que tu penses **des** acteurs ?
(penser de quelque chose /
de quelqu'un = *to have an opinion
about something/someone*)

Allez-y !

Exercice A : Quand je vais à la plage (beach)

Ask a classmate how he or she feels in the following situations.

> modèle : aller à la piscine
> Quand je vais à la piscine, je suis content(e). Et toi ?
> **Moi, je suis fatigué(e) quand je vais à la piscine !**

1. aller à la plage
2. aller à la montagne (*mountains*)
3. aller à la bibliothèque (*library*)
4. aller chez tes grands-parents
5. aller en classe en autobus

Adjectifs utiles

content(e)	fatigué(e)
triste	charmant(e)
optimiste	prudent(e)
énergique	patient(e)

Vocabulaire actif : *Activités en ville ou sur le campus*

aller à un concert
aller au cinéma *go to the movies*
aller à la piscine *go to the pool*
aller au stade *go to the stadium*
aller au gymnase *go to the gym*
aller à la bibliothèque *go to the library*
aller dans une discothèque
jouer du piano
jouer au tennis
retrouver un(e) ami(e) *meet a friend*

aller au théâtre
aller dans un bar
aller chez le dentiste

inviter des amis
jouer de la flûte
jouer au basketball

Exercice B : Mais non !

> modèle : Georges (le cours d'histoire)
> Georges va au cours d'histoire ?
> **Mais non! Il vient du cours d'histoire !**

1. Gabrielle (la cafétéria)
2. Monsieur et Madame Charbonneau (le théâtre)
3. Andrew (l'Université Laval)
4. Gérard et Joseph (le restaurant)
5. Jocelyne (la réunion [*meeting*] du directeur)
6. Maria et Jane (la résidence)
7. Robert (le Musée de la Civilisation)
8. Heather et Michael (le concert de Gilles Vigneault)

Exercice C : Vive la liberté !

Imagine that you have very little studying to do this week-end, and are able to make a few plans.

> modèle : Alors, on va au cinéma samedi soir, Marc ?
> **Non, je préfère aller dans un bar. Un bon groupe rock vient samedi au Petit Odéon ...**

Les pronoms y et en

In order to avoid unnecessary repetition, the pronouns **y** and **en** are used to replace objects of the prepositions.

- **Y** replaces objects of the preposition **à** or of prepositions of location (such as **chez** or **en**), while **en** replaces objects of the preposition **de**. For example:

Est-ce que tu vas **à la banque** ? Oui, j'**y** vais.
Est-ce que Paule va **chez Marie** ? Oui, elle **y** va.
Est-ce que tu habites **en résidence** ? Oui, j'**y** habite.
Est-ce que vous jouez **au tennis** ? Oui, nous **y** jouons.
Est-ce que tu penses **aux vacances** ? Oui, j'**y** pense souvent.
Est-ce que Lucien joue **de la clarinette** ? Oui, il **en** joue.
Est-ce que tu viens **du cours de maths** ? Oui, j'**en** viens.

y replaces	– the name of a location (**à la banque; chez Marie; en résidence**)
	– the object of the preposition **à** when it is **a thing** (**au tennis; aux vacances**)
en replaces	– the object of the preposition **de** (**de la clarinette; du cours de maths**)

Allez-y !

Exercice A : Pratique pratique

Replace the underlined expression with **y** or **en**, as appropriate.

> modèle : Monique habite <u>à Winnipeg</u>.
> Monique **y** habite.

1. Gabrielle habite <u>en résidence</u>.
2. Robert et Michelle vont <u>au cinéma</u>.
3. Nous jouons <u>de la flûte</u> ensemble.
4. Je ne vais pas <u>à la piscine</u> aujourd'hui.
5. Qu'est-ce que tu penses <u>des films comiques</u> ?
6. Votre père joue <u>au golf</u>, n'est-ce pas ?
7. Est-ce que vous dînez souvent <u>au restaurant</u> ?
8. Nous venons <u>du cours de français</u>.

Exercice B : Interview

Use a pronoun in answering the following questions.

1. Est-ce que tu joues au basketball ? (au tennis ? au badminton ? au hockey ?)
2. Est-ce que tu joues du piano ? (de la guitare ? de la flûte ? de la trompette ? du saxophone ?)
3. Est-ce que vous et vos amis, vous allez souvent au théâtre ? (au cinéma ? à la piscine ? au gymnase ?)
4. Est-ce que tu penses souvent à l'environnement ?
5. Est-ce que tu penses souvent aux problèmes politiques ?
6. Est-ce que vous et vos amis, vous parlez souvent de problèmes politiques ?
7. Est-ce que tu parles souvent de l'économie ?

III. Exprimer des opinions; demander l'avis de quelqu'un

Exprimer son opinion

An expression of opinion may **look** like a statement of fact or a description, as the following excerpts from the conversation *Quoi faire ?* show:

> *Joseph* : ... la langue française est en danger.
> *Robert* : ... tu as tort, Maria.

- We often explicitly identify our opinions as such. Here are some of the ways this is done in French:

> **Vocabulaire actif :** *Donner son opinion*
>
> | | |
> |---|---|
> | À mon avis... | *In my opinion ...* |
> | Je pense* que... | *I think that...* |
> | Je crois* que... | *I believe that...* |
> | Je trouve* que... | *I find that...* |
> | J'ai l'impression que... | *I have the impression that...* |
> | J'ai le sentiment que... | *I feel that...* |
> | Tu as raison / tort de + infinitive... | *You are right / wrong to ...* |
>
> ***penser** and **trouver** are regular **-er** verbs

Demander son opinion à quelqu'un

- In order to ask someone's opinion, you might use one of the following expressions :

  Je pense / trouve que la pollution est un problème grave. Et toi / vous ?
  À votre avis (À ton avis) (*In your opinion, ...*), est-ce que la pollution est un problème grave ?
  Selon vous / toi (*According to you ...*), est-ce que la pollution est un problème grave ?

> **Vocabulaire actif :** *Demander l'opinion de quelqu'un*
>
> Je pense / trouve ... Et toi / vous ... ?
> À ton / votre avis ... ?
> Selon toi / vous ... ?

Exercice A : Tout le monde a une opinion !

Use the grid below to ask a classmate's opinion of one of the topics suggested.

modèle : À ton avis, est-ce que la musique rock est intéressante ?
Non, (je pense que) la musique rock est ennuyeuse.

Sujet + être	+	Opinion
la musique rock		intéressant
la musique classique		un danger
le hockey		un problème très grave *serious*
le ballet		mauvais
la danse aérobique		amusant
		ennuyeux (Fr.) / ennuyant (Can.)[1]
la pollution		fascinant
l'énergie nucléaire		horrible
l'alcool		superbe
le café		nécessaire
le tabac		fantastique
		frustrant
		simple
		sain *healthy*
		malsain *unhealthy*

[1] The adjective **plate** (literally "flat") is also commonly used in Quebec to mean "boring."

Exercice B : Encore des opinions

With the help of your instructor, if necessary, formulate an opinion on another issue about which you feel strongly. Then, ask other students if they agree.

Plus loin

Réponse *(par Barnabé Laleye)*

Pré-lecture

Imagine the response you would give if someone asked you who you are. What aspects of yourself would you identify? — your nationality or province of origin? your personality? your profession? your racial or ethnic background? Discuss your answer with a classmate.

The following poem by Barnabé Laleye was published in the literary journal Présence africaine. Read the first line of the poem. What kind of response would you anticipate from the poet?

- Monsieur, qui êtes-vous ?
- Rien°, trois fois rien°.

nothing; absolutely nothing

Je ne suis pas brésilien
Je ne suis pas africain
Je ne suis pas américain
Je ne suis pas antillais
Je suis un Noir et c'est tout.
Le reste n'a guère° d'importance.

hardly any

Allez-y !

Exercice A : Discussion

Were your predictions accurate? Discuss and compare your predictions to the poem itself. Can you summarize in one sentence the major idea of the poem?

Exercice B : Rédaction

Compose a short text, a poem if you wish, taking this one as a model. Begin with **Monsieur / Madame, qui êtes-vous ?**, and finish it in your own words.

Qui suis-je ?

Activités d'intégration

Qui suis-je ? (activité orale)

As a class or in several large groups, ask questions until you guess the identity of a person that one member of the class or group will choose. It must be possible to answer the questions with **oui** or **non**.

modèle : Est-ce que c'est une femme ?
Est-ce qu'elle est chanteuse ?
Est-ce qu'elle est dynamique ?
Est-ce qu'elle est québécoise ?

Les va-et-vient de la semaine (activité orale)

Compare (with a classmate) your typical weekly comings and goings. For example: **Le mardi soir je travaille à la maison et le jeudi soir je vais presque toujours à la bibliothèque, mais le vendredi soir ... Et toi ?** Then, suggest some possible activities for the coming days. For example: **Tu viens à la résidence demain soir ? On déjeune ensemble dimanche ?**

Vocabulaire actif

Les repas, p. 75
Descriptions de personnes et d'objets, p. 78-79
Les membres de la famille, p. 86
Exprimer l'âge, p. 87
La description physique, p. 88
Activités en ville ou sur le campus, p. 95
Donner son opinion, p. 98
Demander l'opinion de quelqu'un, p. 98

Noms

le café *coffee*
les cheveux *m hair*
la chose *thing*
la loi *law*
la personne *person*
la photo *photo/picture*
la place *place/spot*
le problème *problem*
la soirée *party*
le steak *steak*
les vacances *f vacation*
le vin *wine*

Verbes

aller° *to go*
arriver *to arrive*
chercher *to look for*
être à *to belong to*

° verb presentation in chapter

inviter to *invite*
manger to *eat*
penser to *think*
préparer to *prepare*
trouver to *find/to feel*
venir° to *come*

Adverbes

absolument *absolutely*
assez *fairly/rather/enough*
ce soir *tonight*
complètement *completely*
encore *again/still*
enfin *finally*
maintenant *now*
pourquoi *why*

Prépositions

après *after*
avant *before*
avec *with*
chez *at the home of*
sans *without*

Autres

en danger *in danger*

Annex

Additional adjectives by type

-iste
   optimiste / pessimiste
   sexiste / non-sexiste

-ique
   énergique

-able
   raisonnable

-ant
   fatigant(e) *tiring*
   indépendant(e)
   intéressant(e)

-ent
   incompétent(e)
   excellent(e)
   violent(e)

As well as:

anglophone	francophone	sincère	timide
bizarre	moderne	stupide	
calme	modeste	superbe	

Une soirée de rencontres

Mise en contexte

M. et Mme Charbonneau reçoivent les étudiants du programme d'immersion.

Objectifs communicatifs

Scène 1

Décrire les personnes et les choses (suite)
Faire des compliments, exprimer l'admiration

Scène 2

Terminer une conversation
Décrire des activités
Parler d'activités et d'événements passés
Renvoyer à quelqu'un qu'on a déjà mentionné
    (*lui, leur*)

Structures et expressions

Scène 1

Les adjectifs
   • qui précèdent le nom
   • formation irrégulière
Le pluriel des noms irréguliers
    (al → aux, eu → eux)

Scène 2

Le verbe **faire**
Le passé composé avec l'auxiliaire **avoir**
Les pronoms objets indirects **lui, leur**

Vocabulaire actif

Scène 1

Les adjectifs descriptifs qui précèdent le nom
Les adjectifs descriptifs irréguliers
Les adjectifs de nationalité, d'ethnie ou
    d'origine géographique
Les adjectifs invariables
Les adjectifs devant / après le nom
Les couleurs

Scène 2

Terminer une conversation
Les sports, les travaux ménagers et les attitudes
Expressions utiles pour parler du passé

Culture

Les compliments, l'étiquette
Les attitudes envers les animaux de compagnie
Les Antilles
L'art antillais
La restauration et le développement urbains
Les recettes traditionnelles

Chapitre

3

La Place d'Armes à Québec

Marché aux poissons

Scène 1

Entretien avec Monsieur Charbonneau

Sur le vif !

M. Charbonneau a invité ses étudiants chez lui pour une soirée. Michael remarque° et admire beaucoup le labrador des Charbonneau.

Michael : Quel beau chien ! J'ai un grand chien, moi aussi. Il lui ressemble beaucoup. Comment s'appelle-t-il° ?

M. Charbonneau : Il s'appelle Napoléon. C'est un nom° parfait pour lui; il aime tout contrôler.

Michael : Ah, un petit empereur ? En tout cas°, il est très beau, et il a l'air° très intelligent aussi.

M. Charbonneau : Ah, c'est gentil[1].

Jane : *(Elle flatte° Napoléon)* Et puis°, il est bien sage°. Quand vous avez ouvert° la porte°, il était doux comme un agneau°. Je ne supporte pas° ces chiens qui sautent partout° quand on arrive.

Michael : Malheureusement°, notre chien à nous° n'est pas très bien dressé°. Nous devons le mettre° dans la cuisine° avant d'ouvrir° la porte. Mais nos enfants l'adorent.

notices

what's his name?

name

In any case; he seems   5

pats; And besides; well behaved
opened; door; gentle as a lamb;
I can't stand; jump around   10

Unfortunately; our dog; trained
We must put him; kitchen; before
opening

M. Charbonneau : C'est l'essentiel. *(Il montre du doigt° quelques objets sur le mur°.)* Tenez, puisque° vous aimez les belles choses, regardez ma petite collection d'art antillais°². Qu'est-ce que vous pensez de la poupée°?

15 points to
wall; since
West Indian; doll

Michael : Elle est très intéressante ! D'où est-ce qu'elle vient ?

M. Charbonneau : J'ai acheté° la poupée à Haïti³. Il y a des gens° qui pratiquent° le vaudou³ là-bas°, vous savez.

bought; there are people
practise; (down) there

Michael : Oui, mais je pense qu'ils ne sont plus° très nombreux°.

20 no longer; numerous

M. Charbonneau : On n'est pas sûr de leur nombre. *(Il indique une des toiles° au mur.)* Cette peinture° vient de la Guadeloupe⁴.

paintings
painting

Jane : J'aime bien les couleurs vives° de la scène ! Est-ce qu'elles sont typiques de l'art de cette région ?

bright

M. Charbonneau : Oui, en effet°. J'ai aussi un exemple intéressant des bijoux en or°⁵ de la Martinique⁶, mais il faut trouver ma femme pour le voir°. C'était un cadeau° et elle le porte° ce soir.

25 Yes, indeed.
gold jewellery; to see it
gift; wears

Michael : Vous avez là une collection fascinante !

M. Charbonneau : Vous trouvez°¹?

Do you think so?

(La conversation continue.)

Pour en savoir plus

1. In French, one does not always respond to compliments by saying thank you. There is a tendency among the French to pass off compliments, to weaken them or even to express mild disagreement. For example: **Ah, c'est gentil ! ... Vous trouvez ?**.
2. The Antilles refers to a chain of islands in the West Indies, divided into two parts: the Greater Antilles and the Lesser Antilles. Haiti belongs to the Greater Antilles. La Martinique, la Guadeloupe and la Dominique belong to the Lesser Antilles.
3. Haiti is a francophone republic in the Greater Antilles. **Le vaudou** is a form of animist religion that is practised by Creoles in Haiti and in parts of North America, particularly certain parts of the southern United States and New York City. The priest, called "hougan," may enter into a trance during ceremonies and thus provide the spiritual link between the people and the divinities. Voudou combines elements of the Roman Catholic religion and indigenous religions of Western Africa.
4. La Guadeloupe comprises twin islands in the Leeward Islands of the Lesser Antilles. With five other small islands, it also constitutes an overseas department of France, or **Département d'Outre-Mer** (**DOM**). The Eastern island, Grande-Terre, is mostly covered with sugar plantations, while the Western island, Basse-Terre, is dominated by a volcano: la Soufrière (1 467 m).
5. Long chains hung with pendants are worn with the special dress for feast days; earrings are large but light. Ornaments are designed in various traditional African shapes: in balls, superimposed, in layers, beehive, and so on.

Promeneuses haïtiennes

6. La Martinique is an island in the Windward group of the Lesser Antilles. It constitutes an overseas department of France. One of her most famous sons is the poet Aimé Césaire (born 1913), considered one of the fathers of the literary political movement of **négritude** and an inspiration to all Francophone Caribbean writers. He was an elected member of the French legislature, representing la Martinique for nearly fifty years (until 1996).

Aimé Césaire, poête et homme politique martiniquais

Scène de rue, Guadeloupe

Fillettes au carnival, Guadeloupe

Vous avez bien compris ?

Reread the conversation and answer **vrai** or **faux** to the following questions. If the answer is false, try to correct it.

1. Michael a un beau chien.
2. Le nom du chien de M. Charbonneau est «Empereur».
3. Michael trouve l'art antillais très intéressant.
4. Jane aime les couleurs vives.
5. Jane n'aime pas le chien de M. Charbonneau.
6. Le poupée de M. Charbonneau vient de Haïti.

Répondez aux questions suivantes :

1. Comment est le chien de Michael ?
2. La poupée de M. Charbonneau est anglaise, n'est-ce pas ?
3. Quelle sorte de bijou est-ce que Mme Charbonneau porte ce soir ?

Réflexions sur la culture

1. Do you think we tend to over-compliment in North America? How do we typically respond to compliments? Do you know how people respond to compliments in yet another culture?
2. What kinds of things do you collect? Do you know people from other cultures who have different collections? Why do you think people collect particular things?
3. Does your country of origin have overseas territories? If so, what are they?

Fonctions et observations langagières

I. Décrire les personnes et les choses (suite)

Les adjectifs descriptifs qui précèdent le nom

In complimenting M. Charbonneau on his dog, Michael says:

Quel *beau* chien! J'ai un *grand* chien, moi aussi.

In the dialogue *Une soirée de rencontres*, many things are described with adjectives. As you will have noticed, adjectives may follow or precede the noun they qualify.

- The vast majority of adjectives usually follow nouns; however, some common exceptions to this rule are a few short, one- or two-syllable adjectives.

Vocabulaire actif : *Adjectifs descriptifs qui précèdent le nom*

	sing.		*pl.*	
m	*f*	*m*	*f*	
beau (bel[1])	belle	beaux	belles	*beautiful*
bon	bonne	bons	bonnes	*good*
grand	grande	grands	grandes	*big/tall*
jeune	jeune	jeunes	jeunes	*young*
joli	jolie	jolis	jolies	*pretty*
mauvais	mauvaise	mauvais	mauvaises	*bad*
nouveau (nouvel[1])	nouvelle	nouveaux	nouvelles	*new*
petit	petite	petits	petites	*short/small*
vieux (vieil[1])	vieille	vieux	vieilles	*old*

[1] The forms **bel, nouvel** and **vieil** are used before singular masculine nouns beginning with a vowel or silent **h**:

un **beau** chien   →   un **bel** homme
un **nouveau** vélo   →   un **nouvel** appartement
un **vieux** livre   →   un **vieil** oncle

À noter !

The plural of the indefinite article **des** normally becomes **de, d'** before a plural adjective:

de beaux hommes; **de** nouveaux appartements

Allez-y !

Exercice A : Soyons plus précis !

Below is a list of general statements. Make them more specific by adding the adjectives in parentheses to the statement. Be sure to place the adjective in the proper position.

1. C'est un programme d'immersion. (bon)
2. Il y a un hôtel à Québec. (superbe)
3. Les étudiants arrivent de Fort Saint-Jean. (nouveau)
4. C'est une écrivaine (*writer*). (québécois)
5. Cette actrice est très célèbre. (joli)
6. Elle écoute une chanson. (vieux)
7. J'ai deux chiennes. (intelligent)
8. Il invite ses amis. (jeune)
9. J'ai un ordinateur. (vieux)
10. M. Charbonneau a des tableaux. (beau)

Exercice B : Petites annonces

Based on the want-ad format below, formulate complete sentences and pay careful attention to the placement of adjectives.

> modèle : Cherche copain (*friend*) (bon)
> **Je cherche un bon copain.**

1. Celtics cherchent joueurs de basketball (grand)
2. Avocate cherche ordinateur (nouveau)
3. Artiste cherche appartement (beau)
4. Cherchons amis (nouveau)
5. Femmes d'affaires cherchent appartements (beau)
6. Couple cherche maison (petit)
7. Collectionneur cherche livres (vieux)

Exercice C : Qu'est-ce que tu cherches ?

Use the adjectives from the previous box *Vocabulaire actif* to discuss with a classmate what kind of want ad he or she might put in the school paper.

> modèle : Moi, je cherche une nouvelle bicyclette.
> Et toi, qu'est-ce que tu cherches ?
> **Moi, je cherche une nouvelle raquette de tennis, etc.**

Les adjectifs et noms irréguliers

Many adjectives are irregular insofar as they do not form the feminine in the same way as those you learned in Chapter 2. On the other hand, several irregular adjectives follow certain patterns in forming the feminine:

Vocabulaire actif : *Adjectifs descriptifs irréguliers*

Adjectives ending in	masculine	feminine
el / elle	culturel	culturelle
	essentiel	essentielle
	exceptionnel	exceptionnelle
	naturel	naturelle
	personnel	personnelle
	quel	quelle *what/which*
	sensationnel	sensationnelle
en / enne	canadien	canadienne
	moyen	moyenne *average*
on / onne	bon	bonne *good*
	mignon	mignonne *cute*

(continued on next page)

---

f / ve		
	actif	active
	agressif	agressive
	attentif	attentive
	sportif	sportive *athletic*

Adjectives in the above groups form the *plural* in a regular manner, that is, by adding **-s**.

Adjectives ending in	**masculine**	**feminine**
eux / euse	ambitieux	ambitieuse
	amoureux	amoureuse *in love*
	courageux	courageuse
	dangereux	dangereuse
	ennuyeux	ennuyeuse *boring*
	généreux	généreuse
	heureux	heureuse *happy*
	malheureux	malheureuse *unhappy*

The plural form of masculine adjectives ending in **-x** does *not* require adding an **-s**.

Il est généreux. / Ils sont généreux.

- For some adjectives, only the masculine plural form is irregular. For example:

Vocabulaire actif : *Adjectifs descriptifs irréguliers (al → aux)*

	sing.		*pl.*	
m	*f*		*m*	*f*
général	générale		géné**raux**	générales
principal	principale		princip**aux**	principales
social	sociale		soci**aux**	sociales
spécial	spéciale		spéci**aux**	spéciales

- Some nouns also have irregular plurals:

Vocabulaire actif : *Noms irréguliers*

Nouns ending in	*sing.*	*pl.*
al → aux	animal	animaux
	cheval	chevaux
	journal	journaux
eu → eux	cheveu	cheveux *hair*
	jeu	jeux *game*
eau → eaux	bateau	bateaux *boat*
	drapeau	drapeaux *flag*

> **À noter !**
> Many of the adjectives in the preceding lists form patterns. Please consult the lists of additional adjectives in the *Annex* to Chapter 3, p. 132 before doing these exercises.

Exercice A : Pratique pratique

Fill in the blanks with the appropriate form of the adjective and make all necessary changes.

> modèle : Nous passons des vacances _____ à la plage.
> (merveilleux)
> Nous passons des vacances **merveilleuses** à la plage.

1. Napoléon est un chien _____ (attentif).
2. Vous avez une collection _____ d'art antillais. (exceptionnel)
3. C'est une poupée _____ d'Haïti. (mignon)
4. Les étudiants passent une soirée _____ chez M. et Mme Charbonneau. (sensationnel)
5. Est-ce que tu achètes toujours des vins _____. (spécial)
6. Anne et Colette sont des journalistes _____. (courageux)

Exercice B : Devinette

As you learn a second language, it is important to note patterns that seem to be quite regular. For example, you have seen in this chapter a number of adjectives that seem to suggest patterns:

English	French
competent	compétent
amusing	amusant
comical	comique
fantastic	fantastique
generous	généreux

Judging from the patterns, how do you think the following adjectives are said in French?

1. charming
2. classic
3. socialist
4. impatient
5. Australian
6. nervous
7. probable
8. physical
9. serious
10. innocent

Exercice C : Les opinions

Write out a description of your feelings about four of the subjects listed with the appropriate adjectives. Be sure to make adjective agreement. Then, exchange and compare your descriptions with a classmate and discuss your opinions.

> modèle : **Je trouve le foot (le soccer) amusant.**
> **Moi, je trouve le foot (le soccer) stupide.**

Phénomènes :

les dîners romantiques, l'artisanat, le cinéma (français, italien, etc.), la musique (rock, classique, etc.), les journaux, les professeurs, le ballet, les écologistes, les Canadiens, la chambre, la résidence, la salle de classe, le cours de français, les cheveux, ma ville, mon village, le foot, le hockey, les bateaux, etc.

Adjectifs :

cruel, classique, joli, populaire, sensationnel, sérieux, exotique, intelligent, paresseux, merveilleux, sportif, beau, ennuyeux, agressif, heureux, vieux, etc.

Exercice D : Les gens célèbres

Using two or three adjectives that you have learned so far, describe the following celebrities:

> modèle : Anne Murray
> **Elle est canadienne, blonde et dynamique.**

Vocabulaire actif : *Les adjectifs de nationalité, d'ethnie ou d'origine géographique*

africain	coréen (*Korean*)	marocain
afro-américain	écossais (*Scottish*)	martiniquais
afro-canadien	espagnol	mexicain
algérien	européen	néerlandais (*Dutch*)
allemand (*German*)	français	nigérien
américain	grec / grecque	portugais
amérindien (*Native*)	haïtien	québécois
anglais	indien	russe (*Russian*)
australien	irlandais (*Irish*)	sénégalais
asiatique	israélien	suisse
belge (*Belgian*)	italien	ukrainien
canadien	japonais	zaïrois
chinois	libanais	

À noter !

Adjectives of nationality begin with a small letter, while **nouns** of nationality begin with a capital:

> un enfant coréen → un Coréen
> une femme zaïroise → une Zaïroise

---

1. Paul Martin
2. Wayne Gretzky
3. Julia Roberts
4. Le Prince Charles
5. Céline Dion
6. Anna Kournakova
7. Nelly Furtado
8. Andrea Bocelli
9. Hillary Clinton
10. Nelson Mandela

Les adjectifs irréguliers (suite)

- A few French adjectives are quite irregular and need particular attention. You have already seen some of these, while others will soon become part of your active vocabulary.

Vocabulaire actif : *Adjectifs irréguliers (suite)*

m	*f*	
franc	franche	*frank*
faux	fausse	*false*
doux	douce	*soft/gentle*
fou	folle	*crazy*
gentil	gentille	*nice*
cher	chère	*dear/expensive*
léger	légère	*light*
premier	première	*first*
bas	basse	*low*
gros	grosse	*big/fat*
bon marché	bon marché	*inexpensive*
chic	chic	*fashionable*
snob	snob	*snobbish, conceited*
super	super	*super/great*
sympa	sympa	*nice* (fam.) (Fr.)
travailleur	travailleuse	*hard-working*
public	publique	*public*
sec	sèche	*dry*
inquiet	inquiète	*worried*

- A small number of adjectives are *invariable as far as gender is concerned.* They form the plural in the normal way, by adding **-s.**

Vocabulaire actif : *Adjectifs invariables (genre)*

chic	snob	super	sympa

À noter !

Bon marché is an idiomatic expression rather than a true adjective. It does not agree in gender and number with the noun it modifies.

Exercice A : Pratique pratique

Substitute the nouns in parentheses for the underlined nouns and make all necessary changes.

> modèle : Paul est très sérieux. (Chantal)
> Chantal est très **sérieuse**.

1. Marie est assez snob. (Marc)
2. André est souvent franc. (Anne)
3. La chaîne stéréo est bon marché. (Le magnétoscope)
4. Alain et Georges sont gentils. (Gisèle et Magali)
5. Le mur (*wall*) est bas. (La marée, *tide*)
6. Le film *Moulin rouge* est super. (La musique rock)
7. Voilà un téléphone public. (salle)
8. Le ballon est assez léger. (Les raquettes)

Les adjectifs devant / après le nom

You will have noticed that **cher** means *dear (beloved)* as well as *expensive*. A small number of French adjectives change their meaning depending on whether they precede or follow the noun. A few of the most commonly used follow:

Vocabulaire actif : *Adjectifs devant / après le nom*

Devant	**Après**
mon **cher** ami	un livre **cher**
my dear friend	*an expensive book*
un **ancien** président	une ville **ancienne**
a former president	*an old city*
un **pauvre** homme	un homme **pauvre**
a poor man, i.e. pathetic	*a poor man, i.e. penniless*
son **propre** argent	les mains **propres**
his own money	*clean hands*
la **même** chose	la ville **même**
the same thing	*the city itself*
la **dernière** semaine	la semaine **dernière**
the last (final) week	*the last (most recent) week*

Exercice A : Perceptions

Each partner, in turn, sketches an object or names a person or place. Then, each partner writes down a brief sentence containing one or two appropriate adjectives from the above lists. Compare your selections and discuss differences or similarities.

Exercice B : Avant ou après ?

In the following sentences, insert the adjective either before or after the noun, and give its correct form:

1. Québec est une ville (ancien).
2. La Tour d'Argent est un restaurant (cher).
3. Brian Mulroney est un Premier Ministre du Canada (ancien).
4. Mon Jean (cher), comme tu es beau aujourd'hui !
5. Elle voudrait habiter dans son appartement (propre).
6. L'homme (pauvre) cherche une chambre (bon marché).
7. Marie n'aime pas l'alcool; elle préfère les liqueurs *f* (doux). (This is the Franco-canadian expression for soft drink; the European French equivalent is **boisson gazeuse**.)

Exercice C : Quiz - De quelle couleur ?

Ask your partner to describe the colours of various flags without looking at the illustration.

BELGIQUE

MONACO

CAMEROUN

LUXEMBOURG

FRANCE

SÉNÉGAL

SUISSE

modèle : De quelle couleur est le drapeau français ?
Il est bleu, blanc et rouge.

Vocabulaire actif : *Les couleurs*

blanc - blanche	*white*	noir - noire	*black*
bleu - bleue	*blue*	orange - orange*	
brun - brune	*brown*	rouge - rouge	*red**
gris - grise	*gray*	roux - rousse	*red/rust (for hair)*
jaune - jaune*	*yellow*	vert - verte	*green*
violet - violette	*purple*	marron - marron*	*brown*
* Invariable			

> **À noter !**
>
> In asking about colour, the question usually begins:
> **De quelle couleur est ...** (*What colour ...*)

1. le drapeau québécois	6. le drapeau allemand
2. le drapeau mexicain	7. le drapeau suisse
3. le drapeau canadien	8. le drapeau italien
4. le drapeau américain	9. le drapeau japonais
5. le drapeau anglais	10. le drapeau de votre province / État

Exercice D : Quelle couleur ?

Ask a classmate the following:

> modèles : sa couleur favorite
> Quelle est ta couleur favorite ?
> **C'est le bleu.**
>
> couleur de sa maison (*house*)
> De quelle couleur est ta maison ?
> **Elle est verte.**

1. sa couleur favorite
2. couleur de sa voiture ou de sa bicyclette
3. couleur de son chien ou de son chat (si elle ou il en a un)
4. couleur de la maison de ses parents
5. couleur de son livre de français
6. couleur de son dictionnaire
7. couleur de son stylo

II. Faire des compliments; exprimer l'admiration

- Exclamations using the regular adjective **quel** are often used as compliments. Simple declarative sentences, presented as exclamations, may be used in a similar way.

  Michael : **Quel** beau chien !
  Elle est très intéressante !
  Vous avez là une collection fascinante !

- Responses to compliments may themselves be complimentary:

  Vous êtes trop gentille, aimable, etc.
  Merci de / pour votre gentillesse.

or they may be somewhat reduced in intensity, as you will remember from note 1 in *Pour en savoir plus*.

  Vous trouvez ? ... Vous croyez ? (*You think so?*)

Exercice A : Faire des compliments.

Compliment the people below on their characteristics or possessions. How might they respond?

1. Votre ami(e) a une belle collection d'art québécois.
2. Votre professeur(e) a une jolie maison.
3. Votre camarade de chambre a une chaîne stéréo magnifique.
4. Votre copain-copine a une belle chienne.
5. Votre frère ou votre sœur a un jean très chic.
6. Votre camarade a une chambre super.
7. Votre père a une voiture neuve.
8. Votre mère a beaucoup de patience.

Exercice B : Mais tu es trop gentil-gentille !

You want to get on the good side of a classmate. Make up three or four complimentary remarks and find out how he or she responds, then exchange roles.

>   modèles : J'aime (bien / beaucoup) ton père. Il est sympa !
>   J'adore tes disques. Ils sont supers ! (*informal*)
>   J'apprécie énormément ta collection de films !

La citadelle au vieux Québec

Scène 2

Entretien avec Mme Charbonneau

Sur le vif !

Entre-temps°, Mme Charbonneau parle avec Maria.

Mme Charbonneau : Alors, vous aimez la ville de Québec ? Ça me fait plaisir°, puisque c'est ma ville natale°.

Maria : Ah, oui ? Eh bien, je vous envie°, Madame. J'aime les vieilles villes. J'ai joué° la touriste hier; j'ai visité la Citadelle¹. Tout le Vieux Québec² me semble° très européen, avec ses petites rues, ses vieilles maisons.

Mme Charbonneau : Oui, en effet. C'est sans doute° très différent de Fort Saint-Jean ?

Maria : Oui, très. Fort Saint-Jean est une petite ville très calme, très loin de tout°. Mais à mon avis, elle est jolie aussi. Québec est une ville tellement° active et je n'ai pas encore l'habitude° des conducteurs° ; ils sont agressifs ! Mais c'est une ville fantastique. Oh, et j'ai déjà trouvé° le club de squash à Laval, alors je suis très contente.

Mme Charbonneau : Vous faites beaucoup de sport ?

Maria : Oui, j'adore le squash, et je fais aussi du cyclisme. Et vous ?

meanwhile

That makes me happy; my hometown

I envy you
played
seems to me   5

undoubtedly

far from everything; so
not yet used to; drivers   10
I have already found

Mme Charbonneau : Moi, j'aime surtout voyager. J'aimerais° un jour visiter la Colombie-Britannique. Mon fils a fait un beau voyage là-bas et il m'a montré° ses photos. C'est tellement beau ! — *I would like; showed* (15)

Maria : Est-ce que vous voyagez beaucoup ?

Mme Charbonneau : Oui, je voyage pour mes recherches°. J'écris des articles sur la cuisine° pour des journaux° et je prépare des livres de cuisine internationale. Je collectionne des recettes° de partout°. — *research; cooking; newspapers; recipes; from everywhere* (20)

Maria : J'aime regarder les livres de cuisine, mais je cuisine très mal. Avez-vous des recettes favorites ?

Mme Charbonneau : Eh bien, une de mes recettes préférées vient justement° de chez nous°; c'est le cipaille[3] traditionnel, une sorte de tarte faite de six sortes de viandes° différentes. Vous y avez goûté°? — *actually; our area; meat; tasted it* (25)

Maria : Pas encore, mais j'aimerais l'essayer. Est-ce que vous avez eu des expériences fascinantes, ou même dangereuses pendant vos voyages ?

Mme Charbonneau : Fascinantes, oui. Dangereuses, pas vraiment°. Je planifie° avec soin°, et je ne suis pas trop° timide. J'aime l'aventure. Parfois°, quand mon mari est libre°, il m'accompagne. Mais généralement je voyage seule°. Et maintenant j'ai des connaissances° dans plusieurs pays°. Je leur envoie° des télécopies° pour demander de nouvelles recettes. Oh, excusez-moi, Maria. Je devrais circuler parmi° les invités. On se reparle° dans quelques minutes ? — *not really; plan; carefully; too; sometimes; free; alone; acquaintances; countries; send them; faxes; among; Shall we talk again* (30, 35)

Maria : Bien sûr. Et moi, je fais de même°. À plus tard°, Madame. — *the same; See you later.*

Pour en savoir plus

1. **La Citadelle** : A military fortification built in the early 1820s in Quebec City. Constructed on the city's highest point, a 100 m escarpment named Cap Diamant, it is the largest fortified base in Canada still occupied by troops.

2. Quebec's old quarter has been preserved, and the city is divided between the upper city (**la haute ville**) and the lower city (**la basse ville**). Many cities are divided between the old city and the new city, as for example Montreal and New Orleans. Many French cities are also being reconstructed along similar lines as modernization becomes more prevalent.

3. **Cipaille** : A dish that originally used 6 game meats, but now simply contains different meats. Its composition reflected the lifestyle of early settlers (hearty eating and availability of game), for whom meat was a very important staple because of the harsh climate conditions. Meat was supplemented with garden vegetables and orchard fruit.

Le cipaille, mets québécois traditionnel

Vous avez bien compris ?

Reread the conversation and answer **vrai** or **faux** to the following questions. If the answer is false, try to correct it.

1. Mme Charbonneau vient de Fort Saint-Jean.
2. Maria n'aime pas beaucoup Québec.
3. Mme Charbonneau voyage pour collectionner des objets de cuisine.
4. Maria a visité Fort Saint-Jean hier.
5. Mme Charbonneau aime faire du cyclisme.

Répondez aux questions suivantes :

1. Est-ce que le quartier «européen» de Québec est très moderne ?
2. Maria pense que les conducteurs à Québec sont horribles, non ?
3. Maria cuisine très bien, n'est-ce pas ?
4. Mme Charbonneau a peur de (*is afraid of*) la technologie, non ?

Réflexions sur la culture

1. Do you know of any reconstruction projects in cities near your home or university/college? Do you think they contribute to or detract from harmonious city planning? Justify your answer.
2. Do you know of traditional dishes from other cultures? How do they show some of those cultures' characteristics?

Fonctions et observations langagières

I. Terminer une conversation

At the end of *Une soirée de rencontres*, Mme Charbonneau politely breaks off her conversation with Maria so she can attend to her other guests.

> *Mme Charbonneau* : Oh, excusez-moi, Maria. Je devrais circuler parmi les invités. On se reparle dans quelques minutes ?

Below are some expressions to help you bring a conversation to its end:

Vocabulaire actif : *Terminer une conversation*

Most formal

Je vous demande pardon, mais...	*Excuse me, but...*

Formal and less formal

Excusez-moi, (mais...)	*Excuse me, (but...)*
Je m'excuse.	*I apologize.*
Voulez-vous bien m'excuser ?	*Would you please excuse me?*
Je devrais + *infinitive*	*I should + verb*
Je dois + *infinitive*	*I must / have to + verb*

Least formal

Bon, ben, écoute, je me sauve ...	*Well now, you see, I'm off*

Allez-y !

Exercice A : Excuse-moi, mais ...

What would you most likely say in breaking off a conversation with the following?

1. votre professeur(e)
2. votre petit frère
3. votre dentiste
4. un copain
5. vos grands-parents

Exercice B : Au plaisir ...

Below is a list of some of the characters. How would they probably end their conversation?

1. M. Charbonneau / Michael
2. Mme Gagnon / Maria
3. Heather et Michael / Gérard
4. Robert / Jocelyne
5. Gabrielle / Mme Charbonneau

II. Décrire des activités

When describing people or things, you frequently use adjectives. To describe activities, you often use the verb **faire** (to do, to make, to play or participate in a sport):

faire

je **fais**	nous **faisons**
tu **fais**	vous **faites**
elle / il / on **fait**	elles / ils **font**

• You have already seen **faire** in a few idiomatic expressions. For example: Ça me **fait** plaisir, **faire** une excursion. Other useful activities that may be described with **faire** are given in the box *Vocabulaire actif*.

On fait du ski de fond au Québec

On fait du vélo.

Il fait du kayak.

Vocabulaire actif : *Les sports, les travaux ménagers et les attitudes*

le verbe **faire** +

Sports

de l'aérobic
de la bicyclette / du vélo *cycling*
de la planche à roulettes *skateboarding*
du camping *camping*
du canotage *boating/canoeing*
du jogging *jogging*
du kayak *kayaking*
de la marche *walking*
de la musculation *body-building*
de la natation *swimming*
un pique-nique *a picnic*
une promenade *to take a walk*
du ski alpin / nautique
downhill/water skiing
du ski de fond *cross-country skiing*
du sport

Attitudes

attention *to pay attention*
de son mieux *to do one's best*
plaisir *to please*

Chores

les courses *shopping/errands*
la cuisine *cooking*
les devoirs *homework*
la lessive *laundry*
le lit *to make the bed*
le ménage *housecleaning*
les provisions de la semaine
weekly grocery shopping
la vaisselle *dishes*

Allez-y !

Exercice A : Que font-ils ?

Look at the visuals of people engaged in various activities and describe them to a classmate.

Exercice B : Je fais souvent du jogging. Et toi ?

Using the activities from the box on sports and chores, make a list of things you do/don't do and things you like/don't like to do. Then, circulate to find someone in the class with similar tastes.

> modèle : Tu aimes faire la vaisselle ? Tu la fais souvent ?
> **Oui, j'aime faire la vaisselle, je l'adore !**
> **Non, je n'aime pas faire la vaisselle, je ne la fais jamais !**

> **À noter !**   **ne ... jamais** = never

Exercice C : Quand j'étais enfant ...

Compare your childhood habits to those of a classmate.

> modèle : Quand j'étais enfant, je faisais souvent de la bicyclette; ma famille faisait souvent du camping; je faisais de la natation ... Et toi ?

III. Parler d'activités et d'événements passés

Le passé composé

In *Une soirée de rencontres*, several characters describe past actions:

> *Maria* : Hier, **j'ai visité** la Citadelle.
> *M. Charbonneau* : **J'ai acheté** la poupée à Haïti.

Here are some more examples of the passé composé:

> **Tu as écouté** un disque hier soir ?
> **Maria a joué** au tennis ce matin.

Nous avons parlé français avec nos amis.
Michael et Heather ont mangé un muffin.

- The **passé composé** in French is used to describe:

  - actions that are completed at a specific time in the past
  - actions that had a definite beginning or ending in the past.

- It is formed by combining the auxiliary verb **avoir** with the past participle of the verb in question:

  subject + auxiliary verb + past participle
     J'   ai   visité   la Citadelle.

> **À noter !**
>
> Not all verbs in French use **avoir** as an auxiliary, as you will learn in Chapter 6. Some of the verbs that you have learned so far that do *not* use **avoir** are: **aller, arriver, entrer, venir**.

Le participe passé

- The past participle of regular **-er** verbs is formed by dropping the final **-er** from the infinitive and replacing it with **-é**:

parl**er**	→	parl**é**	(Nous avons parlé.)
chant**er**	→	chant**é**	(Ils ont chanté.)
march**er**	→	march**é**	(Vous avez marché.)

- The past participle of the irregular verbs that you have learned so far is:

avoir	→	**eu**	(J'ai eu une bonne surprise hier.)
être	→	**été**	(La soirée a été un succès.)
faire	→	**fait**	(Elle a fait du jogging.)

- To make a verb in the **passé composé** negative, place **ne** (**n'**) before the auxiliary verb and **pas** after it:

  Je **n'**ai **pas** parlé / chanté / marché.
  Tu **n'**as **pas** parlé / chanté / marché.

- To make a verb in the *passé composé* interrogative, you may use one of the three formulas you have learned so far:

  – rising intonation : Tu as écouté un disque ?
  – *n'est-ce pas* : Vous avez parlé à M. Charbonneau, **n'est-ce pas** ?
  – *est-ce que* : **Est-ce qu'**il a chanté l'hymne national ?

- Short or commonly used adverbs are placed between the auxiliary verb and the past participle:

J'ai **souvent** visité le musée.

Allez-y !

Exercice A : Pratique pratique

Substitute the words in parentheses for the underlined words and make all necessary changes.

> modèle : J'ai dîné au restaurant. (elle)
> **Elle a dîné** au restaurant.

1. Il a parlé avec Robert hier soir. (je / M. et Mme Charbonneau / vous / nous / tu)
2. Est-ce que tu as eu un accident ? (nous / Gérard et Robert / je / vous)
3. Je n'ai pas fait la vaisselle. (les étudiants / tu / nous / vous)

Exercice B : Test de mémoire

Supply the correct form of the **passé composé** in the following sentences. Make them either affirmative or negative in order to reflect what the characters did and said in the conversations of *Une soirée de rencontres*.

> modèle : Michael / admirer / Napoléon
> **Michael a admiré Napoléon.**

1. M. et Mme Charbonneau / visiter / Haïti
2. Mme Charbonneau et Maria / parler / de la ville de Québec
3. Mme Charbonneau / refuser / de circuler parmi les invités
4. Maria / visiter / la Citadelle
5. Mme Charbonneau / voyager / toute seule
6. Mme Charbonneau / visiter / la Colombie-Britannique
7. M. Charbonneau / montrer / sa collection d'art antillais à Michael
8. Michael / visiter / la Guadeloupe

Exercice C : Ce n'est pas votre affaire !

Ask a classmate the following personal questions and be prepared to report back the answers. Take turns asking and answering the questions.

1. avoir / de bons professeurs l'an dernier ?
2. écouter / la radio hier soir ?
3. étudier / beaucoup la semaine dernière ?
4. parler / à ses parents hier ?
5. manger / au restaurant la semaine passée ?
6. retrouver (*meet*) / ses copains au café hier après-midi ?
7. faire du ski / dans les Laurentides l'année dernière ?
8. trouver (*find*) / un bel appartement dans le vieux quartier de la ville ?
9. voyager / à Haïti le mois dernier ?
10. faire la lessive / hier matin ?

> **Vocabulaire actif :** *Expressions utiles pour parler du passé*
>
> | | |
> |---|---|
> | l'an dernier / l'année dernière | *last year* |
> | le mois dernier | *last month* |
> | la semaine dernière / passée | *last week* |
> | avant-hier | *the day before yesterday* |
> | hier | *yesterday* |
> | hier après-midi | *yesterday afternoon* |
> | hier matin | *yesterday morning* |
> | hier soir | *yesterday evening* |
> | déjà | *already* |
> | ne ... pas encore | *not yet* |

Exercice D : As-tu déjà visité ... ?

Ask a classmate whether he or she has already visited the following places.

> modèle : Monaco
> Est-ce que tu as déjà visité Monaco ?
> **Oui, j'ai déjà visité Monaco; c'est très beau !**
> **Non, je n'ai pas encore visité Monaco.**

1. Québec	4.	Baton Rouge	7.	Bruxelles
2. le Maroc	5.	Paris	8.	Genève
3. Haïti	6.	Tahiti	9.	le Sénégal

IV. Renvoyer à quelqu'un qu'on a déjà mentionné

Les pronoms objets indirects : lui, leur

In the *Chapitre préliminaire*, you learned how to refer back to something using the pronouns **y** and **en** and in Chapter 2 you also learned how to refer back to people or things using the direct object pronouns **le, la, l', les**. In *Une soirée de rencontres*, Mme Charbonneau talks about friends in other countries:

> *Mme Charbonneau* : Je leur envoie des télécopies...

• Indirect object pronouns are used to replace nouns referring to persons or animals when those nouns are preceded by the preposition **à**:

> **À noter !**
>
> Several verbs in French require the preposition **à** before an indirect object that follows. Some common verbs requiring the preposition **à** are:
>
> | | |
> |---|---|
> | donner *to give* | Je donne un bouquet à mon père. |
> | montrer *to show* | Je montre mon chien à Louise. |
> | parler | Je parle à mes amis. |
> | raconter *to tell a story/tale/etc.* | Je raconte une histoire aux enfants. |
> | ressembler *to look like* | Je ressemble à ma mère. |
> | téléphoner | Je téléphone à mes parents. |

- Masculine and feminine have the same forms in the third person:

Sing.
lui *to/for (her/him/it)*

Pl.
leur *to/for (them)*

- **Lui** and **leur** are placed immediately before the verb:

Parlez-vous souvent **à** votre professeur ?
Oui, je **lui** parle souvent.

- In the negative, **lui** / **leur** remain immediately before the verb.

Tu ressembles **à** tes frères ?
Non, je ne **leur** ressemble pas.

- In the *passé composé,* **lui** and **leur** are placed before the auxilliary verb:

Il **lui** a donné son baladeur.
Je **leur** ai raconté une histoire.

Allez-y !

Exercice A : Pratique pratique

Replace the underlined noun with the appropriate indirect object pronoun.

> modèle : Marc parle <u>à Marie</u>.
> Marc **lui** parle.

1. Je donne ma radio <u>à Georges</u>.
2. Tu as téléphoné <u>à Michael et à Heather</u> ?
3. Vous ressemblez beaucoup <u>à votre sœur</u>.
4. Est-ce que nous montrons notre chien <u>aux Charbonneau</u> ?
5. Elle ne parle pas souvent <u>à Mme Gagnon</u>.

Exercice B : C'est vrai / C'est faux ...

Ask a classmate whether the following sentences are true or false. He/she will respond using **lui** or **leur**. If the sentence is false, correct it.

> **modèle :** Le professeur de français donne toujours des devoirs
> intéressants aux étudiants.
> Vrai ou faux?
> **Oui, c'est vrai. Il leur donne toujours des devoirs
> intéressants.**

1. Tu ressembles à ta mère.
2. Ta / ton camarade de chambre téléphone souvent à ses amis.
3. Ton / ta professeur(e) de français dit (*says*) souvent Salut ! aux étudiants.
4. Tu montres quelquefois tes lettres à ta / ton camarade de chambre.
5. Tu racontes souvent des histoires (*stories*) drôles à tes copains.
6. Le / la professeur(e) téléphone souvent aux étudiants.
7. Tu ressembles à ton grand-père.
8. Tu parles à tes parents tous les jours.

Exercice C : Partir à l'étranger

A friend is going abroad for several years. A classmate asks you what your friend is leaving behind with various people. Be sure to reply with a pronoun. Exchange roles.

objets

son baladeur	sa collection de bouchons *bottle caps*
son ordinateur	sa tarentule
ses vieux livres	sa machine à popcorn
sa chaîne stéréo	sa nouvelle voiture
sa raquette de tennis	

personnes

sa mère	ses 10 chats
son père	son cousin
sa vieille tante	sa petite sœur
son vieil oncle	

> modèle : Qu'est-ce qu'il laisse à sa vieille tante ?
> **Il lui laisse sa nouvelle voiture.**

Exercice D : Moi, je ressemble à ...

With a partner, tell what famous person you think you look like and your partner will confirm or deny using a pronoun.

> modèle : Moi, je ressemble à Alex Trebek.
> **Mais non, tu ne lui ressembles pas. Tu ressembles à Danny de Vito !**

Plus loin

Annonces de restaurants

Pré-lecture

Newspapers often have a page devoted to restaurant advertisements. You will find below a selection of restaurant ads from the Montreal newspaper *La Presse*. What kinds of restaurants (cuisine of what countries) would you expect to find in Montreal? What kinds of information would you expect to find in a newspaper advertisement?

Thursday's Crocodile

Festin de la Mer

du 16 février au 8 mars

Les océans se rencontrent
au **Thursday** et au **Crocodile**.
Des poissons et des crustacés importés des
quatres coins du monde vous feront vivre
vingt milles lieus sous les mers.

- Pétoncles de Terre Neuve - Crevettes bleues de Mer de Chine
- Pattes de crabe d'Alaska - Turbot du Groenland
- Saumon de l'Atlantique - Mahi-Mahi du Pacifique Sud
- Dorade rose du Golf du Mexique

Nos arrivages journaliers vous offrent la fraîcheur et la
variété de nos produits vous assure une nouvelle expérience!

Thursday's 1449, rue Crescent 288-5656
Crocodile 4238 boul. St-Laurent 848-0044

AU COIN BERBÈRE

Spécialité COUSCOUS
ouvert 7 jours
de 17 hrs à minuit

Ouvert après minuit
sur réservation

73, Duluth Est • 844-7405

LE PÉGASE

Cuisine française

15% de réduction
sur présentation de
cette annonce les
mardis et mercredis.

Apportez votre vin

Ouvert du mardi au dimanche

1831, rue Gilford à l'est de Papineau
Réservations : 522-0487

Restaurant
La Lune Indienne
Cuisine Indienne Exotique

Obtenez **25%** de rabais
sur la commande de table
d'hôte (boisson non-comprise)
Table d'hôte à partir de **9.95$**

**2077, rue St-Denis
281-1402** Métro Sherbrooke

Chez Beauchesne

FONDUES • CRÊPES • PÂTES • STEAKS • FRUITS DE MER

• À VOLONTÉ •

FONDUE CHINOISE ~ RÔTI DE BOEUF ~ MOULES ET FRITES

Dîner d'affaires • Bières importées
• Nouveau service de traiteur •

3971, Hochelaga, Montréal - Tél.: 257-9274
(à deux pas du Stade. Parking sur le côté)

EL COYOTE

Restaurant et bar Mexicain

Spécial de mi-saison

Apportez cette annonce
et obtenez un plat principal
GRATUIT
(1 coupon pour deux personnes)
à l'achat d'un autre
plat principal d'une valeur égale
ou plus élevée (max. 8 $)

1202, rue Bishop, 875-7082
Ouvert le dimanche de 17h à 23h.

*Bistro italien
au coeur de
la petite Italie*

Bistro Piccola Casa
vous offre toutes ses

BISTRO Piccola CASA

SAUCISSES GRILLÉES
PIZZA
PASTA à **5⁹⁹$**
MOULES

ET SAUCISSES
PAYSANNES
à **6⁹⁹$**

Soupe ou salade du jour
incluse seulement le midi
**6740 boul. St-Laurent
274-3223**
Stationnement gratuit à l'arrière

Allez-y !

Exercice A : Cherchons un bon restaurant !

Which of the restaurants listed offers the type of food or entertainment that each of the following people wishes to find?

1. Jacqueline is on a very tight budget.
2. Patrick wants to go out on Thursday and receive a discount.
3. Hélène loves North African food.
4. Georges loves seafood, but Betty prefers steak.
5. Pauline wants to meet friends near the Sherbrooke subway station.

Exercice B : Rédaction

Imagine that your roommate has left you a note, asking you to pick a restaurant for your birthday dinner. Choose two or three possibilities and write a note back to your roommate, indicating why these restaurants appeal to you.

modèle : Le restaurant Le Palais de l'Inde est une possibilité.
J'aime beaucoup la cuisine indienne ...

Activités d'intégration

Oral and written activity with a partner

Find out what leisure activities your partner participates in, write them down and report back to the class. Include a description of your partner.

> modèle : **Chloé est très sportive.**
> **Elle est grande et elle a les cheveux longs et bruns.**
> **Elle fait souvent du tennis; elle a une vieille raquette.**

Role-play (group activity)

Act out a conversation at a student party. Include meeting other students, small talk and compliments on their possessions and apartment or room, breaking off the conversation.

Telling a story (oral or written)

Recount the organization of a successful party you and your friends put together. Tell whom you invited and what chores each did.

Vocabulaire actif

Adjectifs descriptifs qui précèdent le nom, p. 108
Adjectifs descriptifs irréguliers, p. 109, 110
Noms irréguliers, p. 110
Les adjectifs de nationalité, d'ethnie ou d'origine géographique, p. 112
Adjectifs irréguliers, p. 113
Adjectifs invariables, p. 113
Adjectifs devant / après le nom, p. 114
Les couleurs, p. 115
Terminer une conversation, p. 121
Les sports, les travaux ménagers et les attitudes, 123
Expressions utiles pour parler du passé, p. 127

Noms
le copain-la copine *friend/pal*
la cuisine *cuisine/cooking*
la femme *woman*
l'homme *man*
l'invité-l'invitée *mf guest*
le nom *name*
le pays *country*
la peinture *painting*
le quartier *quarter*
la recette *recipe*
la région *region*
la tableau *painting*
la toile *canvas*
le voyage *voyage*

Verbes
avoir l'air *to seem*
circuler *to circulate*
faire *to do/to make/to play a sport*
montrer à *to show to*
remarquer *to notice*
visiter *to visit*

Adverbes
malheureusement *unfortunately*
parfois *sometimes*

Prépositions
loin de *far from*
parmi *among*

Conjonctions
puisque *since*

Autres
À plus tard. *See you later.*
Ah, c'est gentil. *That's kind of you.*
en tout cas *in any case, anyway*
en effet *indeed*

Annex

Additional adjectives by type

el / elle

cruel / cruelle
intellectuel / intellectuelle
paternel / paternelle

f / ve

naïf / naïve
neuf / neuve
veuf / veuve *widowed*

eux / euse

chanceux / chanceuse *lucky*
délicieux / délicieuse
merveilleux / merveilleuse
paresseux / paresseuse *lazy*
sérieux / sérieuse

Au restaurant

Mise en contexte

Quelques participants du programme d'immersion passent une soirée ensemble dans un bistrot à Québec. C'est de façon animée qu'ils discutent de questions qui les intéressent beaucoup. Puis ils parlent d'un projet d'excursion dans la région de Québec.

Objectifs communicatifs

Scène 1

Commander à boire ou à manger
Exprimer la quantité
Renvoyer à quelque chose qu'on a déjà
    mentionné (*en*)
Exprimer un désir
Critiquer et approuver; dire qu'on est d'accord
    ou non

Scène 2

Faire des projets
Exprimer des notions temporelles
Les expressions de temps : dire l'heure qu'il est
Exprimer des notions spatiales
Bien s'exprimer : les verbes réguliers en -ir

Structures et expressions

Scène 1

Les articles partitifs (+ révision des articles
    indéfinis et définis)
Les verbes boire, manger et acheter
Les adverbes de quantité (**assez de, trop de,
    beaucoup de ...**)
Le pronom en (suite)
   • pour remplacer un article partitif + nom
   • pour remplacer **de** + nom dans une
     expression de quantité
   • pour remplacer un article indéfini + nom
Les verbes **vouloir** et **pouvoir**

Scène 2

Le futur proche (aller + infinitif)
Il est (x) heures
Les prépositions de lieu
Les verbes réguliers en -**ir**

Vocabulaire actif

Scène 1

Expressions utiles dans un restaurant
Les boissons
La nourriture
Expressions de quantité
Critiquer, approuver

Scène 2

Exprimer le temps
Les prépositions de lieu
Dans la salle de classe
Destinations en ville
Verbes en -ir

Culture

Le rôle du vin en France et au Québec
Le mouvement anti-fumeur
Les sites religieux ou spirituels

Chapitre

4

Restaurant à Québec

Intérieur d'un bistro-bar à Québec

Conflits

Sur le vif !

Les étudiants du programme d'immersion sont au Bistro-Bar dans le Vieux Québec. Le serveur vient prendre les commandes°.

to take their order

What would you like

a glass of

Le serveur : Vous désirez°, Madame ?

Jane : Pour moi, un verre de° vin blanc[1], s'il vous plaît.

Robert : Et moi, je voudrais un double espresso.

Maria : Un jus de fruits pour moi, s'il vous plaît. Qu'est-ce que vous avez ?

5   **Le serveur :** Il y a du jus de pomme ou d'orange.

then

Maria : Un jus d'orange, alors°. Merci.

Le serveur : Et pour vous, Monsieur ?

Michael : Moi, je voudrais du vin ce soir. Hmmm ... *(Il étudie la carte des vins°.)* Un verre de beaujolais[1], s'il vous plaît.

the wine list

10   *(Le serveur finit de prendre les commandes.)*

You know; health

Maria : Vous savez,° l'alcool et le café sont très mauvais pour la santé°. Je n'en bois jamais. Les jus de fruits sont beaucoup plus sains.

Robert : Je sais que je bois beaucoup de café ... peut-être même° trop ... mais c'est si bon !

(Michael allume une cigarette.)

Maria : Et tu fumes° en plus° ? Mais c'est très dangereux, ça²!

Michael : Oh, là, là, Maria. Tu exagères ! Un petit verre de vin et une cigarette de temps en temps, ce n'est pas si grave ! Ne sois pas° fanatique !

Maria : Je ne suis pas fanatique, je suis tout à fait° raisonnable. Tu peux acheter° des cigarettes, mais je ne veux pas respirer° la fumée à table. Il y a assez de pollution sans avoir en plus° des cigarettes à table ! Tu veux bien éteindre° ta cigarette, s'il te plaît ?

Heather : Je suis d'accord avec° Maria. Tu pollues l'air, Michael.

Michael : *(Il regarde autour de° la table; tout le monde semble être d'accord avec Maria.)* Bon, ça va. Je l'éteins°. Je suis membre d'une minorité persécutée.

(On rit°. Le serveur apporte° les boissons° et l'addition°.)

Michael : Il est délicieux, ce vin. Est-ce que tu en veux un peu, Heather ?

Heather : Oui, je veux bien°, merci.

Marginal glosses:
- maybe even
- smoke; as well
- Don't be
- quite
- buy; to breathe
- besides/in addition; Would you put out
- I agree with
- around
- I'll put it out.
- laughs; brings; drinks; bill
- Yes, I would

Line numbers: 15, 20, 25

Pour en savoir plus

1. Everyone knows of the importance of wine in French culture, but normally it is used as an accompaniment to meals in France, and not as a social drink as in North America. Michael is drinking a beaujolais, a red wine, usually drunk very young, grown in the southern Bourgogne area of France.

Régions vinicoles de France

2. The anti-smoking movements in English-speaking North America tend to be more outspoken, and obtain more results, than their counterparts in Quebec or France. Thirty-six per cent of the Quebec population smokes, as opposed to 24% to 26% of the population in the other provinces. However, Montreal restaurants that seat over 25 people must reserve half the available seats for non-smokers.

Vous avez bien compris ?

Un peu de cohérence, s.v.p.!

Re-establish a coherent story line by putting the following sentences in order.

1. Heather défend Maria.
2. Le serveur vient prendre les commandes.
3. Michael défend l'alcool et le tabac.
4. Robert commande un café.
5. Michael commande (*orders*) du vin.
6. Maria déclare que le vin, le café et le tabac sont malsains.

Réflexions sur la culture

1. How is alcohol regarded in a culture with which you are familiar? Give examples to illustrate your response.
2. Compare ways in which attitudes toward smoking have or have not changed in two cultural or social groups with which you have been in contact.
3. How have you developed your own views on various kinds of beverages and on smoking?

Fonctions et observations langagières

I. Commander à boire ou à manger

Quelques formules

In the conversation *Conflits*, the characters use a variety of expressions to order their drinks, as does the waiter in taking orders:

> *Serveur* : **Vous désirez**, Madame ? / **Et pour vous**, Monsieur ?
> *Jane* : **Pour moi**, un verre de vin blanc, **s'il vous plaît**.
> *Robert* : **Et moi, je voudrais** un double espresso.

Ordering food and drink : formulas
1. Pour moi, ...s.v.p. ou .... pour moi, s.v.p.
2. Et moi / Moi, je voudrais ...., s.v.p.

Les articles partitifs

You will have noticed a new article in the conversation *Conflits* (**du jus de pomme**). It is used with items that are not normally counted. For example, you drink *some water*, not *a water* or *two waters*. The notion of *some* with these mass nouns is expressed by a special article called the *partitive*.

	Before a masculine noun	Before a feminine noun	Before any noun beginning with a vowel or silent h
Affirmative	**du** vin	**de la** bière	**de l'**eau *water* **de l'**huile *oil*
Negative	pas **de** vin	pas **de** bière	pas **d'**eau pas **d'**huile

À noter !

An exception to this occurs in the context of ordering food and drink in a restaurant. In this context, one does indeed order **un café, un jus de fruits**. Although somewhat unusual, it would not be incorrect, however, to use the partitive article in this context.

Rappel !

Just as with the indefinite plural article **des**, the notion of *some* is not always expressed in English. One might say "I would like some coffee" or "I would like coffee." However, in French, an article must always be used. For example: **Je voudrais *du* café.**

- On the other hand, in the conversation you will also have noticed indefinite articles (***un* double espresso**) such as those you saw in the *Mise en route*. Choose indefinite articles (**un, une, des**) for nouns, called *count nouns* that can be used both in the singular and the plural (one glass - two glasses; a book - some books).

Allez-y !

Exercice A : Pratique pratique

Fill in the blanks with the correct form of the partitive article.

> modèle : Michael va acheter _____ cigarettes et _____ bière.
> Michael va acheter **des** cigarettes et **de la** bière.

1. Moi, je désire _____ lait et _____ muffins.
2. S'il vous plaît, monsieur, _____ vin pour moi et _____ eau minérale pour ma copine.
3. Maria ne fume pas _____ cigarettes.
4. Est-ce que vous voulez _____ jus d'orange ou _____ limonade ?
5. Elle commande toujours _____ boissons non-alcoolisées.

Exercice B : Les goûts

Express your tastes and restaurant habits with respect to the drinks listed in the vocabulary box below. Choose the necessary articles carefully.

Vocabulaire actif : *Les boissons (drinks)*

la bière *beer*	le vin blanc *white wine*
le Perrier	le vin rouge *red wine*
le champagne	le cidre *cider*
le café *coffee*	la limonade *lemon-lime pop*
le thé *tea*	le jus de fruits *fruit juice*
le lait *milk*	l'eau minérale *f mineral water*
les liqueurs douces *f soft drinks* (Can.)	
les boissons gazeuses *f soft drinks* (Fr.)	

> modèle : le vin
> **J'adore *le* vin, alors je commande souvent *du* vin.**
> **Je déteste *le* vin, alors je ne commande jamais (*never*) *de* vin.**

Exercice C : Qu'est-ce qu'il y a dans votre cuisine ?

Which of the following items might you find in your classmate's or instructor's kitchen? They will answer, truthfully or imaginatively.

café *m*	Grand Marnier *m*	arsenic *m*
thé *m*	bière *f*	cidre *m*
eau minérale *f*	lait *m*	limonade *f*
jus d'orange *m*	armagnac *m*	

modèle : Je pense qu'il y a du café.
> **C'est vrai, il y a du café.**
> **Ce n'est pas vrai; il n'y a pas de café.**

Exercice D : Quel restaurant !

You are trying to order your meal at a bistro in Quebec, but unfortunately they seem to be out of everything you want. One person will play the role of the waitress or waiter, and the other(s) will be customers.

modèle : soupe à l'oignon (*onion*) / soupe aux pois (*pea*) / soupe aux tomates
> *Le serveur* : **Vous désirez, Madame / Monsieur ?**
> *Vous* : **Je voudrais de la soupe à l'oignon, s.v.p.**
> *Le serveur* : **Je regrette, Madame, mais nous n'avons pas de soupe à l'oignon aujourd'hui.**
> *Vous* : **Ah, bon. Alors, de la soupe aux pois.**
> *Le serveur* : **Je suis désolé (*I'm terribly sorry*), Madame, mais nous n'avons pas de soupe aux pois non plus (*either*).**
> *Vous* : **Vous avez de la soupe aux tomates ?**
> *Le serveur* : **Oui, Madame, il y a de la soupe aux tomates.**
> *Vous* : **Bon, de la soupe aux tomates, s.v.p.**

Consommations

1. pâté de campagne (*country*) / pâté au cognac / pâté aux truffes (*truffles*)
2. vin blanc / vin rouge / champagne
3. bière allemande (*German*) / bière française / bière canadienne
4. jus de pomme / jus d'orange / jus de tomate
5. crêpes au jambon / crêpes au poulet / crêpes au fromage (*cheese*)

Vocabulaire actif : *La nourriture (food)*

viande *f meat*	fruits *m*
viande hâchée *f ground meat*	banane *f*
bœuf *m*	orange *f*
bifteck *m steak*	poire *f pear*
dinde *f turkey*	pomme *f apple*
steak (haché) *m (ground) steak*	pamplemousse *m grapefuit*
jambon *m ham*	pêche *f peach*
poisson *m fish*	raisins *m grapes*
porc *m pork*	raisins secs *m raisins*
poulet *m chicken*	
rôti *m roast*	
veau *m veal*	

(continued on next page)

légume *m* *vegetable*
aubergine *f* *eggplant*
brocoli *m*
carotte *f*
céleri *m* *celery*
chou *m* *cabbage*
chou-fleur *m* *cauliflower*
concombre *m* *cucumber*
épinards *m* *spinach*
frites *f* *fries*
haricots *m* *beans*
laitue *f* *lettuce*
oignon *m*
(petits) pois *m* *peas*
pomme de terre *f* *potato*
tomate *f*
crudités *f* *assorted raw vegetables/salads*
salade *f* *salad/lettuce*

céréales *f*
pain *m* *bread*
petit pain *m* *roll*
riz *m* *rice*

dessert *m*
biscuit *m* *cookie/cracker*
chocolat *m*
crème caramel *f* *caramel custard*
crème glacée *f* *ice cream* (Can.)
glace *f* *ice cream* (Fr.)
gâteau *m* *cake*
mousse *f* (au chocolat)

plat *m* *dish*
crêpe *f*
pâté *m*
pizza *f*
quiche *f*
sandwich *m*
soupe *f* / potage *m* / chaudrée *f* *soup, chowder*

Marché en plein air

Exercice E : Des clients indécis

The customer can't decide what to order, and asks the waiter or waitress for advice.

> modèle : *La serveuse* : **Vous désirez, Madame / Monsieur ?**
> *Vous* : **Je ne sais pas. Qu'est-ce que vous me conseillez**
> (*advise/recommend*) **?**
> *La serveuse* : **Le poisson est excellent.**
> *Vous* : **Bon, du poisson, alors. Merci.**

1. soupe aux tomates
2. mousse au chocolat
3. crêpes au jambon
4. quiche
5. café
6. muffins
7. cidre
8. croissants
9. steak au poivre

Les verbes boire, manger, acheter

The students at the bistro discussed their drinking habits:

Robert : Je sais que **je bois** beaucoup de café **...**

boire

je **bois**	nous **buvons**
tu **bois**	vous **buvez**
elle / il / on **boit**	elles / ils **boivent**

participe passé : bu (j'ai bu)

- The verb **manger** is a regular **-er** verb with one peculiarity. It is a "stem-changing" verb. Since the consonant **g** + **o** produces a "hard g" sound like *go* in English, an **e** is inserted in the conjugation of the **nous** form to keep the same pronunciation:

manger

je mange	nous mang**e**ons
tu manges	vous mangez
elle / il / on mange	elles / ils mangent

> **À noter !**
>
> The verb **nager** (*to swim*) is conjugated like **manger**.

- The verb **acheter** is also stem-changing. Note the accents and the pronunciation:

acheter

j'ach**è**te	nous achetons
tu ach**è**tes	vous achetez
elle / il / on ach**è**te	elles / ils ach**è**tent

> **Rappel !**
>
> You saw in Chapter 1 the stem-changing verb **préférer**.

Allez-y !

Exercice A : Pratique pratique

Replace the underlined words with the words in parentheses and make all necessary changes.

> modèle : <u>Elle</u> aime le chocolat. (tu)
> **Tu aimes** le chocolat.

1. <u>Je</u> bois quelquefois de la bière. (nous, tu, elle, vous, ils)
2. <u>Tu</u> manges souvent du chocolat ? (vous, Robert et Maria, elle, nous)
3. <u>Il</u> n'achète jamais de fruits. (Les Dupont, tu, vous, nous)

Exercice B : Tu aimes ... ? Tu manges ... ?

Ask a classmate about his or her eating habits.

> modèle : la pizza
> **– Tu aimes la pizza ?**
> **– Oui, je l'aime bien.**
> **– Alors, tu achètes souvent de la pizza ?**
> **– Oui, assez souvent. Et toi ?**
> **– Moi, je n'aime pas la pizza. Je ne mange jamais de pizza.**

1. les fruits	5. le rosbif	9. le poulet
2. les crêpes	6. le poisson	10. les biscuits au chocolat
3. la quiche	7. les croissants	11. la crème glacée
4. le chocolat	8. les salades	12. les fruits

Exercice C : Tu aimes ... ? Tu bois ...?

Ask a classmate about his or her drinking habits.

> modèle : Tu aimes le champagne ?
> **Oui, je l'adore. Mais c'est très cher; j'achète rarement du champagne. Je bois surtout du vin. (quelquefois, tous les jours, etc.)**

1. la bière	5. l'eau minérale
2. le vin	6. les jus de fruits
3. le café	7. les liqueurs douces / boissons gazeuses
4. le thé	

> **Rappel !**
>
> Au Québec on dit *les liqueurs douces*; en Europe on dit *les boissons gazeuses*.

II. Exprimer la quantité

In the conversation, Maria criticized the others for drinking coffee and alcohol. Robert recognized that he drinks a lot (**beaucoup**), maybe even too much (**trop**) coffee.

- These adverbs of quantity are used to express non-specific amounts of things:

> **Vocabulaire actif :** *Expressions de quantité*
>
> | | |
> |---|---|
> | assez (de + *noun*) | *enough* |
> | beaucoup (de + *noun*) | *many/much/a lot* |
> | combien (de + *noun*) | *how many/how much* |
> | un peu (de + *noun*) | *a little* |
> | peu (de + *noun*) | *few/little* |
> | tant (de + *noun*) | *so many/so much* |
> | trop (de + *noun*) | *too many/too much* |
> | une boîte de | *a box of/a can of* (Fr.) |
> | une bouteille de | *a bottle of* |
> | une douzaine de | *a dozen* |
> | un litre (demi-litre) de | *a liter (half-liter) of* |
> | un kilo (demi-kilo) de | *a kilo (half-kilo) of* |
> | un peu de | *a bit of* |
> | une tasse de | *a cup of* |
> | une tranche de | *a slice of* |
> | un verre de | *a glass of* |

These expressions may be:

- used alone. For example: **Est-ce que tu bois beaucoup de café ? Oui, *trop.***
- followed by a noun. For example: **Je bois *beaucoup de café.* J'ai *trop de travail.* Elle a *peu d'amis.***
- followed by another adjective or adverb. For example: *trop* **fatigué, beaucoup *trop*** (*much/too much*) ***trop* souvent**, etc.

Allez-y !

Exercice A : Pratique pratique

Substitute the expressions in parentheses for the underlined words and make all necessary changes.

> modèle : Il y a <u>du lait</u> dans la bouteille. (assez)
> Il y a **assez de lait** dans la bouteille.

1. Il y a <u>des carottes</u> dans la salade. (peu, trop, assez, beaucoup)
2. Marie a acheté <u>du cidre</u>. (bouteille, trop, verre, litre)
3. Est-ce que vous désirez <u>des croissants</u> ? (beaucoup, douzaine, boîte, kilo)

Exercice B : Un régime liquide

Your friend is on a liquid diet. Find out what he or she drinks. Use adverbs of quantity as much as possible.

> modèle : Qu'est-ce que tu bois au petit déjeuner ?
> **Au petit déjeuner, je bois un cocktail énergique : beaucoup de jus d'orange, un peu de miel (honey) et du lait écrémé (skimmed).**
> **Je bois toujours beaucoup d'eau minérale.**

Exercice C : Moi, j'ai faim !

Look at the visual and tell a friend what you would like to have for a midnight snack.

> modèle : Moi, je voudrais manger **une tranche de pizza.**

III. Renvoyer à quelque chose qu'on a déjà mentionné

Le pronom en

In the conversation, Maria reacts to her friends' ordering wine and coffee by saying:

> *Maria* : **L'alcool et le café sont très mauvais pour la santé. Je n'*en* bois jamais.**

Maria might have said: **Je ne bois jamais *d'*alcool ni (*nor*) *de* café.**
She avoids repetition by using the pronoun **en**.

- **En** replaces a noun preceded by a partitive article (**du, de la, de l'** or **de, d'** in the negative):

  > **Tu veux *du* fromage ? Oui, j'*en* veux s'il te plaît.**

- It replaces a noun preceded by **de** in an expression of quantity:

  > **Tu bois beaucoup *de* café ? Oui, j'*en* bois *beaucoup*.**

- As you know, the pronoun **en** also replaces a noun preceded by an indefinite article (**un, une, des** or **de, d'** in the negative):

  > **Tu as *une* machine à espresso ?**
  > **Oui, j'*en* ai *une*. (Non, je n'*en* ai pas.)**

Rappel !

The direct object pronouns **le, la, l', les** are used to replace a direct object noun preceded by a definite article.

> **Tu aimes *la* soupe à l'oignon ? Oui, je *l'*aime beaucoup.**

Exercice A : Pratique pratique

Answer the following questions using the pronoun **en**.

> modèle : Est-ce que tu prends souvent du café ? (oui)
> Oui, j'**en** prends souvent.

1. Est-ce que vous buvez quelquefois du vin ? (oui)
2. Tu manges toujours des crêpes ? (non)
3. Il y a beaucoup de croissants sur la table, n'est-ce pas ? (oui)
4. Est-ce que Maria boit trop de liqueurs douces ? (non)
5. Les Charbonneau achètent beaucoup d'objets d'art ? (oui)
6. Est-ce que nous mangeons assez de fruits ? (non)

Exercice B : Manger sur le pouce

Interview a classmate about her or his eating and drinking habits. Avoid repetition this time by using a pronoun (**en**, **le**, **la**, **l'**, **les**) in the answer.

> modèle : la pizza
> **- Tu aimes la pizza ?**
> **- Oui, je l'aime bien.**
> **- Alors, tu en achètes souvent ?**
> **- Oui, j'en achète assez souvent, et j'en mange beaucoup !**

1. la soupe aux pois
2. le jambon
3. la limonade
4. le bifteck
5. les pommes
6. le lait
7. les muffins
8. les biscuits
9. le cidre

Exercice C : Tu as de l'imagination ?

Work with a partner and find out whether each of you has the following things or qualities. You may wish to qualify your answer by using an adverb:

beaucoup, un peu, quelquefois, souvent, trop, ne...pas assez (*not enough*)

> modèle : Tu as de l'imagination ?
> **J'en ai quelquefois. / Je n'en ai pas assez.**

1. imagination *f*
2. énergie *f*
3. patience *f*
4. courage *m*
5. temps libre *m free time*
6. argent *m money*
7. travail *m work*
8. talent musical *m*

IV. Exprimer un désir

As you saw in the conversation, the verb **vouloir** can serve several different communication purposes:

— expressing one's wishes.

> *Maria* : Je ne **veux** pas respirer la fumée. *I don't want to breathe the smoke.*

– asking someone to do something.

> *Maria* : Tu **veux** bien éteindre ta cigarette ? *Would you put out your cigarette?*

– offering / inviting.

> *Michael* : Tu en **veux** un peu ? *Would you like a little?*

– accepting.

> *Heather* : Oui, je **veux** bien. *Yes, I would.*

vouloir

je **veux**	nous **voulons**
tu **veux**	vous **voulez**
elle / il / on **veut**	elles / ils **veulent**

participe passé : voulu (j'ai voulu)

À noter !

The form **je voudrais** means "I would like."

- The verb **vouloir** may be followed by a noun or by another verb in the infinitive form, as you saw in the examples above and in the following:

> **Tu veux de la soupe ?**
> **Tu veux danser ?**

- The verb **pouvoir** expresses what can and cannot be done, as in the opinion expressed by Maria:

> *Maria* : Tu **peux** acheter des cigarettes ...

pouvoir

je **peux**	nous **pouvons**
tu **peux**	vous **pouvez**
elle / il / on **peut**	elles / ils **peuvent**

participe passé: pu (j'ai pu)

Note the similarity of the conjugation pattern between the verbs **pouvoir** and **vouloir**.

À noter !

The verb **pouvoir** is followed by a verb in the infinitive form, or stands alone.

Je ne peux pas aller au cinéma. / Je ne peux pas.

Pouvoir, unlike **vouloir,** is never followed by a noun.

Exercice A : On pense à l'avenir.

Supply the correct form of the verb (**vouloir** ou **pouvoir**) in the following sentences.

1. Georges _____ devenir (*to become*) médecin.
2. Marie et Paule_____ devenir avocates.
3. Tu _____ devenir diplomate ?
4. Non, je _____ devenir dentiste.
5. Hélène _____ aller au restaurant. Est-ce que vous _____ y aller (*go there*) ?
6. Non, nous avons trop de travail. Nous ne _____ pas.
7. Je ne _____ pas aller au cinéma aujourd'hui. J'ai trop de devoirs.
8. Est-ce que vous _____ manger du chocolat.

Exercice B : Tu veux sortir (*go out*) ce soir ?

Work with a partner. One person will invite the other one to do something that evening. The other person will either accept or decline and offer an excuse.

> modèle : aller au cinéma ? → non (pas d'argent) / oui
>> Tu veux aller au cinéma ?
>> **Non, je ne peux pas. Je n'ai pas d'argent. / Oui, je veux bien.**

1. dîner chez moi ? → oui
2. aller au concert ? → oui
3. jouer au squash ? → non (trop fatigué(e))
4. écouter de la musique ? → oui
5. aller au cinéma ? → non (travail)
6. étudier à la bibliothèque ? → non (parents viennent)
7. jouer aux cartes ? → oui
8. dîner au restaurant chinois ? → non (des allergies)

Exercice C : Vouloir, c'est pouvoir

Circulate around the classroom and find someone who wants to / can do the following:

> modèle : Trouvez quelqu'un qui **veut / peut** devenir avocat.

1. qui veut manger au restaurant ce soir.
2. qui peut aller au cinéma samedi.
3. qui veut boire du café maintenant.
4. qui veut acheter une bicyclette.
5. qui veut devenir journaliste.
6. qui peut parler espagnol.
7. qui veut gagner beaucoup d'argent.
8. qui peut préparer une bonne salade.

V. Critiquer et approuver; dire qu'on est d'accord ou non

In this chapter, you saw several ways of expressing your opinions and asking for someone's opinions. The conversation *Conflits* included a number of instances of agreeing and disagreeing, criticizing and approving:

Maria : Mais c'est très dangereux, ça !

Michael : Tu exagères !

Heather : Je suis d'accord avec Maria. Tu pollues l'air, Michael.

The following expressions let you go farther in communicating your views:

Vocabulaire actif : *Critiquer et approuver, exprimer l'accord ou le désaccord*

avoir raison *to be right*	avoir tort *to be wrong*
avoir raison de + infinitif	avoir tort de + infinitif
être d'accord *to agree*	ne pas être d'accord *to disagree*
C'est (bien) vrai !	Tu exagères ! Vous exagérez !
That's (quite) right !	*You're going too far!*

Allez-y !

Exercice A : À mon avis ...

Combine elements from the three columns in order to express your opinions. A classmate will then agree or disagree with your opinion, and you may wish to respond.

> modèle : Tu as tort de manger à la cafétéria.
> **Je ne suis pas d'accord; la cuisine n'est pas mauvaise.**
> **Ce n'est pas vrai; elle est affreuse !**

Je	avoir raison de	fumer
Tu	avoir tort de	étudier
Nous, les étudiants		habiter en résidence
		faire du sport
Les professeurs		polluer l'environnement
On		aller souvent au cinéma
		développer l'énergie solaire
		recycler le plastique
		combattre le racisme
		critiquer nos parents

Défense de fumer

Exercice B : Pour ou contre ?

Make up a few slogans to illustrate some of your real or imaginary favourite causes or pet peeves. Classmates will agree or disagree.

> modèles : Vive (hurrah for) les vacances !
> **Je suis tout à fait d'accord !**
> À bas (*down with*) les examens !
> **Tu as raison !**

For instance, what do you think of: **la guerre** (*war*), **l'énergie nucléaire, les disques compacts, la télévision** ...

Excursion en autobus à Québec

Scène 2

Projet d'excursion

Sur le vif !

Jocelyne et Gérard passent près de la table en sortant° du Bistro-Bar.

Jocelyne : Bonsoir, tout le monde !

Jane : Vous voulez vous asseoir ?

Gérard : Oui, avec plaisir, mais quelques moments seulement ! Il y a une réunion° des animateurs à sept heures et demie et nous ne voulons pas être en retard. *(On leur trouve des chaises.)* 5

Jocelyne : N'oubliez pas°, demain, nous allons faire une belle sortie°. Nous allons d'abord° visiter l'île d'Orléans[1], puis° Sainte-Anne de Beaupré[2]. Les catholiques du Québec et du monde entier° font des pèlerinages° à Sainte-Anne de Beaupré. Et il y a quelquefois des miracles, comme° à Lourdes[3].

Heather : *(Elle chuchote° à Jane.)* On va demander° des cheveux pour Michael; 10 il n'en a presque plus°!

Jane : Chut°! Je ne suis pas catholique, mais j'ai déjà visité Sainte-Anne de Beaupré, et les miracles, ce n'est pas une blague°. N'oublie pas, pour beaucoup de personnes la vie spirituelle est très importante.

Heather : Je taquinais° Michael, c'est tout. 15

as they are leaving

meeting

Don't forget; outing
first; then
entire world; pilgrimages
like

whispers; ask for
he has almost none left!

Shh!
joke

was teasing

Maria : (*Elle essaie de rompre le silence gêné.°*) Est-ce que nous allons faire des promenades dans la nature demain ? La nature, c'est aussi un miracle ...

Jocelyne : Nous n'allons pas marcher loin demain, mais nous allons voir du beau pays. Et beaucoup de belles églises ! En tout cas, l'autobus va partir° à 20 neuf heures du matin; ne soyez pas en retard°! La dernière° fois, plusieurs personnes ont manqué° l'autobus parce qu'il est parti° à l'heure. Rendez-vous° devant le pavillon Charles de Koninck. La cafétéria va fournir des sandwiches et des fruits pour le pique-nique.

Heather : (*Elle chuchote encore.°*) Oh, non ... un autre miracle à demander !

25 **Jane** : Mais tais-toi donc°!

Robert : Moi, je vais rester ici demain. Jouer au bon petit touriste, ça ne m'intéresse pas. Moi, je veux voir le vrai° Québec, pas les sites touristiques.

Jocelyne: Il y a beaucoup de «vrai Québec», tu sais. Par exemple, je connais l'île d'Orléans et Sainte-Anne de Beaupré. Ce sont des sites touristiques, c'est vrai, 30 mais ils ont une importance historique au Québec. Et puis, il y a de jolies choses à voir en route. Allez°, tu vas les visiter avec nous, n'est-ce pas ?

Robert : Je vais y penser. Mais je ne veux pas seulement° visiter le Québec des touristes.

(*La discussion continue.*)

Pour en savoir plus

1. **L'île d'Orléans** is a long and narrow island in the St. Lawrence near Quebec City. In 1535, Jacques Cartier named it Bacchus Island because of the number of vineyards there. The island provides many of the fruits and vegetables consumed in the Quebec region. It is a picturesque island and a popular tourist site.

L'île d'Orléans (Québec)

2. In the seventeenth century, a chapel was dedicated to St. Anne de Beaupré because it was believed that she had saved many shipwrecked sailors. More than a million pilgrims visit the basilica in St. Anne de Beaupré each year, some of them hoping for a miracle.

3. Lourdes, located in the Pyrenees in the south-west of France, is the site of a basilica built in 1876. It is the most popular pilgrimage destination in the world after Mecca and Medina. It also offers an underground basilica that was built in 1958.

Vous avez bien compris ?

Un choix à faire

Choose the best end to each sentence:

1. Gérard
   a. veut aller au bistro-bar.
   b. ne veut pas être en retard pour la réunion.
   c. veut faire des pèlerinages.

2. Plusieurs personnes ont manqué l'autobus parce qu'
   a. elles étaient au bistro-bar.
   b. elles ne voulaient pas faire une excursion.
   c. elles étaient en retard.

3. Sainte-Anne de Beaupré
   a. est à l'île d'Orléans.
   b. est un musée.
   c. est un site religieux.

4. Heather
   a. aime plaisanter (*to joke*).
   b. est tout à fait sérieuse.
   c. n'aime pas les miracles.

5. Jane
   a. aime plaisanter.
   b. n'est pas émotive (*emotional*).
   c. pense que la religion est importante.

Réflexions sur la culture

1. Are there important religious or spiritual sites in your area? Describe them.
2. Is the spiritual side of life important to you? What do you consider spiritual? Explain.
3. What special sites would you recommend to a visitor in your area?

Lourdes, lieu de pèlerinage célèbre

Lourdes, grotte de la vierge

Fonctions et observations langagières

I. Faire des projets

Le futur proche

You will have noticed a new verb form in the conversation *Projet d'excursion.*

Heather : On **va demander** des cheveux pour Michael ...

This tense is called the **futur proche** and is used to refer to events in the near future. Note that this near future depends on the perspective of the speaker. For example, people often speak of their next vacation, which might not be due for many months, by using this **futur proche** tense.

- As you will see from the following examples, the **futur proche** is formed by using the present of the verb **aller** with an infinitive:

je vais	+	parler *I'm going to speak.*
tu vas		
elle / il / on va		
nous allons	+	manger *We're going to eat.*
vous allez		
elles / ils vont	+	danser *They're going to dance.*

À noter !

If the sentence is negative, **ne** and **pas** surround the verb **aller**, not the second verb.

Ils *ne* vont *pas* danser ce soir.

Allez-y !

Exercice A : Pratique pratique

Put the following sentences in the **futur proche**.

modèle : Je parle français.
Je vais parler français.

1. Gérard et Jocelyne font une excursion à l'île d'Orléans.
2. Je mange des croissants pour le petit déjeuner.
3. Est-ce que vous commencez à l'heure ?
4. Nous ne pouvons pas partir en autobus ?
5. Tu viens avec nous ?
6. On fait un voyage à Lourdes l'an prochain.

Exercice B : Qu'est-ce qu'ils vont faire ?

Construct affirmative or negative sentences that reflect the conversation *Projet d'excursion*.

modèle : Jocelyne et Gérard / aller à une réunion des professeurs
Jocelyne et Gérard ne vont pas aller à une réunion des professeurs.

1. les étudiants / visiter l'île d'Orléans
2. les étudiants / visiter Sainte-Anne de Beaupré
3. M. Charbonneau / venir avec les étudiants
4. Jane / demander / des cheveux pour Michael
5. Maria / rester à Laval

6. Jane / demander un miracle à Sainte-Anne de Beaupré
7. l'autobus / partir à l'heure

Exercice C : Hypothèses

What activities are the students going to do on their excursion? A classmate will react to your opinion.

> modèle : chanter dans l'autobus
> **Je pense qu'ils vont chanter dans l'autobus.**
> **Je ne suis pas d'accord; moi, je pense qu'ils ne vont pas chanter dans l'autobus. Ils vont parler de l'excursion.**

1. Jocelyne / amener (*to bring along*) Gaston
2. acheter des souvenirs
3. acheter des sandwiches à un kiosque
4. visiter la basilique de Sainte-Anne de Beaupré
5. aller à la messe (*mass*) à la basilique
6. faire de la marche
7. jouer aux cartes (*to play cards*) dans l'autobus
8. acheter un cadeau pour M. Charbonneau
9. aimer l'excursion
10. acheter un Big Mac au McDonald de Sainte-Anne de Beaupré

II. Exprimer des notions temporelles : dire l'heure qu'il est

Various expressions of time were used in the conversation *Projet d'excursion*. Here are two; try to find others.

> *Jocelyne* : L'autobus va partir **à neuf heures du matin**; ne soyez pas **en retard !**

Quelques expressions

> **Rappel !**
>
> You have already been using a number of expressions useful for describing time:
>
> | | | | |
> |---|---|---|---|
> | aujourd'hui | *today* | demain | *tomorrow* |
> | ce matin | *this morning* | ce soir | *tonight* |

Review the **vocabulaire actif** p. 127

- Following is more vocabulary you will need to express time:

Vocabulaire actif : *Exprimer le temps*

le matin	*morning/in the morning*
l'après-midi	*afternoon/in the afternoon*
le soir	*evening/in the evening*
la nuit	*night/in the night*
hier	*yesterday*
maintenant	*now*
avant	*before*
après	*after*
à l'heure	*on time*
en retard	*late*
en avance	*early*

- As you may have noticed, when combining **matin**, **soir**, **après-midi** with **demain** or **hier**, no article is necessary. For example: **demain matin**, **hier après-midi**, **demain soir**.

Rappel !

Les jours de la semaine :
lundi   mardi   mercredi   jeudi   vendredi   samedi   dimanche

Dire l'heure

Expressing *what time it is*, on the hour, involves a very simple expression:

Quelle heure est-il ?
Il est (x) heure(s).

Il est une heure.	*It is one o'clock.*
Il est deux heures.	*It is two o'clock.*
Il est midi.	*It is noon.*
Il est minuit.	*It is midnight.*

- You may also specify what part of the day it is by adding:

Il est une heure **du matin**. (1 h)
    It is one o'clock in the morning. (1:00 a.m.)
Il est deux heures **de l'après-midi**. (14 h)
    It is two o'clock in the afternoon. (2:00 p.m.)
Il est sept heures **du soir**. (19 h)
    It is seven o'clock in the evening. (7:00 p.m.)

du 02 décembre 2001 au 15 juin 2002

Bordeaux ↑
St-Raphaël ↓

HORAIRES

762 ✳

nouvelle édition

- **Bordeaux** ●
- Marmande ●
- Agen ●
- Montauban ●
- Toulouse ●
- Toulon ■
- Hyères ■
- Les Arcs ■
- **St-Raphaël** ■

SNCF

À NOUS DE VOUS FAIRE PRÉFÉRER LE TRAIN.

numéro de train		4625/4	5301/0	4653/2	4653/2	4681/0	17342/3	6171
notes à consulter		1	TGV	2	3	4		TGV
Bordeaux-St-Jean	Dep	00.56						
Marmande	Dep							
Agen	Dep							
Montauban-Ville-Bourbon	Dep							
Toulouse-Matabiau	Dep		05.24	06.41	06.56	07.02		
Narbonne	Arr			08.15	08.15	08.18		
Béziers	Arr			08.33	08.33	08.36		
Sète	Arr			08.56	08.56	09.03		
Montpellier	Arr	05.25	07.36	09.12	09.12	09.20		
Nîmes	Arr	05.57	08.10	09.42	09.42	09.50	10.21	
Avignon-TGV	Arr		08.32					
Marseille-St-Charles	Arr	07.11	09.15	10.54	10.54		11.35	11.22
Toulon	Arr	08.14						12.06
Hyères	Arr							
Les Arcs-Draguignan	Arr	08.54						
St-Raphaël-Valescure	Arr	09.15						13.02

Bar

Vente ambulante

voir guide train + vélo

Place(s) handicapés

Distribution automatique de boissons

Couchettes

Voiture-lits

Trains circulant tous les jours (fond coloré)

TGV Réservation obligatoire

☾ Service nuit

- Expressing *(at) what time* something will happen is done by using the preposition **à**:

  À quelle heure ... ? ... à 9 h ...
  L'autobus va partir **à 9 h / à neuf heures**. *The bus is going to leave at 9 o'clock.*

- Minutes before or after the hour are given as follows:

  Il est 3 h 10 / Il est trois heures dix.
  Il est 9 h 50 / Il est dix heures **moins** dix.

There are a few special expressions in French, as in English :

  9 h 15 = neuf heures **et quart**
  9 h 30 = neuf heures **et demie**
  9 h 45 = dix heures **moins le quart**

Allez-y !

Exercice A : Pratique pratique

Using the clocks as a cue, write out the time next to them

modèle :

2:00 pm

Il est deux heures de l'après-midi.

1.

1:15 pm

2.

7:10 am

3.

4:18 pm

4.

6:30 pm

5.

12:00 noon

6.

9:45 am

7.　　　　　　　　　　　　　8.

12:00 midnight

11:01 pm

Exercice B : Mes cours

Write out your weekly schedule and compare it to a classmate's.

modèle : lundi　– 9 h 30　　français
　　　　　　　– 10 h 30　　sociologie
　　　　　　　– 13 h 30　　maths

Exercice C : Tu veux jouer au tennis ?

Your friend wants to play tennis Tuesday and Thursday. The friend suggests a possible time; you say whether you're free at that time.

modèle : Tu veux jouer au tennis mardi à 3 h ?
Non, je ne peux pas. J'ai mon cours d'histoire.

Exercice D : Votre samedi idéal

You are trying to organize a small excursion to the city with a friend or two, but each one already has 4 or 5 things to do in the city. At first, each one makes a list of things he or she is going to do, with the time already planned. Then, put yourselves into groups of 2 or 3 and organize the excursion.

III. Les expressions de temps : dire l'heure qu'il est

Le système de 24 heures

Francophones increasingly tell time using the 24-hour clock. The 24-hour clock is routinely used for anything that is scheduled such as arrival or departure times, movie or TV schedules, appointments. If you were inviting a friend to meet for coffee, however, you would say **Viens prendre un café à trois heures,** not à **15 heures.** Note that when using the 24-hour clock, the expressions **et quart, et demie, moins le quart** are not used.

Compare the examples below:

24-hour clock	12-hour clock
0 h 20	minuit vingt
9 h	neuf heures du matin
10 h 30	dix heures et demie du matin
10 h 45	onze heures moins le quart
13 h	une heure de l'après-midi
13 h 45	deux heures moins le quart
19 h	sept heures du soir
19 h 15	sept heures et quart

Allez-y !

Exercice A : Pratique pratique

Indicate the time using the 24-hour system.

> modèle : trois heures et demie de l'après-midi →
> quinze heures trente

1. une heure de l'après-midi
2. cinq heures moins le quart de l'après-midi
3. dix heures dix du soir
4. quatre heures et quart du matin
5. sept heures et demie du soir
6. deux heures moins vingt de l'après-midi

Exercice B : Je cherche un bon film.

You phone a friend (classmate) to find out what time various movies are playing. (See the schedule on page 162.)

> modèle : À quelle heure est-ce que *Jimmy Neutron* passe ?
> **C'est à 13 h 30 ou à 16 h..**

ALOUETTE, SAINT-RAYMOND
Le Collectionneur. 19h45. 16 ans.
Méchant Menteur. 19h30. Gén.

CINÉ CENTRE, BAIE-COMEAU
Je suis Sam. 19h, 21h30.
Méchant Menteur. 19h, 21h30.
La Chute du Faucon noir. 21h30.
Un homme d'exception. 19h.

CINÉ CENTRE, SEPT-ÎLES
Un homme d'exception. 19h, 21h30.
Dommages collatéraux. 19h, 21h30.
Le Fabuleux Destin d'Amélie Poulain. 19h, 21h30.

CINÉMA LE THÉÂTRE IMAX
La Belle et la Bête. 10h, 13h45, 15h30, 17h15, 22h.
New York au fil du temps. 11h45, 19h.
T-Rex: une aventure dans la préhistoire. 12h45, 21h.
Les Maîtres de l'illusion. 20h.

CINÉMA MÉGANTIC
Je suis Sam. 19h10. Gén.
Rollerball. 19h30. 13 ans.

CINÉPLEX ODÉON, BEAUPORT
Nous étions soldats. 12h10, 15h20, 18h30, 21h30. 13 ans.
40 Jours et 40 Nuits. 12h, 14h10, 16h20, 19h15, 21h35. 13 ans.
Le Collectionneur. 12h05, 14h45, 18h20, 21h10. 16 ans.
Libellule. 13h20, 15h45, 19h05, 21h55. Gén.

John Q. 12h25, 15h, 18h50, 21h25. Gén.
La Reine des damnés. 18h40, 21h05. 13 ans.
Le Bal du monstre. 22h. 13 ans.
Le Seigneur des anneaux — La Communauté de l'anneau. 12h30, 16h30, 20h30. Gén.
À la croisée des chemins. 13h40, 15h50, 19h10, 21h15. Gén.
Je suis Sam. 12h20, 15h55, 18h55, 21h45. Gén.
Méchant Menteur. 13h05, 15h10, 18h35. Gén.
Le Comte de Monte Cristo. 18h10, 21h. 13 ans.
La Chute du Faucon noir. 12h40, 15h35, 18h40, 21h40. 13 ans.
Un homme d'exception. 12h15, 15h05, 18h, 21h20. 13 ans.
Retour au pays imaginaire. 13h50, 16h10, 19h. Gén.
La Machine à explorer le temps. 12h, 14h10, 16h20, 18h45, 20h50. Gén.
Quatre gars et un balai. 12h, 14h20, 16h40, 19h20, 21h50.
Jimmy Neutron: un garçon génial. 13h30, 16h. Gén.
Harry Potter à l'école des sorciers. 12h05, 15h25. Gén.
Un week-end à Gosford Park. 20h40. Gén.

CINÉPLEX ODÉON, PLACE CHAREST
40 Jours et 40 Nuits. 13h30, 15h45, 19h15, 21h35. 13 ans.
Nous étions soldats. 12h45, 15h35, 18h25, 21h10. 13 ans.
Un homme d'exception. 13h, 15h40, 18h30, 21h15. 13 ans.
La Machine à explorer le temps. 12h50, 15h, 17h10, 19h30, 21h45. Gén.
Le Collectionneur. 13h20, 16h, 18h45, 21h25. 16 ans.
La Reine des damnés. 13h25, 15h50, 18h40, 20h50. 13 ans.
Libellule. 13h35, 16h10, 19h, 21h30. Gén.
John Q. 12h55, 16h20, 18h50, 21h20.

Exercice C : À quelle heure est-ce que le train arrive à ... ?

Ask your partner about the arrival time of the train at a particular city.

modèle : *Étudiant(e) A :* À quelle heure est-ce que le train qui quitte
Strasbourg à 8 h 11 arrive à Bourg-en-Bresse ?
Étudiant(e) B : Il arrive à midi 39.

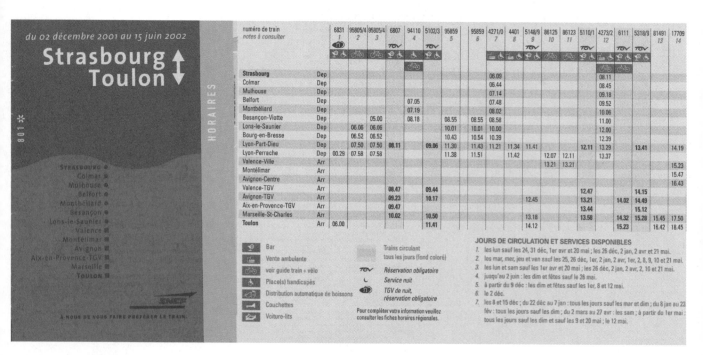

IV. Exprimer des notions spatiales

Characters in *Projet d'excursion* refer several times to destinations and to locations:

> Jocelyne et Gérard passent **près** de la table en sortant ...
>
> *Jocelyne* : Rendez-vous **devant** le pavillon Charles de Koninck.

Rappel !

You learned a number of words to help you express location in earlier chapters:

où *where*	de *from*
ici *here*	là *there*
dans *in*	chez *at the home of/at*
loin de *far from*	à *to/at*

- Using the following expressions will help you locate people and things accurately:

Vocabulaire actif : *Prépositions de lieu*

au milieu de	*in the middle of*
devant	*in front of*
derrière	*behind*
entre	*between*
à côté de	*next to*
en face de	*across from*
à gauche (de)	*to the left (of)*
à droite (de)	*to the right (of)*
sur	*on*
sous	*under*
près de	*near*
loin de	*far from*

Allez-y !

Exercice A : Pratique pratique

Answer the following questions based on the picture above.

> modèle : Où sont les livres ?
>
> Le livres sont **sur** le lit.

1. Où est la femme ?
2. Est-ce que les chaussures (*shoes*) sont sous le lit ?
3. Où est le cahier ?
4. Est-ce que le verre d'eau est devant la femme ?
5. Le téléphone est loin de la table, n'est-ce pas ?

---

6. Est-ce que les oreillers (*pillows*) sont en face de la femme ?
7. Où est la table ?
8. Est-ce que le sac-à-main (*handbag*) est derrière le lit ?

Exercice B : En salle de classe

A student closes his or her eyes and tries to answer the other student's questions.

> modèle : Est-ce que Philippe est à côté de Suzanne ?
> **Non, il est derrière elle.**

Vocabulaire actif : *Dans la salle de classe*

la chaise	*chair*
la fenêtre	*window*
le mur	*wall*
la porte	*door*
la table	
le tableau noir	*blackboard*

Exercice C : Les touristes

Imagine that you are a tourist in your city. Ask for information.

Vocabulaire actif : *Destinations en ville*

la banque *bank*	le musée *museum*
un centre d'achats (Can.) /	le poste de police
un centre commercial (Fr.) *shopping center*	le restaurant
le théâtre	les boutiques *f shops*
le cinéma *movie theatre*	la gare *train station*
les jardins publics *m public gardens*	l'église *f church*
le magasin *store*	le parc
la mairie (Fr.) /	le bureau de poste *post office*
l'hôtel de ville (Can.) *city hall*	le supermarché

> modèle : Excusez-moi. Est-ce qu'il y a une Banque de Montréal près d'ici ?
> **Oui, Madame. Il y en a une dans la rue Sainte-Catherine, en face du cinéma Odéon. Ce n'est pas loin.**

V. Bien s'exprimer : les verbes réguliers en –ir

You may have noticed new verb forms in the conversation *Projet d'excursion*:

> *Jocelyne* : La cafétéria va **fournir** des sandwiches.

These verbs belong to the second largest group of regular verbs in French, those ending in **-ir**.

- Here, as a model, is the conjugation of the verb **finir** (*to finish*):

finir

je fin**is**	nous fin**issons**
tu fin**is**	vous fin**issez**
elle / il / on fin**it**	elles / ils fin**issent**

participe passé : fini (j'ai fini)

Vocabulaire actif : *Verbes en* **-ir**

accomplir	*to accomplish*	obéir	*to obey*
choisir	*to choose*	punir	*to punish*
finir	*to finish*	réfléchir	*to reflect/to think*
fournir	*to supply*	réussir	*to succeed/to manage*
grandir	*to grow*	rougir	*to redden/to blush*

À noter !

The verbs **partir** and **sortir**, although ending in **-ir**, are not regular verbs. Their conjugations are presented in Chapter 6.

Allez-y !

Exercice A : Pratique pratique

Replace the underlined words with the words in parentheses and make all necessary changes.

> modèle : <u>Nous</u> finissons nos devoirs. (elle)
> Elle **finit** ses devoirs.

1. <u>Je</u> finis mes devoirs à 10 h. (Maria, tu, nous, ils)
2. <u>Elle</u> ne réfléchit pas à son avenir. (Je, Philippe et Paul, vous, nous)
3. Est-ce que <u>vous</u> fournissez des sandwiches ? (Je, les Charbonneau, tu, nous)
4. <u>Tu</u> as réussi à ton examen. (Heather et Michael, nous, tu, Antoine)

Exercice B : À quelle heure finit ... ?

Answer the following questions:

1. À quelle heure finit votre cours de français ?
2. À quelle heure finis-tu de faire de la marche ?
3. À quelle heure finit la classe d'aérobic ?
4. À quelle heure finissez-vous de dîner (souper), vous et votre famille ?
5. En général, est-ce que vous finissez vos devoirs avant de regarder la télévision ?

Exercice C : Interview

Formulate questions to ask a classmate:

> modèle : tu / rougir / facilement (*easily*)
> **Est-ce que tu rougis facilement ?**

1. tu / grandir / encore
2. tes copains-copines / obéir à / toutes les lois (*laws*)
3. tu / choisir / facilement / des cadeaux pour ta famille
4. tu / réussir à / comprendre les exercices de laboratoire
5. la cafétéria / fournir / de bons sandwiches à emporter (*to take out*)
6. tu / choisir (au passé composé) / de bons cours cette année
7. le système judiciaire / punir / assez sévèrement les criminels

Plus loin

Brochure du musée de la Civilisation du Québec

Pré-lecture

What kind of museum do you prefer to visit? State and explain your preferences.

- Le musée des Beaux-Arts ?   *Fine arts museum (painting, scupture)*
- Le musée de la Civilisation ?
- Le musée des Sciences naturelles ?
- Le musée de la Science et de la Technologie ?
- Une autre sorte de musée ?

THÉÂTRE
Nouveau shérif à Cow-boy Town
Pour tous

Dans la pure tradition des épopées western, on se retrouve à Cow-boy Town, la plus dangereuse ville du Far West, où les shérifs se succèdent. C'est ce qu'ignore Billy, jeune et naïf, lorsqu'il accepte de porter l'étoile. Saura-t-il accomplir sa tâche avec l'aide des habitants du village ? Avec **François Devost, Alexandre Morais** et **Annabelle Roy**. *Une fantaisie des Productions Par Vents et Marées.*

ATELIER
Souhait volant
Pour tous

Saviez-vous que le cerf-volant est une invention chinoise d'abord utilisée comme stratégie militaire ? Tout en fabriquant un cerf-volant, apprenez-en un peu plus sur son histoire. Avant de partir, décorez-le d'un souhait que vous dessinerez selon la calligraphie chinoise.

ATELIER
La langue pendue
Pour les 7 ans et plus

Venez jouer avec les mots : jeu du pendu, jeu d'associations, jeu de devinettes, jeu de définitions. Bref, autant de manières de découvrir un patrimoine vivant tout en déliant votre langue.

VISITE COMMENTÉE
Nous, Les Premières Nations

COURS DE DANSE

Guy Dubé, professeur de danse country/pop depuis de nombreuses années, donnera des cours de danse permettant de réaliser une chorégraphie entière de danse en ligne country.

CONCERTS DE MUSIQUE AMÉRINDIENNE

Le Message du vent/Yériwenhawi Niuskwas, avec **Nathalie Picard**, musicienne de la nation huronnewendate. Flûtes, chants traditionnels et compositions originales font partie de ce spectacle fascinant.

Allez-y !

Exercice A : Réaction !

Which displays or activities would you like to see? Why? Which displays do not interest you? Why not?

Exercice B : Rédaction !

Imagine that you have visited the *Musée de la Civilisation*. Write a post card on which you describe your reaction to one of the displays.

---

modèle : **Cher / Chère (*Dear*) Paul / Paulette,**
J'ai visité le musée de la Civilisation hier.
Il y avait une exposition formidable ! C'était ...
Dans l'exposition, il y avait ... J'ai pu ...

Activités d'intégration

Jeu de rôles

Simulate an outing among classmates to a coffee shop or bistro. Place your drink and food orders with the waiter or waitress. Discuss any topic you feel comfortable with - your courses, music, sports...; this should lead you to agree or disagree with others' opinions.

Chère Maman, Cher Papa ...

Imagine that you are a visiting student from a French-speaking area. You arrived when classes began. Write a letter home in which you describe the town, the university/college, your classes, your classmates, and/or friends.

M. / Mme le rédacteur en chef

You have strong opinions about an issue of public interest and write a short letter to the editor to express your view of the matter.

Une excursion

Plan an excursion with some classmates. Decide where to go, when to leave, and what to do or see. Compare the excursions proposed by several groups.

Vocabulaire actif

Dans un restaurant, p. 139
Les boissons, p. 140
La nourriture, p. 141
Expressions de quantité, p. 145
Critiquer et approuver, exprimer
    l'accord ou le désaccord, p. 150
Exprimer le temps, p. 157
Prépositions de lieu, p. 163
Dans la salle de classe, p. 164
Destinations en ville, p. 164
Verbes en -ir, p. 165

Noms

l'alcool *m alcohol*
l'argent *m money*
la boisson (Fr.) *beverage*
le breuvage (Can.) *beverage*
l'énergie *f energy*
le plan *plan/map*
la pollution *pollution*
le site *site/area*
la société *society*
le souvenir *souvenir*
le temps *time*
le-la touriste *tourist*
le travail *work*
le verre *glass*

Verbes

acheter° *to buy*
apporter *to bring*
accepter *to accept*
arriver *to arrive*
boire° *to drink*
commencer *to begin*
continuer *to continue*
désirer *to desire/to wish for*
développer *to develop*
faire un voyage *to take a trip*
identifier *to identify*
imaginer *to imagine*
manger° *to eat*
oublier *to forget*
polluer *to pollute*
regretter *to regret*
rentrer *to come back/to return*
rester *to stay*
sembler *to seem*
travailler *to work*
utiliser *to use*

Adjectifs

désolé(e) *terribly sorry*
émotif-émotive *emotional*
libre *free*
plusieurs *several*
malsain(e) *unhealthy*
sain(e) *healthy*
touristique *touristic*

° verb presentation in chapter

Adverbes

alors *then*
d'abord *first*
ensuite *then*
lentement *slowly*
puis *then*
de temps en temps *from time
    to time*
ne ... jamais *never*
ne ... plus *no longer*
peut-être *perhaps/maybe*
tout à fait *completely*

Prépositions

avec *with*
contre *against*
moins *less*
pendant *during*
pour *for*
sans *without*

Autres

Allez ! *Come on!*
Bonsoir *Good evening*
un verre de *a glass of*

Une excursion dans la région de Québec

Mise en contexte

La monitrice, les animateurs et les étudiants du programme d'immersion partent en excursion.

Objectifs communicatifs

Scène 1

Parler du temps qu'il fait et du climat en général

Exprimer des notions de temps : les mois, les saisons, la date

Parler de vêtements; le verbe **mettre**

Parler d'activités et d'événements passés

Demander et donner des renseignements

Scène 2

Parler du passé récent

Bien s'exprimer : les adjectifs démonstratifs

Bien s'exprimer : la conjugaison des verbes réguliers en **-re**

Décrire les sentiments et réactions physiques

Décrire des routines

Structures et expressions

Scène 1

Quelques expressions avec faire (**faire beau, du soleil...**)

Le verbe **mettre**

L'accord du participe passé – les verbes conjugués avec **avoir**

L'interrogation
– l'inversion
– les adverbes interrogatifs

Scène 2

Le passé récent (**venir de** + infinitif)

Les adjectifs démonstratifs

Les verbes réguliers en **-re**

Quelques expressions avec **avoir** (**avoir chaud, faim...**)

Les verbes pronominaux pour parler de routines (emploi réfléchi) avec les pronoms **me, te, nous, vous, se**

Vocabulaire actif

Scène 1

Le temps qu'il fait

Les mois de l'année, les saisons

Les vêtements

Scène 2

Quelques verbes en -re

Sentiments, besoins, réactions

Décrire des routines et des habitudes

Expressions pour nuancer les habitudes

Le plan d'une maison

Culture

Le tourisme – Montre-t-il le vrai caractère d'une région ?

Le français canadien et le français européen (suite)

Le «fast food» en Europe et en Amérique du Nord

Chapitre 5

La basilique Sainte-Anne de Beaupré

La chute Montmorency en hiver

Scène 1

Quelques sites

Sur le vif !

La monitrice Jocelyne, les animateurs Gabrielle et Gérard et les étudiants du programme d'immersion font une excursion en bus¹ près de la ville de Québec. (*Dans le bus.*)

Jane : Dis donc, Maria, es-tu contente de faire enfin une petite promenade ? Nous ne perdons pas notre temps en immersion, mais franchement° on travaille presque trop !

Maria : Tu as bien raison ! Regarde, il fait un temps magnifique ce matin. Il est seulement dix heures et demie, et j'ai déjà trop chaud. J'ai mis un chandail°, mais je vais l'enlever°.

Jocelyne : *(avec un sourire)* Bien sûr, il fait toujours beau et chaud à Québec en été ! Mais attention, nous sommes en août, en hiver, ce n'est pas pareil°, tu sais. Il neige beaucoup, et il fait incroyablement° froid. Je pense à ma visite au Carnaval l'année dernière. Quel froid ! De la neige partout, et une température de moins° 27 degrés !

Robert : Incroyablement froid ? Allez, Jocelyne, je viens de Sudbury !

Maria : *(De l'autre côté du bus; elle fouille° dans son sac à dos.)* Dis, quand est-ce qu'on arrive à l'île d'Orléans ? C'est frustrant ! Je ne trouve pas ma carte° de la région ! J'ai ...

Glossary (left margin):
- frankly
- sweater; (line 5)
- take it off
- it's not the same
- unbelievably
- minus (line 10)
- searches
- road map (line 15)

Jane : Ta carte, ce matin tu l'as mise sur ton bureau, avec nos biscuits.

Maria : Oh, c'est pas vrai ! Je les ai laissés dans notre chambre ...

Jane : Tiens, il y a des chutes° fantastiques à gauche ! Vous les voyez, Maria et Robert ? Qu'est-ce que c'est ?   falls

Jocelyne : C'est la chute Montmorency[2] - c'est notre mini-Niagara ! Et 20 regardez à droite, la voilà°, l'île d'Orléans. Nous sommes presque sur le grand pont° qui va dans l'île. Tout le monde peut bien voir ?   there it is / bridge

Maria : Ooh ! Comme c'est beau ! Laisse-moi voir !

(*Plus tard.*)

Robert : J'aurais dû rester° à Laval après tout°. Je répète, jouer au bon petit 25 touriste, ça ne m'intéresse pas.   I should have stayed; after all

Jocelyne : Écoute, veux-tu monter° au Saguenay avec moi à la fin du programme d'immersion ? Le lac Saint-Jean, les bois°, le pays° de Louis Hémon - le Nord[3], quoi° - ça aussi, c'est le «vrai Québec». Tu viens du Nord, toi aussi, tu vas aimer «mon» Québec. 30   come up / woods; the country / in a word

Robert : Tu es bien gentille; c'est vrai que tu viens de Chicoutimi. J'ai lu *Maria Chapdelaine*[4] et j'aimerais beaucoup voir la région du lac Saint-Jean. J'accepte avec grand plaisir.

Jocelyne : Eh bien, c'est décidé !

Pour en savoir plus

1. Puisque notre conversation se déroule° au Québec, nous voyons encore une fois des mots ou des expressions qui seraient° normalement différents en France. À titre d'exemple°, on fait une distinction en France entre **un bus** (ou **un autobus**) qui circule à l'intérieur d'une ville et **un car** (ou **un autocar**) qui relie° des villes, villages ou régions, etc. Au Canada, par contre, on entend souvent les mots **bus** ou **autobus** dans les deux contextes.   takes place / would be / As an example / links

2. La chute Montmorency, ainsi° nommée par Champlain en l'honneur du vice-roi de Nouvelle-France, est haute de 84 mètres, et dépasse donc les chutes du Niagara. La neuvième chute du Canada pour la hauteur, elle forme une cascade spectaculaire. On peut l'admirer de près° ou bien depuis° un pont de 1737 m qui relie la côte nord du Saint-Laurent à l'île d'Orléans.   thus / from up close / from

3. Le nord du Québec peut être considéré comme symbolique du Québec historique. Aux XVIIIe et XIXe siècles, beaucoup de pionniers et d'aventuriers y sont allés, y compris° des trappeurs. Chaque année, on organise une traversée à la nage° de 12 kilomètres du lac Saint-Jean entre Roberval et Péribonka.   including / a swim across

4. Louis Hémon était un Français qui est venu s'installer dans la région du lac Saint-Jean. C'est à Péribonka que se situe° l'action de son grand roman *Maria Chapdelaine*, publié en 1916. Le roman a rendu immortels les périls et l'attrait° de la vie dans le nord du Québec.   takes place / attraction

Vous avez bien compris ?

Répondez

1. Pourquoi est-ce que les étudiants semblent être contents de faire une excursion ?
2. Quel temps fait-il typiquement au Québec en été ? Et en hiver ?
3. À votre avis, est-ce que Maria a bonne mémoire ? Pourquoi ?
4. On va à l'île d'Orléans en bateau, n'est-ce pas ?
5. Est-ce que Jocelyne a le béguin (*a crush*) pour Robert ? Justifiez votre réponse !

Un choix à faire

Choisissez la meilleure fin de phrase :

1. Jane
    a. déteste les excursions.
    b. n'aime pas le temps qu'il fait à Québec..
    c. trouve qu'il y a beaucoup de travail dans le programme d'immersion.

2. Maria
    a. a oublié son argent.
    b. va mettre son imperméable (*raincoat*).
    c. va enlever son chandail.

3. Robert
    a. voudrait être un bon petit touriste.
    b. voudrait voir l'île d'Orléans et Sainte-Anne de Beaupré.
    c. voudrait voir autre chose que les sites touristiques.

4. Jocelyne invite Robert à
    a. dîner chez elle.
    b. monter au Saguenay avec elle.
    c. aller voir la vraie ville de Québec.

1. Robert pense que les visites aux sites touristiques ne permettent pas *(don't allow one)* de comprendre le vrai caractère d'une région. Êtes-vous d'accord ? Pourquoi ou pourquoi pas ?
2. Le roman *Maria Chapdelaine* a incarné la vie du nord du Québec à une époque donnée *(at a given period)*. Connaissez-vous d'autres romans québécois ? Et connaissez-vous des romans qui incarnent d'autres cultures ? Décrivez-les brièvement.

Fonctions et observations langagières

I. Parler du temps qu'il fait et du climat en général

In most cultures, the weather seems to be a natural subject for conversation as we can see from the following excerpts from the dialogue:

Maria : Regarde, il fait un temps magnifique ce matin.
Jocelyne : ... il fait toujours beau et chaud à Québec en été ! ... en hiver ...
Il neige beaucoup et il fait incroyablement froid.

- Here is some vocabulary you will find useful for describing various kinds of weather conditions. Note carefully the use of the verb **faire** in many of the expressions:

Vocabulaire actif : *Le temps qu'il fait*

Quel temps fait-il ?	*What is the weather like?*
Il fait (très) beau.	*It's (very) nice.*
Il fait mauvais.	*The weather is poor.*
Il fait très chaud.	*It's very hot.*
Il fait chaud.	*It's warm.*
Il fait frais.	*It's cool.*
Il fait froid.	*It's cold.*
Il fait du soleil.	*It's sunny.*
Il fait soleil. (Can.)	*It's sunny.*
Il fait du vent.	*It's windy.*
Il vente. (Can.)	*It's windy.*
Il y a du brouillard.	*It's foggy.*
Le ciel est couvert.	*It's cloudy (overcast).*
Il y a des nuages.	*It's (partly) cloudy.*
Il pleut. Il va pleuvoir. Il a plu.	*It's raining. It's going to rain. It rained.*
Il mouille. (Can.)	*It's raining.*
la pluie	*rain*
Il neige. Il va neiger.	*It's snowing. It's going to snow.*

(continued on next page)

la neige	snow
une tempête (de pluie ou de neige)	a (rain, snow) storm
Il va y avoir un orage.	There's going to be a storm.
La température est de 7 degrés Celsius.	The temperature is 7 degrees Celsius.
les prévisions météorologiques (la météo)	the weather forecast
le bulletin météorologique	the weather forecast (in the newspaper, on the radio or television)

Allez-y !

Exercice A : Pratique pratique

Faites des phrases à partir des éléments suivants :

1. Il / faire / soleil / ce matin
2. Demain / il / y avoir / orage
3. Ciel / être / souvent couvert / Regina
4. Température / être / 14 degrés Celsius
5. Pleuvoir / hier soir ?

II. Exprimer des notions de temps : les mois, les saisons, la date

In the dialogue, people discuss weather in relation to the time of year. Since it is also common to talk about the weather patterns of various months and seasons, now is a good time to learn the words for the twelve months and the four seasons in French.

Vocabulaire actif : *Les mois de l'année, les saisons*

Les mois de l'année

janvier	*January*	juillet	*July*
février	*February*	août	*August*
mars	*March*	septembre	*September*
avril	*April*	octobre	*October*
mai	*May*	novembre	*November*
juin	*June*	décembre	*December*

(continued on next page)

Les saisons

le printemps	*spring*
l'été *m*	*summer*
l'automne *m*	*fall*
l'hiver *m*	*winter*

- To express the notion of *in January, in August,* etc., one may say **en janvier, en août** or **au mois de janvier, au mois d'août,** etc.

- For the seasons, use **en** for all seasons but spring, where **au** is used, for example, **en automne, au printemps**.

- Do not use capital letters when writing the months of the year or the days of the week in French.

- To ask the date, one may say either:

  On est / Nous sommes le combien aujourd'hui ? or quite simply:
  Quelle est la date ?

To answer, use the formula:
le + number + month, except for the first of the month where **le premier** is used. For example:

  On est (C'est) aujourd'hui le premier mars, le quatorze août, le vingt-deux septembre, le trente novembre, etc.

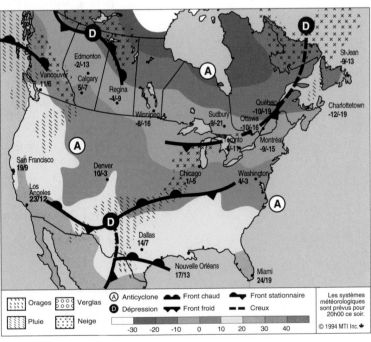

NEL

Exercice A : Fêtes et saisons

Voici quelques dates agréables !

> modèle : Jour de l'An
> **Le jour de l'An, c'est le premier janvier. C'est en hiver.**

1. Le jour de Noël
2. La Fête du travail (date approximative)
3. L'Action de Grâce (date approximative)
4. Pâques (*Easter* - date approximative)
5. La Fête nationale du Canada
6. Le Ramadan
7. La Saint-Valentin

Exercice B : Vive la différence !

À votre avis, quel temps fait-il probablement dans les villes suivantes en février et en juillet ?

> modèle : À Edmonton, en février, il fait très froid et il neige beaucoup.

1. Los Angeles	2. Montréal	3. Anchorage	4. Winnipeg
5. Miami	6. Calgary	7. Chicago	8. Halifax

Exercice C : Je suis curieux !

Interviewez un(e) camarade de classe.

1. À ton avis, quelle est la température typique dans ta région en mai ? Et en novembre ?
2. Pleut-il souvent dans la région où tu habites en hiver ?
3. Quelle est ta saison préférée ? Pourquoi ?
4. Est-ce que tu aimes les grandes tempêtes de neige? Pourquoi ?
5. J'ai déjà oublié, quel temps a-t-il fait hier ? Et avant-hier (*the day before yesterday*) ?
6. Est-ce que tu fais souvent du sport ? Quel est ton sport préféré en été ? En hiver ?
7. Qu'est-ce que tu espères faire cette année en décembre ? Et au mois de mai ?
8. Dis, on est le combien aujourd'hui ?
9. C'est quand, ton anniversaire (*birthday*) ?
10. Et quelle est la date de l'examen final en français, ce semestre ?

III. Parler de vêtements; le verbe mettre

*   Another weather-related topic is clothing.

Vocabulaire actif : *Les vêtements*

- A commonly used verb for the topic of clothing is **mettre** (*to put on*):

Elle **met** sa robe avant de sortir.
Nous avons **mis** nos gants pour faire du ski.

À noter !

The primary meaning of **mettre** is simply to put.

Elle met le livre sur la table

- The conjugation of **mettre** is as follows:

mettre

je **mets**	nous **mettons**
tu **mets**	vous **mettez**
elle / il / on **met**	elles / ils **mettent**

participe passé : mis (j'ai mis)

Exercice A : Pratique pratique

Il faut savoir bien conjuguer le verbe **mettre** !

1. Nous _____ un imperméable quand il pleut.
2. Elle ne _____ jamais d'écharpe.
3. Je _____ un jean tous les weekends.
4. Est-ce que vous _____ un chapeau de temps en temps ?
5. Ils ne _____ pas souvent une cravate.
6. Tu _____ des baskets pour jouer au volleyball.
7. Elle _____ des bottes hier, n'est-ce pas ?

Exercice B : Que mettre aujourd'hui ?

Pour chaque date, décidez quels vêtements vous devez mettre.

> modèle : C'est le 15 janvier. Il fait très froid. Qu'est-ce que vous mettez ?
> **Le 15 janvier, je mets *un manteau et des gants.***

1. C'est le 14 juin. Il commence à pleuvoir.
2. C'est le 20 août. Il fait très chaud.
3. C'est le 3 mai. Surprise ! Il neige.
4. C'est l'Halloween. Je veux paraître (*appear*) sophistiqué(e).
5. C'est le 20 mars. Il fait du vent.
6. C'est le 7 février. C'est l'anniversaire de Carlos.
7. C'est le 10 juillet. On va à la plage.

Exercice C : Un cadeau pour les sportifs

Posez-vous (*ask each other*) des questions sur les sports que vous aimez ou détestez quand il fait froid, chaud, etc. Puis expliquez quels vêtements spécialisés vous portez selon le temps qu'il fait. Référez-vous à la publicité pour équipements sportifs ci-dessous.

Vocabulaire utile

planche *f board*

cuissard *m cycling shorts*

survêtement *m tracksuit*

canne à pêche *f fishing rod*

IV. Parler d'activités et d'événements passés

L'accord du participe passé avec avoir

You might remember Jane's response when Maria complains that she cannot find her road map:

> *Jane* : Ta carte, ... tu **l**'as **mise** sur ton bureau ...

- As you saw in the last section, the normal past participle of **mettre** is **mis**. However, in this example you see an extra **e**. If the past participle of a verb conjugated with the auxiliary **avoir** is *preceded* by a direct object, the past participle must agree in gender and number with the direct object. Look at the examples below:

> Ma robe ? Je **l**'ai laiss**ée** dans ma chambre.
> Mes devoirs ? Je **les** ai fait**s** hier soir.

Compare the examples above with the following:

> J'ai **laissé** ma robe dans la chambre.
> J'ai **fait** mes devoirs hier soir.

Allez-y !

Exercice A : Pratique pratique

Répondez selon le modèle.

> modèle : Vous avez mis la lettre dans la boîte ? (oui)
> **Oui, je l'ai <u>mise</u> dans la boîte.**

1. Vous avez fait la vaisselle ce soir ? (oui)
2. Est-ce que Jean a oublié la carte ? (non)

3. Suzanne a mangé les fruits, n'est-ce pas ? (oui)
4. As-tu mis les chaussettes de Rebecca ? (oui)
5. Est-ce que tu as bu toute la limonade ? (non)
6. Luc a commencé ses études, non ? (non)

Exercice B : Si je me rappelle bien ...

Reconstruisez votre emploi du temps en formant des phrases complètes et remplacez les mots soulignés par un pronom.

> modèle : écouter la radio à 10 h
> **Je l'ai écoutée à 10 h.**

Votre emploi du temps :

1. quitter la maison à 9 h
2. laisser les lettres de ma sœur chez son ami à 9 h 20
3. acheter les crayons dont j'avais besoin (*that I needed*) à 9 h 45
4. étudier ma leçon de français à 10 h
5. aider mon amie à faire ses devoirs à 1 h 30
6. déposer (*drop off*) les livres de mon amie à la bibliothèque à 5 h

Exercice C : Pas d'excuses !

Carole fait toujours tout ce qu'il faut, mais Philippe est un peu paresseux. Faites une liste des choses qu'il n'a pas faites.

> modèle : Carole a fait les courses (*errands*). Et Philippe ?
> **Non, il ne *les* a pas *faites*.**

1. Carole a fait la lessive (*washing*). Et Philippe ?
2. Elle a lavé la voiture. Et Philippe ?
3. Elle a brossé le furet. Et Philippe ?
4. Elle a regardé la télévision. Et Philippe ?
5. Elle a préparé leurs goûters. Et Philippe ?

V. Demander et donner des renseignements

Comment poser des questions

> **Rappel !**
>
> You already know three ways to ask questions in French. They have been used in *Projet d'excursion* (Chapter 4) and in the previous conversation:
>
> - **intonation**   *Jocelyne* : Tout le monde peut bien voir ?
> - **n'est-ce pas ?**   *Jocelyne* : Tu vas les visiter avec nous, n'est-ce pas ?
> - **est-ce que ...**   *Maria* : Quand est-ce qu'on arrive à l'île d'Orléans ?

- A fourth way to ask *yes/no* questions is to reverse the normal word order of subject and verb. This is usually called *inversion*. Look again at the following examples taken from the conversation:

Jane : Maria, **es-tu** contente de faire enfin une petite promenade ?
Jocelyne : Écoute, **veux-tu** monter au Saguenay avec moi ... ?

À noter !

- If the verb doesn't already end in **d** or **t**, a **-t** is added in the third person singular.

    A-**t**-il de l'argent ?   *But:* Est-il ici ce matin ?
    A-**t**-elle visité l'île d'Orléans ?

- If the subject is a noun, it remains before the verb and the appropriate subject pronoun is repeated after the verb. Compare:

    Est-**il** à Montréal ?
    Jean est-**il** à Montréal ?

Allez-y !

Exercice A : Pratique pratique

Refaites les phrases suivantes en effectuant (*using*) l'inversion sujet / verbe.

> modèle : Il arrive à cinq heures.
> **Arrive-t-il à cinq heures ?**

1. Elle arrive demain.
2. Tu as un berger allemand (*German shepherd*).
3. Ils sont déjà à Gaspé.
4. Marc vient ce soir.
5. Vous n'aimez pas le thé.
6. Elle n'est pas en classe jeudi.
7. Elles vont faire une excursion samedi.
8. Pierrette a fini ses devoirs.

Exercice B : Vive les voyages !

Avant d'organiser une excursion de classe pour les vacances de mars, Claudine Théoret décide de demander des renseignements sur les stations de ski près de Québec. Elle note quelques questions préliminaires avant de composer une lettre. Quelles questions va-t-elle poser dans sa lettre ? Utilisez l'inversion.

> modèle : hôtels chers ? — hiver
> **Les hôtels sont-ils chers en hiver ?**

1. temps - très froid d'habitude ?
2. auberges de jeunesse (*youth hostels*) dans la région ?
3. chambre avec une famille - possibilité ?
4. beaucoup de bons restaurants ?
5. pistes (*slopes*) près des hôtels et des auberges ?
6. prix des remonte-pentes (*lifts*) raisonnables ?
7. activités intéressantes - soir ?
8. ?

Autres façons d'interroger

Information questions are frequently asked by means of an interrogative adverb. (You have already seen these adverbs in various early chapters.)

Rappel : *Les adverbes interrogatifs*

quand (*when*)	Quand est-ce qu'on arrive à l'île d'Orléans ?
pourquoi (*why*)	Pourquoi Robert n'est-il pas content ?
comment (*how*)	Comment ça va, Gérard ?
où (*where*)	Où est Sainte-Anne de Beaupré ?
combien[1] (*how much/how many*)	Il coûte combien, ton chandail ?

[1] **Combien** may also be followed by **de** + noun, ie. **combien d'argent, combien de personnes** (*how much money/how many people*).

• To invert or not to invert, that is the question! Maria might have said:

> **Quand arrive-t-on** à l'île d'Orléans ?

However, inversion with interrogative adverbs tends to be somewhat formal, that is more typical of written French, and it may be avoided with **est-ce que.**

> *Maria :* Quand est-ce qu'on arrive à l'île d'Orléans ?

You may also remember the examples of informal questioning with **où** from the *Chapitre préliminaire*, where **où** occurred at the beginning or the end of the question, but without either inversion or **est-ce que.**

> *Maria :* Et toi, tu es d'**où** ?   Et toi, d'**où** tu es ?

Similarly, our characters frequently avoided inversion in the questions they asked each other during their excursion.

> *Jane :* Vous les voyez, Maria et Robert ?

Allez-y !

Exercice A : Pratique pratique

Remplissez les tirets par l'adverbe interrogatif convenable (quand, pourquoi, comment, où, combien).

1. _____ arrive-t-elle, à Montréal ou à Québec ?
2. _____ n'aimes-tu pas la chimie ?
3. _____ coûte 500 grammes de fromage Roquefort ?
4. _____ partez-vous pour la Suisse ?
5. _____ allez-vous, chère Madame ?

Exercice B : Allô, allô ...

Georges téléphone à Maria pour l'inviter à une soirée. Imaginez les questions posées par Maria.

Maria : ?

Georges : La soirée va être chez Yvette.

Maria : ?

Georges : Vingt ou vingt-cinq copains vont être là.

Maria : ?

Georges : C'est parce que Frédéric n'est pas libre demain soir.

Maria : ?

Georges : Oui, elles viennent ensemble.

Maria : ?

Georges : Je pense qu'elles vont arriver vers huit heures.

Maria : ?

Georges : Non, tu n'as pas besoin d'apporter de la bière.

... (Imaginez encore quelques questions et réponses.)

Exercice C : On organise une sortie.

Vous n'avez pas bien entendu (*heard*) les directives que votre professeur de biologie a données au sujet d'une excursion qu'il organise pour la semaine prochaine. Posez-lui quelques questions.

> modèle : *Votre professeur* : Nous allons à ...
>
> *Vous* : Pardon ? Où allons-nous ?

1. Nous allons partir en ... mercredi après-midi.
2. Le bus va stationner devant la ...
3. Nous allons partir à ... heures.
4. Il est important d'avoir le manuel de biologie parce que ...
5. Apportez ... dollars, c'est assez parce que nous allons pique-niquer.
6. Je pense que nous allons passer l'après-midi près de ...
7. Nous allons retourner au campus à ...

Exercice D : Je veux savoir ...

Demandez à votre voisin ou voisine des renseignements sur ses cours, ses intérêts, ses problèmes, ses projets pour le week-end, etc. Essayez de varier votre manière de poser les questions.

Une grange traditionnelle à l'île d'Orléans

Quelques achats°

Sur le vif !

purchases

several stops; farm
craft shop

Les étudiants font le tour de l'île, avec plusieurs arrêts° pour visiter une vieille ferme°, des églises, une boutique d'artisanat° et quelques autres sites intéressants. Tout le monde est maintenant au kiosque Roger Pouliot, près du village de Sainte-Pétronille.

(artist's) brushes

Michael : Quelle île extraordinaire, je voudrais avoir mes pinceaux°!

Gabrielle : Oui, tu as raison, c'est splendide. Vas-tu acheter des souvenirs, Jane ? Ils vendent probablement des spécialités de la région.

Jane : Ben, peut-être. Oui, pourquoi pas ?

5 **Robert** : Moi, je veux savoir pourquoi. Pourquoi est-ce que le bus s'est arrêté ici ? J'ai bien apprécié l'architecture des granges° et la beauté des paysages°. Je viens d'avoir° une discussion intéressante avec l'artisan qui faisait des sculptures en bois. Mais maintenant, je ne vois pas l'intérêt ...

barns; landscapes;
I've just had

don't be; jug
maple

10 **Jane** : Oh, Robert, ne sois pas° si difficile ! Regarde cette belle petite cruche° de sirop d'érable°. *(Au vendeur)* S'il vous plaît, elle coûte combien, la cruche ?

dollars

Vendeur : Sept piastres°[1] cinquante, Madame. C'est pas trop dispendieux[1].

GST (federal tax)

Jane : *(avec un sourire)* C'est avec la TPS°, j'espère ! Et toi, Michael, est-ce que tu achètes quelque chose ?

Michael : Moi ? Eh bien, j'ai soif, j'achète une limonade. Et un litre de cidre

15 québécois, pour ce soir, bien sûr. Il faut penser à ma réputation ! Avez-vous

encore° faim, Gabrielle et Heather ? Je pense que je vais acheter un hot dog[1] et des frites.   still

(Ils finissent les achats et c'est le départ pour Sainte-Anne de Beaupré, où ils arrivent vers° trois heures.)   at about

Heather : Mon Dieu[2], quel scandale, il y a un McDonald's[3] à cent mètres de   20
la basilique !

Gérard : Pourquoi tu n'es pas contente, Heather ? (*taquin°*) Peux-tu déjà voir   teasing
du plastique ?

Heather : Tu es très drôle, toi. Bon, dépêche-toi°, allons visiter la basilique. Ou   hurry up
as-tu envie d'un Big Mac, Gérard ?   25

Robert : Dites°, le Parc du mont Sainte-Anne est près d'ici, n'est-ce pas ?   Say
J'adore le ski.

Gabrielle : Oui, à quatre ou cinq kilomètres. Mais pour le ski, il faut attendre
un peu. Reviens° en hiver ! Allez, à la basilique, tout le monde ...   Come back

(Après la visite de la basilique, tout le monde remonte dans le bus pour rentrer à   30
Laval.)

Michael : Ouf ! C'était une merveilleuse journée, mais je suis crevé°. Ce soir,   beat (exhausted)
je vais me reposer ! Maria, je vais même boire un verre ou deux de cidre ! Je
vais me coucher tard et me lever tard demain matin. C'est dimanche, jour de
repos.   35

Heather : De toute façon, Michael, tu te couches toujours tard et tu te lèves
toujours tard aussi.

Maria : Moi, je vais me lever tôt et faire une longue promenade en vélo. Et toi,
Jane ?

Jane : Je vais aller à l'église, et puis peut-être faire une longue marche à pied.   40

(Dans le bus, les étudiants discutent déjà de l'excursion de la fin de semaine
suivante !)

Pour en savoir plus

1. Au Canada et en France, on s'exprime souvent différemment. Voici
   d'autres différences que vous pouvez trouver dans *Sur le vif* :

Au Canada	En France / Europe
piastres (informal)	dollars
dollars (standard)	dollars
dispendieux	cher
chien chaud / hot dog	hot dog

2. Au fur et à mesure que° vous étudiez une langue seconde, faites attention   as
   aux traductions° littérales. On peut traduire mot à mot l'expression **Mon**   translations
   Dieu ! comme *My God!*, mais cette expression est en fait moins forte° en   weaker
   français qu'en anglais. Dans cette dernière langue, on dirait° plutôt *Good*   would say
   grief!

---

3. Le phénomène «fast food» touche maintenant toute l'Europe; des restaurants tels que° McDonald's et le petit Colonel (*Kentucky Fried Chicken*) se trouvent° dans presque toutes les grandes villes. Il y a, par exemple, un restaurant McDonald's sur les Champs-Élysées, à Paris, ainsi que des entreprises françaises comme les **mini-Maxim's** et les **croissanteries** qui vantent° les qualités de leur «gourmet fast food». Bien que° le terme **restauration rapide** existe en français, c'est **le fast food** qu'on emploie de plus en plus dans la langue courante°, surtout dans les formules publicitaires.

Vous avez bien compris ?

Qui parle ?

Justifiez votre réponse.

> modèle : J'ai envie de revenir à l'île d'Orléans avec mon vélo.
> **Je pense que Maria dit ça parce qu'elle adore le cyclisme.**

1. J'ai envie de retourner à l'île d'Orléans pour peindre un peu. (*do a bit of painting*)
2. Je vais essayer de passer une semaine au mont Sainte-Anne en février.
3. J'aime beaucoup les boutiques d'artisanat de l'île d'Orléans.
4. Non, je n'ai pas envie de McCroquettes de poulet, merci.
5. On travaille énormément dans les cours de langue intensifs.
6. À mon avis, il ne fait pas tellement (*so*) froid au Québec en hiver.

Vérification

Répondez aux questions suivantes :

1. Qu'est-ce que Jane décide d'acheter ?
2. Michael a faim et soif ? Est-ce qu'il achète quelque chose ?
3. Pourquoi est-ce que Heather est choquée (*shocked*) à Sainte-Anne de Beaupré ?
4. À votre avis, est-ce qu'il est plus intéressant de visiter le mont Sainte-Anne en été ou en hiver ? Pourquoi ?

5. Michael a beaucoup d'énergie après la visite de l'île d'Orléans, n'est-ce pas ?

Au kiosque

Vous êtes au kiosque Roger Pouliot. Qu'est-ce que vous allez peut-être acheter pour vous-même (*yourself*) ? Et pour des amis ?

Et les personnages de *Bonne Route*, qu'est-ce qu'ils vont peut-être acheter ? Heather et Michael ont deux enfants, Emily (13 ans) et Andy (8 ans). Est-ce que vous pouvez suggérer quelque chose pour les enfants ?

Le kiosque Pouliot à l'île d'Orléans

Réflexions sur la culture

1. À votre avis, quels sont les dangers d'une traduction littérale ? Êtes-vous au courant de (*aware of*) certains malentendus (*misunderstandings*) ou crises politiques produits par de mauvaises traductions ?
2. Robert a des idées claires sur ce qui l'intéresse à l'île d'Orléans. Quels aspects d'un site (*place*) vous intéressent le plus ? L'architecture, les paysages, l'artisanat, les objets à acheter, ou autre chose encore ? Expliquez.
3. Que pensez-vous du phénomène «fast food» ? Est-ce que cela vous a choqué de voir au début du chapitre qu'il y a un restaurant McDonald's juste en face de la basilique de Sainte-Anne de Beaupré ? À votre avis, est-ce que «gourmet» et «fast food» sont deux expressions qui sont contradictoires ? Et le nouveau mouvement «slow food», qu'en pensez-vous ?

Fonctions et observations langagières

I. Parler du passé récent

When Robert discusses his trip, he mentions that he has just had an interesting talk about sculpture with a craftsman.

> *Robert* : Je **viens** d'avoir une discussion intéressante avec l'artisan ...

- The **passé récent** is formed by using the present of the verb **venir** plus an infinitive.

Rappel !

venir

je viens			
tu viens			
elle / il / on vient	+	**de**	manger (... *just eaten*)
nous venons	+	**d'**	arriver (... *just arrived*)
vous venez			
elles / ils viennent			

- When object pronouns (such as **le**, **la**, **les**, **lui**, **leur**, **en**) are used in infinitive constructions, the pronoun is placed directly *before the infinitive.*

> Tu vas téléphoner **à ta mère** ? Non, je viens **de lui** parler.
> Tu connais **le roman** *Maria Chapdelaine* ? Oui, je viens **de le** lire.
> Tu vas acheter **tes livres** ? Non, je viens **de les** acheter.

> **À noter !**
>
> In this instance, **de** does not contract with the pronouns **le, les**. Remember, however, that there is a contraction when **le, les** function as definite articles.

Allez-y !

Exercice A : Pratique pratique

Révisons la conjugaison du verbe **venir** !

1. Elle _____ toujours à cinq heures et demie.
2. Normalement nous _____ le matin.
3. Ne _____-vous pas chez Marc-André ?
4. À quelle heure _____- tu à la Fac aujourd'hui ?
5. Non, je ne _____ pas ce soir.
6. Ils _____ à la piscine le vendredi soir.

Exercice B : Qu'est-ce qu'ils viennent de faire ?

1. Robert → téléphoner à Jocelyne
2. Jocelyne → cacher Gaston dans sa chambre
3. M. et Mme Charbonneau → dîner
4. Jane et Maria → regarder le concert de Diane Dufresne
5. L'autobus → partir
6. Michael → arriver à la cafétéria

Exercice C : Depuis longtemps ?

Répondez aux questions en utilisant le passé récent.

> modèle : Tu es là depuis longtemps ? (arriver)
> **Non, je viens d'arriver.**

1. L'autobus est là depuis longtemps ? (arriver)
2. Le programme d'immersion est presque fini ? (commencer)
3. Tu veux quelque chose à manger ? (déjeuner)
4. Tu veux quelque chose à boire ? (boire du café)
5. Vas-tu téléphoner à tes parents ? (parler à ma mère)
6. Tes parents vont faire un voyage ? (rentrer de voyage)

Exercice D : Mais non !

Répondez aux questions, en utilisant un pronom dans votre réponse.

> modèles : Tu as ta bicyclette depuis longtemps ? (acheter)
> **Non, je viens de l'acheter.**

Tu vas faire tes devoirs ? (oui)
Oui, je vais les faire.

1. Tu vas chercher les livres pour le cours de biologie ? (trouver)
2. Tu as ta chaîne stéréo depuis longtemps ? (acheter)
3. Tu vas lire le journal ? (oui)
4. Tu vas parler au professeur ? (parler)
5. Tu as ton ordinateur depuis longtemps ? (acheter)
6. Tu veux du café ? (boire)
7. Tu vas faire les courses ? (oui)
8. Tu veux parler à ta sœur ? (téléphoner)

II. Bien s'exprimer : les adjectifs démonstratifs

Michael : **Ce** soir, je vais me reposer !

James : Regardez **cette** belle petite cruche ...

You have seen, and perhaps used, the demonstrative adjectives in earlier chapters of *Bonne route* as well as in this chapter. They are used to designate something close in time or proximity, and are usually translated in English by *this* or *that, these* or *those*. For example: **ce** matin = *this* morning, **ces** livres = *these* books.

ce *m sing.*	**ce** matin
cette *f sing.*	**cette** excursion
cet *m sing.*	
before a vowel sound	**cet** autobus
	cet hôtel
ces *m or f*	**ces** excursions
pl.	**ces** sites touristiques

> **À noter !**
>
> Note carefully that the form **cet** occurs only before a masculine singular noun beginning with a vowel.

Allez-y !

Exercice A : Pratique pratique

Créez de courtes phrases à partir des éléments suivants. Utilisez toujours un adjectif démonstratif.

> modèle : Paul / aimer / film
>
> Paul aime **ce** film.

1. Marguerite / adorer / chemise
2. Nous / préférons / gants
3. Je / ne pas connaître / architecte

4. Daphné / aller manger / pêches
5. Est-ce que / tu / vouloir acheter / livre ?
6. Semaine / il / ne pas être / là

Exercice B : À quelle heure est-ce qu'elle arrive ?

Mettez l'adjectif démonstratif qui convient.

1. Anne arrive _____ soir ?
2. Non, je pense qu'elle arrive _____ matin.
3. Tu es vraiment sûr qu'elle n'arrive pas _____ après-midi ?
4. Non, j'en suis sûr. Elle arrive _____ matin.
5. Anne pense : «Ils sont fous, _____ amis ! Je suis arrivée hier ! »

Exercice C : Le campus

Un groupe d'étudiants et d'étudiantes montrent le campus à leurs parents. Répondez aux questions des parents selon le modèle.

> modèle : Joues-tu au soccer dans **le** stade ?
> Oui, je joue au soccer dans **ce** stade.

1. Dînes-tu souvent dans **la** caféteria ?
2. **Le** grand bâtiment est très joli, n'est-ce pas ?
3. As-tu des cours dans **l'**amphithéâtre ?
4. Est-ce que **les** résidences sont confortables ?
5. Joues-tu au basketball dans **le** gymnase tous les jours ?
6. Nages-tu souvent dans **la** piscine ?

Exercice D : Ma famille

Apportez une photographie de votre famille (ou d'amis); identifiez les personnes et répondez aux questions de vos camarades de classe. Utilisez beaucoup d'adjectifs démonstratifs !

> modèle : **Cette** femme, là, c'est ma mère. Elle est ...
> Qui est **ce** jeune garçon ?
> **C'est mon frère, Paul.**

III. Bien s'exprimer : la conjugaison des verbes réguliers en -re

We have already seen in earlier chapters of *Bonne route* the conjugations of regular **-er** (Chapter 1) and **-ir** (Chapter 4) verbs. The third, and last, group of regular French verbs has an infinitive in **-re.** A few **-re** verbs occurred naturally in this chapter's dialogues:

> *Gabrielle* : Ils **vendent** probablement des spécialités de la région. Pour le ski, il faut **attendre** un peu.

- Here, as an example, is the complete conjugation of the verb **vendre** (*to sell*):

vendre

je	vend**s**	nous	vend**ons**
tu	vend**s**	vous	vend**ez**
elle / il / on	vend	elles / ils	vend**ent**

participe passé : vendu (j'ai vendu)

> **À noter !**
>
> The stem of nearly all regular **-re** verbs ends in **d** or **t**. In the rare cases when it does not, a **-t** must be added to the form of the third person singular. For example, the stem of the verb **interrompre** (*to interrupt*) is **interromp-**. The form of the third person singular is: **il / elle / on interrompt**

- There are several common **-re** verbs in French. The following verbs will be useful additions to your basic active vocabulary:

> **Vocabulaire actif :** *Quelques verbes en* **-re**
>
> | | |
> |---|---|
> | attendre | *to wait for* |
> | dépendre (de) | *to depend (on)* |
> | descendre | *to go down* |
> | entendre | *to hear* |
> | interrompre | *to interrupt* |
> | perdre | *to lose* |
> | perdre patience | *to lose one's patience* |
> | perdre son temps | *to waste one's time* |
> | rendre (un livre, etc.) | *to return (a book, etc.)* |
> | rendre visite (à) | *to visit (someone)* |
> | répondre (à) | *to answer* |
> | vendre | *to sell* |

A misunderstanding in French is called **un malentendu**. What do you think the origin of this term is?

Allez-y !

Exercice A : Pratique pratique

Suivez le modèle pour remplir les tirets.

> modèle : Je _____ (perdre) mon temps.
> **Je perds mon temps.**

1. Ça _____ (dépendre) de toi.
2. Nous _____ (répondre) presque toujours bien aux questions.

3. Il _____ (ne pas entendre) la réponse.
4. Est-ce que vous _____ (attendre) depuis une demi-heure ?
5. _____ (rendre) -moi le livre demain s'il vous plaît.
6. Vous _____ (vendre) la voiture la semaine dernière, non ?
7. Elles _____ (descendre) tout de suite.
8. Je _____ (ne pas perdre) souvent mes clés.

Exercice B : Mais si, mais si !

Donnez une réponse affirmative. **Attention !** En France, on emploie **si**, au lieu de **oui**, pour répondre à une question négative. Au Québec, on entend souvent **oui** dans ce contexte.

> modèle : Tu n'attends pas l'autobus depuis longtemps, n'est-ce pas ?
> **Mais si, je l'attends depuis vingt minutes.**

1. Tu n'as pas perdu tes clés, n'est-ce pas ?
2. Tu n'entends pas toujours bien les questions du prof, n'est-ce pas ?
3. Tes amis n'attendent pas quand tu es très en retard, n'est-ce pas ?
4. Tu ne vas pas vendre ton livre de français à la fin du cours, j'espère !
5. Et tu n'as pas vendu ta collection de cartes de baseball ? (Quelle catastrophe !)
6. Tes parents ne répondent pas vite à tes lettres quand tu demandes de l'argent, n'est-ce pas ?
7. Tu ne rends jamais tes devoirs avec une semaine de retard !
8. On ne t'interrompt jamais quand tu parles, n'est-ce pas ?

Exercice C : Quand tu étais enfant

Posez des questions à un(e) camarade de classe.

> modèle : vendre du chocolat
> **Quand tu étais enfant, est-ce que tu vendais du chocolat pour ton école ?**

1. perdre souvent tes affaires (*things*)
2. perdre souvent patience
3. vendre du citron pressé (*lemonade*)
4. rendre visite à tes grands-parents à Noël
5. écouter toujours tes parents

Exercice D : Je veux te connaître un peu mieux (*better*)

Une personne qui voudrait vous connaître un peu mieux vous pose des questions concernant vos opinions, vos habitudes, etc.

1. D'habitude, perds-tu beaucoup de temps devant la télé ?
2. Et si tu as un peu de temps à perdre le week-end, qu'est-ce que tu aimes surtout faire ?
3. Est-ce que c'est très impoli d'interrompre un politicien qui fait un discours (*speech*) public ? Est-ce que ça dépend de la situation, ou peut-être de ses idées ?
4. En général, descends-tu au centre-ville le vendredi soir ?
5. Est-ce que tu perds assez souvent patience quand tu es obligé d'attendre un peu ?
6. Normalement, est-ce que tu rends assez vite l'argent que tes camarades te prêtent (*lend*) ?

7. Sinon (*If not*), qu'est-ce que tu réponds à ces camarades quand ils demandent leur argent ?

8. As-tu le temps de rendre quelquefois visite à tes amis d'enfance (*childhood friends*) ?

IV. Décrire les sentiments et réactions physiques

We frequently comment on and sometimes complain about how warm, cold, hungry, sleepy, etc. we are. We saw several examples of this in *Quelques achats*:

> *Michael* : ... j'ai soif, j'achète une limonade. ... Avez-vous encore faim, Gabrielle et Heather ?
>
> *Heather* : ... as-tu envie d'un Big Mac, Gérard ?

- The verb **avoir**, and not the verb **être**, is used in several expressions to describe various physical feelings, needs, or reactions. Particular attention needs to be paid to this language difference!

Vocabulaire actif : *Sentiments, besoins, réactions*

avoir chaud	*to be warm*
avoir froid	*to be cold*
avoir faim	*to be hungry*
avoir soif	*to be thirsty*
avoir sommeil	*to be sleepy*
avoir envie (de)	*to feel like (having)*
avoir besoin (de)	*to need*

À noter !

Both **avoir envie** and **avoir besoin** may be followed by either **de** + noun or **de** + infinitive.

J'ai envie de poisson.	*I feel like having (some) fish*
J'ai envie de manger.	*I feel like eating*
Elle a besoin d'argent.	*She needs (some) money*
Elle a besoin d'étudier.	*She needs to study*

Remember as well that "J'ai envie du poisson. Elle a besoin de l'argent." with the definite article, means: I feel like having *the* fish, she needs *the* money.

Allez-y !

Exercice A : Pratique pratique

Répondez logiquement !

> modèle : Pourquoi est-ce que Mary veut se coucher maintenant ?
> Mais parce qu'elle a sommeil !

1. Pourquoi est-ce que David a mis son manteau ?
2. Pourquoi mangez-vous à six heures et pas à sept heures ?
3. Pourquoi est-ce que nous buvons tant d'eau minérale ?
4. Pourquoi est-ce que Diane a enlevé son chandail ?
5. Pourquoi vas-tu au cinéma ce soir ?
6. Pourquoi travaillent-ils chez «McDo» ?

Exercice B : Qu'est-ce que vous avez ?

Complétez les conversations suivantes à l'aide d'une expression avec **avoir**.

1. *Fritz* : On commande une bière, Philippe ?
   Philippe : Très bonne idée, je ...
2. *Myriam* : (en bus) J'ouvre (*open*) la fenêtre ?
   Evelyne : Non, je ...
3. *Doris* : On va voir le nouveau film de Denys Arcand, les copains ?
   Mireille (et Henri) : Oui, nous ...
4. *Annie* : Moi, je pense que François est un bon président du Club Français.
   Marie : Non, tu...
5. *David* : Alors, une pizza, Marguerite ?
   Marguerite : Oui, je...
6. *Claire* : (à 22 h 30) On va danser dans un club ?
   Eric : Ah non, pas ce soir, je ...
7. *Rémi* : Carole Laure est une excellente actrice.
   Jean-Claude : Oui, je suis d'accord, tu ...
8. *Annette* : (à la plage = at the *beach*) Je vais dans l'eau, les amis. Et vous autres ?
   Gladys (et Christophe) : Oui, oui, nous ...

Exercice C : Trouvez quelqu'un qui ...

Circulez parmi vos camarades de classe pour trouver au moins une personne qui répond «oui» à chacune des phrases suivantes.

> modèle : **- Paul, as-tu souvent faim à 10 h du matin ?**
> **- Non, je n'ai pas souvent faim à 10 h du matin.**

- Et toi, Julie, as-tu souvent faim à 10 h du matin ?
- Oui ! J'ai presque toujours faim à 10 h du matin.

1. <u>Julie </u>a souvent faim à dix heures du matin.
2. a trop chaud maintenant.
3. a envie de visiter l'île d'Orléans.
4. a envie de visiter Tokyo.
5. a soif quand il / elle mange du jambon.
6. a presque toujours froid quand il / elle fait du ski.
7. a souvent envie d'une collation après la classe.
8. a sommeil tous les jours en classe.
9. a très souvent besoin d'argent.
10. ??? (À vous !)

V. Décrire les routines

Les verbes pronominaux (au présent)

In the description of certain activities in *Une excursion dans la région de Québec*, you will have noticed that a new category of verbs was introduced:

> *Michael* : Ce soir, je vais **me reposer** !
> *Heather* : ... Tu **te couches** toujours tard ...

- Verbs that consist of an extra pronoun (**me, te** in the examples above) in addition to the normal subject and verb forms are called *pronominal* verbs. Some pronominal verbs often involve a subject performing an action on itself:

> **Les enfants *se lavent* et *s'habillent*.** (*The children get washed and get dressed, literally, wash themselves and dress themselves.*)

Such pronominal verbs are called *reflexive*.

- Following is the complete conjugation of the reflexive verb **se laver**:

je	**me lave**	nous	**nous lavons**
tu	**te laves**	vous	**vous lavez**
elle / il / on	**se lave**	elles / ils	**se lavent**

> **À noter !**
>
> The reflexive pronouns **me**, **te**, and **se** contract before a vowel or silent **h**: Tu **t'**amuses; Ils **s'**habillent.

- When the infinitive form of a pronominal verb follows another conjugated verb, the reflexive pronoun must coincide with the subject of the principal verb:

> **Je** vais **me** laver, **tu** vas **te** laver, **elle** va **se** laver, etc.

- To make a reflexive verb negative, place **ne, n'** before the reflexive pronoun and **pas** after the verb, just as you would with direct object pronouns:

> Je **ne** me lave **pas.**
> Elle **ne** se couche **pas** avant minuit.

- To make a reflexive verb interrogative:

  - put **Est-ce que / qu'** before the entire structure as usual:
    > **Est-ce que** nous nous lavons ?
    > **Est-ce qu'**ils se brossent les cheveux ?
  - use **n'est-ce pas** at the end of the question:
    > Vous vous réveillez à sept heures, **n'est-ce pas** ?
  - invert the subject pronoun and the verb:
    > Te laves-**tu** ? Nous habillons-**nous** ?

- Many useful words for describing routines fall into this category of pronominal verbs.

Vocabulaire actif : *Décrire des routines et des habitudes*	
s'amuser (à faire quelque chose)	*to have a good time*
se brosser (les dents / les cheveux)	*to brush (one's teeth / hair)*
se coucher	*to go to bed*
se dépêcher	*to hurry*
se détendre	*to relax*
se doucher	*to take a shower*
s'endormir	*to fall asleep*
s'habiller	*to get dressed*
se laver (les mains / les cheveux)	*to wash (one's hands / hair)*
se lever	*to get up*
se maquiller	*to put on make-up*
se peigner	*to comb one's hair*
se préparer à + *infinitive*	*to get ready*
se raser	*to shave*
se reposer	*to rest*
se réveiller	*to wake up*

- Note the difference between the meanings of these verbs when used reflexively and not.

Il réveille son enfant.	Il se réveille.
Il lève la main.	Il se lève.
Elle couche son enfant.	Elle se couche.
Il lave son chien.	Il se lave.
Elle brosse son chat.	Elle se brosse les dents.
Elle habille son enfant.	Elle s'habille.

Nuancer les routines

Below are some expressions that will help you to modify or classify routines:

> **Vocabulaire actif :** *Expressions pour nuancer les habitudes*
>
> normalement *normally*
> généralement *generally*
> ordinairement *ordinally*
> d'habitude *usually*
> souvent / rarement / toujours / tout le temps *often / rarely / always /*
>   *all the time*
> tous les (*every*) matins / soirs / jours / mois / ans *every morning / evening /*
>   *day / months / year*
> tous les lundis / mardis / mercredis / etc. *every Monday / Tuesday ?*
>   *Wednesday / etc.*
> un peu / très *a bit / very*

- Many routine activities are carried out in the home. It would also be helpful for you to learn the various rooms in a house where these routines occur.

> **Vocabulaire actif :** *Le plan d'une maison*

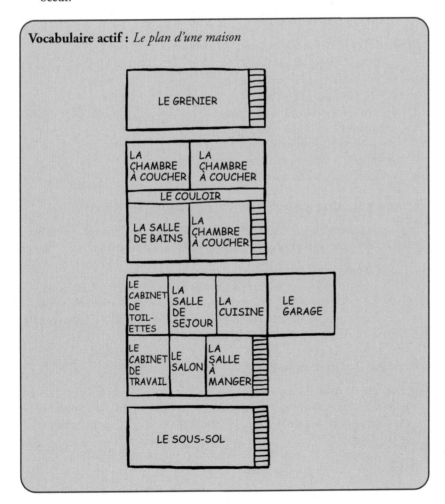

Exercice A : Petit jeu de conjugaison

1. Monique _____ (se brosser) les dents trois fois par jour.
2. Nous _____ (s'habiller) vers sept heures et demie.
3. Bob et Doug ont une barbe (*beard*); ils _____ (ne jamais se raser).
4. _____ (s'amuser) -vous bien le weekend ?
5. Vous allez _____ (s'endormir) bientôt ?
6. Je _____ (ne pas se lever) tôt le dimanche.
7. Est-ce que Caroline et Vivienne _____ (se détendre) au gymnase ?

Exercice B : Réfléchi ou non ? À vous de décider !

Ajoutez un pronom réfléchi si c'est nécessaire et conjuguez le verbe donné au présent de l'indicatif.

1. Pierre (laver) son chien chaque semaine.
2. Le chat Minouche (laver) après son dîner.
3. Hélène (coucher) à onze heures.
4. Hélène (coucher) ses enfants à sept heures.
5. Les chats (amuser) les enfants.
6. Les chats (amuser) avec une balle.

Exercice C : Les habitudes

Circulez dans la classe pour trouver quelqu'un qui ...

1. se réveille souvent à six heures.
2. se lève toujours tard le dimanche.
3. se couche souvent à minuit.
4. se lave les cheveux tous les jours.
5. se brosse les dents trois fois par jour.
6. s'habille dans la salle de bains.
7. se coupe (*cuts himself*) souvent quand il se rase.
8. s'endort quelquefois dans la salle de séjour.

Exercice D : Un jour férié (*public holiday*)

Lundi prochain est un jour férié. Dites à un(e) camarade comment vous allez modifier vos habitudes et posez-lui des questions sur ses habitudes.

> modèle : *Vous :* Eh bien, je n'ai pas de cours lundi.
> Alors, je vais me coucher tard dimanche soir. Lundi je ne compte pas me lever avant midi. Je vais prendre mon petit déjeuner avant de me doucher et de m'habiller. Enfin, je vais me reposer toute la journée. Et toi ?

Exercice E : Où suis-je ?

Écrivez sur un bout de papier cinq ou six heures différentes de la journée. Demandez à votre partenaire dans quelle pièce de la maison elle / il se trouve à ces heures-là et ce qu'elle / il y fait. (De la discrétion, s'il vous plaît !)

Calendrier saisonnier des événements - Région de Québec

Découvrir la place Royale

Pré-lecture

Toute la région de Québec est à découvrir ! Voici une liste des principales fêtes et manifestations touristiques. Parcourez (*go through*) la liste et faites les activités qui suivent.

Calendrier saisonnier des événements – Région de Québec

Du 9 au 19 juin   Le Cirque du Soleil
Nouveau spectacle ! Performance hors du commun. Costumes et décors flamboyants. Musique originale. Site : hôtel de ville de Sainte-Foy. Billetterie : réseau Billetech ou 1-800-361-4595.
Renseignements : (514) 522-2324

(*continued on next page*)

Du 21 au 26 juin   Festival au saumon
Activités et festivités liées à la pêche du saumon atlantique. Donnacona.
Renseignements : (418) 285-4616

À partir du 23 juin   Les nuits internationales de jazz et blues de Québec
Fête musicale, culturelle et populaire axée sur différents styles musicaux et sur un
échange multi-ethnique. Concert en salles, bars et restaurants de la région de Québec :
scènes extérieures, chapiteau°.
Renseignements : (418) 849-7080

24 juin   Fête nationale du Québec
Festivités populaires dans toute la région de Québec.
Renseignements : (418) 640- 0799

Du 24 au 26 juin   Coupe du monde de vélo de montagne
Épreuves° s'adressant aux meilleurs compétiteurs internationaux seniors hommes et
femmes. Parc du mont Sainte-Anne.
Renseignements : GESTEV (418) 827-1122

25-26 juin   Rendez-vous des belles d'autrefois
Exposition de voitures anciennes à la Base de plein air de Sainte-Foy.
Renseignements : M. Ernest Royer (418) 884-2417

**Du 25 juin au 3 juillet   Festival folklorique des enfants du monde à
Beauport**
Danse, musique, exposition et animation avec la participation d'enfants de langues et
d'origines ethniques différentes, venant des quatre coins du monde. Centre sportif
Marcel-Bédard.
Renseignements : (418) 666-2153

De la fin juin au début septembre   Musique de chambre à Sainte-Pétronille
Concerts d'été de musique de chambre. Église de Sainte-Pétronille, île d'Orléans.
Renseignements : (418) 828-9918, 828-9830

Du 7 au 17 juillet   Festival d'été international de Québec
La plus importante manifestation francophone des arts de la scène et de la rue en
Amérique, se déroulant dans les rues et les places publiques du Vieux-Québec.

Du 15 au 17 juillet   Festival de la grosse bûche
Festivités axées sur le secteur forestier, entre autres, concours d'habileté et d'adresse.
Saint-Raymond.
Renseignements : (418) 337-2286

26 juillet   Fête de sainte Anne
Office religieux en l'honneur de sainte Anne, procession aux flambeaux. Basilique de
Sainte-Anne de Beaupré.
Renseignements : (418) 827-3781

tent

competitions

Allez-y !

Exercice A : Noms de lieu

Lisez la liste des lieux / villes / villages québécois dans le Calendrier des
Événements et faites des commentaires sur les noms. Quelles conclusions
pouvez-vous en tirer (*draw*) ?

Exercice B : Rédaction

Choisissez trois des manifestations touristiques dans le document et dites pourquoi vous aimeriez y assister (*you would like to attend them*).

ou bien ...

La Saint-Jean est la fête des Québécois tandis que (*while*) le 1er juillet est la fête nationale au Canada. Que pensez-vous de ce phénomène par rapport (*in relation*) au bilinguisme / biculturalisme au Canada ?

Activités d'intégration

Rêvons un peu

Imaginez une scène agréable et décrivez-la :

* Où êtes-vous ?
* Quelle saison et quel mois est-ce ?
* Quel temps fait-il ?
* Comment vous sentez-vous (*are you feeling*) ?
* Qu'est-ce que vous allez faire ?

> modèle : Je visite le vieux Québec.
> C'est l'été.
> Il fait beau et chaud.
> J'ai très soif.
> Je vais acheter une bière ...

Partageons nos rêves

Circulez ensuite dans la salle de classe et essayez de trouver quelqu'un qui a décrit (*described*) une scène semblable (*similar*).

> modèle : Où es-tu ?
> Quel temps fait-il ?

Je veux visiter votre région ... (oral ou écrit)

Vous travaillez dans un office du tourisme chez vous. Quelques touristes entrent et demandent des renseignements sur les curiosités et les endroits intéressants dans votre ville / village, le temps dans votre région, etc. Répondez à leurs questions.

Vocabulaire actif

Le temps qu'il fait, p. 175
Les mois de l'année, les saisons, p. 176–177
Les vêtements, p. 179
Les adverbes interrogatifs, p. 184
Quelques verbes en **-re**, p. 193
Sentiments, besoins, réactions, p. 195
Décrire des routines et des habitudes, p. 198
Expressions pour nuancer les habitudes, p. 199
Le plan d'une maison, p. 199

Noms

l'achat *m purchase*
l'année *f year*
la beauté *beauty*
la carte *map/card*
les chutes *f falls*
la date *date*
le départ *departure*
la ferme *farm*
la fête *feast, holiday*
l'île *f island*
le-la partenaire *partner*
la plage *beach*
le pont *bridge*
le prix *price*
la région *region*
le sirop *syrup*
le sourire *smile*
la spécialité *specialty*
la visite *visit*

Verbes

décider *to decide*
discuter *to discuss*
faire une excursion *to go on an excursion/outing*
interviewer *to interview*
mettre° *to put/to put on/to place*

° verb presentation in chapter

passer *to spend (time)*
permettre *to permit*
poser des questions *to ask (questions)*
retourner *to return*
revenir *to come back*
se sentir (à l'aise) *to feel (at ease)*

Adjectifs

pareil-pareille *the same (thing)*
semblable *similar*
splendide *splendid/great*
suivant(e) *following*
typique *typical*

Adverbes

combien *how much, how many*
comment *how*
franchement *frankly*
où *where*
partout *everywhere*
pourquoi *why*
probablement *probably*
quand *when*
seulement *only*
tellement *so*
typiquement *typically*

Prépositions

vers *at about (time reference)*

Pronoms

ça *that*
chacun *each*
quelque chose *something*

Autres

après tout *after all*

Que nous réserve l'avenir ?

Mise en contexte

Le programme d'immersion est presque fini. Les étudiants discutent de leurs projets d'avenir et de leurs sentiments face à l'avenir.

Objectifs communicatifs

Scène 1

Bien s'exprimer : sortir, partir, sentir, servir, dormir
Parler d'activités et d'événements passés
Exprimer des notions spatiales

Scène 2

Exprimer les émotions et les attitudes
Parler des intentions, donner des instructions
Renvoyer à quelqu'un qu'on a déjà mentionné
Parler d'activités passées, décrire des situations au passé

Structures et expressions

Scène 1

Les prépositions utilisées avec les noms de lieu (aller à..., venir de...)
Y et en avec un référent spatial
Les verbes sortir, partir, sentir, servir, dormir
Verbes de mouvement ou de situation

Scène 2

Les expressions avec avoir pour parler des besoins, des craintes, etc.
 – avoir peur / envie / besoin / honte + (de) + nom / infinitif

L'impératif des verbes réguliers et irréguliers
Les pronoms objets directs et indirects (me, te, nous, vous)
L'imparfait : les verbes réguliers; les verbes avoir et être

Vocabulaire actif

Scène 1

Les verbes sortir, partir, sentir, servir, dormir
Les villes, provinces, états, pays, continents, îles ...
Les moyens de transport
La rose des vents

Scène 2

Exprimer des émotions et des dispositions d'esprit
Faire des projets

Culture

La francophonie : les Antilles, le Sénégal, le Luxembourg, le Maroc, l'Île Maurice, La Polynésie
Les organisations qui travaillent dans des pays en voie de développement
Les communautés francophones du Canada

Les bateaux de pêche sur la plage à Sénégal

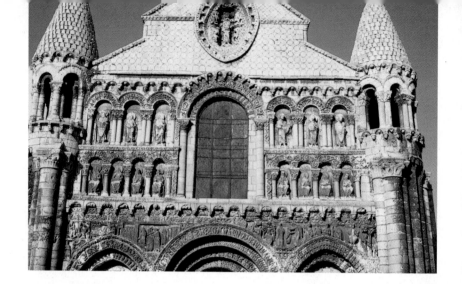

Scène 1

Projets

Sur le vif !

Le programme d'immersion finit aujourd'hui. Les étudiants, le professeur, les animateurs et la monitrice se retrouvent une dernière fois°. Ils parlent de leurs projets.

get together one last time

Jocelyne : Moi, j'ai décidé de faire quelque chose de différent. Alors, je pars bientôt au Sénégal[1] où je vais travailler pour l'ACDI.[2]

Maria : C'est formidable ! Mais qu'est-ce que tu vas faire ? Je croyais° que l'ACDI voulait° seulement des ingénieurs ou des professeurs.

I thought
wanted

5 **Jocelyne** : Ils ont surtout besoin de ces compétences, c'est vrai, mais il suffit de vouloir aider les autres, d'être prête° à vivre sans beaucoup de luxe et d'accepter de travailler là où° c'est nécessaire.

ready
wherever

Gérard : Pourquoi le Sénégal ?

Jocelyne : L'Afrique me passionne° depuis longtemps. J'ai beaucoup de respect

has fascinated

10 pour les valeurs humaines des sociétés africaines et j'adore les textiles africains pleins° de couleurs. J'ai demandé à être envoyée en Afrique, et c'est l'ACDI qui a choisi le Sénégal.

full

M. Charbonneau : Savez-vous que moi, je vais à la Martinique[3], dans les Antilles[3] ? Je fais un échange° avec un professeur de là-bas, qui vient travailler

exchange

15 ici.

Jane : Est-ce qu'on a besoin d'un visa pour aller à la Martinique et au Sénégal ?

Jocelyne : Oui, c'est nécessaire pour le Sénégal. Je l'ai déjà.

M. Charbonneau : Pour la Martinique, il faut° un visa et probablement 300 photos d'identité ... la bureaucratie française est incroyable !

> you need

Gérard : C'est vrai, ça ! Je pars en France où je vais faire des études de linguistique française à Poitiers. Je compte y rester pendant° trois ans pour préparer un doctorat. Maria, tu vas en France, toi aussi, n'est-ce pas ?

> 20
>
> for

Maria : J'ai pensé d'abord travailler comme jeune fille au pair°, mais j'ai trouvé un poste d'assistante d'anglais[4] à Charleville-Mézières. C'est dans le nord-est de la France, près de la frontière belge.

> nanny
>
> 25

Gabrielle : Quant à° nous, nous n'allons pas très loin, Jane, Robert et moi. Nous allons rester à Laval pendant toute l'année. Je vais continuer à être animatrice. Ça me fait plaisir, puisque j'aime de plus en plus° le Québec.

> As for
>
> more and more

Robert : Malheureusement, l'année va me sembler très longue ...

Pour en savoir plus

1. Le Sénégal est un pays francophone situé sur la côte atlantique de l'Afrique. Colonisé par les Français à partir du° XVIIe siècle, ce pays est devenu° indépendant en 1958. Le célèbre poète Léopold Senghor, considéré avec Aimé Césaire, de la Martinique, comme l'un des fondateurs du mouvement littéraire et politique de la «négritude», a été le premier président du Sénégal.

> as early as; became

2. l'ACDI° (Agence Canadienne de Développement International) est un organisme qui aide les pays en voie de développement°.

> C.I.D.A. (Canadian International Development Agency); developing

3. La Martinique est une des Petites Antilles françaises, îles qui séparent l'océan Atlantique de la mer des Caraïbes. Les populations sont très diverses: les anciens Caraïbes ont été remplacés par des Blancs et surtout par des esclaves° noirs. Les descendants de ces derniers forment aujourd'hui avec les Métis l'essentiel du peuplement. Française depuis 1635, la Martinique est de nos jours° un département français (DOM = Département d'Outre-mer).

> slaves
>
> currently

4. Chaque année on nomme° un certain nombre d'étudiants et d'étudiantes au poste d'assistant(e) dans des lycées en France. D'habitude ils / elles aident les professeurs d'anglais et animent des groupes de conversation.

> names, selects

Vous avez bien compris ?

Quel(s) personnage(s) décrit-on dans les phrases suivantes ?

1. Elle va travailler dans un pays africain. _____
2. Elle va être animatrice. _____
3. Elle va étudier à Laval. _____
4. Il va étudier en France. _____
5. Il va rester à Québec. _____
6. Il va à la Martinique. _____
7. Elle va travailler en France. _____
8. Il va être un peu triste. _____

Quand Robert dit que l'année va lui sembler longue, qu'est-ce qu'il veut dire (*mean*) ?

Réflexions sur la culture

1. Connaissez-vous des personnes qui ont travaillé pour l'ACDI ou pour un autre organisme de ce type ? Pensez-vous que ce genre d'aide est efficace (*effective*) ? Expliquez.
2. La France est souvent critiquée pour sa bureaucratie excessive mais, dans une certaine mesure, la bureaucratie existe partout. Quelles agences sont connues (*known*) pour leurs pratiques bureaucratiques en Amérique du

Nord ? Comment réagissez-vous quand vous vous trouvez (*find yourself*) en face d'un(e) bureaucrate ? Quelles stratégies adoptez-vous ?

Fonctions et observations langagières

I. Bien s'exprimer : sortir, partir, sentir, servir, dormir

Several verbs ending in **-ir** are irregular in the present tense:

Vocabulaire actif : *Quelques verbes irréguliers en **-ir***	
sortir	*to leave/to go out*
partir	*to leave/to depart*
sentir	*to feel/to smell*
servir	*to serve*
dormir	*to sleep*

- The verbs **sortir** and **partir** are conjugated with **être** in the compound tenses. **Sentir**, **servir** and **dormir** are conjugated with **avoir**.

- Below is the full conjugation of **partir** and **dormir**. Note the double stem format for these verbs: the last three letters of the infinitive are removed before adding the singular endings; the last two letters are removed before adding the plural endings. The verbs **sortir**, **sentir**, and **servir** follow the same pattern.

partir

je	pars	nous	partons
tu	pars	vous	partez
elle / il / on	part	elles / ils	partent

participe passé : parti (Je suis parti(e).)

À noter !

Partir and **sortir** both require **de** when followed by a noun:
Je sors de la salle de classe.

---

dormir

je	dors	nous	dormons
tu	dors	vous	dormez
elle / il / on	dort	elles / ils	dorment

participe passé : dormi (J'ai dormi.)

Exercice A : Pratique pratique

Complétez :

1. D'habitude, Jane _____ (sortir) à quatre heures.
2. Maria et Robert _____ (sentir) de belles roses.
3. Nous _____ (servir) peu de fromage.
4. Je _____ (partir) à midi.
5. Ne _____ (dormir) -vous pas assez ?
6. Elle _____ (partir) hier soir.

Exercice B : Rêves, rêveries et cauchemars

Essayez de dire comment les personnages suivants ont dormi, dorment ou vont dormir.

> modèle : M. Charbonneau est en vacances.
> **Alors, il dort bien.**

1. Ton camarade de chambre passe (*is taking*) un examen demain et il a peur d'avoir une mauvaise note (*mark*).
2. Gabrielle est malade depuis un mois.
3. Les athlètes font du sport tous les jours.
4. Tu as eu beaucoup de problèmes la semaine dernière.
5. Tes parents vont passer des vacances très tranquilles en Floride.
6. J'ai fait des rêves magnifiques cette nuit.
7. Mes amis m'ont rendu visite hier soir et nous avons discuté jusqu'à deux heures du matin.
8. J'ai rendez-vous chez le dentiste demain matin.

Exercice C : Je veux savoir

Posez deux ou trois questions à votre voisin(e) en utilisant un des verbes que vous venez d'apprendre.

> modèles : Pars-tu quelquefois le weekend pour visiter la campagne ?
> À quelle heure sert-on d'habitude le déjeuner dans les restaurants ?

Exercice D : Encore quelques questions personnelles

1. À quelle heure partez-vous à l'université le lundi matin ?
2. Est-ce que les étudiants dorment quelquefois pendant les cours ?
3. Combien d'heures par jour dormez-vous d'habitude ?
4. Qu'est-ce que vous faites quand vous ne sortez pas ?
5. Sentez-vous toujours les fleurs quand vous allez au jardin public ?
6. Vous sentez que vous faites des progrès en français, n'est-ce pas ?
7. Avez-vous servi le dîner hier soir ?
8. Est-ce que vous et vos copains allez partir en France l'année prochaine ?

II. Parler d'activités et d'événements passés

Le passé composé et l'auxiliaire être

In Chapter 3, you learned how to form the **passé composé** with the auxiliary **avoir**.

- However, a certain number of verbs in French use **être** in the **passé composé** rather than **avoir**. You perhaps noted on the previous page the conjugation of **partir** in the passé-composé: je **suis** parti(e).

- Here as an example is the complete conjugation of the verb **aller** in the **passé composé**:

aller

je **suis** allé(e)	nous **sommes** allé(e)s
tu **es** allé(e)	vous **êtes** allé(e)s
il **est** allé	ils **sont** allés
elle **est** allée	elle **sont** allées
on **est** allé	

- When **être** is the auxiliary verb, the past participle agrees with the subject in gender and number. See examples above.

- A relatively small number of verbs such as **aller**, many involving location or movement, are conjugated with **être** in French. The following are among the most frequent, and you have learned several of them already. Note the agreement of the past participles as you read the examples.

Vocabulaire actif : *Verbes de mouvement ou de situation*

aller *to go*	Je **suis allé** chez Robert hier.
venir *to come*	Nous **sommes venus** en avion.
arriver *to arrive*	Elle **est arrivée** à minuit.
partir *to leave*	À quelle heure **es**-tu **parti** ?
entrer *to go in/to come in*	Il **est** déjà **entré**.
sortir *to go out*	Luc **est sorti** avec Paulette.
rentrer *to return (home)*	Lisette **est rentrée** lundi.
rester *to remain*	Mes copains **sont restés** chez moi jusqu'à onze heures.
retourner *to go back/to return*	Il n'**est** pas encore **retourné** au Canada.
devenir *to become*	Nous **sommes devenus** fatigués.
revenir *to come back*	Elles **sont revenues** de France.
monter *to go up*	Jeanne **est montée** à sa chambre.
descendre *to go down*	Il **est descendu** à la cafétéria.
tomber *to fall*	Où **êtes**-vous **tombée** ?
naître *to be borne*	Michel **est né** en 1983.
mourir *to die*	Ma grand-mère **est morte** l'année derniere ?

Allez-y !

Exercice A : Pratique pratique !

Mettez les phrases suivantes au passé composé.

> modèle : Il **arrive** à trois heures.
> Il **est arrivé** à trois heures.

1. Paul **vient** mercredi.
2. Elle **monte** à sept heures.
3. David et Bernard **arrivent** en retard.
4. Nous **entrons** dans la ville de Fredericton.
5. Vous **devenez** très impatients.
6. Je **reste** deux nuits à Amsterdam.
7. À quelle heure est-ce que tu **rentres** ?
8. Elles **retournent** au Portugal dimanche soir.
9. Elle **tombe**.
10. Ils **vont** à La Nouvelle-Orléans.

Exercice B : Mes premiers jours à Québec

Maria écrit dans son journal intime (*diary*) quelques jours après son arrivée à Québec. Dites quelles ont été ses activités.

> modèle : trouver la résidence Lemieux
>
> Elle **a trouvé** la résidence Lemieux.

1. aller à sa chambre en résidence
2. faire la connaissance de sa camarade de chambre
3. arriver en retard à sa première classe
4. tomber de sa bicyclette
5. déjeuner à la cafétéria
6. regarder une bonne émission à la télé
7. sortir avec ses nouveaux amis
8. rentrer à minuit

Exercice C : Trouvez quelqu'un qui ...

Trouvez au moins (*at least*) deux camarades qui ont fait ceci le mois dernier.

Activité	Nom	Nom
aller au cinéma	_____	_____
sortir avec des amis	_____	_____
loger dans un hôtel	_____	_____
voyager	_____	_____
arriver en retard	_____	_____
manger souvent au restaurant	_____	_____
rencontrer un(e) Québécois-e	_____	_____
avoir le temps de lire deux romans (*novels*)	_____	_____
rentrer après minuit	_____	_____

III. Exprimer des notions spatiales

À, de, en + un lieu

There are different ways of referring to cities and countries in French depending on whether you are going to or coming from a place, designating location in a place, etc. Compare the examples below taken from the dialogue:

> *Jocelyne* : ... je pars bientôt **au** Sénégal ...
>
> *M. Charbonneau* : Savez-vous que moi, je vais **à la** Martinique, dans les Antilles ?
>
> *Gérard* : Maria, tu vas **en** France, toi aussi, n'est-ce pas ?

À noter !

Remember that countries, islands, and continents are nouns. Like other nouns in French, they require the definite article when used alone or when there is no intention to designate movement towards or away from them: **La France est en Europe. Le Canada est un très beau pays.**

- With a few exceptions, continents, countries, provinces, and states ending in the letter **-e** are feminine, and all others are masculine. Notable exceptions are **le Mexique, le Zaïre, le Cambodge, le Tennessee, la Saskatchewan.**

- Some islands are referred to without articles, for example, **Haïti, Terre-Neuve. Israël** is also referred to with no article.

- Cities do not take articles either, except for a small number such as **La Nouvelle-Orléans** and **Le Havre.**

The chart below shows which prepositions to use in which circumstances, and gives examples:

Vocabulaire actif : *Villes, villages, provinces, états, pays, continents, îles*	
to, at, in	*of, from*
villes, villages	
à	**de (d')**
Le Louvre est **à** Paris.	Je viens **de** Montréal.
Il va **au** (à + le) Havre / au Caire (*Cairo*)	On vient **de La** Nouvelle-Orléans.
provinces, états, pays, continents : féminins	
en	**de (d')**
en Nouvelle-Écosse (*Nova Scotia*)	**de** Colombie-Britannique
en Californie	**de** Virginie
en France[1]	**de** Belgique
en Asie	**d'**Amérique du Nord / du Sud
en Europe	**d'**Australie

[1] Some other feminine countries: Afrique du Sud, Algérie, Allemagne, Angleterre, Arabie Saoudite, Argentine, Australie, Autriche (*Austria*), Bolivie, Chine, Espagne, Éthiopie, Finlande, Grèce, Inde, Irlande, Italie, Nouvelle-Zélande, Norvège, Pologne, Suède, Suisse, Thaïlande, Turquie.

provinces, états, pays : masculins	
au (*singular*)	**du** (*singular*)
au Nouveau-Brunswick	**du** Québec
au Vermont	**du** Texas
au Canada	**du** Japon
au Mexique	**du** Portugal
au Sénégal	**du** Viêt-nam
Note : **en** *before a vowel*	Note : **d'** *before a vowel*
en Afghanistan, **en** Ontario, **en** Alberta	**d'**Asie, **d'**Éthiopie

Some other masculin countries: Bangladesh, Brésil, Chili, Congo, Danemark, Népal, Nigéria, Pakistan, Pérou.

(*continued on next page*)

provinces, états, pays : pluriel	
aux	**des**
aux États-Unis	**des** Pays-Bas (*Netherlands*)

îles (*islands*)	
à *or* **à la, à l', aux**	**de** *or* **de la, de l', des**
à la Martinique	**de** l'Île-du-Prince-Édouard
à Terre-Neuve	**de** Cuba
aux îles de la Madeleine	**des** Antilles

À noter !

Here is a complete list of the provinces of Canada with the prepositions that normally accompany them to express *to* and *from*.

Terre-Neuve (**à, de**); la Nouvelle-Écosse (**en, de**); le Nouveau-Brunswick (**au, du**); l'Île-du-Prince-Edouard (**à l', de l'**); le Québec (**au, du**); l'Ontario (**en, de l'**); le Manitoba (**au, du**); la Saskatchewan (**en, de**); l'Alberta (**en, de l'**); la Colombie-Britannique (**en, de**); les Territoires du Nord-Ouest (**dans les, des**); le Yukon (**au, du**)

Allez-y !

Exercice A : Pratique pratique

Complétez :

> modèles : Elle va _____ Espagne.   Elle va **en** Espagne.
> Il revient _____ Portugal.   Il revient **du** Portugal.

1. Je voyage _____ Belgique.
2. Elles reviennent _____ Nouvelle-Écosse.
3. Ils vont _____ Sénégal.
4. Partez-vous _____ Paris ?
5. Tu vas _____ Europe, n'est-ce pas ?
6. Nous habitons _____ Cuba.
7. Ils sont _____ Mexique.
8. Je veux aller _____ Brésil.

Exercice B : Rêves de voyages

À l'aide des expressions ci-dessous, dites où vous voudriez aller.

> modèle : Je voudrais aller (Italie)
> **Je voudrais aller en Italie.**

Je voudrais aller	+	Chine	Québec
		Rome	Mexique
		Martinique	Australie
		France	Afrique du Nord
		Québec	Nouvelle-Orléans

Exercice C : Connaissances

Dites que vous connaissez quelqu'un (*someone*) qui vient des villes ou des pays suivants.

modèle : (Espagne)
Je connais quelqu'un qui vient d'Espagne.

1. Terre-Neuve
2. États-Unis
3. Poitiers
4. Asie
5. Portugal

6. Montréal
7. Haïti
8. Sénégal
9. Belgique
10. Louisiane

Exercice D : Comment va-t-on voyager ?

Imaginez quel moyen de transport les personnes de l'exercice précédent vont utiliser pour rentrer chez elles. Employez le pronom **y** dans la réponse. N'hésitez pas à employer l'humour !

> **Vocabulaire actif :** *Les moyens de transport*
>
> à bicyclette / à vélo *by bike*   à pied *on foot*
> en autobus *by bus (Can.)*   en autocar / en car *by (inter city) bus (Fr.)*
> en avion *by plane*   en bateau *by boat*
> en train *by train*   à motocyclette *by motorbike*
> en voiture *by car*   à cheval *on horseback*

modèle : Pedro Gonzales va rentrer au Mexique en avion ?
Non, il va y rentrer à pied !

Exercice E : Voyageurs

Les passagers du vol Air Canada 981 viennent de partout. À l'aide du modèle, dites d'où ils viennent et où ils habitent.

modèle : André (France / Suisse)
André arrive de France, mais il habite en Suisse.

1. José (Portugal / Espagne)
2. Thomas (États-Unis / Martinique)
3. Anna et Gertrude (Belgique / Allemagne)
4. Jean-Claude (Danemark *m* / Canada)
5. Léopold (Zaïre / Sénégal)
6. Mel (Japon / Australie)

7. Claudia (Angleterre / Italie)
8. Hans (Luxembourg *m* / Pays-Bas)

Exercice F : Rentrons !

Les étudiants viennent de terminer le programme d'immersion à Québec et ils vont rentrer chez eux. Dites où chacun(e) (*each one*) va rentrer.

> modèle : Jane / États-Unis *m*
> **Elle rentre aux États-Unis.**

1. Hans Schwartz / Allemagne
2. Pedro Gonzales / Mexique
3. Boris Nivotsky / Ukraine
4. Nyu Kuan / Viêt-nam
5. Joan Hamilton / Bermudes *f, pl.*
6. Sergio Vetrini / Italie
7. Akira Fuyama / Japon
8. Gunter Hamm / Pays-Bas
9. Raj Pandit / Inde
10. Michael Landry / Nouveau-Brunswick
11. Vicky Clark / Île-du-Prince-Édouard
12. Mary Crosbie / Terre-Neuve
13. Julie Matthews / Vermont
14. Ghislaine Roy / Manitoba
15. John Plemel / Saskatchewan
16. Tracy Lehmann / Alberta
17. Sarah Strong / Colombie-Britannique
18. Bonita Outhit / Nouvelle-Écosse

Rappel !

Renvoyer à un endroit : **y** et **en** (synthèse)

You have already learned to refer back to places using the pronouns **y** or **en**. The following is a summary of these uses:

- **Y** is used to replace the prepositions **à, à la, à l', au, aux, en**, or any other preposition of location + *location or place*. The English equivalent is usually *there*.

  > *Gérard* : Je vais faire des études de linguistique française **à Poitiers**. Je compte **y** rester pendant trois ans pour préparer un doctorat.

  > Allez-vous **aux États-Unis** ? Oui, j'**y** vais.
  > Est-ce qu'elle est **dans sa chambre** ? Non, elle n'**y** est pas.

  It also replaces the object of the preposition **à** when it is a *thing*. Il joue **au tennis** ? Oui, il y joue.

(*continued on next page*)

- **En** is used to refer back to a place that is preceded by the prepositions **de, d', de la, de l', du,** and **des**. It normally means *from there*.

  Jean arrive **de Paris**, n'est-ce pas ? Oui, il **en** arrive.
  Elle va à La Nouvelle-Orléans ? Non, elle **en** vient.

- As with the other pronouns for referring back that you have learned, **y** and **en** are placed immediately before the verb in simple tenses:

  Tu **y** vas / Tu n'**y** vas pas / **Y** vas-tu ?

- They are placed before the auxiliary verb in the **passé composé**:

  Vous en avez mangé / Vous n'en avez pas mangé / En avez-vous mangé ?

- In sentences containing a *verb + infinitive* structure, **y** and **en** precede the infinitive:

  Il va aller à Bruxelles, n'est-ce pas ? Oui, il va **y** aller.

Exercice G : Pratique pratique

Répondez aux questions avec **y** ou **en**.

> modèles : Gaston va à Chicoutimi, n'est-ce pas ?   Oui, il **y** va.
> Reviens-tu de l'île d'Orléans ?   Oui, j'**en** reviens.

1. Tu viens de rentrer d'Ottawa, n'est-ce pas ?
2. Est-ce que ton père part en Alberta ?
3. As-tu déjà joué au volleyball ce matin ?
4. Est-ce que Ben est rentré du théâtre ?
5. Alicia va chez Jeff demain soir ?

La situation dans l'espace

You have already learned a number of prepositions of location.

Rappel !

Prépositions pour indiquer la situation dans l'espace

dans *in*
sous / sur *under/on*
devant / derrière *in front of/behind*
à côté de *next to*
en face de *opposite/across from*
à gauche de / à droite de *to the left of/to the right of*
entre *between*
près de *near*
loin de *far from*
au milieu de *in the middle of*

- The following prepositions also designate location and/or where something is located relative to something else:

Charleville est **dans le nord de** la France.
Charleville is in the North of France.

Charleville est **au nord de** Paris.
Charleville is north of Paris.

Vocabulaire actif : *La rose des vents*

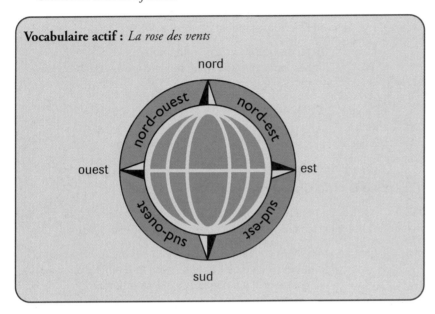

Allez-y !

Exercice A : Chez Jocelyne, à Chicoutimi

Regardez le dessin et répondez aux questions :

1. Où est Jocelyne ?
2. Où est sa mère ?
3. Où est son père ?
4. Où est Robert ?
5. Où est le petit Gaston ?

Exercice B : Les pays africains (*avec un(e) partenaire*)

Il y a beaucoup de pays en Afrique. Demandez à votre partenaire où les pays indiqués se situent. Soyez aussi précis(e) que possible. Vous pouvez vous référer à la carte de l'Afrique, au début du livre.

> modèle : Où se trouve (*is located*) le Maroc ?
> **Le Maroc se trouve dans le nord-ouest de l'Afrique.**

1. le Zaïre
2. le Gabon
3. la Tunisie
4. la Guinée
5. le Tchad
6. l'Algérie
7. le Togo
8. la Côte-d'Ivoire
9. le Cameroun

Exercice C : Ma Chambre (*avec un(e) partenaire*)

Dites à votre partenaire où sont situés les différents objets dans votre chambre. Votre partenaire va peut-être dessiner (*draw*) votre chambre.

> modèle : Mes livres sont sur mon étagère (*bookshelf*). Mon bureau (*desk*) est à côté de l'étagère. Mon lit (*bed*) est au milieu de ma chambre. Il y a une lampe sur mon bureau.

Au vieux port de Marseille

Scène 2

Sentiments

Sur le vif !

Devant un avenir passionnant°, mais aussi plein d'incertitudes, les étudiants ont des réactions diverses. — exciting

M. Charbonneau : C'est un peu triste d'arriver à la fin du programme. On a passé des moments bien agréables ensemble, et vous allez me manquer°. — I'm going to miss you

Maria : Vous allez nous manquer° aussi. Vous êtes un professeur formidable; on a beaucoup appris° et c'était toujours un plaisir de venir au cours. — We're going to miss you / learned

M. Charbonneau : *(Il sourit.)* N'exagérons pas ! Enfin ... ne parlons pas du 5 passé; parlons plutôt° de l'avenir. — rather

Gérard : J'ai hâte° d'arriver à Poitiers[1] et de commencer mes études. Ça va être super ! Mais ... *(Il hésite.)* Vous semblez tous° confiants et optimistes, et moi, j'ai un peu peur. C'est si° loin de chez moi, et je ne suis pas du tout° sûr de pouvoir réussir. Quelquefois, j'ai envie de renoncer à tout°, et de rentrer chez 10 moi. — I can't wait / all / so; not at all / give up on everything

Heather : Moi aussi, Gérard. Ça fait un peu peur, c'est vrai. Nous, nous allons à Marseille[2] avec nos enfants. Je vais travailler dans un institut de recherche sur l'écologie marine, mais est-ce que je vais pouvoir bien travailler en français ?

Jane : Allez°, un peu de courage ! Vous allez vous débrouiller° sans problème. 15 Et puis, vous allez voir, vous vous ferez° de bons amis là-bas. — Come on!; get along / You'll make

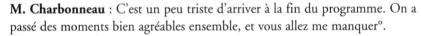

roots	**Robert** : Moi, ce sont mes racines° canadiennes qui m'intéressent pour le
thanks to	moment. Grâce à° ce cours, je compte mieux communiquer avec mes grands-parents, à Sudbury³, qui sont francophones.
childhood	20 **Gabrielle** : Je comprends, Robert. J'ai passé mon enfance° au Manitoba⁴, et j'ai voulu bien comprendre ma culture avant de venir ici. Et toi, Michael, qu'est-ce que tu comptes faire ?
look after	**Michael** : Eh bien, comme toujours, je vais essayer de peindre. La peinture est une langue universelle, n'est-ce pas ? Et puis, je vais m'occuper° de la maison,
	25 faire la cuisine, le ménage ...
Say!; take him	**Maria** : Dis-donc°, Jocelyne ! Ton cher Gaston...tu ne l'emmènes° pas au Sénégal, j'espère !
	M. Charbonneau : Qui est Gaston ?
	Jocelyne : Euh ... c'est un petit copain. Non, il va rester chez mes parents à
besides / moreover	30 Chicoutimi. D'ailleurs,° Robert et moi, on va y passer une semaine avant mon départ. Il a envie de voir «le vrai Québec» et «les vrais Québécois».
What do you mean?	**M. Charbonneau** : Comment ?!° Je ne suis pas un vrai Québécois, moi ? Il
to find some	faut aller dans le Saguenay-Lac-Saint-Jean⁵ pour en trouver° des vrais ?! ... *(Il*
Have fun	*regarde Jocelyne et Robert.)* Ah, je pense que je comprends. Amusez-vous bien°.
youth	35 C'est donc beau, la jeunesse°.
writes me; a month	**Jane** : Écoutez, j'ai une idée. Si tout le monde m'écrit° une lettre par mois°, je peux faire un petit journal que je peux vous envoyer de temps en temps.
That way	Comme ça°, on va rester en contact.

Pour en savoir plus

located	1. Poitiers est typique des villes provinciales françaises. Située° dans une
livestock raising	région consacrée à l'agriculture et à l'élevage° (le Poitou, dans le centre-
nonetheless	ouest de la France), elle est néanmoins° une ville universitaire dont on peut goûter l'histoire à chaque coin de rue.

	2. Grand port commercial sur la Méditerranée et ville industrielle,
attractions	Marseille a tous les attraits° et
flaws	défauts° d'une ville cosmopolite. Il faut absolument visiter le vieux
enjoy	port et se régaler° d'une des
fish stew (Provençal delicacy)	meilleures bouillabaisses° du pays.

3. Un assez° grand pourcentage de la population du sud de l'Ontario est francophone, et il y a aussi des communautés situées dans le nord et dans l'est de la province. Au total, on compte environ° 493 630 Franco-Ontariens et 8 079 500 anglophones en Ontario. L'Université Laurentienne, à Sudbury, est bilingue. Tous les ans, au printemps, on fête «La Nuit sur l'Étang°» avec des chansons et des poèmes satiriques.

fairly

approximately

Pond

4. Cette province est fière de son collège francophone, le Collège Saint-Boniface, affilié à l'Université du Manitoba. Dans cette même ville, en 1937, est née la grande écrivaine Gabrielle Roy. Son livre le mieux connu°, *Bonheur d'occasion* (titre anglais : *The Tin Flute*), a reçu le prix° Fémina en 1947. Au siècle° dernier, Louis Riel, né à Saint-Boniface, a mené les Métis en révolte.

best known

prize

century

5. La région du Saguenay-Lac-Saint-Jean se situe à environ 200 kilomètres au nord de Québec. Elle comprend le Haut-Saguenay, dont° les villes principales sont Chicoutimi et Jonquière, le lac Saint-Jean, lac immense entouré° d'une plaine fertile, à l'ouest de Chicoutimi, et le fjord du Saguenay, à mi-chemin entre° Chicoutimi et le Saint-Laurent. On y trouve, parmi d'autres attractions, une immense réserve faunique°, et c'est dans cette région que se tient° le Festival du bleuet° où on goûte° à des bleuets présentés sous toutes les formes, même enrobés de chocolat.

whose

surrounded

half way between

wildlife reserve

is held; blueberry; taste

Traversée internationale du lac Saint-Jean à Roberval

Vous avez bien compris ?

Comment les personnages suivants réagissent-ils aux situations indiquées ?

modèle : M. Charbonneau / la fin du programme
Il est un peu triste.

1. Heather / sa capacité de travailler en français
2. Gérard / ses cours à Poitiers
3. Robert / ses cours à Laval
4. Michael / la possibilité de peindre en France
5. Gaston / rester chez les parents de Jocelyne (Allez, un peu d'imagination !)

De tous les projets de personnages, lequel (*which one*) vous semble le plus intéressant ? Pourquoi ? Et vous, quels sont vos projets pour l'année prochaine ?

Réflexions sur la culture

1. Le mot **francophonie** décrit tous les peuples francophones du monde. En plus des Caraïbes et de l'Afrique, combien d'autres régions francophones connaissez-vous ? Pouvez-vous nommer d'autres pays et régions qui sont en train d'affirmer leur identité nationale ? Citez quelques exemples de cette tendance en Amérique du Nord.
2. Connaissez-vous des activités culturelles de groupes francophones en Amérique du Nord ? Y avez-vous participé ? Expliquez.
3. Quelles activités culturelles propres à° d'autres groupes connaissez-vous ? Décrivez-les. Auxquelles° avez-vous participé ?
4. À votre avis, quelle est la valeur d'un séjour d'une année à l'étranger ? Aimeriez-vous en faire l'expérience ?

peculiar to

in which ones

Fonctions et observations langagières

I. Exprimer les émotions et les attitudes

Expressions avec avoir

Voici ce que Gérard a confié à ses amis :

Gérard : ... j'**ai** un peu **peur** ... j'**ai envie de** renoncer à tout ...

Many emotional needs, fears, and states of mind may be expressed with the aid of the verb **avoir**.

Vocabulaire actif : *Exprimer la peur, le besoin, la disposition d'esprit*

avoir honte de	*to be ashamed*
avoir peur de	*to be afraid*

Rappel !

You have seen other expressions made with **avoir** in Chapter 5:

avoir besoin de	*to need*
avoir envie de	*to feel like*

• These **avoir** expressions are usually followed by nouns (and pronouns as you will learn later) or by infinitives. Note that **avoir peur / honte** may be used alone (J'ai peur !); they require the preposition **de / d'** if followed by an infinitive, noun or pronoun.

J'ai envie de **chanter**.	*I feel like singing.*
J'ai besoin de **marcher**.	*I need to walk.*
J'ai peur d'**aller** en France.	*I'm afraid to go to France.*
J'ai honte d'**être** paresseux.	*I'm ashamed of being lazy.*

- With nouns, the singular definite articles are normally used (along with **de**) to express particular fears. The plural definite article (**de** + **les** = **des**) is ambiguous, referring either to specific or general fears.

J'ai peur **du** (de + le) chien.   *I'm afraid of the dog.*
Il a peur des oiseaux (*birds*).   *He's afraid of birds./He's afraid of the birds.*
But: J'ai besoin **d'**argent.   *I need (some) money.*
J'ai besoin **des** (de + les) livres.   *I need the books.*

In the case of **besoin**, the absence of article indicates a general notion, while a particular notion is expressed with a definite article.

Rappel !

You may remember that emotional needs, fears, and attitudes may also be expressed in other ways, often with the aid of the verb **être**. Note these examples from the conversation:

M. Charbonneau : C'est un peu triste d'arriver à la fin du programme.
It's a bit sad to reach the end of the programme.

Maria : ... c'était toujours un plaisir de venir au cours.
It was always a pleasure to come to class.

Allez-y !

Exercice A : Pratique pratique

Faites des phrases complètes en employant (*using*) la forme correcte du verbe ou de l'adjectif et en faisant (*making*) tout autre changement nécessaire.

1. Nous / avoir envie / café
2. Elle / avoir peur / aller / Charleville
3. Je / être content / étudier / français
4. Ce / être triste / terminer / cours d'immersion
5. Tu / avoir honte / fumer / chambre
6. Vous / être heureux / habiter / résidence
7. Elles / avoir envie / faire / voyage / Afrique
8. Tu / besoin / visa / aller / Martinique

Exercice B : Je cherche ...

Circulez dans la classe pour trouver quelqu'un qui...

- ... a envie d'un peu de chocolat
- ... a peur des orages
- ... a honte de ne pas étudier assez
- ... a envie d'aller danser vendredi soir
- ... a besoin d' emprunter (*borrow*) de l'argent
- ... a envie de prêter (*lend*) beaucoup d'argent (!)
- ... a honte d'être très paresseux
- ... a peur du prof de français (!)

Exercice C : Questions personnelles (*avec un(e) partenaire*)

Posez les questions suivantes à votre partenaire, puis changez de rôles.

1. Qu'est-ce que tu as envie de faire après le cours ?
2. As-tu peur d'aller en Europe tout seul / toute seule (*all alone*) ?
3. Est-ce que tu as honte quand tu ne fais pas tes devoirs ?
4. As-tu besoin d'argent pour acheter des disques ?
5. As-tu envie de visiter les Antilles ?
6. As-tu peur des chiens ? Des serpents ? Des araignées (*spiders*) ?
7. As-tu besoin de temps libre? Qu'est-ce que tu as envie de faire pendant ton temps libre ?

II. Parler des intentions, donner des instructions

L'impératif

When M. Charbonneau wants to have the students talk about their future plans, he uses a special form of the verb **parler**:

> *M. Charbonneau* : ... ne **parlons** pas du passé; **parlons** plutôt de l'avenir.
> *Let's not speak of the past; rather let's speak of the future.*

Notice that the verb has no subject pronoun. Similarly, at another point in the conversation he says: N'**exagérons** pas !

- This is called the *imperative mood* of the verb. The verb form may be used for planning future events or making suggestions when used with the first-person plural (**nous**) form:

  ... ne **parlons** pas du passé; **parlons** plutôt de l'avenir.

- The imperative is also used for giving a command, an invitation, or directions with the second-person form (**tu / vous**):

Ne sois pas fanatique.	*Don't be fanatical.*
Entrez.	*Come in.*
Asseyez-vous un instant.	*Sit down for a moment.*
Assoyez-vous ... (Can.)	

- To form the imperative of most regular and irregular verbs, you simply drop the subject pronoun from the **tu**, **nous** or **vous** forms of the present indicative. Note, however, that the final **-s** of the **tu** form of regular **-er** verbs (as well as the verb **aller**) is also dropped in the imperative. The charts on page 229 summarize the difference between the present indicative and the imperative:

parler

present indicative	*imperative*
tu parl**es**	parl**e**
nous parlons	parlons
vous parlez	parlez

- The imperative of regular **-ir**, **-re** and most irregular verbs (**faire**, etc.) is formed by dropping the subject pronoun from the **tu**, **nous** or **vous** forms of the present indicative:

"Reste dans la chambre et sois sage ! Ne monte pas sur le lit !"

finir

present indicative	*imperative*
tu finis	finis
nous finissons	finissons
vous finissez	finissez

attendre

present indicative	*imperative*
tu attends	attends
nous attendons	attendons
vous attendez	attendez

- To form the negative of the imperative, simply place **ne, n'... pas** around the verb:

Ne parle **pas, ne** parlons **pas, ne** parlez **pas.**

À noter !

Imperatives of two irregular verbs:

être : sois, soyons, soyez
Sois sage ! *Be good!*

avoir : aie, ayons, ayez
Ayez la bonté de + inf.
N'**ayez** pas peur ...

be! let's be! be!
Soyez prudent ! *Be careful!*

have! let's have! have!
Please be kind enough to...
Don't be afraid...

Allez-y !

Exercice A : Pratique pratique - l'impératif

Mettez les verbes suivants à l'impératif en employant le pronom indiqué.

> modèle : (nous) aller au cinéma
> **Allons au cinéma !**

1. (nous) manger au restaurant
2. (nous) (au négatif) manger à la cafétéria
3. (nous) finir notre dîner
4. (tu) (au négatif) aller à ta chambre
5. (tu) attendre l'autobus
6. (vous) remplir (*fill out*) le formulaire
7. (vous) vendre (au négatif) vos livres
8. (tu) (au négatif) faire la vaisselle

Exercice B : Est-ce que je peux...

Répondez selon les indications, et pratiquez encore une fois le remplacement des noms par des pronoms.

> modèles : Manon : Est-ce que je peux acheter le nouveau poster de Sarah McLachlan, maman ? (oui)
> **Oui, bien sûr, Manon, achète-le.**
> Pierre : Est-ce que je peux aller au cinéma ce soir, papa ? (non)
> **Non, je suis désolé, Pierre, n'y va pas ce soir.**

1. (Pierre) Est-ce que je peux aller au gymnase, maman ? (oui)
2. (Manon) Est-ce que je peux vendre ma vieille bicyclette, papa ? (oui)
3. (Manon) Est-ce que je dois ranger (*tidy up*) ma chambre, maman ? (non)
4. (Pierre) Est-ce que je peux écouter mes nouveaux cds, papa ? (oui)
5. (Manon) Est-ce que je peux commencer mes devoirs plus tard, maman ? (non)

Exercice C : Interdictions

Voici un panneau d'interdiction (*signs indicating that something is forbidden*). Inventez des interdictions de la même sorte. Comment réagissez-vous quand vous rencontrez ce genre d'interdictions ? Exprimez vos sentiments et discutez-en.

Le parc Ronsard près
de Vendôme (France)

Exercice D : Projets pour ce soir

Demandez à un(e) camarade de vous renseigner (*give information*) sur ses projets pour ce soir. Essayez de varier vos questions et vos réponses autant que possible en employant les différents verbes que vous venez d'apprendre (*have just learned*) : avoir l'intention, compter, espérer.

Vocabulaire actif : *Faire des projets*

avoir l'intention de + infinitive *to intend to*
J'ai l'intention d'aller en Europe.

compter + infinitive *to plan to*
Elle compte faire des études de droit à Paris.

À noter !

espérer + infinitive *to hope to*
Nous espérons voyager en Grèce.

espérer is conjugated like **préférer** (see Chapter 1)

---

modèle : - Qu'est-ce que tu comptes faire ce soir ?
- J'espère aller au cinéma.
- Quel film as-tu l'intention de voir ?
- Je voudrais voir ...

Exercice E : Faisons un voyage

À l'aide d'une des cartes fournies (*supplied*) au début du livre, faites des projets pour un voyage quelque part (*somewhere*) dans le monde francophone. Où allez-vous voyager ? De quoi (*What*) avez-vous besoin ? Qu'est-ce que vous allez faire ?

modèle : - Allons à Bruxelles. Je voudrais voir la Belgique.
- Bonne idée ! Faut-il un visa pour aller en Belgique ou simplement un passeport ?
- Je pense qu'il faut simplement un passeport.
- Qu'est-ce que tu as l'intention de faire à Bruxelles ?
- J'espère visiter la ville, manger des frites, boire de la bière belge, visiter la région ...

III. Renvoyer à quelqu'un qu'on a déjà mentionné

Pronoms objets directs et indirects (me, te, nous, vous)

> **Rappel !**
>
> You will remember that the direct object pronouns **le, la, l', les** were introduced in Chapter 1 but only for the third person.
>
> Est-ce que tu aimes les films de Hitchcock ? Oui, je **les** aime beaucoup.
> Est-ce que tu aimes le cinéma ? Oui, je **l'**aime beaucoup.
>
> Similarly, the indirect object pronouns **lui** and **leur** were presented in Chapter 3.
>
> Parlez-vous souvent à Madeleine ? Oui, je **lui** parle souvent.

- You will find the remainder of the direct and indirect object pronouns below. They happen to have exactly the same forms.

> **me** *me, to me*   **nous** *us, to us*
> **te** *you, to you*   **vous** *you, to you*

- Direct object pronouns and indirect object pronouns are placed immediately before the verb.

  Il **me** regarde.   Elle **te** parle.   Nous **vous** écoutons.

- Indirect objects are introduced by the preposition **à**:

  Elle parle ... (**à** nous) → Elle **nous** parle.

- Direct objects are not preceded by a preposition:

  Il regarde ... (moi) → Il **me** regarde.

Exercice A : Pratique pratique

Comment dirait-on en français...

1. Sophie writes me a letter every week.
2. Did Nicolas speak to her after class?
3. They help us often.
4. Do your parents give you 50 dollars each month?
5. Cigarettes? I hate them.

Exercice B : Questions personnelles

> modèle : - Tu me cherches depuis longtemps, n'est-ce pas ?
> **- Oui, je *te* cherche depuis une demi-heure.**

1. Est-ce que le professeur vous (*sing.*) écoute toujours attentivement ?
2. Ta sœur te parle-t-elle quand tu regardes la télévision ?
3. Est-ce que ton père te donne de bons conseils ?
4. Vous me parlez sincèrement tout le temps ?
5. Est-ce que tes amis t'apportent souvent des cadeaux ?
6. Tes camarades te téléphonent tous les jours, n'est-ce pas ?
7. Est-ce que ta copine va t'attendre à la bibliothèque ?
8. Nous vous retrouvons toujours à midi, n'est-ce pas ?
9. Tu m'accompagnes au prochain cours ?
10. Vous (*pl.*) nous téléphonez ce soir, n'est-ce pas ?

IV. Parler d'activités passées, décrire des situations au passé

L'imparfait (suite)

> **Rappel !**
>
> In Chapter 1, you were briefly introduced to the **imparfait**; you learned that it may be used to describe routines or habitual actions (what *used to happen*) in the past:
>
> Quand j'**avais** douze ans, je **nageais** (*used to swim*) souvent.

When the students discuss the end of the immersion programme, they tell M. Charbonneau:

> *Maria* : ... c'**était** (*it was*) toujours un plaisir de venir au cours.

- The **imparfait** is often used to describe conditions, situations, and activities that occurred during an *indefinite* period of past time. This verb tense has one or two other uses as well, that you will see in Chapter 10.

Look carefully at the *forms* of the **imparfait** for the verbs **aimer, finir** and **vendre**:

aimer

j'aim**ais**	nous aim**ions**
tu aim**ais**	vous aim**iez**
elle / il / on aim**ait**	elles / ils aim**aient**

finir

je finiss**ais**	nous finiss**ions**
tu finiss**ais**	vous finiss**iez**
elle / il / on finiss**ait**	elles / ils finiss**aient**

vendre

je vend**ais**	nous vend**ions**
tu vend**ais**	vous vend**iez**
elle / il / on vend**ait**	elles / ils vend**aient**

- You can see that the **imparfait** is formed by dropping the **-ons** ending from the *first person plural* of the present tense of these regular **-er**, **-ir** and **-re** verbs and adding the new endings **-ais, -ais, -ait, -ions, -iez, -aient.**

À noter !

- All forms of the singular and the third person plural are pronounced exactly the same way.
- An **-e-** is inserted following a **g**, and a **c** becomes a **ç**, before an ending beginning with the letter **a** (tu **mangeais**; ils **commençaient**, etc.)

- There is only one exception to the rule you have just seen for the formation of the **imparfait** in French. The verb **être** has an irregular stem, **ét-**.

être

j'**étais**	nous **étions**
tu **étais**	vous **étiez**
elle / il / on **était**	elles / ils **étaient**

Allez-y !

Exercice A : Pratique pratique

Formez des phrases complètes en employant (*using*) la forme correcte du verbe **à l'imparfait.** N'oubliez-pas d'effectuer tous les changements nécessaires.

1. Nous / avoir envie / café
2. Elle / poser / beaucoup / questions / classe
3. Vous / être content / étudier / français
4. Pierre / finir rarement / devoirs

5. Il / commencer / neiger / novembre
6. le prof / rendre / toujours vite / essais
7. maria / jouer beaucoup / squash / Fort St John
8. Ma mère / perdre quelquefois / patience / quand / je / grandir

Exercice B : Quand vous étiez enfant

Pensez à votre enfance en répondant aux questions suivantes :

1. De quoi aviez-vous peur quand vous étiez petit(e) ?
2. Est-ce-que vous nagiez souvent quand vous étiez jeune ?
3. Pour quelles raisons aviez-vous besoin d'argent quand vous étiez enfant ?
4. Qu'est-ce que vous faisiez, vous et vos amis, après l'école ?
5. Qu'est-ce que vous aimiez le plus quand vous étiez enfant ?
6. Et qu'est-ce que vous détestiez le plus ?
7. Quelle profession vouliez-vous choisir quand vous étiez enfant ?
8. En général, comment étaient vos professeurs à l'école élémentaire ? Et à l'école secondaire ?

Exercice C : Les souvenirs

Vous avez envie de mieux connaître vos camarades de classe : vie passée, ambitions, etc. Pensez à une question que vous pouvez poser à quelqu'un dans la classe, et choisissez votre victime ! Chacun son tour !

> modèles : - Quand tu as fini tes études au lycée, quelle était ton ambition principale ?
> - Quand tu avais quatorze ans, qu'est-ce que tu voulais faire dans la vie ?
> - Et maintenant ?

Quelques pays de la francophonie

Pré-lecture

Vous allez trouver ci-dessous des renseignements sur plusieurs pays de la francophonie. Que savez-vous déjà du fait français dans ces pays ?

Le Luxembourg

population : 442 000 habitants

capitale : Luxembourg

État situé entre l'Allemagne, la France et la Belgique; plus de 80% des habitants de ce petit pays utilisent le français couramment° pour leurs affaires. Cette langue est d'ailleurs la langue de l'enseignement de base.

generally

Le Maroc

population : 30,6 millions d'habitants

capitale : Rabat

Plus de quatre millions de Marocains parlent français; il est surtout présent dans les médias et l'enseignement. L'arabe est la langue officielle du pays.

L'Île Maurice

population : 1,18 million d'habitants

capitale : Port-Louis

Ancienne colonie britannique, la grande majorité des habitants de l'île parlent le créole et l'hindi (langue originaire de l'Inde). Parlé par seulement 0,3% de la population, l'anglais y est la langue officielle. Toutefois°, le français jouit° d'un statut privilégié. La présence francophone est particulièrement importante dans les journaux, à la radio et à la télévision.

Nevertheless; enjoys

La Polynésie

population : 253 000 habitants

capitale : Papeete

Territoire français; des centaines° d'îles sont peuplées de Polynésiens, hundreds
d'Européens et d'Asiatiques. Le français est la langue principale, même si le
tahitien est parlé par une partie importante de la population. Quatre archipels
composent la Polynésie : les îles Marquises, les îles de la Société, les Gambier
et les Tuamotu.

Allez-y !

Exercice A : Vive la francophonie !

Quelles conclusions pouvez-vous tirer de la présence francophone dans le
monde ? Mentionnez des faits linguistiques, culturels et ethniques.

Exercice B : Rédaction

Choisissez un pays de la francophonie et dites pourquoi vous avez envie de le
visiter un jour. (N'hésitez pas à faire quelques recherches sur Internet !)

Activités d'intégration

Un monde invisible (avec un(e) partenaire)
Racontez un rêve (*dream*) ou un cauchemar (*nightmare*) qui a eu lieu (*took place*)
dans un endroit bizarre ou exotique.

- Où étiez-vous dans le rêve ?
- Décrivez vos sentiments et vos émotions.
- Comment le rêve a-t-il fini ?

Le plat du jour (en groupe)
Une personne joue le rôle d'un grand chef et les autres sont les aides. Le chef doit ...

- établir le menu et le plat du jour.
- donner des directives à ses aides sur la préparation des mets.

Les aides peuvent ...

- proposer des changements.
- poser des questions au chef pour vérifier la compréhension des directives.

Voici un menu modèle pour vous aider :

LE GOÛT DU VIETNAM

(1389 Ste-Catherine Est, Tél : 523-9703)

MENU EXPRESS

Comprend thé ou café et biscuit

1) – Soupe du jour 5.95
   – Assiette de rouleax impériaux (5)
   – Vermicelles et salade

2) – Rouleax impériaux (2) 6.25
   – Grande soupe au choix :
     tonkinoise au boeuf ou
     au poulet ou cochinchine

3) – Soupe du jour 6.95
   – Rouleaux impériaux (2)
   – 1 brochette au choix (poulet,
     boeuf, porc ou crevettes)
     ou langoustines grillées (3)
   – Riz et salade

4) – Soupe du jour ou 6.95
     rouleaux impériaux (2)
   – Poulet ou boeuf sauté aux légumes
   – Nouiles croustillantes

5) – Soupe du jour 8.50
   – Rouleaux impériaux (2)
   – 2 brochettes au choix (poulet,
     boeuf, porc ou crevettes)
   – Riz et salade

Les vacances

Imaginez que vous travaillez dans une agence de voyage. Pouvez-vous faire des projets pour un tour du monde francophone qui va correspondre aux souhaits (*wishes*) d'un(e) ami(e) ? Connaissez-vous (*do you know*) son climat idéal, sa saison favorite et ses lieux de vacances préférés ? Quelles vont être ses réactions ? Qu'est-ce qu'il / elle va avoir envie de faire ? Qu'est-ce qu'il / elle va espérer découvrir ? Est-ce qu'il / elle va avoir peur de faire quelque chose ? Etc.

Vocabulaire actif

Quelques verbes irréguliers en -ir, p. 211
Verbes de mouvement ou de situation, p. 214
Villes, villages, provinces, états, pays, continents, îles, p. 216
Les moyens de transport, p. 218
La rose des vents, p. 221
Exprimer la peur, le besoin, la disposition d'esprit, p. 226
Faire des projets, p. 231

Noms

l'agence *f agency*
l'avenir *m future*
le bleuet *blueberry*
la bureaucratie *bureaucracy*
le conseil *a piece of advice/council*
l'échange *m exchange*
les études *f studies*
le fait *fact*
la jeunesse *youth*
la lettre *letter*
la mer *sea*
la note *mark/grade*
le passeport *passport*
le passé *past*
le pays *country*
le plaisir *pleasure*
la pratique *practice*
le renseignement *(piece of) information*
le rêve *dream*
le type *sort/type*
la vie *life*
le village *village*

Verbes

compter *to intend/to count/to include*
dormir° *to sleep*

° verb presentation in chapter

emmener *to take along (person)*
envoyer *to send*
essayer *to try*
exagérer *to exaggerate*
goûter *to taste*
hésiter *to hesitate*
indiquer *to indicate/to point out*
jouir de *to enjoy*
partir° *to leave*
passer (un examen) *to take (an exam)*
renoncer *to give up/to renounce*
rêver *to dream/to daydream*
se sentir (à l'aise) *to feel (at ease)*
sentir° *to feel/to smell*
servir° *to serve*
sortir° *to go out*
vendre *to sell*

Adverbes

là-bas *over there*

Adjectifs

inconnu(e) *unknown*
pratique *practical*
prêt(e) *ready*
prochain(e) *next*

Prépositions

pendant *for (time)*

Autres

à mi-chemin (entre) *half-way (between)*
de nos jours *currently*

See Appendix C Verbs for stem changes

Joseph en Acadie

Mise en contexte

Joseph Arceneaux, de retour en Louisiane, participe à une émission radiophonique; on lui pose des questions sur son voyage au Canada francophone et sur la politique du bilinguisme dans les différentes provinces qu'il a visitées.

Objectifs communicatifs

Scène 1

Donner des instructions; vérifier la
    compréhension
Exprimer la nécessité, la volonté, le désir
Exprimer des quantités numériques

Scène 2

Bien s'exprimer : les verbes pronominaux (sens
    réciproque et sens idiomatique)
Bien s'exprimer : l'impératif des verbes
    pronominaux
Bien s'exprimer : les verbes lire et écrire

Structures et expressions

Scène 1

Le subjonctif avec **il faut que / il est nécessaire
    que / il vaut mieux que; vouloir/souhaiter**
Les nombres ordinaux
Les expressions de quantité avec -aine

Scène 2

Les verbes pronominaux
    • sens réciproque et sens idiomatique
    • l'impératif
Les verbes **lire** et **écrire**

Vocabulaire actif

Scène 1

Donner des instructions
S'assurer que quelqu'un comprend
Indiquer qu'on ne comprend pas
L'ordinateur
Les approximations

Scène 2

Verbes pronominaux idiomatiques
Qu'est-ce qu'on lit ?

Culture

Le bilinguisme au Canada et aux États-Unis
La langue et la culture
Le Canada francophone hors Québec

Chapitre 7

Courir du Mardi Gras

Le musée de Lafayette (Louisiane)

Scène 1

Au Studio

Sur le vif !

Joseph est un invité à KRVS-FM-88, *Radio Acadie*[1] *en Louisiane*[2]. Il vient d'arriver au studio et le technicien, Alain, lui donne des explications.

takes; studio
to sit
will show

Alain : (*Il conduit° Joseph à la cabine de diffusion°.*) Voilà, Joseph. Vous allez vous mettre° là, derrière le microphone. Vous voulez vous asseoir une petite seconde ? Je vous montrerai° comment ça marche.

sits down
Go ahead

5

Joseph : Oui, oui, je veux bien. Ça a l'air un peu compliqué ! (*Il s'assied°.*) Bon. Allez-y°.

Alain : Alors, ce n'est pas nécessaire de vous approcher du micro. Mais chaque fois que vous voulez parler ou répondre, vous devez faire face à l'appareil, vous me suivez ?

Joseph : Oui, je comprends.

headphones

10

Alain : Bon. Il faut que vous mettiez votre casque° pour nous entendre.

Joseph : D'accord, j'y suis. C'est tout ?

Alain : Pas tout à fait. Si je veux que vous parliez plus vite ou plus lentement ou que vous vous arrêtiez de parler, je vais faire les gestes suivants. (*Il lui montre les gestes.*) O.K. ? Vous y êtes ?

smiling

15

Joseph : (*souriant°*) Euh, oui. Merci. Je suis prêt. (*Il commence à lire ses notes.*)

(Carole Broussard, l'hôte de Radio Acadie en Louisiane arrive à la hâte°, salue son °in a hurry
équipe et se présente à Joseph.)

Carole : Bonjour, M. Arceneaux. Je suis Carole Broussard, l'animatrice du
programme. Voulez-vous bien excuser mon retard ? J'ai été coincée° pendant   °I got caught
20
une bonne quinzaine de minutes dans un embouteillage°.   °traffic jam

Joseph : Bonjour, Carole. Ne vous en faites pas°. On m'a déjà donné toutes les   °Don't worry about it.
instructions nécessaires. Je relisais° mes notes pour la troisième fois quand vous   °I was rereading
êtes arrivée.

Carole : C'est bon. Bien, on y va ? Moi, je vais commencer par vous présenter,
par donner des informations de fond°, etc., puis on commencera° l'interview.   25   °background information; °will begin
Ça vous va ?

Joseph : Oui, oui, comme vous voulez. Allons-y !

(Tout le monde s'installe à sa place. Les techniciens se préparent et l'un d'entre eux
fait le compte à rebours°. L'émission commence avec une chanson acadienne,   °begins the countdown
Paquetville, d'Edith Butler.³)   30

Carole : Bonjour, Mesdames et Messieurs. Ici, KRVS-FM-88, *Radio Acadie en*
Louisiane. Il est 13 h 10. Je suis votre hôte, Carole Broussard, et vous venez
d'écouter *Paquetville* d'Edith Butler, célèbre chanteuse acadienne du Nouveau-
Brunswick. Je suis très heureuse d'accueillir° aujourd'hui M. Joseph Arceneaux   °welcome
du CODOFIL⁴. Il a passé récemment un mois au Canada où il a séjourné°   35   °stayed
dans plusieurs régions francophones hors° Québec. Bienvenue, Joseph.   °outside of

Joseph : Bonjour, Carole. Ça me fait vraiment plaisir d'être invité à vous
parler.

Pour en savoir plus

1. En 1755 les autorités anglaises ont forcé les Acadiens* à quitter leurs terres
    dans l'est canadien, et les ont exilés dans d'autres régions de la côte
    atlantique et en Angleterre. Plusieurs familles ont été séparées avant
    l'embarquement°. Le poème célèbre de Longfellow, Évangéline, raconte la   °boarding
    séparation de deux jeunes fiancés au moment de la déportation. À
    proprement parler°, il n'existe plus de lieu géographique qu'on pourrait°   °properly speaking; °could
    appeler *Acadie.*
2. Les exilés qui se sont installés en Louisiane ont fini par s'appeler des
    «Cadiens».* Ils parlent un dialecte du français appelé également «cadien».
    La culture «cadienne» est plutôt orale; il y a peu de littérature écrite. Le
    chanteur louisianais Zacharie Richard est connu à travers° l'Amérique du   °is known throughout
    Nord. Il est né à Lafayette et a gagné le *Prix de la jeune chanson française*
    offert par le ministère de la Culture, en France. Son genre de musique
    s'appelle «zydeco».

---

* Au Canada, on dit *Acadien* alors qu'en Louisiane on dit *Cadien.*.

Le chanteur acadien Zacharie Richard

widespread

fishing

whose goal

has promoted
exchanges
scholarships/bursaries

3. La chanson populaire et folklorique est une forme de communication très répandue° parmi les Acadiens. Les chansons acadiennes expriment avec force leurs thèmes principaux : l'isolement, la résistance à l'assimilation, le regret du pays, la pêche° et la mer.

4. Nous savons que le **Conseil pour le Développement du français en Louisiane** (CODOFIL) est un organisme dont le but° est de préserver la langue et l'héritage français de la Louisiane. Depuis sa création en 1968, le CODOFIL promeut° activement les programmes suivants : enseignement du français dans les écoles primaires, échanges° d'élèves, d'étudiants et d'enseignants, bourses d'études°, organisation de congrès nationaux et internationaux, festivals, émissions de radio et télévision, publications bilingues, etc.

Vous avez bien compris ?

En direct

Avant l'émission, le technicien donne certaines instructions à Joseph. Lisez la liste d'actions ci-dessous (*below*) et cochez (*tick off*) seulement celles que le technicien a indiquées. Ensuite, mettez-les dans l'ordre chronologique.

- Il faut qu'il mette son casque.
- Il faut qu'il se mette debout derrière le microphone.
- Il faut qu'il récite un poème.
- Il faut qu'il entre dans la cabine de diffusion.
- Il faut qu'il relise ses notes.
- Il faut qu'il fasse attention au tableau de commande (*control panel*).
- Il faut qu'il s'approche du microphone.
- Il faut qu'il fasse des gestes pour signaler.

Répondez :

1. Pourquoi est-ce que Carole a été en retard ?
2. Quelle chanson a-t-on écoutée ? De qui ?
3. À quelle heure est-ce que l'émission a commencé ?
4. Pour quel organisme est-ce que Joseph travaille ?

Réflexions sur la culture

1. La déportation des Acadiens est un des pires° moments de l'histoire canadienne. Connaissez-vous d'autres tragédies touchant des groupes ethniques au Canada ? Et dans d'autres pays ? Que peut-on en apprendre ?

worst

2. Qu'est-ce que vous savez déjà de la culture cadienne ? Renseignez-vous° sur sa musique, sa danse ou sur une autre tradition, et discutez avec vos camarades de classe.

Inform yourself

Fonctions et observations langagières

I. Donner des instructions; vérifier la compréhension

Les instructions

You will remember that when Joseph first arrives at the radio station, one of the technicians gives him instructions about the broadcast:

Alain : Vous allez vous mettre là, derrière le microphone. Vous voulez vous asseoir une petite seconde ? Je vous montrerai comment ça marche.
Joseph : D'accord, j'y suis.

• Here are several expressions that you will find useful in giving instructions:

Vocabulaire actif : *Donner des instructions*

donner des instructions / directives *to give instructions*
Je vais commencer par (+ infinitive) *I'll begin by...*
Je vous montrerai comment ça marche. *I'll show you how it works.*
Tout d'abord / Au début ... *First...*
La première chose à faire, c'est ... *The first thing to do is...*
Puis, ensuite, après cela ... *Then, next, after that...*
Et enfin / Et finalement ... *And finally...*
Il faut ... *You must ...*
Pensez bien à ... *Consider...*
Vous voulez / Voulez-vous bien / Tu veux / Veux-tu bien (+ infinitive) ... ?
   Would you mind...?
Je vous / te demanderais de (+ infinitive) *I would ask you to...*
Vous seriez / Tu serais gentil-gentille de (+ infinitive) *Would you be good enough to...?*

S'assurer que quelqu'un comprend

- Giving instructions is of course only effective if the instructions are understood! Here are ways to find that out:

> **Vocabulaire actif :** *S'assurer que quelqu'un comprend*
>
> Vous me suivez ? / Tu me suis ? *Do you follow me?*
> Vous avez bien compris ? / Tu as bien compris ? *Did you understand?*
> Tout est clair ? *Is everything clear?*
> Vous y êtes (tu y es) ? *Are you with me?*
> J' y suis. *I've got it.*

- Finally, if you or the other person have not understood the instructions, here are a few expressions to indicate that:

> **Vocabulaire actif :** *Indiquer qu'on ne comprend pas*
>
> Excusez-moi, mais je n'ai pas bien compris. *Excuse me, but I didn't understand well.*
> Je m'excuse, mais je comprends mal (ce que vous dites). *I'm sorry, but I don't quite understand (what you say).*
> Je ne comprends pas très bien (ce que vous dites). *I don't understand very well (what you are saying).*
> Je ne vous / te suis pas bien. *I don't follow you very well.*
> Je n'y suis plus.[1] *I'm no longer with you.*
>
> [1] ne...plus = *no longer*

Allez-y !

Exercice A : Pratique pratique

Remplissez les tirets en employant une fois seulement les expressions suivantes :

> ensuite; pensez bien à; d'abord; vous y êtes; enfin; je vais commencer par; il faut

Vous ne savez pas comment marche mon four à micro-ondes ? C'est très simple; _____ vous montrer comment réchauffer (*reheat*) une tasse de café ! _____, vous appuyez sur (*press on*) la touche HEURE. _____ décider si vous voulez un café chaud ou très chaud ! _____ vous appuyez sur les touches numériques pour choisir le nombre de secondes de réchauffage. Normalement, _____ à peu près 45 secondes. _____ appuyez sur la touche MARCHE ! _____ ? Pas difficile, n'est-ce pas ?

Exercice B : Il faut savoir diriger !

Tout le monde a besoin de donner des instructions ou des explications de temps en temps. Au travail !

1. Vous voulez être poli(e).
   a. Votre ami français prononce toujours mal votre nom de famille. Que dites-vous ?
   b. Votre professeur oublie d'écrire votre lettre de recommandation (*reference letter*) et ne sait plus à qui il faut l'envoyer.

2. Vous voulez donner des instructions claires et précises.
   a. Un(e) camarade ne sait pas trouver votre maison, appartement, chambre, etc.
   b. La personne qui est à côté de vous ne sait pas conjuguer **aller** au présent !

3. Vous êtes très pressé(e).
   a. Votre voiture est en panne et vous avez une réunion importante. Vous parlez au garagiste.
   b. Il y a un incendie (*fire*) chez vous. Vous téléphonez aux pompiers (*fire department*).

Exercice C : Comment faire ?

Donnez des instructions détaillées à votre partenaire ou à la classe pour expliquer ...

1. comment trouver votre restaurant préféré en ville.
2. comment préparer une pizza, un sandwich, etc.
3. comment marche un «gadget» électronique que vous avez acheté récemment.
4. comment ... (À vous de choisir !)

Exercice D : Situations

Avec un(e) partenaire, imaginez que vous êtes dans les trois situations suivantes. Qu'est-ce que vous allez faire ou dire ?

1. Vous expliquez comment faire une bonne salade, un bon dessert, etc. Votre copine-copain ne semble pas bien comprendre.
2. Un(e) agent(e) de police explique comment trouver la mairie (*city hall*). Vous avez un document à présenter. Vous comprenez mal ses explications.
3. Avec votre camarade, vous essayez de comprendre le fonctionnement du nouveau logiciel que vous avez acheté pour votre ordinateur. Mais vous avez tous les deux (*both*) des problèmes ...

Vocabulaire actif : *L'ordinateur*	
le disque dur	*hard disk (drive)*
la disquette	*diskette*
le clavier	*keyboard*
la touche	*key*
la souris	*mouse*
l'écran *m*	*screen*
l'imprimante *f*	*printer*
le traitement de texte	*word-processing*
la mémoire	*memory*
le matériel	*hardware*
le logiciel	*software programme*
naviguer sur Internet	*surf the Web*
le courriel	*e-mail*
le mèle (Fr)	*e-mail*
taper	*type*
cliquer (sur)	*click (on)*

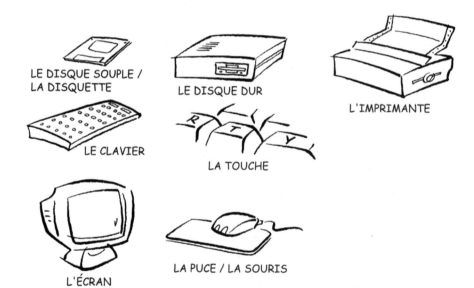

LE DISQUE SOUPLE / LA DISQUETTE

LE DISQUE DUR

L'IMPRIMANTE

LE CLAVIER

LA TOUCHE

L'ÉCRAN

LA PUCE / LA SOURIS

II. Exprimer la nécessité, la volonté, le désir

Le subjonctif (au présent)

You will have noticed in the dialogue that when necessity, and desire or wishes, are expressed, the verb that follows in the dependent clause does not necessarily have the same form as the present indicative:

> *Alain* : Il faut que vous **mettiez** (*put on*) votre casque ... Si je veux que vous **parliez** plus vite ou plus lentement ...

By the way, you will see in Chapter 13 that the same is true for the *passé composé* as well.

- This new form of the verb that you are learning is called the *subjunctive mood*. Whereas the indicative mood expresses facts, and the imperative mood is used to give commands or makes suggestions, the subjunctive normally expresses feelings, desires, doubts, and necessities.

- Among other things, the subjunctive is used to express necessity and opinions. The subjunctive is often introduced by an impersonal expression such as **Il faut que ...** (One must, "I" must/have to, it is necessary to..., etc.), **Il est nécessaire que ...** (It is necessary...), **Il vaut mieux que ...** (It is better that...). All of these expressions are followed by **que** to introduce a dependent clause whose verb is in the subjunctive mood:

  Il faut que j'**attende** l'autobus. *I must/have to wait for the bus.*
  Il est nécessaire que vous **réussissiez à** vos examens. *It's necessary that you pass your tests.*
  Il vaut mieux que nous **restions** chez nous. *It's better that we stay home.*

- The subjunctive is also used for expressing a wish or a desire:

  Je veux / voudrais que vous m'**accompagniez** à la gare.
  I would like you/want you to accompany me to the station.

  Elle désire que nous **dînions** chez elle.
  She wants us to have dinner at her house.

- Formation: The present subjunctive of regular **-er**, **-ir** and **-re** verbs is formed by adding the subjunctive endings **-e, -es, -e, -ions, -iez, -ent** to the stem of the **ils / elles** form of the present indicative:

	chanter	**finir**	**vendre**
que je	chant**e**	finiss**e**	vend**e**
que tu	chant**es**	finiss**es**	vend**es**
qu'elle / il / on	chant**e**	finiss**e**	vend**e**
que nous	chant**ions**	finiss**ions**	vend**ions**
que vous	chant**iez**	finiss**iez**	vend**iez**
qu'elles / ils	chant**ent**	finiss**ent**	vend**ent**

- The subjunctive of **avoir** and **être** is as follows:

avoir	**être**
j'**aie**	je **sois**
tu **aies**	tu **sois**
elle / il / on **ait**	elle / il / on **soit**
nous **ayons**	nous **soyons**
vous **ayez**	vous **soyez**
elles / ils **aient**	elles / ils **soient**

> **À noter !**
>
> When there is only one subject for the two clauses, the second verb is in the infinitive.
>
> Compare: **Je** veux que **tu** écoutes. *I want you to listen* (literally, *I* want that *you* listen)
>
> but **Je** veux écouter. *I want to listen.*

Allez-y !

Exercice A : Pratique pratique

Jeu de substitution.

> modèle : Il faut que <u>je</u> vende mon vélo. (vous)
> Il faut que vous **vendiez** votre vélo.

1. Paul veut que <u>je</u> dîne chez lui. (nous)
2. Mes voisins veulent que <u>vous</u> soyez plus calmes! (tu)
3. Il faut qu'<u>ils</u> finissent leur travail. (vous)
4. Désirez-vous qu'<u>ils</u> descendent tout de suite ? (il)
5. Il faut qu'<u>elle</u> arrive vers quatre heures. (nous)
6. Elle voudrait que <u>Diane et Jean-Marc</u> choisissent le cadeau. (je)
7. Il vaut mieux qu'<u>elles</u> attendent Amélie. (vous)

Exercice B : Mes opinions

Donnez votre opinion sur divers sujets.

Il faut		je / finir mes devoirs
Il est nécessaire	que +	Joseph / mettre son casque
Il vaut mieux		nous / discuter du bilinguisme
		vous / attendre à la gare
		les Acadiens / avoir des droits linguistiques
		tu / raconter des histoires franco-ontariennes
		etc.

Exercice C : Réclamations

Vous n'êtes pas satisfaits de certaines choses à l'université. Préparez une liste de vos réclamations !

> modèle : Nous voulons que la bibliothèque **soit** ouverte tous les soirs.

Exercice D : Conseils personnels

Confiez vos ambitions à un(e) camarade de classe. Celui-ci / Celle-ci vous donne des conseils.

Expressions utiles :

Il faut / vaudrait mieux que tu ...
Il est nécessaire que tu ...
Je veux / voudrais que tu ...

modèle : *Vous* : Un jour, je voudrais devenir médecin.
Votre partenaire : C'est une profession très noble, mais d'abord il faut que tu **étudies** beaucoup, etc.

III. Exprimer des quantités numériques

Les nombres ordinaux

When Carole Broussard arrives at the radio station, Joseph tells her how many times he has read over his notes:

Joseph : Je relisais mes notes pour la **troisième** fois quand vous êtes arrivée.

- Ordinal numbers:
  - may be masculine or feminine (**premier / première**)
  - may be used as adjectives (**la première classe**) or as nouns (**un cinquième**)
  - precede the nouns they modify
  - are written in either full alphabetical spelling, or abbreviated with a number as shown below:

Les nombres ordinaux

1er / 1re premier / première	11e onzième
2e deuxième	12e douzième
3e troisième	13e treizième
4e quatrième	14e quatorzième
5e cinquième	15e quinzième
6e sixième	16e seizième
7e septième	17e dix-septième
8e huitième	...
9e neuvième	20e vingtième
10e dixième	100e centième

It is easy to form ordinal numbers. In the case of numbers ending in a consonant, you simply add the suffix **-ième** to the cardinal number. Note the slight changes in spelling with **cin*q*u*ième** and **neu*v*ième**. If the cardinal number ends in a vowel, that vowel is dropped:

sei*z*e → **seizième**

Allez-y !

Exercice A : Pratique pratique

Suivez le modèle.

> modèle : 2 heures → la **deuxième** heure

1.	4 étudiants	5.	47 leçons
2.	13 classes	6.	9 films
3.	1 livre	7.	125 fois
4.	19 siècles	8.	72 championnats

Exercice B : La finale du foot

Il y a 10 équipes de football dans la ligue Junior; chaque équipe a disputé (*played*) 10 matchs. Étudiez les résultats obtenus et indiquez le classement (*ranking*) des équipes.

équipe	matchs gagnés	matchs perdus
les Tigres	6	4
les Escargots	2	8
les Bisons	9	1
les Panthères	1	9
les Renards	7	3
les Crocodiles	5	5
les Autruches	3	7
les Papillons	10	0
les Colibris	4	6
les Lions	8	2

modèle : Les Papillons ont fini en première place.

Exercice C : Recherche démographique

Quelles sont les trois plus grandes villes des pays suivants ?

modèle : (la France) - Paris est la première ville de France.
- Marseille est la deuxième ville de France.
- Lyon est la troisième ville de France.

1. le Canada
2. les États-Unis
3. l'Angleterre
4. le Sénégal
5. l'Espagne
6. les Pays-Bas
7. le Japon
8. le Mexique

Les nombres collectifs et les approximations

Sometimes numbers are not expressed in exact quantities. You will remember that when Carole arrived late at the studio, she said:

Carole : J'ai été coincée pendant une bonne **quinzaine de** minutes dans un embouteillage.

- Approximate numbers are formed by adding **-aine** to the cardinal number:

Vocabulaire actif : *Les approximations*

huit	→	huit**aine**
dix	→	diz**aine**
douze	→	douz**aine**
quinze	→	quinz**aine**
vingt	→	vingt**aine**
trente	→	trent**aine**
quarante	→	quarant**aine**
cinquante	→	cinquant**aine**
soixante	→	soixant**aine**
cent	→	cent**aine**

- Approximations are feminine nouns of quantity in French; they are preceded by **une** and followed by **de** + noun:

> **une quinzaine de** minutes
> **une centaine de** personnes

À noter !

In some cases these numbers indicate an exact number (**une douzaine d'œufs** = *a dozen eggs*).

Allez-y !

Exercice A : Pratique pratique

Exprimez les quantités approximatives ci-dessous en utilisant (*using*) une expression en **–aine**.

1. Il y a à peu près 30 étudiants dans notre classe de français.
2. J'ai vu environ 15 personnes dans le bus.
3. Ça fait presque 10 ans qu'elle habite en Louisiane.
4. Il y a eu à peu près 100 victimes dans l'incendie.
5. Le professeur a distribué environ 20 copies de l'examen.

Exercice B : Combien en voulez-vous ? (avec un(e) partenaire)

Votre camarade de classe joue le rôle d'un marchand qui offre ses produits au client. Imaginez la conversation.

modèle : *Marchand* : J'ai de très bonnes pêches aujourd'hui.
Combien en voulez-vous, Madame / Monsieur / Mademoiselle ?
Client : Je voudrais **une dizaine de** pêches. / J'en voudrais **une dizaine**, s'il vous plaît, etc.

La Maison franco-manitobaine
à Saint-Boniface (Manitoba)

Scène 2

La situation des francophones

Sur le vif !

L'interview continue.

Carole : Quelles régions francophones avez-vous visitées au Canada ?

Joseph : Eh bien, je suis allé d'abord à la baie Sainte-Marie en Nouvelle-Écosse[1], puis à Moncton, au Nouveau-Brunswick[2], ensuite à Sudbury, en Ontario, et enfin à Saint-Boniface au Manitoba. Et, évidemment, j'ai fait en route une brève visite à Québec.   5

Carole : Entre Cadiens, comme vous le savez bien, on aime se raconter les grands événements° de la déportation. Mais est-ce que les gens de la Nouvelle-Écosse et du Nouveau-Brunswick s'intéressent autant° à notre histoire commune ?

events

as much

Joseph : En effet, les Acadiens du Canada se passionnent pour leur histoire, tout comme nous. Il y a même des livres superbes, comme *Pélagie la charette*, d'Antonine Maillet[3], qui tirent° leur inspiration du «grand dérangement».[4]   10

draw

Carole : Et quelle est la situation en Ontario et au Manitoba ?

Joseph : Les Franco-Ontariens constituent une grande partie des francophones hors Québec. Au Manitoba, ainsi que dans les autres provinces de l'ouest canadien, il y a moins de francophones et le taux° d'assimilation est plus élevé° que dans les provinces de l'Est.   15

rate; higher

Carole : Est-ce qu'il y a une grande différence entre le bilinguisme canadien et le bilinguisme de la Louisiane ?

20 **Joseph** : La différence la plus importante est que le Canada est un pays «officiellement» bilingue. Plus de 24% de la population est francophone. Il est évident que le français en Louisiane risque de disparaître. Nous sommes une minorité dans un pays qui encourage l'assimilation[5].

in sponsoring
heritage

25 **Carole** : On sait que le CODOFIL fait ici un excellent travail en parrainant° de nombreux programmes pour la préservation du patrimoine° français.

Joseph : Oui, je crois que c'est très important. Mais on va plus loin au Canada. Déjà en 1969, voyez-vous, une province est devenue officiellement bilingue, c'est le Nouveau-Brunswick. En Ontario, tout élève francophone a droit° à l'enseignement en français dans une école francophone. Dans la majorité des provinces il y a des universités francophones. Et des festivals, des réseaux° français de radio et de télévision, des centres de recherche, et ainsi de suite,° existent partout.

is entitled by law

networks
30
and so on

Carole : Alors, comme ça la situation des francophones semble assez satisfaisante ?

worry
35 **Joseph** : Au contraire, on s'inquiète° beaucoup dans ces provinces, tout comme chez nous, de la possibilité de perdre son identité de francophone.

continued
(L'interview se poursuit° pendant une dizaine de minutes.)

Carole : En somme, c'était un voyage utile et profitable ?

Joseph : Absolument. J'ai beaucoup appris, et je me suis fait de nouveaux amis
40 canadiens. Nous nous écrivons régulièrement pour garder le contact, et nous nous envoyons de la documentation.

Pour en savoir plus

for the most part
1. Des francophones, d'origine acadienne pour la plupart°, constituent près de 4 % de la population de la province. Pour survivre dans une province

had to; use
principalement anglophone, les Acadiens ont dû° s'isoler et pratiquer° leur langue entre eux. Ce français «acadien», marqué d'une tradition surtout

changed
orale, s'est modifié° au cours de l'histoire pour devenir aujourd'hui très distinct du français parlé au Québec.

2. Le Nouveau-Brunswick reste la seule province officiellement bilingue du Canada. Là aussi, la population acadienne s'est tenue à l'écart° pendant de
kept apart
longues années, afin de résister à l'assimilation. L'Université de Moncton est francophone et la ville de Moncton, dont 37% de la population est

elected
francophone, a élu° son premier maire francophone, Léopold Belliveau.
recipient
3. La romancière acadienne Antonine Maillet, récipiendaire° du Prix du Gouverneur Général du Canada et du Prix Goncourt, fait appel dans ses

works; linked
œuvres° aux thèmes liés° à la déportation. La plus célèbre est une pièce de
named after
théâtre intitulée *La Sagouine*, d'après° son mémorable personnage féminin.

4. Les Acadiens et les Cadiens se rappellent bien que leurs ancêtres communs
uprooting
ont été victimes du déracinement° de leur peuple et de sa dispersion en

Musée vivant à Vermilionville (Louisiane) : village cadien du XIXᵉ siècle

diverses régions de l'Amérique du Nord et d'Europe. Cette dispersion s'appelle communément le «grand dérangement».

5. Comme° on peut le voir dans le graphique suivant, l'assimilation est un problème assez grave dans la plupart des provinces où les francophones sont minoritaires. Notez qu'entre 1951 et 1996, le pourcentage de francophones au Canada a baissé (*declined*) de 29% à 23,5%.

as

La population francophone du Canada (en %)

	Can	T.-N.	Î.-P.-É.	N.-É.	N.-B.	Qué.	Ont.	Man.	Sask.	Alb.	C.-B.
1981	25,2	0,4	4,7	3,9	32,6	81,5	5,1	4,8	2,5	2,5	1,5
1996	23,5	0,4	4,3	3,7	33,2	81,5	4,7	4,5	2,0	2,1	1,3
2001	22,7	0,4	4,3	3,8	32,9	81,2	4,4	4,1	1,9	2,0	1,5

(Statistique Canada)

Vous avez bien compris ?

La francophonie canadienne

Quelles (*Which*) villes ou régions Joseph a-t-il visitées ? En relisant le dialogue, donnez le plus de renseignements (*as much information*) possible sur ces villes.

Saint-Jean
Halifax
Moncton
Chicoutimi
Baie Sainte-Marie
Toronto

Vancouver
Sudbury
Edmonton
Saint-Boniface
Grand Pré
Gravelbourg

Répondez:

1. Qui a écrit *Pélagie la Charrette* ?
2. Quelle est la plus grande différence entre le bilinguisme canadien et louisiannais ?

3. Est-ce que Joseph pense que la situation des francophones au Canada est en général satisfaisante ?

4. Joseph est content de son voyage au Canada, n'est-ce pas ? Expliquez.

Réflexions sur la culture

disadvantages

1. Quels sont les avantages et les inconvénients° d'un pays unilingue ? D'un pays bilingue ? Donnez le pour et le contre de la philosophie du *melting pot* et de celle de la «mosaïque».

promoting

2. Est-ce qu'il y a des politiques gouvernementales favorisant° le bilinguisme qui vous touchent personnellement ? Lesquelles ? Quels sont leurs effets ? Êtes-vous pour ou contre ?

3. Avez-vous envie de visiter une, ou même plusieurs, des régions acadiennes des Provinces Maritimes ? Si oui, laquelle ou lesquelles, et pourquoi ?

Fonctions et observations langagières

I. Bien s'exprimer : les verbes pronominaux (sens réciproque et sens idiomatique)

Les verbes réciproques

In the preceding dialogue, we have seen instances where the pronoun referring to the verb refers back to the subject(s):

> *Joseph* : **Nous nous écrivons** régulièrement ... et **nous nous envoyons** de la documentation. *We write each other regularly and we send each other documentation.*

In the examples above, the action is *reciprocal* or *mutual.* Reciprocal type pronominal verbs are, of course, always plural.

Rappel !

In Chapter 5, we saw pronominal verbs that are *reflexive.* These can be singular or plural, and the action of the verb refers back to the person who is performing the action. For example:

Elle se lève. *She gets up.*   **Elles se lèvent**. *They get up.*

Exercice A : Pratique pratique

Complétez les phrases suivantes en utilisant le verbe proposé. Indiquez si le verbe est de type «réfléchi» ou «réciproque».

1. Narcisse (s'aimer).
2. Roméo et Juliette (s'aimer) et (s'embrasser).
3. Il est drôle, Pierre. Quand il est en voyage, il (s'envoyer) des cartes postales.
4. Pierre et Hélène (se téléphoner) une fois par mois.
5. Nous (se rencontrer) souvent au supermarché.
6. Nous (se brosser les dents) tous les soirs.
7. Gilles et Sylvie parlent de (se fiancer).
8. Ma cousine Suzanne et son fiancé Paul (se marier) aujourd'hui.

Exercice B : Rapports avec les parents (*relatives*) ou les connaissances

Discutez avec un(e) partenaire de vos rapports avec vos parents, camarades, professeurs, etc. Utilisez, entre autres, les verbes de la liste ci-dessous.

se parler, se téléphoner, se comprendre, se dire, se rencontrer, s'embrasser, se raconter ...

modèle : Mon père et moi, nous nous parlons souvent. Et chez toi ?

Les verbes pronominaux idiomatiques

As well, in the dialogue, there are verbs where the action seems to refer back to the subject(s) in some way, but the relationship is not as straightforward:

Carole : ... les gens ... **s'intéressent** autant à notre histoire commune ?
Joseph : ... les Acadiens du Canada **se passionnent** pour leur histoire ... on **s'inquiète** beaucoup ...

Some verbs are simply used idiomatically as *pronominal verbs*. That is, there is no clear action of the subject on itself, nor is there reciprocal action. The verbs are, however, used with reflexive pronouns. Furthermore, the meaning of these verbs is often substantially different from the same verb used non-pronominally.

Vocabulaire actif : *Verbes pronominaux idiomatiques*

Non-pronominal		Pronominal	
amuser	*to entertain/to amuse*	s'amuser	*to have fun*
appeler	*to call*	s'appeler	*to be called/to be named*
demander	*to ask*	se demander	*to wonder*
détendre	*to loosen*	se dépêcher	*to hurry*
ennuyer	*to bore*	se détendre	*to relax*
entendre	*to hear*	s'ennuyer	*to be bored*
fiancer	*to arrange an engagement for*	s'entendre	*to get along*
habituer	*to accustom*	se fiancer	*to get engaged*
installer	*to install/to put in*	s'habituer (à)	*to get used to*
intéresser	*to interest*	s'installer	*to settle in*
marier	*to marry off (one's child)*	s'intéresser (à)	*to be interested (in)*
mettre	*to put*	se marier	*to get married*
occuper	*to occupy*	se mettre (à)	*to begin (to)*
passer	*to pass (by)*	se moquer (de)	*to make fun (of)*
plaindre	*to pity*	s'occuper (de)	*to take charge of, to take care of*
promener	*to take for a walk/ride*	se passer	*to happen*
rappeler	*to remind*	se plaindre (de)	*to complain (about)*
reposer	*to replace*	se promener	*to go for a walk/ride*
sentir	*to smell*	se rappeler	*to remember*
tromper	*to deceive*	se reposer	*to rest*
		se sentir	*to feel*
		se souvenir	*to remember, recall*
		se tromper	*to make a mistake*

Exercice A : Pratique pratique

Composez des phrases à partir des éléments.

> modèle : Suzanne et Marguerite / se parler / assez souvent
> **Suzanne et Marguerite se parlent assez souvent.**

1. Je / se demander / si elle / avoir raison
2. Nous / s'habituer / la ville de Calgary
3. Yvette / se sentir / mal
4. Tu / ne pas s'occuper / assez / ton travail
5. Bob et David / s'intéresser / films d'Atom Egoyan
6. Vous / ne pas se tromper / souvent
7. Nous / ne jamais se moquer / nos amis

Exercice B : Un peu d'imagination, s.v.p.!

Choisissez un verbe pronominal idiomatique pour compléter chaque phrase.

1. Joseph _____ à La Nouvelle-Orléans.
2. Il voudrait _____ dans le centre-ville.
3. L'agente _____ de lui trouver un appartement.
4. Joseph et le technicien _____ pourquoi Carole n'est pas arrivée au studio à 13 h.
5. Joseph a besoin de _____ après sa visite au studio.

Exercice C : Pour mieux vous connaître

Répondez aux questions vous-même ou bien posez-les à un(e) camarade de classe:

1. À quel cours est-ce que tu t'intéresses particulièrement ?
2. Est-ce que tu t'habitues à la vie d'étudiant(e) ?
3. Qu'est-ce que tu fais pour te détendre ?
4. Chez tes parents, qui s'occupe de la préparation des repas ? De la vaisselle ? Du ménage ?
5. Est-ce que tu te souviens de ton premier cours de français ?
6. Est-ce que tu t'entends bien avec tes frères et tes sœurs ?
7. Aimes-tu sortir ou te reposer le vendredi soir ?
8. Quand est-ce que tu t'ennuies ?

II. Bien s'exprimer : l'impératif des verbes pronominaux

> **Rappel !**
>
> Before beginning to learn the imperative forms of pronominal verbs, you may wish to review the formation of the imperative of non-pronominal verbs presented in Chapter 6, pp. 228–230.

NEL   *Scène 2   La situation des francophones*   **261**

You may recall from *Mise en route* how to tell someone to sit down (**Asseyez-vous !**). Here is the full imperative construction for pronominal verbs:

Affirmative

Indicative		Imperative
Tu te laves	→	Lave-**toi**
Nous nous lavons	→	Lavons-**nous**
Vous vous lavez	→	Lavez-**vous**

Negative

Indicative		Imperative
Tu ne te laves pas	→	Ne **te** lave pas
Nous ne nous lavons pas	→	Ne **nous** lavons pas
Vous ne vous lavez pas	→	Ne **vous** lavez pas

> **À noter !**
>
> Note that in the *affirmative* imperative the reflexive pronoun follows the verb and **te** becomes **toi**. In the *negative* imperative, as with the non-pronominal imperative structure, the reflexive pronouns precede the verb.

By the way, you will learn to master the forms of the *passé composé* of pronominal verbs in Chapter 9. In case you wish to try and use them now, note that **all** are conjugated with **être** !

Allez-y !

Exercice A : Pratique pratique

Donnez l'impératif des verbes suivants.

> modèle : Vous vous levez à sept heures.
> **Levez-vous** à sept heures.

1. Vous vous promenez tous les jours.
2. Tu t'amuses chez Mireille.
3. Nous ne nous ennuyons pas en classe.
4. Vous ne vous installez pas demain.
5. Nous nous souvenons de sa date de naissance.
6. Tu ne te plains pas.

Exercice B : Toujours d'accord ? (avec un(e) partenaire)

Dites à votre partenaire de faire les choses suivantes.

> modèle : (se reposer) tout de suite
> - **Repose-toi tout de suite !**
> - **D'accord, je me repose tout de suite.**
> - **Non, je ne veux pas me reposer tout de suite.**

1. (se laver) avec de l'eau chaude
2. (se dépêcher) ou tu seras en retard

3. (ne pas se promener) dans le parc après minuit
4. (s'occuper) de ses propres affaires
5. (se détendre) plus souvent
6. (ne pas s'ennuyer) si facilement
7. (ne pas se moquer) de moi

Exercice C : Que dire ?

Qu'est-ce que vous allez dire dans les circonstances suivantes ? Employez un verbe pronominal à la forme impérative.

> modèle : Ton camarade de chambre étudie douze heures par jour;
> il a deux examens après-demain.
> **Détends-toi ! Repose-toi ! Tu travailles trop en ce moment.**

1. Il est midi et ton camarade de chambre dort toujours.
2. Tes parents sont en retard pour une soirée.
3. Toi et tes copains-copines, vous travaillez trop.
4. Ton professeur aime jouer au basket avec les étudiants.
5. Tes sœurs se disputent dans ta chambre.
6. Toi et tes camarades d'équipe, vous avez couru (*ran*) trop longtemps.
7. Ton petit frère vient de jouer dans la boue (*mud*).
8. Tu ne veux pas que ton ami(e) compose le mauvais numéro de téléphone.

III. Bien s'exprimer : les verbes lire et écrire

Note the conjugations of the two very useful—but irregular!—verbs **lire** (*to read*) and **écrire** (*to write*):

lire

je **lis**	nous **lisons**
tu **lis**	vous **lisez**
elle / il / on **lit**	elles / ils **lisent**

écrire

j'**écris**	nous **écrivons**
tu **écris**	vous **écrivez**
elle / il / on **écrit**	elles / ils **écrivent**

Participes passés : lu (j'ai lu) **écrit** (j'ai écrit)

Note that the verb **décrire** (*to describe*) is conjugated like **écrire**.

Allez-y !

Exercice A : Pratique pratique

Complétez les phrases par les formes convenables des verbes **lire**, **écrire** et **décrire**.

1. Jeanne et Rose _____ le journal tous les jours. (lire)
2. Nous _____ souvent des lettres à nos amis. (écrire)
3. Je _____ un roman québécois en ce moment. (lire)
4. _____ si possible le cambrioleur (*burglar*). (décrire)
5. Eric et Rose _____ assez régulièrement à leurs parents. (écrire)
6. Robert _____ *Les Misérables*, n'est-ce pas ? (lire)
7. Tu _____ bien la situation. (décrire)
8. Je _____ à Margot une fois par semaine. (écrire)
9. Joseph et ses collègues canadiens s'_____ souvent. (écrire)

Vocabulaire actif : *Qu'est-ce qu'on lit ?*

un journal	*newspaper*	une autobiographie
un magazine		une biographie
un roman	*novel*	une lettre
une bande dessinée	*comic strip*	

Exercice B : Qu'est-ce que tu lis ?

Demandez à un(e) camarade de classe ce qu'il ou elle lit à différents moments.

> modèle : Qu'est-ce que tu lis le matin ?
> **Je lis le journal.**
> Qu'est ce que tu lis pendant le weekend ?
> **Je lis un magazine ou un roman.**
> Et qu'est-ce que vous écrivez le plus souvent, des lettres ?
> Des courriels ? Des examens ?!

Exercice C : À votre avis

À votre avis, qu'est-ce que les personnes suivantes lisent le plus souvent ?

1. Margaret Atwood
2. Steven Harper
3. vos parents
4. Catriona Le May Doan
5. votre meilleur(e) ami(e)
6. David Suzuki

Message du Conseil acadien

Pré-lecture

Ce message, publié dans *Symphony Nova Scotia 1992-93*, évoque les souvenirs d'enfance de Ron Bourgeois, musicien acadien.

J'ai grandi à Chéticamp, au Cap-Breton. Je me rappelle beaucoup de choses de mon enfance : l'odeur salée° de la mer et les trésors que l'on trouvait sur les côtes après chaque marée° ou tempête, les nombreuses visites d'amis et de parents qui arrivaient sans s'annoncer les dimanches après-midi pour une partie° de cartes ou pour discuter de politique ou des événements de la communauté, ou simplement pour dire bonjour.

    Un élément pour moi indissociable de mon enfance, que je garde chaudement° en mon âme° est la musique et les chansons. Pas celles° que j'entendais à la radio ou à la télévision, mais celles que chantaient mon père, que je chantais dans la cuisine de mon oncle ou que me chantait ma grand-mère. Des musiques et des chansons qui parlaient de nous, de qui j'étais et d'où je venais. Les enfants grandissant° dans n'importe quel° village acadien de la Nouvelle-Écosse ont tous les mêmes souvenirs. Aujourd'hui, comme adulte, ces chansons et musiques me sont encore plus chères que jamais°.

salty

tide

game

warmly; soul; those

growing up; each and every

dearer than ever

Exercice A : Souvenirs puissants (powerful)

Nommez les souvenirs d'enfance que l'auteur évoque le plus clairement. À votre avis, pourquoi sont-ils si puissants ?

Exercice B : Comparons les temps passés.

Étudiez l'emploi de l'imparfait dans ce passage. Quel rôle narratif joue-t-il ? Montrez le contraste entre le passé composé et l'imparfait dans cet extrait.

Exercice C : Rédaction

Imaginez que vous êtes un musicien ou une musicienne célèbre et que l'on vous demande d'écrire un souvenir d'enfance ayant contribué à votre carrière (*career*). Qu'est-ce que vous allez écrire ?

Activités d'intégration

Directives (à deux)

Chacun choisira dans la liste une situation à expliquer. N'oubliez pas de vérifier si votre partenaire comprend vos instructions.

- le mode d'emploi d'un ordinateur
- les préparatifs pour une émission de radio
- comment retirer (*withdraw*) de l'argent à un guichet automatique
- comment trouver de la documentation sur les Acadiens

L'Acadie chante

Imaginez que vous venez d'écouter la chanson suivante, d'Edith Butler. C'est votre premier contact avec la langue et la culture acadiennes. Quelles sont vos réactions ?

Paquetville
Lise Aubut / Edith Butler

Refrain:
Paquetville, Paquetville
Tu peux ben dormir tranquille
Paquetville, Paquetville
Tu peux ben dormir tranquille

Tu m'as tout donné tu m'as tout conté
Tu peux ben dormir tranquille
Tu m'as tout appris tu m'as tout chanté
Tu peux ben dormir tranquille
Des bœufs à élever du bois à couper
Tu peux ben dormir tranquille
Et des milles carrées de forêts sucrées
Tu peux ben dormir tranquille
Tu m'as tout nounné (*hummed*) tu m'as tout soufflé (*whispered*)

Tu peux ben dormir tranquille

Tu m'as tout jigué tu m'as tout dansé

Tu peux ben dormir tranquille

Tu m'as tout joué tu m'as tant parlé

Tu peux ben dormir tranquille

Tu m'as chuchoté (*whispered*) tu m'as tout montré

Tu peux ben dormir tranquille

Mes premiers chagrins tu les as gardés

Tu peux ben dormir tranquille

Mes premiers bonheurs tu les as fêtés

Tu peux ben dormir tranquille

Tu m'as fascinée tu m'as chavirée (*upset*)

Tu peux ben dormir tranquille

Tu m'as espérée (= attendue) tu m'as fait rêver

Tu peux ben dormir tranquille

T'es pas aussi belle que Kouchibougouak

Tu peux ben dormir tranquille

Remercie le ciel tu s'ras pas un parc

Tu peux ben dormir tranquille

T'es si ben bâtie t'es si ben ancrée

Tu peux ben dormir tranquille

Tes enfants reviennent au lieu d's'en aller

Tu peux ben dormir tranquille

Réactions :

1. As-tu l'impression qu'Edith Butler aime beaucoup la ville où elle est née (*was born*) ? Pourquoi?

2. À ton avis, pourquoi y a-t-il peu de touristes ?

Vocabulaire actif

Donner des instructions, p. 245
S'assurer que quelqu'un comprend, p. 246
Indiquer qu'on ne comprend pas, p. 246
L'ordinateur, p. 248
Les approximations, p. 253
Verbes pronominaux idiomatiques, p. 260
Qu'est-ce qu'on lit ?, p. 264

Noms

l'ancêtre *mf ancestor*
l'appartement *m apartment*
la cabine (de diffusion) *(broadcast) booth*
la carrière *career*
le casque *headphones*
le centre-ville *downtown area*
le droit *right*
l'élève *mf pupil / student*
l'embouteillage *m traffic jam*
l'enseignant(e) *mf teacher*
l'équipe *f team*
le geste *gesture*
l'horaire *m timetable/schedule*
l'hôte *m host*
les informations (télévisées) *f (T.V.) news*
l'interview *f interview*
le marchand-la marchande *merchant*
le poème *poem*
la politique *policy*
le souvenir *memory*
le taux (d'assimilation/de chômage/etc.) *rate (of assimilation/ unemployment/ etc.)*
la terre *property/ earth/ land*

Verbes

courir *to run*
décrire° *to describe*
écrire° *to write*
encourager *to encourage*
expliquer *to explain*
faire face à *to face*
gagner *to win*
lire° *to read*
mettre au courant *keep up to date*
préserver *to preserve*
quitter *to leave*
résister *to resist*
saluer *to greet*
s'arrêter *to stop*

Adjectifs

bref-brève *brief*
connu(e) *well-known*
divers(e) *different/ various*
élevé(e) *high*
local(e) *local*
oral(e) *oral*
pire *worst*
pressé(e) *hurried*
puissant(e) *powerful*
satisfaisant(e) *satisfactory/ satisfying*

Adverbes

évidemment *obviously/ evidently*
la plupart des *most*
récemment *recently*
régulièrement *regularly*

Autres

Ne vous en faites pas. *Don't worry about it.*

° verb presentation in chapter

Maria apprend à se débrouiller en France

Mise en contexte

Maria Chang arrive à Paris, trouve une chambre d'hôtel dans le quartier Latin et rencontre une amie avec qui elle joue au squash. Puis elle prend un billet de train pour Charleville-Mézières.

Objectifs communicatifs

Scène 1

Exprimer l'obligation, le besoin : le verbe devoir

Parler d'activités et d'événements futurs

Bien s'exprimer : le verbe prendre

Offrir; accepter; refuser

Scène 2

Comparer

Le passé composé avec les auxiliaires avoir et être

Exprimer l'irritation, s'excuser

Relier une série d'événements

Trouver son chemin

Structures et expressions

Scène 1

Le verbe devoir (plusieurs sens)

Le verbe prendre

Le temps futur

Expressions pour offrir, accepter, refuser

Scène 2

Le comparatif et le superlatif des adverbes et des adjectifs

Le passé composé avec les auxiliaires avoir et être

Le verbe dire

Donner un renseignement, indiquer une direction

Vocabulaire actif

Scène 1

Terminer une conversation

Offrir, accepter, refuser

Scène 2

Exprimer l'irritation; s'excuser

Enchaînement du discours

Donner un renseignement, indiquer une direction

Culture

Le quartier Latin et la vie intellectuelle en France

Les hôtels en France

Monuments de Paris

L'hospitalité en France - mythes et réalités

Les trains en France

Les cartes de crédit

Chapitre 8

La tour Eiffel

Le Grand Hôtel Oriental à Paris

Scène 1

L'arrivée à Paris

Sur le vif !

Maria arrive au Grand Hôtel Oriental, rue d'Arras, dans le quartier Latin.[1]

Would you have?

Maria *(au réceptionniste)* : Bonsoir, Monsieur. Est-ce que vous auriez° une chambre pour une personne ?

Le réceptionniste : Bonsoir, Mademoiselle. Ce sera pour combien de nuits ?

Maria : Pour quelques nuits, Monsieur. Je ne suis pas sûre. Je viens d'arriver à 5 Paris et je voudrais passer plusieurs jours ici avant d'aller à Charleville-Mézières.

Le réceptionniste : Une petite seconde, Mademoiselle. Je vais vérifier. Eh bien, oui. J'ai deux chambres : la 13 au deuxième étage°, à 300 francs, et la 32 au troisième, à 260 francs. Le petit déjeuner est compris°[2].

floor
included

Let's see

Maria : Euh, voyons°. J'ai besoin d'économiser un peu. Il y a une grande 10 différence entre les chambres ?

Le réceptionniste : Pas vraiment, Mademoiselle. Dans la 13 vous avez un w.-c. et une douche privés. Dans la 32 il n'y a pas de douche et les toilettes sont à l'étage° [2].

shared by floor

Maria : Eh bien, je prends la 32 pour une nuit seulement et si je décide de 15 changer, je vous le dirai demain matin, d'accord ?

Le réceptionniste : Entendu°, mais avant onze heures, s'il vous plaît. Voici votre clé. Bonsoir, Mademoiselle.

(Le lendemain°, Maria a rendez-vous au club de squash Jeu de Paume où elle va jouer une partie avec Chantal, passionnée°, comme elle, de squash. Des amis à Laval avaient arrangé° le contact. L'entraîneur° est avec elles.)

Chantal : Nous avons quelques minutes avant notre match, et vous devez avoir soif. Je peux vous offrir un verre d'eau, un jus d'orange ?

Maria : Oui, ça me donne soif de voyager dans votre métro°. Je prendrai un jus d'orange, merci. À propos, est-ce qu'il n'y a pas un musée qui a le même nom que ce club ?

Chantal : Vous voulez sans doute parler du musée du Jeu de Paume,³ qui a été un musée d'art impressionniste avant de recevoir des expositions d'art contemporain. On y trouvait, entre autres, les œuvres° de Cézanne et de Monet.

Maria : Qu'est-ce que c'est exactement, le «jeu de paume» ?

L'entraîneur : Avant le squash d'aujourd'hui, on frappait une petite balle contre un mur avec la main nue, et c'est là l'origine du nom jeu de paume. Et le musée est situé sur un ancien court où on pratiquait ce jeu.

Maria : Vous savez que je suis seulement de passage à Paris. Qu'est-ce que je devrais voir à votre avis ? J'ai déjà fait une promenade dans le quartier Latin.

L'entraîneur : Il faut absolument visiter le Louvre,⁴ c'est évident. Et tout près il y a, bien sûr, la cathédrale Notre-Dame⁵ et la Sainte-Chapelle,⁶ qui a des vitraux° incroyables.

Chantal : Et si vous vous intéressez aux antiquités,° par exemple, je vous emmènerai dans quelques endroits intéressants. Mais pas tout de suite. Notre court de squash est libre et nous devons nous dépêcher !

Maria : On y va ! Bonne journée, Monsieur. *(Elles se dirigent vers le court.)* Quel est ce jeu là ?

Chantal : Ça s'appelle le tennis royal. Comme vous voyez, la balle peut toucher les quatre murs et il y a un filet,° comme au tennis.

Maria : C'est très curieux. Ça doit être difficile, aussi !

Chantal : Je n'y ai jamais joué. C'est le seul court de tennis royal à Paris.

Pour en savoir plus

1. Il est intéressant de noter que le nom «quartier Latin» remonte° au Moyen Âge; les études scolastiques se faisaient° à cette époque en latin. Aujourd'hui, le quartier Latin attire beaucoup de touristes qui désirent visiter ses nombreuses curiosités : le Panthéon, le jardin du Luxembourg, Saint-Germain des Prés et les cafés que fréquentaient° les existentialistes tels Jean-Paul Sartre, Albert Camus et Simone de Beauvoir. On y trouve aussi de nombreux théâtres et cinémas. Plusieurs hôtels dans le quartier Latin ont la réputation d'offrir des chambres à des prix modiques°.

Margin glosses:
- Agreed
- The following day
- very fond
- had arranged; the pro
- subway
- works
- stained glass windows
- antiques
- net
- goes back
- were done
- were frequented by
- reasonable

Le café les Deux Magots au quartier Latin à Paris

average, mid-range

elevator

2. À l'exception des hôtels de luxe, les hôtels moyens° en France offrent aux visiteurs un grand choix de prix et de services. (Notons ici que, en 2002, la France est passée à l'euro : 1 euro est l'équivalent d'environ $1,4 Can.) Il est normal de suivre certaines formules; si l'hôtel n'a pas d'ascenseur°, par exemple, les chambres aux étages supérieurs coûtent moins cher que les chambres aux étages inférieurs. Ajoutons que dans les maisons et les immeubles en France, on désigne les différents étages de la façon suivante :

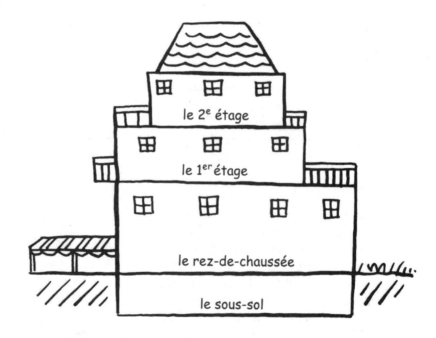

3. Le musée du Jeu de Paume abritait° les œuvres de l'école impressionniste qui doit son nom à une toile° de Claude Monet intitulée *Impressions, soleil levant* (1874). Paul Cézanne, fasciné par la lumière, a surtout peint en plein air comme l'a aussi fait l'Anglais Alfred Sisley. Edgar Degas et Auguste Renoir ont voulu reproduire le corps féminin en mouvement et Camille Pissarro, né aux Antilles, nous a laissé des paysages remplis de personnages. (Ces œuvres sont maintenant au Musée d'Orsay.)

contained
painting, canvas

4. Une visite au Louvre est une expérience inoubliable, parce qu'elle nous met en présence d'originaux aussi renommés que la Joconde°, par exemple. Depuis 1988 on peut aussi admirer la pyramide en verre de l'architecte Leoh Ming Pei, qui fait contraste avec la façade second Empire du Louvre.

Mona Lisa

La cathédrale Notre-Dame

5. La cathédrale Notre-Dame mérite une visite parce qu'elle est située dans l'île de la Cité, qui est le centre historique de Paris. En contemplant son imposante structure, on se laissera peut-être aller à imaginer Quasimodo dans son clocher°. Construite entre 1163 et 1245, elle a été complètement restaurée au XIXe siècle.

bell-tower

6. La Sainte-Chapelle, construite au XIIIe siècle pour abriter les reliques de la Passion, contient d'immenses vitraux, très célèbres.

Vous avez bien compris ?

Répondez aux questions suivantes.

1. Combien de temps est-ce que Maria va passer à Paris ?
2. Où va-t-elle après ? Pourquoi ?
3. Quelle sorte de chambre Maria choisit-elle ?

---

4. Pourquoi est-ce que Maria choisit la chambre 32 ?
5. Quelle sorte d'art trouve-t-on au musée du Jeu de Paume ?
6. Qu'est-ce que Maria boit avant son match de squash ?
7. Pourquoi avait-elle tellement (*so*) soif ?
8. À quels sports nord-américains ressemblent le jeu de paume et le tennis royal ?

Réflexions sur la culture

1. Avez-vous déjà une idée de ce que le quartier Latin représente ? Commentez l'ambiance intellectuelle et artistique dans ce quartier.
2. Quelles peintres impressionnistes connaissez-vous ? Pourquoi les appelle-t-on «impressionnistes» ? Citez quelques œuvres.
3. Imaginez que vous recevez chez vous un visiteur ou une visiteuse d'un autre pays. Qu'est-ce que vous lui conseillez de voir et de faire dans votre ville ou région ? Pourquoi faites-vous ces choix ?
4. Est-ce que la ville où vous habitez ressemble un peu à Paris ? ! Discutez.

Fonctions et observations langagières

I. Exprimer l'obligation, le besoin : le verbe devoir

Des sens multiples

The irregular verb **devoir** has several meanings, so it is important to be aware of the context in which it is used. Before examining these different meanings, here is its conjugation in the present:

devoir	
je **dois**	nous **devons**
tu **dois**	vous **devez**
elle / il / on **doit**	elles / ils **doivent**

participe passé : dû (j'ai dû)

- *obligation:* Qu'est-ce qu'on **doit** faire pour connaître Paris ?
    What must people do / What does one have to do ...?
    On **doit** se promener dans le quartier Latin.
    You must take a walk through the Latin Quarter.

> **À noter !**
>
> Another tense of **devoir** also has a meaning of obligation: **Qu'est-ce que je devrais voir ... ?** *What should I see?* You will study the conditional mood in Chapter 11.

- *forbidding:* Tu ne **dois** pas sortir avant de faire tes devoirs.
    You must not go out before finishing your homework.

- *probability:* C'est l'été. Cela a **dû** être difficile de trouver une chambre d'hôtel.
  It's summertime. It must have been difficult to find a hotel room.

- *suggestion, supposition* Elle **devait** arriver à 5 heures.
  She was supposed to arrive at 5 o'clock.

- *debt:* Je **dois** 100 euros.
  I owe one hundred euros.

If the person to whom one owes the money is named, he/she must be preceded by the preposition **à** or **à + article**:

Nous devons 500 euros **à** nos parents. Elle doit 200 euros **au** médecin.

Terminer une conversation

As you already know, conversations may end with normal salutations, for example, **au revoir**, **à bientôt**, **à tout à l'heure**. They may also end sharply or abruptly depending on the context. An obligation or duty is often a pretext for ending a conversation, so naturally one often finds the verb **devoir** used in formulas for breaking off a conversation.

Chantal : Notre court de squash est libre et nous **devons** nous dépêcher !
Maria : On y va ! Bonne journée, Monsieur.

Vocabulaire actif : *Terminer une conversation*

Conversation enders

Voulez-vous bien / **veux-tu** bien m'excuser, Madame / Georges. Je **dois** partir.
Would you please excuse me, madam / Georges. I have to leave.
Bon (eh bien), écoutez / écoute, je **dois** m'en aller.
Well, listen, I must...
Bon, écoute, je **dois** filer (*more informal style*).
Listen, I have to run.

Allez-y !

Exercice A : Toujours des responsabilités !

Remplissez les blancs avec la forme correcte du verbe **devoir**.

1. Nous _____ faire nos devoirs tous les jours.
2. Gérard _____ aller à l'Office du Tourisme pour consulter les annonces.
3. Mes parents _____ me téléphoner ce soir avant 9 h s'ils sont chez eux.

4. Je _____ 200 euros à mon camarade de chambre.
5. _____-vous rentrer tout de suite ?
6. Tu _____ téléphoner à tes parents ce soir, n'est-ce pas ?
7. Et tu _____ téléphoner à Bruce hier soir, non ?

Exercice B : L'histoire de mes folies

Faites une liste de quatre ou cinq de vos habitudes ou qualités et analysez ce qu'elles révèlent de votre personnalité (auto-analyse ou analyse en groupe).

> modèle : Je suis toujours à l'heure, alors **je dois être** une personne ponctuelle / rigide / précise, etc.

Exercice C : Bon, eh bien, écoutez ... (*à deux ou en groupe*)

Comment est-ce que les personnages suivants vont peut-être terminer leur conversation ? Faites attention au niveau de langue.

1. Robert / Jocelyne (après le dîner)
2. Monsieur / Madame Charbonneau (avant de se coucher)
3. Heather / Michael (après le petit déjeuner)
4. Une secrétaire pressée / une étudiante (au bureau du régistraire [Can.]).
5. Vous / votre camarade de chambre (au café, après un apéritif)
6. Vous / le recteur de votre université (après une réception chez lui)
7. Vous / l'ami(e) avec qui vous sortez (avant de rentrer le soir)
8. Un voyageur / un réceptionniste d'hôtel (en désaccord)

II. Parler d'activités et d'événements futurs

Le temps futur

You have already learned in Chapter 4 how to express the **futur proche** using **aller** + infinitive (Je **vais** y **aller** demain). In *Maria apprend à se débrouiller*, you will have noticed that future actions are sometimes expressed in another way:

> *Maria* : ... si je décide de changer, je vous le **dirai** demain matin, d'accord ?
> *... if I decide to change, I will tell you tomorrow, OK?*

• The future tense is used to express an action that will take place at a future time. This action tends to be presented as a future fact or commitment, whereas the **futur proche** often indicates intention or a plan in the future, and particularly in the very near future.

> Compare: je vais partir ...   I am ***going*** to leave
> je partirai ...   I ***will*** leave

• For most verbs the future tense is formed by adding the future endings (**-ai**, **-as**, **-a**, **-ons**, **-ez**, **-ont**) to the future stem. Except for verbs whose infinitive ends in **-e**, the future stem is the infinitive. For verbs whose infinitive ends in **-e**, the future stem is the infinitive less the final **-e**.

Infinitive	**parler**	**finir**	**attendre**
future stem	*parler-*	*finir-*	*attendr-*
je	**parlerai**	**finirai**	**attendrai**
tu	**parleras**	**finiras**	**attendras**
elle / il / on	**parlera**	**finira**	**attendra**
nous	**parlerons**	**finirons**	**attendrons**
vous	**parlerez**	**finirez**	**attendrez**
elles / ils	**parleront**	**finiront**	**attendront**

- Some verbs have irregular stems for the future.

être	→	**ser...**	**faire**	→	**fer...**
avoir	→	**aur...**	**pouvoir**	→	**pourr...**
aller	→	**ir ...**	**pleuvoir**	→	**pleuvr...**
venir	→	**viendr...**	**vouloir**	→	**voudr...**
devoir	→	**devr...**			

À noter !

Some verbs have a slight stem-change in the future. This stem normally has the same form as the first person singular of the present tense plus the consonant **-r**.

For example:
acheter	→	**achèter...**
promener	→	**promèner...**
appeler	→	**appeller...**

Check the verb tables for the future stem of verbs ending in **-eter**, **-ener**, **-eler**.

Allez-y !

Exercice A : Pratique pratique

Prédisez les activités futures des personnages suivants.

> modèle : Maria (aller à Paris). Elle (prendre le train à Charleville-Mézières, travailler comme assistante)
> Maria **ira** à Paris. Elle **prendra** le train à Charleville-Mézières où elle **travaillera** comme assistante.

1. Gérard (aller à Poitiers, faire son doctorat en linguistique)
2. M. Charbonneau (se rendre à la Martinique, commencer des recherches)
3. Heather et Michael (prendre l'avion jusqu'à Nice, passer un an en Provence)
4. Jocelyne (partir au Sénégal, enseigner le français, vivre dans une famille sénégalaise)
5. Joseph (faire le tour du Canada francophone, pouvoir rencontrer beaucoup de franco-Canadiens)

Exercice B : Quelques jours à Paris

Qu'est-ce Maria fera pendant ses quelques jours à Paris ? Mettez les phrases à l'affirmatif ou au négatif selon votre opinion.

> modèle : manger un couscous
> **Maria mangera un couscous. / Maria ne mangera pas de couscous.**

1. aller au Louvre
2. écouter un concert d'orgue (*organ*) à Notre-Dame
3. visiter le marché aux puces (*flea market*)
4. faire une promenade en bateau-mouche
5. écrire des cartes postales
6. téléphoner à ses parents
7. se promener le long de la Seine
8. revenir au club de squash
9. lire des journaux français
10. dormir jusqu'à (*until*) midi

Exercice C : D'ici cinq ans (*en groupe*)

Quelle sorte de personne serez-vous dans cinq ans ? Et dans 25 ans ? Lisez vos prédictions au groupe et les autres feront des commentaires.

Exercice D : Un avenir tout en rose !

Imaginez un monde idéal sur le plan écologique. Afin de transmettre votre message au grand public, exprimez-le sous forme de poème, de chanson ou de publicité. Présentez-le à la classe. (Mettez tous les verbes au temps futur.)

III. Bien s'exprimer : le verbe prendre

You will remember that **prendre** is used in certain expressions such as **prendre le petit déjeuner** (*to have breakfast*) and **prendre un verre** (*to have a drink*). Its normal meaning, however, is *to take*, as in **Prends ce livre.** (*Take this book.*) Pay particular attention to this verb whenever you see it since it often has an idiomatic meaning depending on context:

Je vais **prendre** une décision (*make a decision*).

prendre

je **prends**	nous **prenons**
tu **prends**	vous **prenez**
elle / il / on **prend**	elles / ils **prennent**

participe passé : pris (j'ai pris)
futur : prendr (prendrai)

- The verbs **apprendre** (*to learn*) and **comprendre** (*to understand*) are also conjugated like **prendre**. Note that **apprendre** takes **à** before an infinitive. For example : **J'apprends à parler français.**

Exercice A : Pratique pratique

Il faut **prendre** le temps de **comprendre**!

> modèle : Elle / prendre le temps d'étudier, mais elle / ne pas
> comprendre toujours ...
> **Elle prend le temps d'étudier, mais elle ne comprend
> pas toujours.**

1. Nous / prendre le temps d'étudier, mais nous / ne pas comprendre toujours.
2. Je.......mais je.......
3. Mes amis.......mais ils.......
4. Bertrand.......mais il.......
5. Vous.......mais vous.......
6. Hélène et Mireille.......mais elles.......
7. Tu.......mais tu.......

Exercice B : On veut savoir !

Utilisez les questions suivantes pour interviewer quelques autres étudiants.

(a) En classe de français...

1. Comprends-tu presque toujours quand le professeur pose une question ?
2. Et si tu ne comprends pas, qu'est-ce que tu réponds ?
3. Est-ce que tu as bien compris le dialogue de cette leçon ?
4. As-tu assez bien suivi les explications du professeur ?

(b) Boire et manger...

5. Dans un bon restaurant, qu'est-ce que tu prends comme boisson ?
Et dans une cafétéria ? Et dans un bar ?
6. Et vos copains, qu'est-ce qu'ils prennent d'habitude ?
7. À quelle heure est-ce que tu prends le petit déjeuner le mercredi ? Et le samedi ?

(c) Le français, les autres langues et moi...

8. Normalement, peux-tu comprendre assez bien un programme français à la télé ?
9. Penses-tu apprendre à parler parfaitement le français un jour ?
10. As-tu déjà appris une autre langue étrangère ? Sinon (*if not*), quelle autre langue as-tu envie d'apprendre ? Pourquoi ?

IV. Offrir; accepter; refuser

Before the squash game, Chantal offers Maria something to drink:

> *Chantal* : Je peux vous **offrir** un verre d'eau, un jus d'orange ?

- There are many expressions to chose from in offering, accepting, or refusing.

Vocabulaire actif : *Offrir, accepter, refuser*

Offering food and drink; a gift:
Je peux **vous offrir / t'offrir** quelque chose à boire / à manger ?
Est-ce que **vous voudriez / tu voudrais** dîner avec nous ce soir ?
Veux-tu prendre un verre ? *Do you want to have a drink? (fam.)*
Qu'est-ce que vous prenez / tu prends ? *What would you like?*

Je **vous apporte / t'apporte / Je vous ai / t'ai apporté** un petit quelque
  chose.
J'aimerais **vous offrir / vous faire** un petit cadeau (*gift*).
Je **t'offre** ...

Offering help:
Vous **avez besoin / Tu as besoin** d'aide (pour porter des valises, etc.) ?
Est-ce que je **peux / je pourrais** vous aider / t'aider ?
Permettez-moi de vous aider. (*formal register*)
Tiens, **on va t'aider.** (*informal register*)
Est-ce que je peux vous / te donner un coup de main ? *Can I help you?*

Accepting an offer:
Oui, merci (beaucoup, bien). Vous êtes très gentil-gentille.
Enfin, **oui. Je veux bien.**   **Volontiers.** (*Gladly.*)   **Avec plaisir.**

Some useful expressions for refusing offers:
(*Re: offers of help*)
Non, merci. **Ce n'est pas nécessaire.**
Ce n'est pas la peine. (*Don't bother.*)
C'est gentil, mais **je peux me débrouiller.** (*I can manage.*)

(*Re: offers of food or drink*)
Non, merci, je n'ai pas (plus) faim / soif.

Allez-y !

Exercice A : Pratique pratique

Complétez la courte histoire en employant seulement une fois les expressions
suivantes: c'est gentil; je veux bien; ce n'est pas nécessaire; tu voudrais; je
t'offre

Evelyne : Bonsoir, Madeleine. Est-ce que _____ aller voir le nouveau
film de Denys Arcand ?
Madeleine : Ah oui, _____.
Evelyne : _____ le billet, si tu veux.
Madeleine : Non, _____. J'ai assez d'argent, mais _____.
Evelyne : Alors, allons-y !

Exercice B : Par politesse !

Qu'est-ce qu'on dit dans les situations suivantes ? Comment la personne répond-elle, en principe ?

1. Heather et Michael à un agent de police. (Ils ont pris le mauvais chemin [*wrong road*].)
2. Maria à Chantal quand elle lui offre à boire. (Elle vient de boire trois Cocas.)
3. La mère de Jocelyne à Robert quand ce dernier lui apporte un recueil (*collection*) de légendes franco-ontariennes. (Elle lui en est très reconnaissante [*thankful*].)
4. Heather à Michael. (Il est en train de (*is busy*) ranger leurs affaires [*organize their belongings*].)
5. M. Charbonneau à Mme Charbonneau. (Il va faire des courses et elle offre de l'accompagner.)
6. À vous ! (Imaginez une situation ...)

Exercice C : L'hôte généreux (*en groupe*)

Vous êtes à la terrasse d'un café avec quelques camarades et vous allez payer ! Demandez à vos copains ce qu'ils veulent boire et manger, appelez le serveur et commandez. Naturellement, ils peuvent accepter, refuser, changer d'avis (*change their minds*), etc.

Exercice D : Que faut-il choisir ? (*jeu de rôle*)

Vous vous promenez le long de la Seine et vous regardez les vieux livres et affiches des bouquinistes (*secondhand booksellers*). Vous avez peu de temps avant la fermeture des éventaires (*stalls*) pour la nuit. Discutez de ce que vous voulez acheter.

Au revoir, Paris

Scène 2

En route vers le nord

Sur le vif !

Quelques jours après, Maria décide de partir pour Charleville-Mézières. Elle téléphone à Chantal pour la remercier de sa gentillesse°.

Maria : Allô Chantal ? C'est Maria. Écoute, je téléphone pour te remercier. Le marché aux puces[1] était vraiment génial ! Tu avais raison, on peut y trouver de tout°, pas seulement des antiquités.

Chantal : Je savais qu'il te plaîrait°. Et les jolies boucles d'oreilles° que tu as déchichées° te vont à merveille.

Maria : Oui, elles me rappelleront ma visite à Paris. Et aussi qu'il ne faut jamais payer ce qu'on demande. Tout ce monde-là marchandait°, c'était formidable !

Chantal : C'est parfait. Contacte-moi la prochaine fois que tu seras en ville et nous ferons une autre partie de squash[2].

Maria : Sans faute° !

(*Maria prend le métro jusqu'à la Gare de l'Est. Entrée dans la gare°, elle va tout de suite au guichet des renseignements°, où elle essaie de faire la queue°.*)

Une dame : *(fâchée°)* S'il vous plaît, Mademoiselle, c'est ma place !

Maria : *(irritée)* Comment ça° ! Ça fait déjà cinq minutes que j'attends.

Margin glosses:

kindness

a bit of everything

you would like it; earrings
discovered/unearthed   5

was bargaining

without fail/definitely   10

station
information counter; stand in line

angry

What do you mean?

La Dame : Mais non, Mademoiselle, vous avez tort. Il faut prendre un numéro et attendre votre tour, comme tout le monde. Voilà le distributeur de tickets. — 15

Maria : Ah, excusez-moi. Je ne savais pas. Je viens d'arriver du Canada. Je vous demande pardon.

La Dame : Ah oui, je comprends maintenant. Il n'y a pas de mal°. — No harm done.

(*Après quelques minutes, Maria arrive au guichet°.*) — 20 — ticket window

Maria : Bonjour, Monsieur. Pourriez-vous me renseigner sur° les trains pour Charleville-Mézières ? — inform me about

L'employé : Oui, bien sûr. (*Il consulte l'horaire.°*) Eh bien, voilà. Il y a un train à 13 h 30. Vous avez juste assez de temps. Sinon, les trains partent à la demie° jusqu'à 19 h 30 et ils s'arrêtent à Reims. Il faut y prendre la correspondance. — 25 — timetable / on the half-hour

Maria : Merci bien. Alors, je vais prendre le train de 13 h 30. J'aimerais un aller simple°, s'il vous plaît. C'est combien ? — a one-way ticket

L'employé : Ça dépend. Un billet en première°, ça coûte 225 F et 12 F de supplément si vous voulez réserver une place. Par contre, un billet en deuxième coûte moins cher, surtout en période bleue[3], mais la voiture en première est plus confortable. — 30 — in first class

Maria : Je préfère le tarif réduit°. Donnez-moi un aller simple en deuxième, s'il vous plaît. — reduced rate

L'employé: D'accord. Voilà, Mademoiselle. (*Il donne le billet à Maria.*) Ça fait 195 F, s'il vous plaît. Vous payez en espèces° ou avec la Carte Bleue[4] ? — 35 — in cash

Maria : En espèces, Monsieur. Et voilà; cent, cent cinquante, deux cents francs.

L'employé : Merci, Mademoiselle, et voici vos cinq francs. N'oubliez pas de composter° votre billet. Le train part du quai° numéro 6. Bon voyage. — to punch; platform

(*Maria arrive à Charleville-Mézières à 15 h 40 et cherche une chambre d'hôtel. Elle s'arrête dans une cabine pour téléphoner au chef de la Section d'anglais du collège où elle va enseigner. Elle est contente de lui annoncer son arrivée à Charleville.*) — 40

Pour en savoir plus

1. Il y a un marché aux puces important au nord de Paris (métro : Porte de Clignancourt). Vous aurez de la peine° à résister aux objets, odeurs et couleurs de ce grand marché (appelé aussi «les Puces») où, en plus de la saveur locale, vous pouvez découvrir les aspects cachés de l'histoire et de la vie de Paris. — You'll have difficulty

2. Il y a toute une mythologie au sujet de l'hospitalité des Français. Ils ont la réputation de ne pas aimer recevoir des étrangers chez eux. Il est vrai que leur maison (qui veut dire à la fois° *house* et *home*) est un endroit très privé; elle est souvent entourée d'un mur et on trouve partout des volets° que les Français ferment tous les soirs. Les Français aiment être «en famille» chez eux. Mais si on vous invite, c'est normalement parce qu'on a vraiment — both / shutters

envie de vous recevoir; c'est plus qu'une simple formalité ou une question de politesse. Être reçu(e) chez des Français est donc un témoignage d'amitié°; ne soyez pas découragé(e) si vous n'êtes pas invité(e) tout de suite après votre arrivée en France.

3. La SNCF (Société nationale des chemins de fer français) offre au voyageur de nombreuses formules et plusieurs tarifs réduits. Il y a, par exemple, des tarifs-couple, tarifs-étudiant, tarifs-famille et bon nombre d'autres tarifs spéciaux, qui varient selon le jour et la saison : «période bleue, rouge», etc.

Une gare parisienne

4. Comme en Amérique du Nord, les cartes de crédit sont très populaires en France et la plupart des commerçants les acceptent. La Carte Bleue, équivalent de la carte Visa en Amérique du Nord, est la carte la plus connue, mais d'autres comme Master Charge et American Express sont aussi acceptées presque partout. Il est souvent possible d'employer une carte de crédit au supermarché, ou même à l'épicerie. Mais, si vous voulez utiliser votre carte, vous devrez souvent dépenser l'équivalent d'environ 25 dollars.

Plusieurs cartes de crédit acceptées à Paris

Vous avez bien compris ?

Répondez aux questions suivantes.

1. Quel endroit est-ce que Chantal a visité avec Maria ?
2. Qu'est-ce qui rappellera à Maria sa visite à Paris ?
3. Qu'est-ce que Maria et Chantal feront la prochaine fois que Maria sera à Paris ?
4. Pourquoi la dame, à la gare, est-elle fâchée ? Est-ce une réaction normale ?
5. Est-ce que les trains pour Charleville-Mézières partent très souvent ?
6. Qu'est-ce qu'il ne faut pas oublier de faire avant de monter dans le train ?
7. Que fait Maria après son arrivée à Charleville-Mézières ?

Réflexions sur la culture

1. Marchander est une pratique très commune et qu'on retrouve un peu partout dans le monde, y compris en Europe et en Afrique. Est-ce que c'est aussi fréquent en Amérique du Nord ? Dans des cultures que vous connaissez ? Discutez.
2. On voyage en train de moins en moins en Amérique du Nord. Pouvez-vous expliquer pourquoi il en est ainsi et aussi pourquoi le train est un moyen de transport très populaire en France ?
3. Quand vous voyagez, préférez-vous les hôtels ou motels de luxe ou à prix modeste ? Pourquoi ? Avez-vous déjà séjourné dans des auberges de jeunesse (*Youth hostels*) ? Si oui, quels sont leurs avantages et inconvénients ?

Fonctions et observations langagières

I. Comparer

Les comparaisons : adjectifs, adverbes, noms, verbes

You will note that prices and types of tickets, among other things, are compared in this conversation.

> *L'employé* : Par contre, un billet en deuxième coûte **moins** cher qu'un billet en première, surtout en période bleue, mais la voiture en première est **plus** confortable.

- Normally there are three degrees of comparison: superiority (+), inferiority (-), equality (=) .

	Adjectives / Adverbs	Nouns	Verbs
+	plus ... que	plus de ... que	plus que
-	moins ... que	moins de ... que	moins que
=	aussi ... que	autant de ... que	autant que

Apply them in the following ways:

Adjectives

+ Mon frère est **plus** grand **que** moi.
- Ma sœur est **moins** grande **que** moi.
= Mes cousins sont **aussi** grands **que** moi.

> **À noter !**
>
> The adjective after **plus, moins** or **aussi** shows regular agreement with the noun or pronoun subject.

Adverbs

+ Un billet en première coûte **plus** cher **qu'**un billet en deuxième.
- Un billet en deuxième coûte **moins** cher **qu'**un billet en première.
= Un billet d'autobus ne coûte pas **aussi** cher **qu'**un billet de train.

Nouns

+ Elle a **plus de** livres **que** moi.
- Il a **moins de** livres **que** moi.
= Vous avez **autant de** livres **que** moi.

Verbs

+ Elle mange **plus que** moi.
- Il dort **moins que** sa femme.
= Je travaille **autant que** toi.

Allez-y !

Exercice A : Pratique pratique

Faites des comparaisons variées selon le modèle.

> modèle : Tu as... (+ livres / ton frère)
> Tu as **plus de** livres **que** ton frère.

1. Les Nord-Américains prennent l'avion ... (+ souvent / les Français)
2. Il y a ... (- trains dans la matinée / dans l'après-midi)
3. La réceptionniste à l'hôtel est... (= serviable [helpful] / l'employé à la gare)
4. Maria attend au guichet...(+ longtemps / la dame française)
5. Maria n'a pas... (= amis en France / Gérard)
6. Mais elle va peut-être voyager... (+ / lui)

Exercice B : Les enfants poussent si vite !

Comparez la taille des enfants ci-dessous.

Gaston   Max   Hélène   Jean-   Marie-   Paul   Antoine
Claude Joseé

> modèle : Jean-Claude est **moins grand que** Marie-Josée.
> Marie-Josée est **plus grande que** Jean-Claude.

1. Marie-Josée / Antoine
2. Paul / Magali
3. Hélène / Jean-Claude
4. Paul / Antoine
5. Magali / Marie-Josée
6. Gaston / Hélène

Exercice C : Comparons les personnages.

Consultez les fiches biographiques du chapitre 1 et comparez les personnages en employant les adjectifs donnés.

> modèle : Gabrielle / Gérard / sportif
> **Gabrielle est aussi sportive que Gérard.**

1. Réjean / Jane / littéraire
2. Robert / Michael / studieux
3. Maria / Robert / sportif
4. Gabrielle / Robert / musical
5. Heather / Robert et Gérard / intéressé par la politique
6. Jocelyne / Maria / traditionnel
7. Heather / Réjean / poétique
8. Gabrielle / Maria / serein (*calm,serene*)
9. Heather / Maria / actif
10. Gérard et Jocelyne / Michael / gourmand

Les superlatifs : adverbes, adjectifs

Superlatives are used to compare something or someone to more than two other things or persons.

Le superlatif des adjectifs

+	le / la / les	**plus** + adjective
-	le / la / les	**moins** + adjective

Jean est **le** plus petit garçon de la classe.
Marie est **la** plus grande fille de la classe.
Paul et Georges sont les étudiants **les** moins impatients de la classe.
Julie et Cécile sont les étudiantes **les** moins fières de la classe.

- The superlative of adjectives is indicated by placing the *definite article* before the comparative form of the adjective in question. Note that the definite article (**le / la / les**) and the adjective both agree with the noun.

- Remember that some adjectives normally precede the noun they qualify and others normally follow. This distinction is important in the case of superlatives. If an adjective precedes the noun, the superlative will precede the noun as in the first two examples above.

- If, on the other hand, the adjective follows the noun, then the definite article appears *twice*, before the noun it qualifies as usual and as part of the superlative:

  Anne est **la** fille **la** plus intelligente.
  Robert est **le** garçon **le** moins sérieux.
  Jean et Sylvie sont **les** joueurs **les** plus appréciés.

- Possessive adjectives often replace the definite article before the noun in superlatives:

  C'est **ma** plus belle robe.

À noter !

The adjective **bon / bons / bonne / bonnes** is irregular. Its forms are summarized below:

	comparative	superlative
bon *good*	meilleur *better*	le meilleur *the best*
bonne	meilleure	la meilleure
bons	meilleurs	les meilleurs
bonnes	meilleures	les meilleures

Jean est **le meilleur** joueur de tennis.
Nicole et Martine sont **les meilleures** étudiantes (**de** la classe).

Le superlatif des adverbes

+	**le plus** + adverb
-	**le moins** + adverb

Je marche vite. *I walk quickly.*

Jean marche plus vite que moi. *Jean walks more quickly than I.*
(comparative)

C'est Sarah qui marche **le plus vite**. *Sarah walks the most quickly.*
(superlative)

- The article **le** is used with **plus / moins** + *adverb*. Note that **le** is invariable.

À noter !

The adverb **bien** is irregular. Its comparative and superlative forms are summarized below:

	comparative	superlative
bien *well*	mieux *better*	le mieux *the best*

Anne chante **bien**. Sa sœur chante **mieux** qu'elle. C'est sa mère qui chante **le mieux**.

Allez-y !

In the following activities, you will practise both comparative and superlative forms.

Exercice A : Pratique pratique

Complétez avec la forme convenable du superlatif.

> modèle : Jean est _____ (garçon, grand) de la classe.
> Jean est **le plus grand garçon** de la classe.

1. La bibliothèque est _____ (bâtiment, beau).
2. Xavier travaille _____ (bien) de tous les étudiants.
3. Halifax est _____ (ville, importante) de la Nouvelle-Écosse.
4. David court _____ (vite).
5. C'est _____ (poisson, bon) que j'ai mangé cette année.

Exercice B : Je ne suis pas d'accord !

Choisissez cinq des phrases suivantes et lisez-les à votre partenaire, une personne qui exagère tout le temps. Ensuite, changez de rôles.

> modèle : *Vous* : Le cours de dialectologie est très intéressant.
> *Votre partenaire* : Je ne suis pas d'accord. C'est le cours le moins intéressant, à mon avis.
> *Vous* : Le professeur de français est plus dynamique que le professeur de comptabilité.
> *Votre partenaire* : C'est vrai. Le prof de comptabilité est moins dynamique que le prof de français.

1. Le Bistrot est un très bon restaurant.
2. Ton / ta camarade de chambre est aussi studieux / studieuse que toi.
3. Les appartements sont moins faciles à trouver en France qu'ici.

---

4. La cuisine à la résidence est aussi bonne que la cuisine au restaurant.
5. Les enfants Sawchuck / O'Brien sont plus bavards (*talkative*) que leurs parents.
6. Le goûter au Québec est plus important qu'en France.
7. L'anglais est aussi difficile à apprendre que le français.
8. Les Parisiens sont plus friands du (*fond of*) sirop d'érable que les Québécois.
9. La bureaucratie est plus évidente en Amérique du Nord qu'en France.
10. Au Canada le train est le moyen de transport le plus populaire.

Exercice C : J'ai besoin d'économiser ! (*à deux ou en groupe*)

Comparez les prix de différents articles.

> modèle : J'aime bien ce pull, mais il coûte beaucoup plus cher que cette chemise.
> C'est le T-shirt qui est le moins cher.

II. Le passé composé avec les auxiliaires avoir et être

> **Rappel !**
>
> You have learned that the **passé composé** may be formed with the past participle of the verb **avoir** or **être**. Verbs taking direct objects (transitive verbs) use **avoir** as their auxiliary. (For example, J'**ai** regardé la télévision. Elle **a** acheté le livre.) On the other hand, many verbs that do not take a direct object (intransitive verbs) require **être** as their auxiliary. For example, Je **suis** allé(e). Elles **sont** descendues.

- There are a few verbs that may use either **avoir** or **être** as auxiliaries, but in such cases the meaning of the verb changes.

descendre, monter, rentrer, sortir
with **avoir** or **être**

être	**descendre** *to go down/to get out/off a vehicle*
	Elle **est** descendue de la voiture.
avoir	**descendre** *to take down/to lower*
	Elle **a** descendu les valises.
être	**monter** *to go up/to get on/in a vehicle*
	Tu **es** monté(e) dans l'autobus.
avoir	**monter** *to lift up/to put up/on/to take up*
	Ils **ont** monté les valises.
être	**rentrer** *to go home/to return home*
	Nous **sommes** rentré(e)s à six heures.
avoir	**rentrer** *to take something inside*
	Nous **avons** rentré les chaises.
être	**sortir** *to go out/to leave*
	Ils **sont** sortis de la classe après le cours.
avoir	**sortir** *to take out*
	Elle **a** sorti ses clés de son sac à main.

Allez-y !

Exercice A : Pratique pratique

Remplissez les tirets par la forme convenable du passé composé.

1. Paul _____ (sortir) de sa chambre à huit heures et quart.
2. Maxime _____ (descendre) prendre son petit déjeuner.
3. Elle _____ (descendre) ses manuels pour ses cours en même temps.
4. Ils _____ (monter) dans leurs chambres avant de partir à l'université.
5. Paul _____ (rentrer) son vélo dans le garage puisqu'il pleuvait.
6. Maxine et Paul _____ (sortir) leurs billets avant de monter dans l'autobus.
7. Ils _____ (rentrer) à la maison à cinq heures et demie.

Exercice B : Maria prend le train

Mettez les phrases suivantes au passé composé en employant **avoir** ou **être** selon le sens de la phrase.

> modèle : Je descends du train à Charleville-Mézières.
> Je **suis** descendu(e) du train à Charleville-Mézières.

1. Maria monte dans le train à 13 h 30.
2. Le porteur monte les valises de Maria, ensuite il descend du train.
3. Maria sort de son compartiment afin d'acheter un Coca au wagon-bar.

4. Quand le barman la sert, elle sort de l'argent de son sac à main et paie le Coca.
5. Elle boit son Coca, puis elle rentre dans le compartiment où elle trouve ses valises, devant la portière.
6. Maria rentre ses valises, prend sa serviette (*briefcase*), en sort un magazine et commence à lire.

Exercice C : L'arrivée à Charleville-Mézières

Regardez les dessins ci-dessous et décrivez les activités de Maria en employant le passé composé. N'oubliez pas d'indiquer corrrectement la séquence des activités.

> modèle : Arrivée à Charleville-Mézières, Maria a descendu sa serviette du casier à bagages, puis elle **a / est** ...

III. Exprimer l'irritation; s'excuser

L'irritation

Irritation usually occurs over misunderstandings, in this case violation of a code of etiquette related to waiting in line. In *Maria apprend à se débrouiller*, the French woman gets angry with Maria for what appears to be an attempt at cutting in line and Maria responds somewhat impatiently:

> *Une dame* : **S'il vous plaît**, Mademoiselle, c'est ma place !
> *Maria* : **Comment ça** ! Ça fait déjà cinq minutes que j'attends ... Ah, **excusez-moi**. Je ne savais pas.

> **Vocabulaire actif :** *Exprimer l'irritation; s'excuser*
>
> **Exprimer l'irritation, l'énervement**
> S'il vous plaît, Monsieur / Madame / Mademoiselle ... *If you don't mind/I beg your pardon.*
> (Tone of voice and intonation help express irritation in this context.)
> Comment ça ! *What do you mean!*
> C'est pas possible ! *It's not possible!* (oral)
> C'est insupportable ! *It's unbearable!*
> Ça m'énerve ! *That irritates me!*
> J'en ai assez / marre ! *I've had enough!*
> avoir tort *to be wrong*
> exagérer *to push it*
>
> **S'excuser**
> Excusez-moi ! *Excuse me !*
> Je vous demande pardon. *I beg you pardon.*
> Je ne savais pas. *I didn't know, realize.*
> Pourriez-vous m'expliquer ? *Could you explain?*
> Je comprends maintenant. *I understand now.*
> Il n'y a pas de mal. *There's no harm done.*
> Entendu ! *Agreed!*

Le verbe *dire*

- A useful verb in expressing irritation or helping to clarify situations is **dire** (*to say, to tell*):

  Je vous **dis** de ne pas faire cela. / Je vous **ai dit** de ne pas faire cela.

	dire		
je	**dis**	nous	**disons**
tu	**dis**	vous	**dites**
elle / il / on	**dit**	elles / ils	**disent**

  participe passé : dit (j'ai dit)

Allez-y !

Exercice A : Est-ce que toutes les vérités sont bonnes à dire ?

Choisissez la forme du verbe <u>dire</u> qui complète le mieux les questions suivantes.

1. Est-ce que tu _____ toujours la vérité ?
2. Et tes amis, est-ce qu'ils te _____ presque toujours la vérité ?
3. Et ton prof de français te _____ -il de temps en temps la vérité ?

4. Tes amis et toi, est-ce que vous ne _____ pas toujours la vérité à vos parents ?

5. Toi et moi, est-ce que nous nous _____ la vérité 24 heures sur 24 ?

6. Hmmmm. J'espère que j(e) _____ constamment la vérité hier, et que je la _____ aussi demain !

Exercice B : S'il vous plaît !

Comment les personnes suivantes réagissent-elles dans ces situations ?

> modèle : **Tu** réserves une table dans un bon restaurant et quand tu arrives, il y a des fumeurs partout.
> **Je** dis au serveur que c'est insupportable de manger à côté des fumeurs.

1. **Maria** s'inscrit (*registers*) au Grand Hôtel Oriental et le réceptionniste veut garder son passeport pendant son séjour.

2. **Vous** avez réservé une chambre pour trois nuits, mais quand vous arrivez à l'hôtel la chambre est libre pour une nuit seulement.

3. **Des clients** font la queue dans une banque et quelqu'un essaie de prendre leur place (*cuts in line*).

4. **Vous et vos amis** attendez un autobus depuis une trentaine de minutes, mais il n'arrive toujours pas.

5. **Un touriste** a demandé des renseignements au guichet de la Gare de l'Est et l'employé lui a dit de prendre un numéro.

Exercice C : C'est pas possible ! (*jeu de rôles : un voyageur et un employé de la SNCF*)

Un voyageur fait la queue à un des guichets de la Gare de l'Est et quand il arrive en tête de file (*at the head of the line*) après une bonne quinzaine de minutes, l'employé est sur le point de fermer le guichet.

IV. Relier une série d'événements

Events may be linked with reference to time, sequence, space, and logical coordination, for example cause/effect relations. Reread the following passages from *Maria apprend à se débrouiller* paying particular attention to the function of the words set in bold face.

> Quelques jours **après**, Maria décide de partir pour Charleville-Mézières. Maria prend le métro jusqu'à la Gare de l'Est. Entrée dans la gare, elle va **tout de suite** au guichet des renseignements, **où** elle essaie de faire la queue.

- In the preceding passages, linking occurs primarily with respect to sequential actions, that is, what happened first, next, and finally. On the next page are some of the more common expressions for indicating how to link events in time:

Time sequence

tout de suite *immediately*
d'abord *(at) first*
puis *next*
alors *then*
ensuite *afterwards/then*
plus tard *later*
enfin *finally*

Time period

dans le passé *in the past*
il y a *ago*
avant-hier *the day before yesterday*
hier *yesterday*
la veille *the preceding day*
à ce moment-là *at that time*
en ce moment *at the present moment, now*
aujourd'hui *today*
demain *tomorrow*
après-demain *the day after tomorrow*
le lendemain *the following day*
à l'avenir *in the future*

Rappel !

Many words that you have already learned as vocabulary items may also be used in situations where linking occurs. For the time being, we will refer to these words as *connectors*:

et *and*
ou *or*
mais *but*
parce que *because*
puisque *since*
par contre *on the other hand*
d'un côté / de l'autre côté *on the one hand/the other hand*

quand *when*
lorsque *when*
alors que *while/whereas*
aussitôt que *as soon as*
où *where*

Allez-y !

Exercice A : Pratique pratique

Pas de chance ! Complétez les phrases en employant une fois chacune des expressions suivantes: demain; ensuite; il y a 3 jours; hier soir; après-demain; d'abord; avant-hier; puis.

Oh là là, depuis quelques jours ma vie est une série de catastrophes ! _____, à 10 heures du matin, j'ai eu un accident de voiture. J'avais _____ l'impression que ce n'était pas très grave, mais j'ai appris _____ que les réparations vont coûter 1 400 dollars ! Et _____, _____, j'ai perdu les clés de mon appartement, et _____ avant de me coucher, je suis tombée dans la douche ! Ce n'est pas tout ! _____, j'ai rendez-vous chez le dentiste, et _____, j'ai deux examens. La vie n'est pas toujours très drôle !

Exercice B : Revenons sur nos pas !

Voici des phrases qui décrivent les activités de Maria après son arrivée en France. Mettez-les dans leur ordre logique et incorporez autant d'expressions temporelles et spatiales que possible.

> modèle : **D'abord**, Maria arrive à l'aéroport Charles de Gaulle, **puis** elle descend de l'avion. **Ensuite**, elle passe à la douane (*customs*) ...

1. Maria prend un billet pour Charleville-Mézières.
2. Elle se couche tôt parce qu'elle est très fatiguée.
3. Elle espère retourner bientôt à Paris.
4. Elle décide de rester quelques jours à Paris.
5. Elle va en autobus au quartier Latin.
6. Elle trouve un compartiment libre dans le train.
7. Elle loue une chambre à l'hôtel.
8. Elle téléphone au directeur du collègee où elle sera assistante.
9. Elle part pour Charleville-Mézières.
10. Elle fait la queue au guichet des renseignements.
11. Elle va à la Gare de l'Est.
12. Elle visite le marché aux puces en compagnie de Chantal.
13. Elle joue au squash avec Chantal.

V. Trouver son chemin

One often needs to give information concerning how to find one's home or apartment, a bank, a theatre and so on. Look at the vocabulary presented here before practising this situation in context.

Vocabulaire actif : *Donner un renseignement, indiquer une direction*

se trouver / se situer *to be located*	à gauche / à droite *to the left/right*
signaler / indiquer *to indicate*	tout droit *straight ahead*
tourner *to turn*	jusqu'à *up to/as far as*
prendre *to take*	un carrefour *intersection*
remonter *to go up*	un feu *traffic light*
descendre *to go down*	la rue / l'avenue / le boulevard
traverser *to cross*	*street/avenue/boulevard*
continuer *to continue*	la place *square*

Allez-y !

Exercice A : Pour me rendre visite

Vous êtes dans la cafétéria universitaire avec quelques camarades. Expliquez à un(e) des camarades comment trouver votre chambre / appartement / maison. D'abord vous quittez le campus, et ensuite ...

Exercice B : Dans le métro

Regardez le plan du métro de Paris et expliquez à votre partenaire comment aller du Grand Hôtel Oriental à la Gare de l'Est. (Vous pouvez prendre le métro à la station Jussieu.) Changez de rôles et décrivez d'autres itinéraires à Paris.

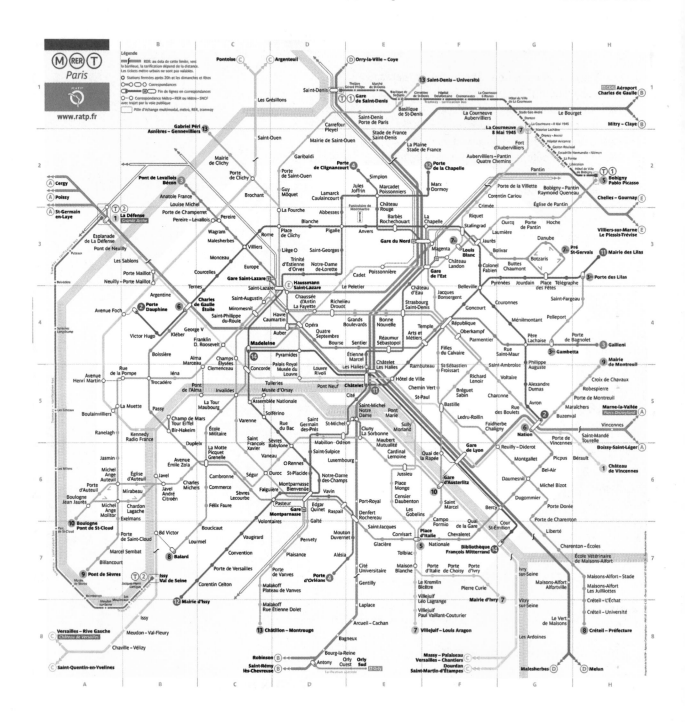

Carte postale de France

Pré-lecture

Maria attend toujours son courrier avec impatience. Aujourd'hui, elle reçoit une carte postale de Gabrielle. Lisez la carte et faites les exercices qui suivent.

le 1er septembre

Bonjour Maria,

Maria Chang
38 Quai A. Rimaud
Charleville-Mézières
08000 France

Quelques lignes très courtes et écrites en vitesse pour te mettre au courant de mes activités depuis ton départ. Partie faire une randonnée à bicyclette avant la rentrée. Choisi un itinéraire en montagne. Monté et descendu une centaine de côtes (hills) ! Passée dans des coins magnifiques et fait du camping sauvage. Apporté trop de matériel et de provisions, mais bien dormi et mangé. De retour à Québec depuis hier. Voilà! Très pressée. À la prochaine,

Gabrielle

Allez-y !

Exercice A : Randonnée à la campagne

Comparez la randonnée de Gabrielle avec une randonnée que vous avez faite à bicyclette (ou avec une promenade à la campagne). Parlez-en à un(e) camarade de classe.

Exercice B : Rédaction

Cette carte postale est écrite en style télégraphique, comme c'est souvent le cas quand on est pressé. Récrivez la carte de façon normale et enchaînez le discours pour en améliorer (*improve*) la lisibilité.

Activités d'intégration

Au syndicat d'initiative

Des touristes qui visitent Paris s'adressent à un syndicat d'initiative (*tourist office*) pour trouver un hôtel bon marché au quartier Latin. Ils discutent avec l'employé(e) et choisissent un hôtel. Ils discutent ensuite du choix d'un restaurant.

À l'aventure dans Paris !

Avec votre partenaire, regardez le plan de Paris et préparez ensemble l'itinéraire que vous voudrez suivre. (Lundi, on ira ...)

Rivalités familiales

Dressez (*draw up*) une liste de plusieurs activités familiales, puis comparez les performances ou les habitudes des divers membres de la famille.

> modèle : Moi, je regarde **souvent** la télévision.
> Ma sœur la regarde **moins souvent** que moi.
> C'est mon petit frère qui la regarde **le plus souvent**.

Une voix familière

Enregistrez (*Record*) sur audiocassette (à la maison) un message pour un(e) correspondant(e). Racontez votre arrivée à l'université, vos premières activités et premières impressions, vos problèmes, voyages, etc. Échangez et comparez vos cassettes en classe.

Vocabulaire actif

Terminer une conversation, p. 277
Offrir, accepter, refuser, p. 282
Exprimer l'irritation; s'excuser, p. 296
Enchaînement du discours, p. 298
Donner un renseignement, indiquer une direction,
    p. 299

Noms

l'amitié *f friendship*
l'annonce *f announcement/advertisement*
le commerçant-la commerçante *storekeeper*
le courrier *mail*
la dispute *dispute/argument*
le distributeur automatique de billets (DAB) / la
    billetterie *cash/ticket/dispensing machine*
la douche *shower*
l'employé(e) *mf employee*
l'étage *m floor*
l'étranger-l'étrangère *mf stranger*
le guichet *ticket window*
l'immeuble *apartment building*
le jeu *game*
le lendemain *the next day*
la lumière *light*
le marché *market*
le métro *subway*
l'œuvre (d'art) *f work (of art)*
la place *seat/place in line*
le quai *(train station) platform*
le tarif *rate*
les toilettes *f washroom/toilet*
le train *train*
le W.-C. *WC/water closet, toilet*

Verbes

attirer *to attract*
avoir de la peine *to be sad/upset*
changer *to change*
coûter *to cost*
dire° *to say/to tell*

° verb presentation in chapter

économiser *to economize/to save*
être de retour *to be back (home)*
être en train de (+ inf) *to be busy*
faire la queue *to stand in line*
frapper *to hit/to impress*
longer *to go along/alongside*
monter *(transitive) to put up/on*
prendre° *to take*
prendre la correspondance *to make a (train)*
    connection
ranger *to tidy, organize*
remplir *to fill in*
renseigner *to inform*
rentrer *(transitive) to put in/to take inside*
réserver *to reserve*
se diriger *to make one's way towards*
se situer *to be located*
sortir *(transitive) to take out*

Adjectifs

découragé(e) *discouraged*
fâché(e) *angry*
irrité(e) *irritated/annoyed*
mécontent(e) *discontented/dissatisfied*
nu(e) *bare/naked*
privé(e) *private*
situé(e) *situated*

Adverbes

à la fois *at one and the same time*

Prépositions

selon *according to*

Autres

à merveille *wonderfully*
en plein air *in the open (air)/outdoors*
Entendu *Agreed.*
par contre *on the other hand*
sans faute *without fail*

La famille Sawchuk / O'Brien dans le Midi

Mise en contexte

Heather, Michael et leurs enfants Emily et Andy bavardent avec la famille Arnaud; ils louent la maison des Arnaud pendant leur séjour dans le sud de la France. Puis Marie-Josée Lacoste, une collègue de Heather, et Madame Sawchuk, la mère de Heather, se promènent dans le centre-ville de Roquevaire.

Objectifs communicatifs

Scène 1

Demander des renseignements
Bien s'exprimer : les verbes pronominaux aux temps composés
Parler de la santé et des accidents; exprimer des notions de malaise, d'inquiétude et de soulagement
Bien s'exprimer : les verbes et les prépositions

Scène 2

Renvoyer à quelqu'un ou à quelque chose qu'on a déjà mentionné
Donner, accepter ou refuser des conseils
Faire des achats
Bien s'exprimer : les verbes voir et croire

Structures et expressions

Scène 1

Les adjectifs interrogatifs
Les pronoms interrogatifs
Les verbes pronominaux; le passé composé
Les verbes précédés et suivis de prépositions

Scène 2

Les pronoms objets
L'impératif et l'ordre des mots
Les conseils; donner / accepter / refuser
Les verbes voir et croire

Vocabulaire actif

Scène 1

Le corps humain
Être en bonne santé
Malaises et inconfort
Partager son inquiétude
Exprimer son soulagement

Scène 2

Suggérer, conseiller
Accepter, refuser des conseils
Achats et commerces

Culture

S'adapter à un nouveau milieu
La vie en ville / à la campagne
Les commerces et les achats
L'hospitalité en France : mythes et réalités
Les vacances en France
La santé et la sécurité sociale en France

Chapitre 9

Grand choix d'olives à Arles, Provence

Village perché en Provence

Scène 1

Chez les Arnaud

Sur le vif !

Heather Sawchuk, Michael O'Brien et leurs deux enfants Emily (douze ans) et Andy (huit ans) sont installés depuis un mois dans la maison qu'ils ont louée° dans un quartier calme de Roquevaire[1], petite ville provençale typique. Monsieur et Madame Arnaud, les propriétaires de la maison, leur rendent visite pour voir si tout va bien.

Monsieur Arnaud : Bonjour Messieurs Dames et salut les enfants ! (*Il serre la main à° tout le monde.*) Alors, tout va bien, vous êtes bien installés dans notre petite maison ?

Michael : Bonjour Monsieur, bonjour Madame. (*avec un sourire*) Oui, je vous
5   remercie, nous commençons à nous sentir tout à fait chez nous.

Madame Arnaud : Mais vous êtes chez vous ! Et Roquevaire est à votre goût ? Quelles sont vos premières impressions de la ville ?

Michael : Ah, elle est ravissante ! Et nous n'avons pas encore fini de découvrir les charmes de la région. J'apprécie beaucoup la lumière; elle est magnifique !

10   **Heather** : Je dois vous dire aussi que votre maison nous plaît° beaucoup. Nous nous demandions° si elle est très vieille.

Mme Arnaud : Elle est du siècle dernier, et le style est typique de la région. Je vous ai peut-être dit le jour de votre arrivée que nous habitons ici en juillet et

Margin notes:
rented

shakes hands with

we like the house
we were wondering

août, puisque nous prenons toujours deux mois de vacances.[2] Vous savez que nous travaillons tous les deux à Aix, mais nous comptons prendre notre retraite ici. — 15

Michael : La maison est en très bon état; vous avez dû faire des travaux°. — *repairs*

M. Arnaud : Eh bien, ma foi°, c'est une maison solide. Et puis je suis assez bricoleur°, vous savez, et je fais quelques petites réparations° tous les étés. Nous avons l'intention de construire° une petite salle de jeux° pour nos petits-enfants l'an prochain. — 20 — *well now; handy(man); repairs; build; playroom*

Andy : (*Il chuchote.*) Dommage qu'il n'y ait pas° de salle de jeux maintenant. — *there isn't*

Emily : Chut ! Les Arnaud vont t'entendre. Tu sais bien qu'on peut jouer dans les chambres et dans le salon. Allons jouer dans ta chambre maintenant.

Emily et Andy se dirigent vers la chambre d'Andy. M. Arnaud remarque qu'Andy semble marcher assez difficilement. — 25

M. Arnaud : Dis-moi, jeune homme, tu sembles avoir un peu de mal° à marcher. Qu'est-ce qui s'est passé ? Est-ce que tu t'es fait mal°? — *difficulty; Did you get hurt ?*

Andy : (*timidement*) Je me suis foulé la cheville° en jouant° au foot pendant la récré°. Au début, ça faisait très mal, mais ça va un peu mieux maintenant. — 30 — *I sprained my ankle; while playing; recess*

Mme Arnaud : Oh là là, tu n'as pas eu de chance. Est-ce que votre fils a été bien soigné°, Monsieur O'Brien ? — *was well cared for*

Michael : Oh oui, nous sommes très contents des soins° qu'il a eus.[3] Et en fait, ça nous a donné l'occasion de trouver un bon pédiatre. Il faut voir les choses du bon côté ! — *care* — 35

Heather : Heureusement, notre sécurité sociale canadienne nous remboursera une partie des frais° et nous avons des assurances supplémentaires pour le reste. L'essentiel, c'est que ce n'est pas bien grave. Du moins, Andy ne s'est pas cassé la jambe ! J'avoue que nous sommes bien soulagés°. — *expenses* — *relieved*

M. Arnaud : Eh bien, tant mieux ! Si vous avez le moindre pépin° pour les appareils ménagers°, ou pour autre chose, n'est-ce pas, appelez-nous à Aix pour expliquer ce qui ne va pas.[4] Dis, Odile, ce serait° peut-être le moment de nous en aller°, il est presque cinq heures. — 40 — *problem; appliances; it would be; to be on our way*

Pour en savoir plus

1. La famille Sawchuk / O'Brien a choisi d'habiter une petite ville dans le Midi, c'est-à-dire le sud de la France. Roquevaire, avec une population d'environ 8 000 habitants, se trouve à 30 kilomètres au nord-est de Marseille, au cœur de° la Provence (grande région et ancienne province du Midi). Beaucoup de Français (ainsi que des Anglais et des Allemands) ont acheté et rénové des «mas», maisons en pierre typiques de la Provence. — *in the heart of*

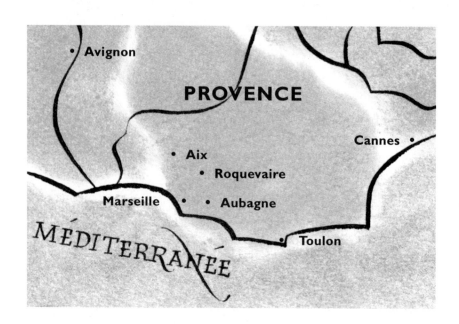

2. Il est difficile d'exagérer l'importance des vacances pour les Français. On dit souvent qu'elles sont «sacrées» et même que les Français sont obsédés par leurs vacances. Tous les Français ont, depuis l'arrivée au pouvoir du président Mitterrand, en 1981, un minimum de cinq semaines de congés° payés par an. Ils essaient d'en profiter° au maximum. L'été, entre 50% et 60% des Français quittent leur résidence principale pour partir en vacances.

holidays
take advantage of them

Val d'Isère (France)

3. En ce qui concerne la santé, les Français bénéficient depuis 1945 d'un système de sécurité sociale très complet. Les différentes formes de protection sociale incluent le secours à la vieillesse, l'assurance en cas de maladie, d'accident du travail, de maternité, etc. Les cotisations° viennent à la fois de l'employeur et du salarié. Mais les étrangers qui font un séjour en France ne peuvent pas, en général, s'inscrire au régime de la sécurité sociale française.

contributions

4. On dit qu'il y a très peu de maisons ou appartements meublés à louer en France parce que les Francais tolèrent mal l'idée d'avoir des étrangers dans leur logement, surtout dans leur cuisine. Mais attention ... il faut se méfier (*beware*) des généralisations et des stéréotypes en ce qui concerne la mentalité française ... et nord-américaine !

Vous avez bien compris ?

Vrai ou faux ?
Corrigez le sens des phrases si c'est nécessaire.

1. La famille Sawchuk / O'Brien est installée dans la maison louée depuis presque trois mois.
2. Ils aiment bien la ville de Roquevaire.
3. La maison des Arnaud est du XVIIIe siècle.
4. Emily et Andy trouvent que la salle de jeux est sensationnelle.
5. Heather n'est vraiment pas contente de la maison des Arnaud.
6. Andy s'est cassé la jambe en jouant au foot.
7. Les Sawchuk / O'Brien doivent payer le pédiatre eux-mêmes.

Des mots, encore des mots !
Cherchez les mots de la colonne A dans le dialogue. Ensuite, trouvez-en l'équivalent dans la colonne B.

A	B
a) le goût	a) admettre
b) ravissant	b) une période de cent ans
c) avouer	c) quelqu'un qui aime faire les petites réparations
d) un siècle	d) parler à voix basse
e) un bricoleur	e) très charmant
f) chuchoter	f) la préférence

Réflexions sur la culture

1. Dans la région où vous habitez en ce moment, est-ce que la plupart des gens choisissent d'habiter dans des grandes villes, des villes moyennes ou des petites villes ? Sont-ils plutôt logés en appartements ou dans des maisons individuelles ? À votre avis, quels sont les facteurs qui déterminent leur choix de la ville et du logement ?
2. Les vacances sont-elles aussi «sacrées» pour vous, votre famille et vos amis que pour la plupart des Français ? Commentez.
3. Est-ce que vos parents savent déjà où et comment ils vont passer leur retraite ? Comparez avec la retraite envisagée par les Arnard.
4. Est-ce que l'idée de louer votre maison ou appartement à un étranger vous gêne (*bothers*) ? Et vos parents, que vont-ils peut-être penser de l'idée de louer leur logement ?

Fonctions et observations langagières

I. Demander des renseignements

Several interrogative forms that you have not yet studied occurred in this chapter's conversation, mainly interrogative adjectives and pronouns. Before looking at them, however, it is useful to review briefly some of the other interrogative forms we have met in earlier chapters of *Bonne route !*

> **Rappel !**
>
> **Yes / no questions**
>
> | | |
> |---|---|
> | (intonation) | Vous êtes bien installés dans notre maison **?** |
> | **(est-ce que)** | **Est-ce que** la maison est très vieille ? |
> | **(n'est-ce pas)** | La maison est meublée; ça doit simplifier votre vie un peu, **n'est-ce pas** ? |
> | (inversion: pronoun subject) | **Voulez-vous** bien répéter un peu plus lentement ? |
> | (inversion: noun subject) | **Jean est-il** à Montréal ? |
>
> **Interrogative adverbs**
>
> | | |
> |---|---|
> | **où** | Mais **où** est Michael ? |
> | **comment** | **Comment** allez-vous, Madame ? |
> | **quand** | **Quand** est-ce qu'on arrive à l'île d'Orléans ? |
> | **pourquoi** | **Pourquoi** n'es-tu pas contente, Heather ? |
> | **combien** | **Combien** le sirop d'érable coûte-t-il ? |

Finally, depending on whether the subject of a sentence is a noun or a pronoun, and on whether **est-ce que** or inversion is used, several structural combinations are possible when asking questions with interrogative adverbs. Note carefully the following examples with **quand**.

> **Quand est-ce qu'** on arrive à l'île d'Orléans ?
> **Quand** arrive-t-on à l'île d'Orléans ?
> **Quand est-ce que** le groupe arrive à l'île d'Orléans ?
> **Quand** le groupe arrive-t-il à l'île d'Orléans ?

Les adjectifs interrogatifs

You have already seen the adjective **quel** used in complimenting, in indicating astonishment, and so on.

> *Michael :* **Quel** beau chien !

- As we see in the following examples, **quel** may also function as an interrogative adjective meaning *what* or *which*.

Quel est votre numéro de téléphone là-bas, s'il vous plaît ?
Quelles villes se trouvent près de Marseille ?

	singulier	**pluriel**
masculin	**quel** livre	**quels** livres
	quel arbre	**quels** arbres
féminin	**quelle** ville	**quelles** villes
	quelle école	**quelles** écoles

À noter !

Although **quel** has four written forms, they are all pronounced the same way unless there is a liaison in the plural.

• Notice that **quel** may be followed directly either by a noun:

Quel appareil ménager (*household appliance*) est un vieux modèle ?
Quels peintres impressionnistes est-ce que Michael préfère ?

or by the verb **être** and a "particularized" or specific noun (one accompanied by a definite article or a possessive adjective):

Quelle *est* l'adresse des Sawchuk / O'Brien à Roquevaire ?
Quelles *sont* **leurs** premières impressions du Midi ?

Qui a dit quoi

Retrouvez les auteurs de ces phrases célèbres :

A. L'ennui en matière de décision, c'est de ne jamais savoir si on pourra vraiment s'y tenir.

B. La lumière ne fait pas de bruit.

C. On est toujours le folklore de quelqu'un d'autre.

D. les gens tristes ont les plus beaux sourires.

E. Rimez, rimez, il en restera toujours quelque prose.

F. Je suis bien dans ma peau, elle est juste à ma taille.

Jacques Languirand

Félix Leclere

Exercice A : Petit quiz

Choisissez la forme convenable (*suitable*) de l'adjectif interrogatif et posez la question à un(e) camarade de classe.

> modèle : Dans quel pays est-ce que les Sawchuk / O'Brien vont habiter pendant un an ?
>
> **Ils vont habiter en France.**

1. Dans _____ région de la France est-ce que la famille a choisi d'habiter ?
2. _____ est le nom de leur village ?
3. Dans _____ ville est-ce que Heather va travailler ?
4. De _____ siècle est leur maison ?
5. _____ aspects de la Provence ont frappé Michael ?
6. Dans _____ pièces de la maison est-ce que les enfants vont jouer ?
7. _____ sont leurs projets de voyage ?

Exercice B : Interrogeons-nous.

Pensez à une région que vous avez visitée. Quels aspects de cette région vous ont frappés (*struck*) le plus ? Discutez-en avec votre partenaire ou en groupe.

Les pronoms interrogatifs

The interrogative pronouns **qui** (*who*) and **qu'est-ce que** (*what*) have already occurred in various contexts in earlier chapters of *Bonne route*. It is time to learn more about using them.

• Either as subject or object, *who* (*whom*) in French is **qui.**

Qui vient ce soir ? (*who* = subject)
Qui allez-vous rencontrer au bistrot ? (*whom* = direct object)

• *What*, on the other hand, has a different form for the subject and the direct object:

Qu'est-ce qui s'est passé, Andy ? (*what* = subject)
Et après, **qu'est-ce que** tu as fait ? (*what* = direct object)

	persons	things
subject	**qui**	**qu'est-ce qui**
direct object	**qui**	**qu'est-ce que**

> **À noter !**
>
> The inversion of subject and verb with interrogative pronouns may be avoided by using **est-ce que.** Compare:
>
> **Qui** allez-vous rencontrer au bistrot ?
> **Qui est-ce que** vous allez rencontrer au bistrot ?

Allez-y !

In the following exercises, be prepared to use both interrogative adjectives and interrogative pronouns.

Exercice A : Pratique pratique

Remplissez les tirets par la forme convenable de l'adjectif interrogatif **quel** ou par le pronom interrogatif convenable.

>modèles : _____ ville visitez-vous ? **Quelle** ville visitez-vous ?
>_____ tu vas faire demain ? **Qu'est-ce que** tu vas faire demain ?

1. _____ amis arrivent ce soir ?
2. _____ se passe, Rémi, vous avez l'air triste ?
3. Melissa, _____ va au cinéma avec toi ce soir ?
4. _____ est le numéro de téléphone de Margot ?
5. _____ vous espérez faire pendant les vacances d'été ?
6. _____ avez-vous vu hier soir, Tom ou Marcel ?
7. _____ actrices préférez-vous ?

Exercice B : Questions / réponses

Voici les réponses à un petit test d'histoire et de géographie donné à des élèves d'une école élémentaire canadienne. Quelles ont (probablement) été les questions ?

>modèle : John A. MacDonald a été le premier premier ministre du Canada.
>**Qui** a été le premier premier ministre du Canada ?

1. **Champlain** a voyagé au Canada au début du XVIIe siècle.
2. Il a rencontré **des Micmacs** en Nouvelle-Écosse.
3. Il a voulu **fonder une colonie française** au Canada.
4. Le fleuve **Saint-Laurent** passe à Montréal et à Québec.
5. **Vincent Massey** a été le premier gouverneur général né au Canada.
6. La capitale de l'Île-du-Prince-Édouard est **Charlottetown**.
7. **Le Bouclier** (_shield_) **canadien** est situé dans le nord du Québec et de l'Ontario.

Exercice C : Comment ?

Vous faites le point (_are catching up on the news_) avec un ami dans un café où il y a beaucoup de bruit. Vous êtes obligé(e) de poser quelques questions.

modèle : *Votre ami* : bzzzzzz est allé au Mexique la semaine dernière.
Vous : Comment ? **Qui** est allé au Mexique ?

1. Myriam a décidé de bzzzzzz vendredi soir.
2. bzzzzzz a commencé à jouer au squash avec Scott.
3. J'ai un nouveau numéro de téléphone; c'est le bzzzzz.
4. Nathalie et Kim rencontrent bzzzzzz tout le temps au bar Graywood.
5. Jim a acheté un bzzzzzz vélo.
6. bzzzzzz va avoir lieu (*take place*) samedi soir.

Exercice D : Vive l'opinion publique ! (*activité pour quatre personnes*)

Vous organisez un sondage (*poll*) avec un(e) partenaire sur un sujet d'actualité (*current interest*) : la politique, l'environnement, le sida (*AIDS*), l'économie, etc. Préparez quelques questions avec votre partenaire et ensuite posez ces questions à deux autres camarades de classe. (Essayez, bien sûr, d'utiliser quelques adjectifs et pronoms interrogatifs !) Répondez ensuite aux questions préparées par vos deux camarades.

Exemples :
Quel parti politique va probablement gagner (*win*) les prochaines élections ?
Qu'est-ce qui va arriver si les pluies acides continuent à tomber dans nos lacs et rivières ?
Qui va enfin découvrir une guérison (*cure*) pour le sida ? etc.

II. Bien s'exprimer : les verbes pronominaux aux temps composés

Formation

So far, you have learned only one compound tense: the **passé composé**. We saw an example of a few pronominal verbs used in the **passé composé** when Andy told the Arnauds of his accident playing soccer.

M. Arnaud : Dis-moi, jeune homme, tu sembles avoir un peu de mal à marcher. Qu'est-ce qui **s'est passé** ? Est-ce que tu **t'es fait** mal ?
Andy : Je **me suis foulé** la cheville en jouant au foot pendant la récré.

- Pronominal verbs are all conjugated with the auxiliary **être**.

- Reflexive pronouns, like all object pronouns, are placed *before* the auxiliary verb.

- If the verb is negative, **ne** precedes the pronoun and **pas** precedes the past participle.

Il **s'est** réveillé tôt ce matin, mais il ne **s'est** pas levé tout de suite.

L'accord du participe passé

Note carefully the following rules for agreement. It may be useful to review here the distinction between reflexive, reciprocal, and "idiomatic" verbs presented in Chapter 7.

- For both reflexive and reciprocal verbs, the past participle agrees in gender and number with the reflexive pronoun *if it is a direct object*.

  Elle **s'**est lavé**e**. (**s'** = *direct object, feminine singular*)
  Elle s'est coupé (*cut*) les cheveux. (**les cheveux** = *direct object*)
  Marie et Paule **se** sont vu**es**. (**se** = *direct object*)
  Puis elles **se** sont parlé. (**se** = *indirect object* [parler **à** quelqu'un = *indirect object*])

- The past participle agrees in gender and number with the *subject* of idiomatic verbs.

  Elle s'est ennuyé**e**.
  Paul s'est souvenu de Louise, mais **elle** ne s'est pas souven**ue** de lui.

> **À noter !**
>
> When parts of the body are expressed after pronominal verbs, they are generally preceded by the definite article, not the possessive adjective as in English.
>
> **Je me suis foulé la cheville.** *I twisted my ankle.*

Vocabulaire actif : *Le corps humain*

la tête	les dents *f*	le foie
le visage	le cou	l'estomac *m*
le front	l'épaule *f*	le ventre
les cheveux *m*	le bras	la hanche
les yeux (l'œil) *m*	la main	la jambe
les sourcils *m*	les doigts *m*	la cuisse
le nez	le coude	le genou
la joue	le dos	la cheville
les oreilles (l'oreille) *f*	la poitrine	le pied
la bouche	le cœur	
les lèvres *f*	les poumons *m*	

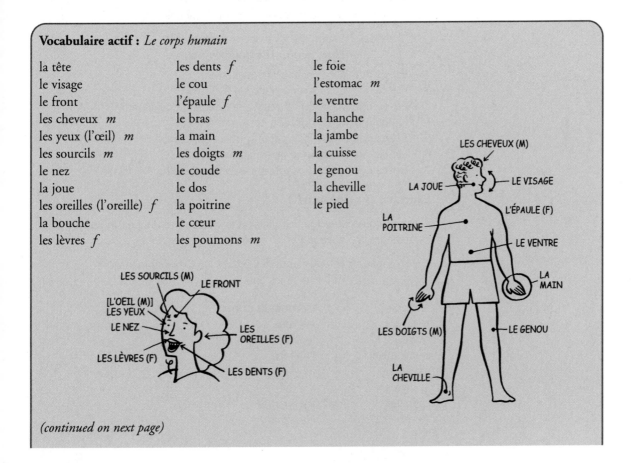

(continued on next page)

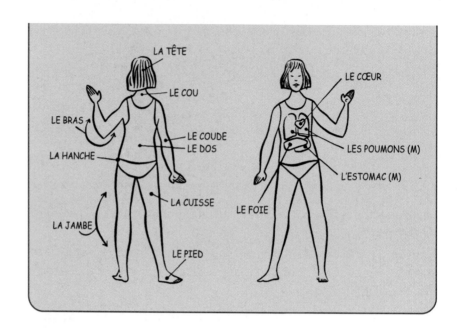

Allez-y !

Exercice A : Pratique pratique

Transformez les questions suivantes selon le modèle.

> modèle : Est-ce que tu te laves maintenant ?
> **Non, je me suis déjà lavé(e).**

1. Est-ce que Pierre se lave maintenant ?
2. Est-ce que tu t'arrêtes à l'épicerie ?
3. Est-ce que Michel et Marianne se réveillent maintenant ?
4. Est-ce que Roger s'occupe de son travail ?
5. Est-ce que vos amis se retrouvent cet après-midi ?
6. Est-ce que Suzanne se lève maintenant ?
7. Est-ce que Jean et Jeanne se marient aujourd'hui ?

Exercice B : Dis-moi ...

Posez quelques questions en utilisant le vocabulaire donné. Un peu d'humour est toujours le bienvenu !

> modèle : Est-ce que tu t'es brossé les dents ce matin ?
> Tu t'es rasé les épaules, n'est-ce pas ?

Actions	Parties du corps
se laver	les yeux
se raser	le cou
se maquiller	la jambe
se brosser	les pieds
se couper	le bras
se fouler	les épaules
se casser *break*	les dents
?	?

Exercice C : Connaître les affaires de mes copains

Circulez dans la classe pour trouver quelqu'un qui...

1. s'est réveillé(e) de très bonne heure hier.
2. s'est coupé récemment les cheveux.
3. s'est habillé(e) de façon très élégante avant de sortir hier soir.
4. s'est couché(e) après minuit samedi dernier.
5. s'est lavé les dents plus de deux fois par jour la semaine dernière.
6. s'est bien amusé(e) à une soirée le week-end passé.
7. s'est endormi(e) devant la télé il y a peu de temps.
8. s'est dépêché(e) pour arriver à l'université à l'heure ce matin.

Exercice D : La grasse matinée (*sleeping in*), ce n'est pas toujours possible !

Décrivez votre matinée (*morning*) d'aujourd'hui. Quelles ont été vos activités principales ? Avez-vous eu des problèmes ? Ensuite, décrivez votre matinée de samedi dernier.

III. Parler de la santé et des accidents; exprimer des notions de malaise, d'inquiétude et de soulagement

From time to time we all fall ill or have accidents, and it is normal to want to discuss our discomforts.

> *Andy* : Je me suis foulé la cheville en jouant au foot, pendant la récré.

Others may want to express their concern and later, their relief when the accident or illness has been attended to.

> *M. Arnaud* : Oh là là, tu n'as pas eu de chance.
> *Heather* : L'essentiel, c'est que ce n'est pas bien grave ... J'avoue que nous sommes bien soulagés.

Fortunately, we sometimes discuss our good health as well. The following vocabulary will be useful when you find yourself in one of these situations:

Vocabulaire actif : *Être en bonne santé*

se soigner	*to take care of oneself*
rester en forme	*to stay in shape*
s'entraîner	*to work out*
faire de l'exercice	*to get some exercise/to work out*
une (deux) fois par semaine	*once (twice) a week*

Vocabulaire actif : *Malaises et inconforts*

Quelques expressions

Qu'est-ce qu'il y a ?	*What's the matter?*
Qu'est-ce que tu as / vous avez ?	*What's the matter with you?*
Je ne vais pas bien (du tout).	*I don't feel well (at all).*
Je ne suis pas en forme.	*I am not in shape*
Je me sens mal. / Je ne me sens pas bien.	*I don't feel well.*
Je suis malade / souffrant(e).	*I'm sick/in pain*
J'ai rendez-vous chez le médecin / chez le docteur.	*I have an appointment with the doctor.*

Quelques maladies et accidents

une infection	*an infection*
un rhume (des foins)	*a cold/hay fever*
la pneumonie	*pneumonia*
la grippe	*the flu*
le sida	*AIDS*
le cancer	*cancer*
se faire mal (au bras, etc.)	*to hurt oneself (in the arm, etc.)*
se casser (la jambe, etc.)	*to break (one's leg, etc.)*
se couper (le doigt, etc.)	*to cut (one's finger, etc.)*

Quelques symptômes

une douleur (aiguë)	*a (sharp/severe) pain*
la fatigue	*fatigue*
être fatigué	*to be tired*
la faiblesse	*weakness*
se sentir faible	*to feel weak*
avoir mal à (à la tête, à la gorge, au genou, etc.)	*to have a headache/sore throat, sore knee, etc.*
avoir de la fièvre	*to have a fever*
tousser	*to cough*
une toux	*a cough*
éternuer	*to sneeze*
avoir mal au cœur	*to feel nauseated*
avoir des allergies (être allergique à)	*to have allergies (to be allergic to)*

Quelques remèdes

un médicament	*medicine*
une ordonnance	*a prescription*
le repos	*rest*
un comprimé	*tablet*
une pilule	*pill*
une piqûre	*needle/injection*
aller à l'hôpital	*to go to the hospital*
se faire opérer	*to be operated on*
une guérison	*cure*
guérir	*to cure*

Exercice A : Mais ça ne va pas du tout !

Complétez la petite histoire qui suit.

Je déteste le mois de février, car souvent je _____ (ne pas se sentir) bien. La semaine dernière, j(e) _____ (avoir une infection) et aussi j(e) _____ (avoir mal à la tête) toute la journée de jeudi. Malheureusement, depuis hier je _____ (ne pas aller bien) du tout. Je _____ (tousser) tout le temps et j(e) _____ (éternuer) assez souvent. Demain, j(e) _____ (avoir rendez-vous) chez mon médecin. Vite, le printemps s'il vous plaît !

Exercice B : Mais qu'est-ce qu'il y a ?

Les personnes suivantes ne sont pas en forme ! Qu'est-ce qu'elles ont ? Qu'est-ce qu'elles doivent faire ? Et vous, qu'est-ce que vous faites pour rester en forme ? Discutez-en à deux.

One of course often wants to express one's concern and, when things turn out well, one's relief. The following vocabulary will be helpful in these circumstances.

Vocabulaire actif : *Partager son inquiétude*

Mon / Ma pauvre !
You poor thing!

Tu n'as / Vous n'avez vraiment pas de chance !
What bad luck!

Mon Dieu !

Ce n'est pas drôle !
That's no fun!

C'est vraiment dommage ...
That's really too bad...

C'est bien triste ... Oh là là !
Oh, no, that's really sad/too bad!

Hélas ... *Alas...*

C'est épouvantable ! *That's dreadful!*

C'est moche, ça ! (*fam.*) *That's rotten, lousy!*

> **Vocabulaire actif :** *Exprimer son soulagement*
>
> | | |
> |---|---|
> | Je suis (très) soulagé. | *I'm (very) relieved.* |
> | Quel soulagement ! | *What a relief!* |
> | Heureusement (que ...) | *Fortunately...* |
> | Tant mieux ! | *All the better!* |
> | On a eu de la chance ! | *We were lucky!* |
> | On a eu chaud ! | *That was a close call!* |
> | Ouf ! | *Phew!* |

Exercice C : Mais oui, docteur, ça fait très mal !

Andy vient de se fouler la cheville. Heather et Michael l'ont emmené dans une clinique.

Imaginez, en groupes de quatre personnes, la conversation qui a eu lieu avec le docteur.

Exercice D : Une nouvelle bien désagréable

Vous êtes dans le cabinet (*office*) de votre médecin avec un(e) ami(e) quand vous apprenez la mouvaise nouvelle—vous allez devoir vous faire opérer la semaine prochaine ! Imaginez la conversation qui va avoir lieu entre vous, le médecin et votre ami(e).

IV. Bien s'exprimer : les verbes et les prépositions

Les verbes suivis d'autres verbes

Allons jouer dans la chambre.

Nous **commençons** *à* nous **sentir** tout à fait chez nous.

Nous **n'avons** pas encore **fini** *de* **découvrir** les charmes de la région.

You will probably have noticed that when a verb or verbal expression is followed by another verb, the second verb is normally in the infinitive form. The second verb may follow the first directly or be separated from it by the preposition **à** or **de**. Appendix C lists all the verb combinations for regular and irregular verbs. Up to this point, we have seen the following:

Verbs followed directly by an infinitive (with no preposition)

adorer	détester	partir	valoir mieux (il vaut mieux)
aimer	devoir	penser (*to plan*)	venir
aller	écouter	pouvoir	vouloir
compter	espérer	préférer	
désirer	falloir (il faut)	sortir	

Verbs followed by the preposition *à*

apprendre	penser	s'amuser	se préparer
commencer	renoncer	s'habituer	
continuer	réussir	s'intéresser	
aider quelqu'un à		inviter quelqu'un à	

Verbs followed by the preposition *de*

accepter

avoir (besoin / peur / etc.)

choisir

décider

demander à quelqu'un de

essayer

finir

oublier

permettre à quelqu'un de

regretter

(s')arrêter

se dépêcher

(s')occuper

se rappeler

se souvenir

Allez-y !

Exercice A : Pratique pratique

Complétez les phrases en ajoutant à ou de. Dans certains cas, n'ajoutez rien !

1. Nous essayons _____ bien réussir.
2. Il va commencer _____ pleuvoir.
3. Je t'invite _____ aller au cinéma ce soir.
4. Est-ce que tu préfères _____ rester à Edmonton ?
5. Il m'a empêché _____ finir mon travail.
6. Elle me promet _____ être prudente.
7. Espères-tu _____ jouer du piano ?
8. J'apprends _____ faire de la planche à neige.
9. Mais non, je ne veux pas _____ parler avec lui.
10. Qu'est-ce que tu as décidé _____ faire ?

Exercice B : L'année prochaine, je ...

On prend toujours de bonnes résolutions au début de l'année. Complétez logiquement les phrases suivantes en ajoutant (*adding*) un ou plusieurs infinitifs au premier verbe.

> modèle : L'année prochaine, j'essaierai ...
> L'année prochaine, j'essaierai de travailler plus et de dépenser (*spend*) moins d'argent.

1. L'année prochaine, j'arrêterai ...
2. L'année prochaine, mes amis continueront ...
3. L'année prochaine, je n'accepterai pas ...
4. L'année prochaine, ma / mon meilleur(e) ami(e) apprendra ...
5. L'année prochaine, Tony Blair pourra ...
6. L'année prochaine, notre gouvernement fédéral réussira ... (Un peu d'optimisme, s'il vous plaît !)

Les prépositions suivies de verbes

Appelez-nous à Aix **pour expliquer** ce qui ne va pas.

- As the above sentence shows, the verb form following a preposition is normally the infinitive in French. Here are a few other examples:

  Regarde souvent la télé **pour améliorer** (*to improve*) ta compréhension du français.

  Ne prenez jamais de décisions importantes **sans consulter** vos amis.

- However, there are special cases. The following are important to remember:

> Venez me voir **avant de rentrer** ce soir.

Note that **avant** is followed by **de**, then the infinitive.

> Je lisais un magazine **en** *(while)* **attendant** Andrée.
> **En** *(by)* **travaillant** dur, vous réussirez.

- If the preposition is **en** (*in/on/upon/by/while*), it is followed by a *present participle* in French.

À noter !

The present participle is formed by adding the ending **-ant** to the first person plural verb stem, ie. **march*ant*, finiss*ant*, pren*ant*.** Étant *(being)*, **ayant** *(having)* and **sachant** *(knowing)* are exceptions.

> **Après avoir entendu** la mauvaise nouvelle, Joanna était bien triste.
> Pierre est allé voir la maison d'Anne Franck tout de suite **après être arrivé** à Amsterdam.

- If the preposition is **après**, a *past infinitive* must be used.

À noter !

The past infinitive is a combination of the infinitive **avoir** or **être** and a past participle.

Allez-y !

Exercice A : Pratique pratique

Faites des phrases à partir des éléments suivants.

1. elle / devoir / finir / ses courses / avant / aller / théâtre
2. en / marcher / dans / rue Quinpool / je / me casser la jambe / hier soir
3. ne pas partir / faire / ski / sans / inviter Jacques
4. après / attendre / Carmen / une heure / Manon / sortir / seule
5. elle / aller / passer / deux mois / Montréal / pour / pratiquer / français
6. on / réussir bien / en / faire / travail régulier

Exercice B : Dites donc !

Dites deux ou trois choses que vous faites souvent simultanément.

> modèle : Je lis souvent un magazine en faisant la queue au supermarché.

Exercice C : Mais non, je ne suis pas fouineur-fouineuse (*nosy*) !

Posez les questions suivantes à vos camarades de classe.

1. Qu'est-ce que tu as fait avant de venir en classe aujourd'hui ?
2. Et qu'est-ce que tu comptes faire pour t'amuser pendant le week-end ?
3. Est-ce que tu penses continuer à étudier le français l'année prochaine ?
4. As-tu de la difficulté à venir en classe après avoir passé une nuit blanche (*sleepless*) ?
5. Est-ce que tu aimes écouter la radio en faisant tes devoirs ?
6. Est-ce que tu arrives à avoir de bonnes notes à l'université sans travailler régulièrement ?
7. Vas-tu pouvoir faire un petit voyage pendant tes prochaines vacances ?
8. Qu'est-ce que tu as fait après être rentré(e) chez toi hier ?

À la découverte de Roquevaire

Sur le vif !

Marie-Josée Lacoste, une collègue de Heather au Centre d'écologie marine, à Marseille, habite à quelques kilomètres de Roquevaire. Marie-Josée a proposé une visite du centre-ville à la mère de Heather, qui est récemment arrivée de Gravelbourg (Saskatchewan)[1] pour rendre visite à sa famille.

Marie-Josée : Alors, Madame Sawchuk, comment trouvez-vous Roquevaire ? Heather me disait que c'est votre premier voyage en France.

Madame Sawchuk : La ville est superbe ! Vous savez, c'est un vieux rêve, ce voyage en France. Mes ancêtres sont français et beaucoup de gens à Gravelbourg parlent encore français, mais la France, de la Saskatchewan, ce n'est pas à côté°! Figurez-vous°, j'ai passé quatorze heures en avion, en tout, pour venir ici !

Marie-Josée : Mais vous êtes là, c'est l'essentiel; vous allez avoir le temps de vous reposer maintenant.

5

it's not next door; Just imagine

Madame Sawchuk : Oh oui, et quel plaisir de parler français ! (*Elle hésite.*) J'ai   10
un peu honte de le dire, mais mon mari était anglophone, et nous avons décidé
de parler anglais à la maison avec les enfants. Je parlais donc anglais, sauf° avec   *except*
mes parents° et quelques amis francophones. C'est un peu drôle tout de   *relatives*
même ! Vous vous rendez compte° que Heather a appris le français à l'école et   *realize*
à Laval !   15

Marie-Josée : Elle a fait des progrès extraordinaires, vous savez. Dites, c'est le
jour du marché² à Roquevaire. On va voir un peu ? (*Elles s'approchent du
marché, sur la place principale de la ville.*)

Marie-Josée : Nous avons le marché deux fois par semaine, le mercredi et le
samedi. J'ai conseillé à Heather et à Michael de venir acheter tous leurs   20
produits frais ici, surtout les fruits et les légumes. Mangez-en, vous allez voir !

Madame Sawchuk : Ah, j'adore les fruits, surtout les pêches et les raisins !

Marie-Josée : Et vous devriez essayer nos spécialités régionales³ pendant votre
séjour à Roquevaire; il y a toujours une belle sélection de fromages locaux et
l'huile d'olive de la Provence est extra°!   25   *superb*

Madame Sawchuk : (*Elle regarde autour d'elle.*) On trouve un peu de tout ici,
n'est-ce pas ? Je vois des vêtements, des balais°, des jouets ...   *brooms*

Marie-Josée : Oui, mais pour certaines choses, les produits d'entretien de la
maison°, par exemple, il vaut mieux aller à Aubagne. C'est souvent moins cher   *household cleaning products*
d'aller dans les grandes surfaces°, à Mammouth ou à Carrefour, par exemple.   30   *very large department stores*

Madame Sawchuk : Et le pain, les gâteaux ... vous allez aux centres
commerciaux ?

Marie-Josée : Mais vous plaisantez°, non ? Jamais de la vie°! Regardez, juste à   *you're joking; Not on your life*
droite, voyez-vous la boulangerie Mérindol ? Ils font le meilleur pain⁴ de la
région là-bas. Il est cuit° au feu de bois°; il faut absolument l'essayer. (*Elle*   35   *cooked; wood fire*
devient très animée.) Et en face, il y a une des meilleures charcuteries° de toute   *pork butchers/delicatessen*
la Provence ! Là, vous voyez, près des PTT, la poste, quoi.

Madame Sawchuk : Où ça ?

Marie-Josée : Là, en face, à côté du bar-tabac.

Madame Sawchuk : Je vais commencer à prendre des notes ! Et ces beaux   40
arbres, Marie-Josée, je les vois partout. Qu'est-ce que c'est ?

Marie-Josée : Ah ça, ce sont des platanes°, et vous allez les trouver dans à peu   *plane trees*
près toutes les villes du Midi. Nous, on en a l'habitude°, vous savez, mais c'est   *we're used to them*
vrai, ils sont magnifiques.

Pour en savoir plus

1. Gravelbourg, petite ville du sud de la Saskatchewan, a été longtemps
   majoritairement francophone. Comme c'est le cas pour beaucoup de
   petites villes dans l'est et l'ouest du Canada, sa population francophone est
   en voie° d'assimilation rapide depuis plusieurs années.   *experiencing*

Silo à grains à Gravelbourg (Saskatchewan)

2. Pour faire leurs courses, les Français ont plusieurs choix: ils peuvent aller dans les marchés, dans les petits magasins et boutiques, dans les grands magasins° ou encore dans les centres commerciaux (les centres d'achats) et les grandes surfaces°. Chaque ville a un **marché** au moins une fois par semaine (en général sur la place principale). Certaines villes plus importantes ont des marchés couverts permanents (des **halles**) qui sont ouverts pratiquement tous les jours. On trouve un peu de tout dans les marchés, y compris° des vêtements, mais les Français apprécient surtout la fraîcheur° et la variété des fruits, légumes et autres comestibles° qu'ils y trouvent.

3. Les spécialités gastronomiques et culinaires de la région d'Aix-Marseille, et de toute la Provence, sont nombreuses. Les poissons et crustacés°, les saucissons, les plats assaisonnés° à l'huile d'olive ou à l'ail°, les légumes et fruits (tomates, oignons, abricots, pêches, melons), les vins (surtout le vin rosé), sont tous de grande qualité.

4. Presque tous les Français achètent du pain frais tous les jours, habituellement dans une boulangerie qui se trouve près de leur maison ou de leur appartement. Ils sont fiers° de la qualité de leur pain (ils aiment dire que le pain anglais est horrible !) et ils en mangent à tous les repas.

department stores
very large department stores that also sell food, gas, etc.

including
freshness; foods

shell-fish
seasoned, flavoured; garlic;

proud

Vous avez bien compris ?

Répondez s'il vous plaît !

1. D'où vient Madame Sawchuk ?
2. Pourquoi est-elle très contente d'être en France ?
3. Qu'est-ce que Marie-Josée a conseillé à Heather et à Michael d'acheter au marché ?
4. Pour certains produits, pourquoi est-il préférable d'aller dans les centres commerciaux ou dans les grandes surfaces ?
5. Pourquoi est-ce que Marie-Josée recommande la boulangerie Mérindol ?
6. Est-ce que Madame Sawchuk a l'air d'aimer Roquevaire ? Justifiez votre réponse.

Observations

1. Indiquez quelques différences fondamentales que vous avez remarquées entre Roquevaire et la ville où vous habitez.

Réflexions sur la culture

1. En général, préférez-vous faire vos achats dans un grand centre commercial ou dans les petits magasins de votre quartier ? Pourquoi ? Quels sont pour vous les avantages et les inconvénients, dans les deux cas ?
2. Le pain a une grande importance symbolique pour les Français et ce symbolisme est reflété dans plusieurs expressions idiomatiques. Pouvez-vous deviner le sens des locutions suivantes ?

   gagner son pain
   être un bon gagne-pain
   long comme un jour sans pain
   manger son pain blanc le premier
   être au pain sec
   avoir du pain sur la planche (*board/plank*)
   ne pas manger de ce pain-là

3. À votre avis, quelles sont les caractéristiques de Roquevaire qui ont dû frapper le plus Mme Sawchuk pendant son séjour en Provence?

Quelques pains de fantaisie

Fonctions et observations langagières

I. Renvoyer à quelqu'un ou à quelque chose qu'on a déjà mentionné

Les pronoms objets du verbe à l'impératif

Marie-Josée encouraged Mme Sawchuck to try the local produce:

> *Marie-Josée* : J'ai conseillé à Heather et à Michael de venir acheter tous leurs produits frais ici, surtout les fruits et les légumes. Mangez-**en**, vous allez voir.

We have paid particular attention so far in *Bonne route !* to pronouns that function as *subjects*, *direct objects*, and *indirect objects* of verbs. In this chapter, we will focus our attention on *object pronouns* and the *imperative* structure.

> **Rappel !**
>
> Both direct and indirect object pronouns, as well as **y** and **en**, normally precede the verb of which they are the object.
>
> J'adore les légumes du marché; j'**en** achète toujours.
> Pierre ? Je **lui** ai parlé hier soir.

- In the *affirmative imperative* structure, the subject of the verb disappears as usual. Compare

Vous mangez.	*You eat.*
Mangez !	*Eat!*

  There are, however, three major changes to note:

  - The pronoun follows the verb and is joined to it by a hyphen:

    Je n'ai pas besoin du livre; donnez-**le** à Yvonne.

  - The **tu** form of -**er** verbs loses its final -**s** unless followed by a pronoun beginning with a vowel:

    Achète-le ! Va à l'école.

  but:

    Achète**s**-en ! Va**s**-y !

  - The object pronouns **me** and **te** become **moi** and **toi**.

    Donne-**moi** l'argent tout de suite.

- In the *negative imperative* structure, object pronouns have their normal form and precede the verb as usual.

  Ne **me** téléphonez pas demain; je ne serai pas là.
  Ces raisins ne sont pas bons; n'**en** mangez pas.

Rappel !

Both direct and indirect object pronouns, as well as **y** and **en**, normally precede the verb of which they are the object.

Levez-vous vite !
Ne te moque pas de moi !

Allez-y !

Exercice A : Pratique pratique

Répondez aux questions suivantes en utilisant une structure impérative.

modèles : Est-ce que je dois manger les épinards, maman ? (oui)
Oui, mange-les !
Est-ce que nous pouvons jouer au basket maintenant ? (non)
Non, n'y jouez pas maintenant.

1. Est-ce que je dois boire le lait, papa ? (oui)
2. Est-ce que nous pouvons acheter des glaces, Jean et moi ? (non)
3. Est-ce que je peux jeter (*throw away*) mon vieux vélo ? (non)
4. Est-ce que nous devons finir nos devoirs tout de suite ? (oui)
5. Est-ce que je dois téléphoner à ma tante ce soir ? (oui)
6. Est-ce que nous pouvons aller au cinéma après la classe d'histoire ? (non)
7. Est-ce que nous devons répondre poliment à ces questions ennuyeuses ? (oui)

Exercice B : Ah, les décisions !

Marie-Josée Lacoste et son ami Hassan font des achats à la grande surface Carrefour ... Avec un(e) partenaire, jouez les rôles de Marie-Josée, de Hassan et de l'employé.

modèle : *Marie-Josée* : me donner du jambon ... non, du steak
Marie-Josée : Donnez-moi du jambon, s'il vous plaît.
L'employé : Très bien, Madame. Combien en voulez-vous ?
Marie-Josée : Euh, non, après tout, ne me donnez pas de jambon; donnez-moi plutôt du steak.

1. Marie-Josée - me donner des bananes ... non, des oranges
2. Hassan - nous donner des petits fours ... non, une tarte
3. Marie-Josée - me donner de la glace ... non, du sorbet (*sherbet*)
4. Marie-Josée - nous donner du porc ... non, du veau
5. Hassan - me donner du café ... non, du thé
6. Marie-Josée - me donner du jus de pommes ... non, du jus de pamplemousse (*grapefruit*)

Exercice C : Mais tu es fou !

Nous avons tous, de temps en temps, des idées que nos amis considèrent comme un peu ridicules. Faites quelques suggestions un peu bizarres à un(e) ami(e) qui réagira à sa façon, mais en utilisant chaque fois un impératif.

modèle : *Vous* : J'ai envie d'aller quatre ou cinq fois au cinéma cette semaine. Il y a beaucoup de bons films en ville et j'en ai marre d'étudier !

Votre amie : Mais non, c'est trop ! N'y va pas plus d'une fois !

Économise plutôt ton argent !

OU

Vas-y dix fois si tu veux. Je m'en fiche !

(*I couldn't care less!*)

II. Donner, accepter ou refuser des conseils

As Marie-Josée and Mme Sawchuk strolled around Roquevaire, some practical suggestions and advice came up in their conversation. For example:

Marie-Josée : J'ai conseillé à Heather et à Michael de venir acheter tous leurs produits frais ici ... vous devriez essayer nos spécialités régionales ... [le pain] il faut absolument l'essayer.

> **Rappel !**
>
> One can of course (strongly!) advise in French simply by using an imperative.
>
> For example: **N'attendez pas : téléphonez au médecin tout de suite.**

- There are many other useful expressions for suggesting or advising. Here, in summary form, are several of them:

> **Vocabulaire actif :** *Suggérer, conseiller*
>
> | | |
> |---|---|
> | Je vous / te conseille de (+ inf.) | *I advise you to...* |
> | (Je pense que) vous devriez / tu devrais (+ inf.) | *(I think that) you should...* |
> | À mon avis, vous devez / tu dois (+ inf.) | *In my opinion, you have to...* |
> | Il faut (+ inf.) | *One has to...* |
> | Il vaut / vaudrait mieux (+ inf.) | *It is/would be better to...* |
> | Ça vaut la peine (de + inf.) | *It's worth it (to...)* |
> | Vous feriez / Tu ferais mieux de / bien de (+ inf.) | *You would do better/ well to...* |

- One often accepts advice with a simple **D'accord !** or with another rejoinder. If, however, you disagree, you may use the negative. Here are some examples:

Allez-y !

Exercice A : Pratique pratique

Vous entendez les déclarations suivantes. Quels conseils pouvez-vous offrir ?

1. Je suis fatigué(e) tout le temps et je dors mal. tu / devoir / se coucher / 9 heures / tous les soirs
2. Je voudrais aller en Louisiane, mais je n'ai presque pas d'argent. je / vous conseiller / trouver / deuxième emploi
3. J'ai pris (gained) trois kilos le mois dernier. il / valoir mieux / manger / moins / glace
4. Mes parents ne comprennent pas que je suis adulte ! il / falloir / être / très, très patient (!)
5. J'en ai marre d'étudier, mais j'ai quatre examens cette semaine. tu / faire mieux / ne pas trop s'amuser / avant / samedi
6. J'ai la grippe depuis deux semaines. Ça / valoir la peine / consulter / médecin

Exercice B : Jeu de rôles

Ça ne va pas dans le domaine sentimental. Donnez un petit résumé de vos problèmes à Ann Landers (votre partenaire, évidemment !) qui va vous offrir quelques suggestions. Dites à Ann Landers si vous acceptez ses conseils ou non, et pour quelles raisons. Changez de rôles et recommencez.

Exercice C : Et encore des conseils ...

Vous voulez savoir comment «vous débrouiller» dans les situations suivantes. Le conseiller / la conseillère, à côté de vous, va certainement vouloir vous aider ! Cette fois, changez de rôles au milieu de l'activité.

1. J'ai un méchant rhume. Est-ce qu'il vaut mieux boire du sirop ou prendre quelques aspirines ?
2. J'ai déjà perdu mon portefeuille (*wallet*) deux fois cette année. Je suis horriblement distrait(e) (*absent-minded*). As-tu des suggestions ?
3. Je ne suis pas en très bonne forme physique. À ton avis, qu'est-ce que je devrais faire ?
4. Ma tante vient de me donner 1000 dollars ! Youpi ! Est-ce que tu me conseilles d'aller au Mexique, en Floride ou dans les Rocheuses (*Rockies*) pendant les vacances de Noël ? Pourquoi ?
5. Il n'y a pas beaucoup de bons emplois d'été. Qu'est-ce que je dois faire pour améliorer (*improve*) mes chances ?
6. J'ai eu un D à mon dernier examen de psychologie. Qu'est-ce que tu me conseilles de faire ?
7. Mon chum / ma blonde (*boyfriend/girlfriend* en québécois) déteste les pizzas mais c'est tout ce que je sais préparer. Alors ?
8. Que faut-il faire ? On adore le ski, il y a beaucoup de neige fraîche, il fait un temps superbe ... et il y a un quiz au cours de français ...

III. Faire des achats

More comments from Marie-Josée dealt with purchases.

Marie-Josée : ... voyez-vous la boulangerie Mérindol ? Ils font le meilleur pain de la région là-bas ... Et en face, il y a une des meilleures charcuteries de toute la Provence.

Vocabulaire actif : *Achats et commerces*

Achat typique	Commerce
Nourriture	
de la viande *meat*	une boucherie
des saucisses *f sausages*	une charcuterie
du poisson *fish*	une poissonnerie
des fruits *m*, des légumes *m*	un magasin de primeurs
fruit/vegetables	
du fromage *cheese*	une crémerie
du pain *bread*	une boulangerie
des gâteaux *m*,	une pâtisserie
des pâtisseries *f cakes/pastries*	
des bonbons *m candy*	une confiserie
de la farine, du riz, du sel	une épicerie
flour/rice/salt	

(continued on next page)

Articles divers

des vêtements *m clothing*	un magasin de vêtements
des livres *m books*	une librairie
du papier, des crayons *m*	une papeterie
des stylos *m paper/pencils/pens*	
des journaux *m*	un kiosque à journaux
des magazines *m* (quotidiens / hebdomadaires / mensuels) *(daily/weekly/monthly) newspapers, magazines*	
des timbres *stamps*	un bureau de poste ou
une télécarte / carte téléphonique *phone card*	un bureau de tabac
des médicaments *m medicine*	une pharmacie [1]
du parfum / du maquillage *perfume/make-up*	une parfumerie
des bijoux *m* des montres *f jewellery/watches*	une bijouterie
des fleurs *f flowers*	un magasin de fleurs un(e) fleuriste
des balais *m* de la peinture *brooms/paint*	une droguerie [1]
des meubles *m furniture*	un magasin de meubles

[1] Un petit conseil ! Si vous avez besoin de médicaments, n'allez pas dans une droguerie; vous allez y trouver plutôt des produits pour l'entretien de la maison et pour l'hygiène personnelle. Et si vous cherchez des cartes postales, des magazines ou des bonbons, n'allez pas dans une pharmacie, car (*for*) c'est là que vous trouvez presque exclusivement des médicaments. Allez plutôt chez un marchand de journaux ou dans un bureau de tabac. (D'ailleurs vous trouverez aussi des timbres (*stamps*) et des cartes téléphoniques dans les bureaux de tabac !)

Librairie-papeterie à Paris

Exercice A : Pratique pratique

Qu'est-ce que vous allez peut-être vouloir acheter dans les commerces suivants ?

> modèle : Je suis dans une confiserie, et je veux acheter **des bonbons**.

1. Je suis dans une crémerie, et je veux acheter...
2. Je suis dans un magasin de primeurs, et je veux acheter...
3. Je suis dans une papeterie, et je veux acheter...
4. Je suis dans une bijouterie, et je veux acheter...
5. Je suis dans une épicerie, et je veux acheter...
6. Je suis dans une pharmacie, et je veux acheter...

Exercice B : Ciel ! Il n'y a plus de pain !

Les quatre membres de la famille Sawchuk / O'Brien sont souvent à court (*out of*) de quelque chose dont (*that*) ils ont besoin tout de suite. Dans quel magasin leur conseillez-vous d'aller s'ils ont besoin des produits ou articles suivants ?

> modèle : **du pain**
> S'ils ont besoin de pain, je leur conseille d'aller (ils devraient aller, etc.) dans une boulangerie.

1. des hot dogs (!)
2. du poivre (*pepper*)
3. le journal d'aujourd'hui
4. des cahiers d'école (*scribblers*)
5. des éclairs au chocolat
6. des sandales
7. des moules (*mussels*)
8. de l'aspirine
9. un bouquet de roses
10. une pelle à poussière (*dustpan*)
11. des cerises
12. un T-shirt

Exercice C : Le client est roi !

Est-ce que la possibilité d'être commerçant(e) (*storekeeper*) ou marchand(e) (*merchant*) vous tente (*tempt*) un peu ? Laissez-vous convaincre (*Let yourself be convinced*) et ouvrez, avec quelques camarades de classe, un petit magasin ou une boutique. Discutez de vos goûts et talents avant de prendre votre décision (que vous pourrez ensuite partager avec le reste de la classe).

IV. Bien s'exprimer : les verbes voir et croire

You have already met the high-frequency verb **voir** (*to see*) a few times.

> *Marie-Josée* : Regardez, juste à droite, **voyez-vous** la boulangerie Mérindol ?

- The conjugation is given below:

voir

je **vois**	nous **voyons**
tu **vois**	vous **voyez**
elle / il / on **voit**	elles / ils **voient**

participe passé : vu (j'ai vu)
futur : verr- (je verrai)

- The irregular verb **croire** (*to believe*) is similar in conjugation to the verb **voir**:

    je **crois** que c'est très important.

croire

je **crois**	nous **croyons**
tu **crois**	vous **croyez**
elle / il / on **croit**	elles / ils **croient**

participe passé : cru (j'ai cru)

Allez-y !

Exercice A : Pratique pratique

Remplissez les blancs avec la forme correcte du verbe **croire**.

1. Nous _____ (croire) que notre professeur nous donne trop de devoirs.
2. Mme Sawchuck _____ (croire) que les fruits et les fromages sont bon marché en France.
3. Tes parents _____ (croire) que tu dois leur rendre visite plus souvent.
4. Je _____ (croire) qu'un séjour à l'étranger serait (*would be*) une bonne expérience.
5. Vous _____ (croire) qu'il est facile de trouver un appartement à Marseille ?

Exercice B : J'ai changé d'avis

On ne pense pas de la même façon (*in the same way*) à 10 ans, 20 ans, 30 ans, 40 ans .... Faites des observations basées sur le modèle suivant.

modèle : Quand j'étais jeune, **je croyais** qu'on était vieux à 30 ans.
Maintenant, je **crois** qu'on est encore jeune à 30 ans !

Exercice C : Questions personnelles

Répondez aux questions suivantes.

1. Est-ce que tu vois ton / ta meilleur(e) ami(e) tous les jours ?
2. Ton / ta camarade de chambre voit-il / elle souvent des films québécois ?
3. Tes professeurs voient-ils tous bien ou portent-ils des lunettes (*glasses*) ?
4. Est-ce que nous voyons toujours le meilleur côté des choses ?

5. Tu crois qu'il est nécessaire de regarder à gauche et à droite avant de traverser la rue ?
6. As-tu déjà vu un OVNI (*UFO*) ? Où et quand ?
7. Est-ce que tes copains se voient tous les soirs ?
8. Vous et vos amis, vous croyez qu'on passe trop d'émissions sportives à la télé ?

Exercice D : Moi, j'ai vu ...

Circulez dans la classe pour trouver quelqu'un qui a vu, voit assez souvent ou va voir les endroits suivants. Avec un(e) partenaire ou en groupe, essayez de vous rappeler qui a vu quoi. Faites le compte (*keep score*) au tableau.

1. La chute Montmorency
2. La tour CN
3. Sainte-Anne de Beaupré
4. La statue de la Liberté
5. La tour Eiffel
6. Le Château Frontenac
7. Le Grand Canyon
8. La Sorbonne
9. Un bayou de la Louisane
10. L'oratoire Saint-Joseph à Montréal

Plus loin

Un consommateur ... distinct

Pré-lecture

Nous avons beaucoup parlé dans ce chapitre des Français et de leurs habitudes en ce qui concerne les achats. Dans l'article qui suit, nous revenons au Québec pour voir si les Québécois «consomment» de la même manière que les Français et les autres Canadiens.

Examinez le titre de l'article. À votre avis, pourquoi a-t-on placé trois points de suspension entre les mots «consommateur» et «distinct» ?

Pensez-vous déjà savoir que les Québécois sont des consommateurs distincts ? Parlez-en un peu avec votre voisin(e).

Un Consommateur... distinct

*Les Québécois n'achètent ni la même chose, ni au même endroit,
ni° de la même façon que les autres Canadiens.*

On savait déjà que les Québécois francophones prennent plus de plaisir à consommer que les autres Canadiens et que leur « taux de satisfaction » est supérieur (de 20%). Des données° récentes, compilées par le Print Measurement Bureau (PMB), prouvent justement que les consommateurs québécois forment une société de consommation distincte.

data

[1] Les francophones ont tendance à lier° le prix d'un produit à sa valeur. Ils préfèrent s'en passer° plutôt que l'acheter à crédit, mais ils paieront le prix fort si c'est une marque° connue. Ils accordent plus de crédibilité à la publicité que le Canadien moyen (et le Québécois anglophone), mais attendront qu'un nouveau produit ait fait ses preuves° avant de l'essayer.

link
to do without
brand

has proved itself (ait fait - past subjunctive)

[2] Ils se rendent au dépanneur° et au magasin de produits naturels plus d'une fois par semaine et fréquentent les grandes surfaces ou l'épicerie locale en moins grand nombre que les autres Canadiens. Bien que° les données démontrent qu'ils sont légèrement moins préoccupés par la valeur nutritive des aliments, ils affirment préférer les produits à calories réduites ou «légers».

corner store

although

[3] Côté° boissons alcoolisées, la proportion des consommateurs est plus importante ici que dans le reste du Canada: pour le vin, c'est 51% contre 44% et pour la bière, 50% contre 46%. Et même si le Québec francophone consomme en général moins de boissons fortes, il achète 60% du «gros gin» et 36% des cognacs vendus au pays.

as fas as ... is concerned

[4] Il compte aussi une plus grande proportion de fumeurs (38% au Québec contre 29% dans l'ensemble des autres provinces).

Les Québécois francophones jouent moins au golf, font moins de jogging et de jardinage, vont moins souvent au cinéma, reçoivent moins à la maison°, font moins d'appels interurbains° et voyagent moins, pour affaires ou par plaisir, que les autres Canadiens.

have fewer parties
long distance calls

slopes; bike paths

credit union
growth
savings
RRSP

[5] Mais ils achètent plus de billets de loterie, fréquentent plus souvent les pentes° de ski, les théâtres et les pistes cyclables°.

Le Québec francophone se distingue surtout du reste du Canada par ses habitudes financières, particulièrement à cause de sa forte participation aux caisses populaires.° Les Québécois se tournent cependant de plus en plus vers les secteurs sous-développés mais en croissance°: les trusts et les comptes d'épargne° spécialisés (comptes de placement à intérêt quotidien, REER,° etc.).

(L'actualité)

Allez-y !

Exercice A : Voyons ceci de plus près !

Commentez les extraits d'article numérotés de 1 à 5 dans les marges.

Exercice B : Rédaction

Vous aussi, vous êtes consommateur. En quoi est-ce que vos propres habitudes sont différentes de celles (*those*) des Québécois ? Des Français ? Expliquez.

Activités d'intégration

Travail en petit groupe

Imaginez que vous allez passer un an dans le midi de la France. Préférez-vous vivre dans une grande ville comme Marseille ou dans une petite ville ou un village ? En ce qui concerne (*in terms of*) vos achats et vos courses, croyez-vous que vos habitudes vont beaucoup changer ? Justifiez vos choix et commentez-les.

Une maison assez ... surprenante

Cette maison provençale plutôt extraordinaire (ci-contre) se trouve tout près de Roquevaire. Michael est peintre. À votre avis, quand il a vu cette maison, est-ce qu'il a peut-être regretté de ne pas l'habiter pendant son séjour en Provence ? Pourquoi (pas) ? Et qu'est-ce que Heather et les enfants pensent probablement de cette maison? Et vous, est-ce la maison de vos rêves ? Sinon, dans quelle maison aimeriez-vous habiter un jour ? Pourquoi ?

Au choix !

Pensez à votre maladie la plus grave ou à votre accident le plus atroce. Notez quelques détails sur une feuille de papier et comparez avec les expériences de vos camarades de classe.

ou

Votre petit cousin fait semblant (*pretends*) d'être malade pour ne pas aller à l'école. Il décrit ses symptômes; vous lui répondez.

Achats et courses

Préparez une liste de tous les magasins ou bureaux où vous avez fait des courses le mois dernier. En petits groupes, comparez vos listes. Avez-vous à peu près les

Maison décorée près de Roquevaire

mêmes besoins ? Et les mêmes goûts ? Étiez-vous tous contents de la qualité des produits que vous avez achetés ?

Imaginez vos grands-parents, lorsqu'ils étaient jeunes. Pensez-vous qu'ils faisaient leurs courses dans des magasins et des bureaux semblables à ceux que vous connaissez ? Pourquoi (pas)? Et vos propres petits-enfants, où et comment feront-ils probablement leurs courses ? Aurez-vous quelques bons conseils à leur offrir ?

Vocabulaire actif

Le corps humain, p. 315
Être en bonne santé, p. 317
Malaises et inconforts, p. 318
Partager son inquiétude, p. 319
Exprimer son soulagement, p. 320
Suggérer, conseiller, p. 330
Accepter, refuser des conseils, p. 331
Achats et commerces, p. 332

Noms

l'appel m call
l'arbre m tree
l'arrivée f arrival
l'assurance f insurance/assurance
l'avantage m advantage
le centre d'achats shopping centre (Can.)
le centre commercial shopping centre (Fr.)
le commerce business
le congé m holiday
le début beginning
le détail detail
la difficulté difficulty
l'endroit m place
l'événement m event
les frais m expenses
les gens m people
le goût taste
le grand magasin department store
la grande surface large department store
l'idée f idea
l'importance f importance
l'inconvénient m disadvantage
le jouet toy
le portefeuille wallet
la poste post-office
le produit product
le-la propriétaire owner
la réponse answer/reply
la retraite retirement/retreat
le séjour stay
le siècle century
le sondage poll
le système system

Verbes

ajouter to add
apprécier to appreciate
arriver to happen
avouer to admit
croire° to believe
découvrir to discover
deviner to guess
faire des progrès to make progress
louer to rent
partager to share
plaisanter to joke
recommander to recommend
serrer la main à to shake hands with
voir° to see

Adjectifs

chaque each
individuel(le) individual/private
rapide rapid/fast
solide solid, firm

Adverbes

en ce moment at the moment/at the present time
environ approximately
tout de même just the same
vraiment really

Prépositions

sauf except

Autres

à la campagne in the country
au début at the beginning
C'est l'essentiel. That's the main thing.
Dommage. (It's) too bad.
en fait in fact
en vacances on holiday
Je m'en fiche. I couldn't care less.
Tant mieux! All the better!
Tant pis. Too bad./So what./Never mind.
tous-toutes les deux both

° verb presentation in chapter

Gérard se rend à Charleville-Mézières

Mise en contexte

Maria Chang, qui passe une année à Charleville-Mézières, dans le nord-est de la France, a invité Gérard LeBlanc à passer quelques jours dans la région. Ils se rendent ensuite à Bruxelles.

Objectifs communicatifs

Scène 1

Renvoyer à quelqu'un ou à quelque chose qu'on a déjà mentionné (suite)

Bien s'exprimer : Utiliser deux pronoms objets à la fois

Exprimer la crainte, l'inquiétude; rassurer, encourager

Scène 2

Parler des situations, conditions et activités passées

Exprimer des notions de temps et d'espace; indiquer la manière

Exprimer des notions de temps (suite)

Bien s'exprimer : les verbes conjugués comme mettre

Structures et expressions

Scène 1

Les pronoms objets
- révision
- l'ordre des mots

Scène 2

L'imparfait et le passé composé

La formation des adverbes

Les prépositions pendant, pour, depuis, dans, en

Les verbes conjugués comme mettre

Vocabulaire actif

Scène 1

Exprimer l'inquiétude

Encourager, rassurer

Scène 2

Expressions avec mettre

Culture

Les écoles élémentaires et secondaires en France et au Canada

Les vacances scolaires

La Corse

Les études supérieures en France et au Canada

Les jeunes et la langue

Quelques aspects de la vie dans le nord de la France et en Belgique; L'Union européenne

Chapitre

10

Charleville : La Place Ducale

La gare de Charleville

Scène 1

Rendez-vous à la gare

Sur le vif !

Vous vous souvenez que Maria Chang passe un an comme assistante d'anglais à Charleville-Mézières tandis que Gérard LeBlanc prépare un doctorat en dialectologie à l'Université de Poitiers. Ils se sont écrit deux ou trois fois après leur arrivée en France et Maria a décidé d'inviter Gérard à Charleville, pour y passer quelques jours pendant les vacances de Noël. Gérard accepte avec plaisir et s'y rend en train. Maria l'attend à la gare.

<table>
<tr><td>precisely; as planned</td><td></td><td>Maria : Salut, mon vieux Gérard ! Te voilà, à vingt heures pile,° comme prévu°. (Ils se donnent la bise.)</td></tr>
<tr><td></td><td></td><td>Gérard : Bonjour, Maria. Quel plaisir de te revoir ! C'est gentil de venir me chercher à la gare. Comment vas-tu donc ?</td></tr>
<tr><td>in fine form; bushed</td><td>5</td><td>Maria : Ah moi, je suis en pleine forme°. Mais tu dois être crevé° [1] après ton voyage. Passer la journée dans un train, c'est fatigant, ça.</td></tr>
<tr><td>stopover</td><td>10</td><td>Gérard : Eh bien, oui, je dois dire que je suis bien content d'être là. J'ai quitté Poitiers à sept heures ce matin et je me suis arrangé pour avoir une assez longue correspondance° à Paris. J'ai pu me promener pendant quelques heures ... Il faut que je t'en parle, c'est sensass, comme disent les Français. [1]</td></tr>
<tr><td></td><td></td><td>Maria : Mais oui, parle-m'en ! Tu sais, j'ai passé une semaine en Corse [2] pendant les vacances de la Toussaint [3], mais je n'ai pas encore pu visiter Paris comme il faut. J'espère y passer une semaine entière dans deux mois, pendant les vacances de février. Ah, dis-donc, la Corse est extraordinaire ! On s'est</td></tr>
</table>

baigné° tous les jours, et ... mais, excuse-moi, Gérard, je me mets à bavarder° °we went swimming; chat
et j'oublie que tu as sûrement très faim. On pourrait dîner au buffet° de la gare °restaurant
si tu veux, et discuter de nos aventures.

Gérard : Oui, j'ai une faim de loup°. Je te suis°! (*Ils trouvent une table libre au* °I'm famished; °Lead the way (I'll follow you)
buffet.)

Maria : Alors, Gérard, comment vont tes recherches sur les dialectes de la
région de Poitiers ? Ça marche ?

Gérard : Eh bien, pour l'instant je suis° trois cours de dialectologie[4], c'est tout. °I'm taking
Quand j'étais à l'Université de Moncton, j'avais cinq cours tous les ans. J'avais
donc quinze heures de classes par semaine. Trois cours de deux heures par
semaine, c'est un changement agréable ! Mais la thèse ... des fois je panique
quand je pense à tout le travail qu'il faudra y mettre.

Maria : Ne t'inquiète pas, Gérard. Je suis sûre que tes recherches iront bien. Et
tu as la chance d'avoir une bonne bourse° France-Acadie pendant trois ans. Ce °bursary/scholarship
n'est quand même pas si mal !

Gérard : Ah, je sais bien que je suis très chanceux°. °lucky

Maria : En parlant de° problèmes, tu ne peux pas imaginer combien j'ai eu °Talking about
peur le jour de la rentrée°. C'était la première fois de ma vie que je me trouvais °the first day of school
devant un groupe d'élèves. Je ne t'ai pas dit que je ne suis pas dans un lycée ?
On m'a nommée° à un collège.[5] Quant à° la discipline, j'avoue que j'ai eu pas °I was posted; °As for
mal de problèmes, surtout au début.

Gérard : Ne t'en fais pas, Maria, je suis sûr que c'est tout à fait normal. Ils
savent que tu es étrangère et ils en profitent°. Ça va mieux maintenant, non ? °take advantage

Maria : Oui, je dois dire que je m'entends assez bien avec la plupart de mes
élèves. Puis, en plus, j'avais peur de ne pas parler assez bien le français, mais je
comprends presque tout ce qu'on me dit maintenant. Je trouve quand même
que les Français de France parlent plus vite que les francophones chez nous.

Gérard : On le dit, mais je ne sais pas si c'est vrai.

Pour en savoir plus

1. Maria et Gérard emploient un ton et un langage plutôt familiers
   dans cette conversation. Certains mots couramment employés par
   les jeunes (et les moins jeunes !) Français aujourd'hui sont tout
   simplement des abréviations de mots plus longs. **Sensass**
   (**sensationnel**), **formid** (**formidable**), **giga** (**gigantesque**), **extra**
   (**extraordinaire**) et **impec** (**impeccable**) veulent tous dire *fantastic*,
   great (tout comme **super, génial** et encore bien d'autres). Les
   abréviations en **-o** sont particulièrement fréquentes : **écolo**
   (**écologiste**), **édito** (**éditorial**), etc. On entend également : **mon**
   appart (**mon appartement**), **bon ap** (**bon appétit**), **cet aprèm** (**cet**
   après-midi), etc. D'autres mots, comme **crevé** (très fatigué) et
   rigoler (s'amuser, rire) sont des mots assez familiers, utilisés quand
   on parle avec des amis ou des gens avec qui on se sent à l'aise.

"TIENS, IL EST SUPER, TON IMPER! DIS, TU VAS AU COURS DE SCIENCES PO CET APREM?"

struggles

2. Longtemps disputée par la France et l'Italie, la Corse, île méditerranéenne montagneuse située à environ 250 kilomètres au sud de la France métropolitaine, est devenue partie intégrante de la France en 1793. Pauvre en ressources industrielles, la Corse reçoit tous les ans un grand nombre de touristes attirés par sa beauté naturelle et son climat tempéré. Depuis une vingtaine d'années, un mouvement nationaliste et indépendantiste lutte° pour obtenir l'autonomie de l'île. On demande aussi la reconnaissance officielle de la langue corse, qui ressemble plus à l'italien qu'au français.

Le port de Bonifacio (Corse)

3. Les journées d'école sont bien plus longues en France qu'en Amérique. Pour les plus jeunes élèves, les classes commencent souvent à 8 h 30 et finissent à 16 h 30; dans les collèges et les lycées, on peut commencer à 8 h et avoir son dernier cours à 18 h. On comprend le besoin de vacances fréquentes ! Voici un calendrier typique des vacances scolaires en France.

Vacances scolaires en France (élémentaires et secondaires)	
Rentrée (retour de vacances)	7 septembre
Vacances d'automne	28 octobre-8 novembre (dix jours) (Toussaint)
Vacances de Noël	19 décembre-4 janvier (deux semaines)
Vacances d'hiver	5-15 février (dix jours) (Mardi-Gras)
Vacances de printemps	28 mars-13 avril (deux semaines) (Pâques)
Vacances d'été	30 juin-6 septembre (neuf semaines)

Les étudiants des facultés françaises ont, eux aussi, plus de vacances que les étudiants des universités nord-américaines, environ cinq semaines en tout pendant une année scolaire qui s'étend° d'octobre à juin.

extends
arts
law

4. Plus de 25% des jeunes Français font des études supérieures en lettres°, sciences, sciences humaines, médecine, pharmacie, droit°, etc. Les principaux itinéraires de formation universitaire sont : le DEUG (Diplôme d'études universitaires générales), après deux ans d'université; la licence, un an après le DEUG; la maîtrise, un an après la licence; le DESS (Diplôme d'études supérieures spécialisées) ou le DEA (Diplôme d'études approfondies), un an après la maîtrise et le doctorat, environ trois ans après la maîtrise.

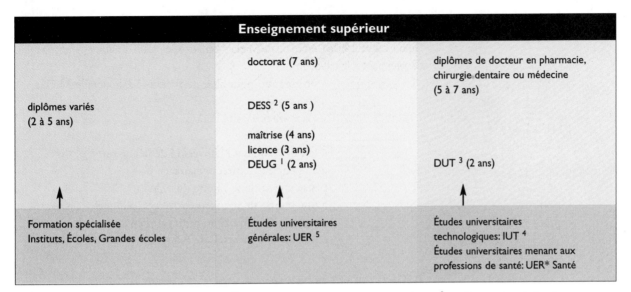

Enseignement supérieur

diplômes variés (2 à 5 ans)	doctorat (7 ans) DESS [2] (5 ans) maîtrise (4 ans) licence (3 ans) DEUG [1] (2 ans)	diplômes de docteur en pharmacie, chirurgie dentaire ou médecine (5 à 7 ans) DUT [3] (2 ans)
↑	↑	↑
Formation spécialisée Instituts, Écoles, Grandes écoles	Études universitaires générales: UER [5]	Études universitaires technologiques: IUT [4] Études universitaires menant aux professions de santé: UER* Santé

[1] Diplôme d'études universitaires générales; [2] Diplôme d'études supérieures spécialisées; [3] Diplôme universitaire de technologie; [4] Institut universitaire de technologie; [5] Unité d'enseignement et de recherche

5. Le petit schéma suivant reproduit les étapes° principales de la scolarité en France. Elles mènent à une profession ou aux études universitaires :

stages/steps

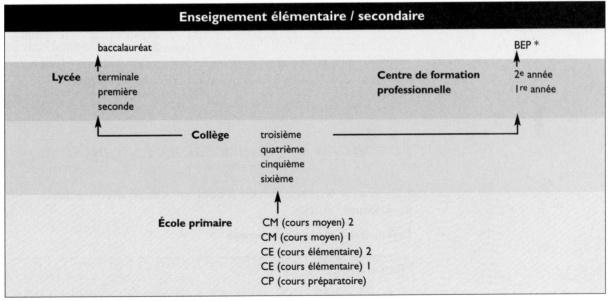

Enseignement élémentaire / secondaire

	baccalauréat			BEP *
Lycée	terminale première seconde		**Centre de formation** **professionnelle**	2e année Ire année
	Collège	troisième quatrième cinquième sixième		
	École primaire	CM (cours moyen) 2 CM (cours moyen) I CE (cours élémentaire) 2 CE (cours élémentaire) I CP (cours préparatoire)		

* Brevet d'enseignement professionnel

Après le **baccalauréat** (ou **bac**), un examen national difficile et à options multiples (il y a des bacs littéraires, économiques, scientifiques, etc.), les étudiants peuvent continuer leurs études dans une université ou une grande école.

Vous avez bien compris ?

De qui s'agit-il ? De Gérard ou de Maria ? Écrivez **X** si ni l'un ni l'autre (*neither one*)ne conviennent à la situation.

1. _____ a pris le train pour aller de Poitiers à Charleville-Mézières.
2. _____ a visité la Corse.
3. _____ n'a pas encore visité Paris.
4. _____ n'aime pas Paris.
5. _____ a fait des études à l'Université de Moncton.
6. _____ a eu peur à la rentrée scolaire.
7. _____ pense que sa thèse va être difficile.
8. _____ a une bourse des gouvernements canadien et français.
9. _____ suggère qu'ils dînent au buffet de la gare.
10. _____ enseigne à l'Université de Poitiers.

Réflexions sur la culture

1. Pensez au langage que vous employez avec vos parents, vos professeurs et vos amis. Donnez quelques exemples concrets du langage différent que vous utilisez.
2. Quelles sont les différences principales que vous avez remarquées entre votre système scolaire (aux niveaux élémentaire et secondaire) et le système français ? Discutez de quelques points forts et faibles des deux systèmes.
3. Que pensez-vous des vacances scolaires fréquentes (à l'école et à la fac) en France ? Y voyez-vous des inconvénients ?
4. En Amérique du Nord, il est assez difficile d'être reçu (*accepted*) dans un programme universitaire, mais relativement peu d'étudiants échouent. En France, c'est l'inverse. Quel système est préférable ? Pourquoi ?

Fonctions et observations langagières

I. Renvoyer à quelqu'un ou à quelque chose qu'on a déjà mentionné (suite)

Employer des pronoms : synthèse

> **Rappel !**
>
> You have already learned a good deal about both direct and indirect object pronouns in French, as well as the pronouns **y** and **en**.

It will be useful to review briefly in this section several of the points that we have already seen concerning these pronouns, both their forms and their uses.

Objects directs et indirects

Objet direct	**Objet indirect**

Objet direct

Verbe → objet

Je regarde <u>la femme</u>.

Je planifie <u>mes vacances</u>.

Pronoms : personnes ou choses

me	nous
te	vous
le, la	les

Exemples

J'aime <u>la musique</u>. → Je <u>l</u>'aime.

Je n'aime pas <u>les films de guerre</u>.
  → Je ne <u>les</u> aime pas.

Objet indirect

Verbe → **à** → objet

Je parle <u>**à** la femme</u>.

Je pense <u>**à** mes vacances</u>.

Pronoms :

Personnes:	me	nous
	te	vous
	lui	leur

Choses : y

Exemples

Je pense <u>**à** la musique</u>.
  → J'<u>y</u> pense.

Je pense <u>**aux** films de guerre</u>.
  → J'<u>y</u> pense.

Rappel !

The pronoun **y** is also used to replace another preposition of location (en, dans, sur, à , …) + common noun.

La voiture est <u>dans le garage</u> ?
  → Oui, elle **y** est.

Gérard et Maria sont à la gare ?
  → Oui, ils **y** sont.

À noter !

When deciding whether a French verb takes a direct or indirect object, consult your dictionary to see whether or not the preposition **à** is used. Do not rely on translating from English, as that may lead you to make mistakes. For example:

Je cherche <u>Réjean</u>. → Je <u>le</u> cherche. *I am looking **for** Réjean.*

Il demande <u>mon adresse</u>. → Il <u>la</u> demande. *He is asking **for** my address.*

J'écoute <u>mes disques</u>. → Je <u>les</u> écoute. *I listen **to** my records.*

(continued on next page)

Elle attend <u>son frère</u>. → Elle l'attend. *She is waiting **for** her brother.*

Je téléphone <u>à Réjean</u>. → Je <u>lui</u> téléphone. *I am phoning Réjean.*

Il répond <u>à la lettre</u>. → Il <u>y</u> répond. *He answers the letter.*

Elle obéit <u>à ses parents</u>. → Elle <u>leur</u> obéit *She obeys her parents.*

Allez-y !

Exercice A : Pratique pratique

Les objets directs

Répondez aux questions suivantes en utilisant un pronom objet direct.

1. Maria cherche <u>Gérard</u> à la gare ?
2. Maria et Gérard visitent <u>la Belgique</u> ?
3. Maria aime <u>ses élèves</u> ?
4. Gérard encourage <u>Maria</u> ?

Exercice B : Pratique pratique

Les objets indirects

Répondez aux questions suivantes en utilisant un pronom objet indirect ou **y** .

1. Maria a écrit <u>à Gérard</u> pour l'inviter ?
2. Gérard est arrivé <u>à Charleville</u> à l'heure ?
3. Maria parle anglais <u>à ses élèves</u> ?
4. Maria pense <u>à son travail</u> ?

*Le pronom **en***

En replaces a noun preceded by an indefinite or partitive article, or the preposition **de** followed by a noun :

As-tu **un** <u>ordinateur</u> ?	Oui, j'<u>en</u> ai <u>un</u>.
… **une** <u>imprimante</u> ?	Oui, j'<u>en</u> ai <u>une</u>.
… **des** <u>frères et sœurs</u> ?	Oui, j'<u>en</u> ai.
Avez-vous **du** <u>saumon</u> ?	Oui, nous <u>en</u> avons.
Avez-vous **de la** <u>crème</u> ?	Oui, nous <u>en</u> avons.

Allez-y !

Exercice A : Pratique pratique

*Le pronom **en***

Répondez aux questions suivantes en utilisant le pronom ***en***.

1. As-tu <u>un dictionnaire</u> ?
2. As-tu <u>une bicyclette</u> ?

3. As-tu <u>des examens</u> cette semaine ?
4. As-tu souvent <u>du temps libre</u> ?
5. Viens-tu <u>de l'Arizona</u> ?

La place des pronoms

Direct and indirect object pronouns *precede* the verb of which they are the object. Note that in the **passé composé**, the pronoun *precedes* the auxiliary verb **avoir**, while in the immediate future, it *follows* the verb **aller** and thus precedes the infinitive.

Alors, ce kayak ?	Tu **l'**as acheté hier ou tu **l'**achètes aujourd'hui ?
Ni l'un ni l'autre ! (*neither*)	Je vais **l'**acheter demain.

Je vais à Regina demain. Ma sœur **y** est allée hier.
Nous mangeons rarement du homard (*lobster*), mais nous allons **en** manger à Noël.

• Note that in the interrogative or negative, the pronoun remains directly before the verb.

   — Est-ce que Paul a vendu sa moto ?
   — Sa moto ? Non, il **ne l'**a **pas** vendue.
   — **La** vend-il ?
   — Non, je pense qu'il ne va pas **la** vendre.

• Word order varies if sentences are in the imperative. We saw in the last chapter that in the *affirmative imperative*, the object pronouns *follow* the verb, but *precede* the verb as usual in the *negative imperative*.

Des fruits ? Mangez-**en** !	*but:*	N'**en** mangez pas !
Appelez-**nous** à Aix.	*but:*	Ne **nous** appelez pas à Aix.

Allez-y !

Exercice A : Pratique pratique

La soupe aux pronoms !

Remplacez les mots soulignés par le pronom qui convient. Ensuite, mettez la phrase au futur proche et au passé composé, à l'affirmatif et au négatif.

     modèle : Je vais <u>à</u> Marseille.
          Au présent : J'y vais. Je n'y vais pas.
          Au futur proche : Je vais y aller. Je ne vais pas y aller.
          Au passé composé : J'y suis allé(e). Je n'y suis pas allé(e).

1. Je comprends <u>les pronoms</u>.
2. Je téléphone <u>à ma mère</u>.
3. Je réponds <u>à la lettre</u>.

4. Je prends <u>de la soupe.</u>
5. Je cherche <u>mon chien.</u>
6. Je réponds <u>à mes amis.</u>
7. Je regarde <u>le petit garçon.</u>
8. J'ai beaucoup <u>d'imagination.</u>
9. J'écoute <u>le concert.</u>
10. Mes amis viennent <u>du Manitoba.</u>

Exercice B : Avant le départ

Heather et Michael ont voulu vérifier que tout était prêt pour leur départ en France.

> modèles : Tu as les billets d'avion, Michael ? (oui)
> **Oui, je *les* ai.**
> As-tu dit au revoir à Russ et Jennifer ? (non)
> **Oui, je ne *leur* ai pas dit au revoir hier soir.**

1. Tu as les passeports, Heather ? (oui)
2. Est-ce qu'Andy a oublié son chat en peluche (*stuffed cat toy*) ? (non)
3. Vas-tu aller chercher les chèques de voyage, Michael ? (oui)
4. Et est-ce qu'Emily a téléphoné à Madame Edwards pour avoir une copie de son bulletin de notes (*report card*) ? (oui)
5. Heather, as-tu réservé nos places en avion ? (non)
6. Andy a dit au revoir à son copain Mathieu, n'est-ce pas ? (non)
7. Tu es allé à Ekonokopy pour faire des copies de notre bail (*lease agreement*), Michael ? (oui)
8. Tu vas laisser une des clefs de la maison chez les Martin ? (oui)

Exercice C : Chacun à son goût

Vous commencez peut-être à oublier les goûts et les préférences de vos camarades de classe. Circulez en classe pendant quelques minutes pour vous rafraîchir la mémoire (*refresh your memory*). Pour chaque sujet de discussion, demandez l'opinion d'au moins deux personnes.

> modèles : Tu aimes les débats politiques, X ?
> **Oui, je *les* aime assez (bien, beaucoup).**
> **Non, je *les* aime peu (je les déteste).**
> Tu as fait souvent de la natation ce semestre ?
> **Oui, j'*en* ai fait de temps en temps.**
> Tu joues souvent au tennis ?
> **Non, je n'*y* joue presque jamais.** etc.

	déteste		aime peu		aime assez		aime bien		aime beaucoup	
	Nom	Nom	Nom	Nom	Nom	Nom	Nom	Nom	Nom	Nom
l'artisanat	___	___	___	___	___	___	___	___	___	___
la natation	___	___	___	___	___	___	___	___	___	___
les débats politiques	___	___	___	___	___	___	___	___	___	___
le jazz	___	___	___	___	___	___	___	___	___	___
les séjours à la campagne	___	___	___	___	___	___	___	___	___	___
le tennis	___	___	___	___	___	___	___	___	___	___
la musique classique	___	___	___	___	___	___	___	___	___	___
les sports d'équipe	___	___	___	___	___	___	___	___	___	___
???	___	___	___	___	___	___	___	___	___	___
???	___	___	___	___	___	___	___	___	___	___

Soyez prêts à partager les résultats de votre mini-sondage.

> modèle : **Les débats politiques ? X et Y les aiment bien, mais Z les déteste.**

II. Bien s'exprimer : utiliser deux pronoms objets à la fois

There is a final point to observe about object pronouns.

> *Gérard* : Il faut que je **t'en** parle (*tell you about it*), c'est sensass.
> (**en** = de Paris)

It is possible that *two* of these pronouns may occur in the same sentence, as we saw in this chapter's conversation. A second pronoun may also occur in a pronominal construction (**s'installer**, etc.).

> Maria et Gérard trouvent une table libre dans le coin et ils **s'y** installent (*sit down there*).

- It is important to remember the *order* in which these pronouns occur. As a rule of thumb, indirect objects *precede* direct objects unless both pronouns are of the third person. Both direct and indirect object pronouns precede **y** and **en**.

> **L'ordre des pronoms objets**
>
> | me | | | | | | | |
> |---|---|---|---|---|---|---|---|
> | te | | le | | lui | | | |
> | se | *before* | la | *before* | leur | *before* **y** | *before* **en** |
> | nous | | les | | | | | |
> | vous | | | | | | | |

Les disques ? Mireille **me les** a déjà donnés.

Le paquet de Bernard ? Jacques va **le lui** envoyer demain.

Allez-y !

Exercice A : Pratique pratique

Deux pronoms

Remplacez les noms soulignés par des pronoms.

1. Il se fait couper <u>les cheveux</u> *(he gets his hair cut)*.
2. Je te donne <u>mon numéro de téléphone.</u>
3. Il nous donne <u>des idées.</u>
4. Je mets <u>mes clés</u> <u>dans ma poche.</u>
5. Tu me montreras <u>la photo ?</u>
6. Tu parleras <u>à Georges</u> du projet ?
7. Jane vient chercher <u>Gérard</u> <u>à la gare.</u>
8. Elle offre <u>les fleurs</u> <u>à sa mère.</u>
9. Il donne <u>des bonbons</u> <u>aux enfants.</u>
10. Nous envoyons <u>le chèque</u> <u>à la banque.</u>

Exercice B : Et tes parents ?

On parle de temps en temps des parents quand on a quelques minutes à passer avec des camarades. Répondez aux questions suivantes ou posez-les à quelqu'un d'autre. Remplacez les noms par des pronoms aussi souvent que possible.

> modèle : Est-ce que tu as écrit une ou deux lettres à tes parents, ce semestre ?
>
> **Oui, je *leur en* ai écrit une la semaine dernière, mais je ne *leur* écris pas très souvent.**

1. Est-ce que <u>tes parents</u> <u>t'</u>envoient assez souvent de l'argent en ce moment ? Pourquoi (pas) ?
2. Est-ce qu'ils s'intéressent beaucoup <u>à ton choix de carrière</u> ?
3. Et concernant tes notes cette année, est-ce que <u>tes parents</u> <u>te</u> posent de temps en temps <u>des questions délicates</u> ?
4. Est-ce qu'ils <u>t'</u>ont déjà conseillé d'envoyer <u>une demande d'emploi</u> (*job application*) <u>à ton employeur de l'été dernier</u> ?
5. Est-ce que tes parents viendront <u>te</u> chercher <u>à l'aéroport (à la gare)</u> la prochaine fois que tu rentreras ?
6. Est-ce que tu leur montreras <u>tes photos les plus récentes</u> à ce moment-là ?

- The order is slightly different in the *affirmative imperative*, where the object pronouns follow the verb. **Le, la** and **les** precede all other pronouns; **me** and **te** become **moi** and **toi** unless they are followed by **y** or **en**.

Maria : Mais oui, parle-**m'en** ! (**en** = de Paris)

Note that the verb and both pronouns are linked by hyphens unless there is an apostrophe, as we saw in the preceding example from the conversation.

L'ordre des pronoms objets à l'impératif affirmatif

		moi (m')		
le		toi (t')		
la	*before*	lui	*before* y	*before* en
les		nous		
		vous		
		leur		

- In the *negative imperative*, normal word order is used. Compare:

L'argent ? Donne-**le-moi.** / Ne **me le** donne pas.
Du jambon ? Donnez-**m'en.** / Ne **m'en** donnez pas.
Du gâteau ? Offrez-**leur-en.** / Ne **leur en** offrez pas.

Allez-y !

Exercice A : Pratique pratique

Les pronoms à l'impératif

Répondez aux questions suivantes en remplaçant les mots soulignés par des pronoms. Répondez affirmativement et négativement à chaque question.

1. Je te donne mon adresse électronique ?
2. Je vous donne du gâteau ?
3. Je donne la clé à Pauline ?
4. J'envoie les billets à tes amis ?
5. Je parle de mes problèmes à mes amis ?

Exercice B : Publicité

1. Composez une exhortation publicitaire à propos des produits montrés.

   modèle : Achetez-la régulièrement ! Buvez-en tous les jours !
   Vos enfants ! Donnez-leur-en !

2. Composez une mise en garde (*warning*) pour les mêmes produits. N'hésitez pas à faire preuve d'humour !

   modèle : « Ne la mettez pas dans le four à micro-ondes ! »

III. Exprimer la crainte, l'inquiétude; rassurer, encourager

It is not surprising that Maria and Gérard experienced some problems and expressed some concerns as they adapted to the new routines of the French school and university systems, or that they would want to try to encourage and reassure one another as they discussed their difficulties. For example:

> *Gérard* : Mais la thèse ... des fois **je panique** quand je pense à tout le travail qu'il faudra y mettre.
>
> *Maria* : **Ne t'inquiète pas**, Gérard. Je suis sûre que tes recherches iront bien. Et tu as la chance d'avoir une bonne bourse ... **Ce n'est** quand même **pas si mal** !
>
> *Maria* : ... tu ne peux pas imaginer combien **j'ai eu peur** le jour de la rentrée.
>
> *Gérard* : **Ne t'en fais pas**, Maria, je suis sûr que **c'est tout à fait normal**.

• Here are other terms that you will find helpful in such discussions:

Vocabulaire actif : *Exprimer l'inquiétude*

J'ai (très) peur (de + *inf./ noun*) ...	*I'm (very) afraid of ...*
(ex : avoir peur de tomber / des serpents)	*(to be afraid of falling / of snakes)*
Je suis (assez) nerveux / nerveuse.	*I'm (rather) nervous.*
Je suis inquiet / inquiète.	*I'm uneasy / worried.*
Je panique.	*I'm terrified.*
J'ai la trouille (*fam.*) / une peur bleue.	*I'm scared stiff / out of my wits.*

Vocabulaire actif : *Encourager, rassurer*

N'ayez pas peur ! / N'aie pas peur !	*Don't be afraid!*
Ne soyez pas nerveux ! / Ne sois pas nerveux !	*Don't be nervous!*
(inquiet, timide, etc.)	*(worried, shy, etc.)*
Courage ! (Allez, un peu de courage !)	*Chin up!*
Ne vous inquiétez pas ! / Ne t'inquiète pas !	*Don't worry!*
Ne vous en faites pas ! / Ne t'en fais pas !	*Don't worry about that!*
Ça ne fait rien ! / Ce n'est rien !	*It doesn't matter / it's nothing!*
Ce n'est quand même pas si mal !	*It's not so bad as all that!*
Ce n'est pas grave !	*It's not serious!*
Il n'y a pas de problème !	*(There's) no problem!*
Bravo, c'est beaucoup mieux !	*Bravo, that's much better!*

Allez-y !

Exercice A : Oh là là !

Qu'est-ce que vous allez dire si ...
Qu'est-ce qu'on pourrait vous répondre pour vous rassurer ?

1. On annonce qu'une tornade violente vient directement vers votre ville.
2. Vos notes ne sont pas brillantes ce semestre.
3. Vous êtes tombé(e) de votre vélo, et vous êtes légèrement blessé(e) (*slightly injured*).
4. Vous commencez un nouvel emploi.
5. Vous pensez à tout le travail que vous avez à faire.
6. Vous devez chanter en public.
7. Vous allez faire du parachutisme.
8. Vous préparez un dîner spécial pour impressionner quelqu'un.
9. Vous avez un examen demain.
10. Vous jouez dans un tournoi de tennis.

Exercice B : Situations diverses

Imaginez, avec un(e) partenaire, la conversation qui va peut-être avoir lieu dans une des situations suivantes:

1. Vous êtes dans un avion, à côté d'une personne qui prend l'avion pour la première fois. C'est le moment du décollage (*take-off*).
2. Votre oncle vous dit qu'il vient de perdre son emploi. Il a deux enfants qui font des études universitaires.

Exercice C : Préparez vos réponses !

1. Est-ce que vous êtes souvent inquiet-inquiète ou nerveux-nerveuse ? Dans quelles sortes de situations ?
2. Que faites-vous quand vous éprouvez ces émotions ?
3. De quoi est-ce que vous avez surtout peur ? Pourquoi ?
4. Décrivez un événement passé où vous avez eu très peur. Qu'est-ce que vous avez fait ?

Explorer la vallée de la Meuse à bicyclette

Scène 2

Visite en Belgique

Sur le vif !

Gérard et Maria organisent leur visite. Gérard a fait la connaissance d'un Belge et lui et Maria décident donc d'ajouter un voyage à Bruxelles à leurs projets de vacances.

Gérard : Moi, ce sont les accents qui m'intéressent. Je n'ai jamais été en Belgique[1], mais j'ai rencontré à Poitiers un Belge qui vient de Bruxelles et j'aimerais voir si dans d'autres régions on a un accent différent.

Maria : Eh bien justement, c'est l'occasion d'aller voir ! Tu sais que nous sommes à quelques kilomètres seulement de la frontière belge. Ça te tenterait°   5   would tempt
d'aller faire un petit tour en Belgique pendant que° tu es ici ? J'ai déjà visité   while
Bruxelles[2] une fois, mais j'y ai passé un après-midi seulement. Il pleuvait, et je
n'ai pas beaucoup vu. Je suis aussi allée à Bruges. Qu'est-ce que tu en dis ?

Gérard : Bien sûr, allons-y ! Et je me suis promis aussi de me promener dans
la vallée de la Meuse.[3] Mon ami me disait que la région de la Meuse est à voir   10
absolument.

Maria : C'est vrai; je fais souvent du vélo le week-end sur les petites routes de
la vallée. Elles sont splendides ! Et nous sommes maintenant à dix minutes de
la rivière; elle passe par la ville même ! Nous ferons un petit tour tout à l'heure,
si tu veux.   15

Gérard : Je suis partant°! Et quand nous serons à Bruxelles, nous pourrons   I'm all for it!
appeler ce Belge. Il s'appelle Jean-Luc. Je l'ai prévenu° qu'on pourrait passer le   forewarned
voir.

Maria : J'aimerais ça, visiter la capitale avec quelqu'un qui en vient.

20 (*À Bruxelles.*)

Jean-Luc : Et maintenant, au cœur de la ville qui se trouve au cœur de l'Europe, voilà le siège° de l'Union européenne[4], le palais Berlaymont !

seat

Maria : L'immeuble° n'est pas très impressionnant, mais tous ces drapeaux°, quel beau spectacle ! Mais est-ce qu'il n'y a pas un paradoxe là ? Si l'objectif est 25 une Europe unie, pourquoi a-t-on choisi comme siège la capitale d'un pays qui a trois langues officielles et trois régions presque autonomes ?

building; flags

Jean-Luc : Oui, c'est amusant. Mais il n'y a pas vraiment de paradoxe, bien sûr. Les Belges ont des différences, mais depuis longtemps ils réussissent à s'entendre assez bien, après tout. Et Bruxelles est bien situé du point de vue 30 géographique pour être accessible aux capitales des pays membres.

Maria : D'accord. Et la Grand-Place montre une autre façon bien belge de réconcilier des traditions très diverses : regardez seulement ces façades ! Certaines sont gothiques, d'autres de style renaissance ou même baroque[5].

Gérard : Et l'effet est harmonieux.

35 **Jean-Luc** : Pour ceux qui, comme moi, sont partisans d'une Europe unie, le symbole est clair. Ajoutons à cela la valeur économique immédiate que toute l'activité politique et bureaucratique procure à ma ville : avoir le siège de l'Union européenne ici crée d'emblée° des centaines d'emplois. Voilà de nouveaux débouchés° pour moi et mes amis.

right away
job openings

Pour en savoir plus

1. La Belgique (population : approximativement 10 240 000 habitants) est un pays officiellement trilingue : on y parle le français, le néerlandais et l'allemand. Environ 40% de la population (les Wallons) sont d'expression française, tandis que° près de 60% (les Flamands) parlent néerlandais. Une faible minorité (1% de la population) parle allemand. Les dernières années ont été marquées par de nombreux conflits linguistiques. En 1977, la Belgique a été officiellement divisée en trois régions : la Flandre, la Wallonie et Bruxelles.

while

Le Parlement européen à Bruxelles

2. Capitale du pays, Bruxelles est à la limite de la Wallonie et de la Flandre; c'est également le siège de deux organismes internationaux : l'Organisation du traité de l'Atlantique nord (OTAN)° et l'Union européenne. Deux organes exécutifs de l'UE y sont également basés : la Commission européenne et le Conseil des ministres de l'UE.

NATO

3. Entourée de falaises° impressionnantes, la vallée de la Meuse est particulièrement pittoresque entre Charleville-Mézières et la frontière belge. La route entre Charleville et la frontière a été baptisée «le sentier Rimbaud-Verlaine» pour rappeler l'amitié de ces deux grands poètes français de la fin du XIXe siècle. Arthur Rimbaud est né à Charleville en 1854.

cliffs

4. L'Union européenne, que l'on a d'abord appelée Communauté économique européenne (CEE), a été créée en 1957 par des ententes° entre six nations. Elle s'est considérablement élargie et compte maintenant quinze états, avec un nombre presque aussi élevé de langues officielles. Le Parlement européen se réunit à Bruxelles et à Strasbourg (France) une fois par mois alternativement.

agreements

5. Gothique, renaissance, baroque : des styles architecturaux de diverses époques entre le XIIe et le XVIIIe siècle évoquent le grand passé de Bruxelles.

Bruxelles ; la mairie de style gothique flamboyant

Bruxelles ; le Théâtre royal de la monnaie

Bruxelles : le Festival Ommegang

Vous avez bien compris ?

C'est bien possible, non ?

Est-ce que les hypothèses suivantes vous semblent plausibles / probables ? Pourquoi (pas) ?

1. Maria fera du vélo dans la vallée de la Meuse avec Gérard, pendant sa visite.
2. Ils passeront probablement trois ou quatre jours à Bruxelles.
3. Jean-Luc va travailler au siège de l'Union européenne, à Bruxelles.
4. L'Union européenne aura bientôt plus de 16 membres.
5. Un des nouveaux membres sera le Canada.
6. Gérard découvrira que tous les Belges parlent comme Jean-Luc.

Réflexions sur la culture

1. Relisez les notes culturelles sur la Corse (*Scène 1*) et la Belgique. Sur le plan politique et linguistique, voyez-vous des situations parallèles dans d'autres pays de l'Europe ? Et en Amérique du Nord ?
2. Imaginez que les nations de l'Amérique du Nord et du Sud planifient une organisation similaire à l'Union européenne. Où sera le siège de l'organisation ? Développez votre idée.

Fonctions et observations langagières

I. Parler des situations, conditions et activités passées

L'imparfait et le passé composé

We have seen in earlier chapters that both the **passé composé** and the **imparfait** may be used in French to discuss what has happened in the past. For example in the last chapter, we saw:

> *Madame Sawchuk* : ... mon mari **était** anglophone, et nous **avons décidé** de parler anglais à la maison avec les enfants.

It is now time to contrast the uses of these two important verb tenses.

- Typically, the **imparfait** is used to talk about a condition, state, situation, or activity that existed or was taking place over a somewhat indefinite period of past time. *There was no specific time reference*, when Gérard commented: **Mon ami me disait que que la région de la Meuse est à voir absolument.** This can be an important clue if you are trying to decide whether to choose the **passé composé** or the **imparfait** when discussing the past. You will have noticed that when Maria talked about her trip to Brussels, she mentioned specifically that she spent an afternoon there. The time reference is explicit and the **passé composé** was used:

> *Maria:* ... j'y ai passé **un après-midi seulement**.

Compare:

Ils **étaient** très fatigués.	*They were very tired.*
Ils **ont été** très fatigués hier matin.	*They were very tired yesterday morning*

- Another clue may be the use of *was/were + -ing* in the English translation of the **imparfait**. Compare again:

Heather me **disait** que ...	*Heather **was telling** me...*
Heather m'**a dit** hier que ...	*Heather **told** me yesterday...*

- An activity that began and was continuing over an unspecified period in the past may be *interrupted* by an event that may mean the first activity will not be completed.

> Je **regardais** la télévision, hier soir, quand j'**ai entendu** un bruit.
> *I **was watching** T.V. last night when I **heard** a noise.*

Note here the use of the **passé composé** to indicate an action that took place at a *specific moment in past time*. For example, if the noise you heard was made by a burglar, it is unlikely that the first activity (watching a T.V. programme) was ever completed!

- Finally, the **imparfait** may also be used to express the notion of a repeated or habitual past action or routine, and in this context is often translated as *used to + verb* or *would + verb*. The **imparfait** is frequently accompanied here by an adverb that expresses the notion of frequent repetition such as **souvent**, **toujours**, **tous les jours**, **tous les ans**, **d'habitude** (*usually*), etc.

> *Madame Sawchuk* : Je **parlais** (*used to speak*) donc anglais, sauf avec mes parents ...

- To summarize briefly:

---

imparfait

1. The **imparfait** may be used to describe a situation, feeling, state or condition that existed over an indefinite period in the past. It is often called a *descriptive* tense.

2. The **imparfait** may indicate an action that was in the process of taking place and perhaps was never completed.

3. The **imparfait** expresses the notion of a repeated or habitual past action or routine.

4. If you are telling a story, use the **imparfait** to present background information (what was going was going on, "set the stage").

passé composé

1. The **passé composé** is normally used when telling about an event or series of events that took place at a particular point or over a clearly defined period in past time.

2. The **passé composé** indicates that an action or event has been entirely completed in past time.

3. The **passé composé** normally describes past actions or activities that happened on a specific occasion.

4. In a story use the **passé composé** to tell what actually happened ("advance the narrative").

Allez-y !

Exercice A : L'Interrogation

Tes parents veulent savoir ce que tu fais ! Réponds aux questions suivantes en utilisant le passé composé. Un « parent » posera la question et tu y répondras.

> modèle : Qu'est-ce que / tu / faire / hier soir ? (sortir avec mes amis)
> Parent : Qu'est-ce que tu as fait hier soir ?
> Réponse : Je suis sorti(e) avec mes amis.

1. Où / tu / aller ? (au gymnase)
2. Qu'est-ce que / tu / y / faire ? (jouer au badminton)
3. Tu / t'amuser ? (Oui!)
4. Et après ? Vous / aller prendre un verre ? (oui, chez Marc)
5. Qu'est-ce que / tu / boire ? (bière)
6. À quelle heure / tu / rentrer ? (minuit)
7. Tu / dormir bien ? (Oui!)
8. Tu / te réveiller à l'heure ce matin ? (Oui!)

Exercice B : Parce que c'est comme ça !

Les amis ont toujours beaucoup de questions à vous poser ! Donnez les réponses indiquées entre parenthèses (*in brackets*). Utilisez *l'imparfait* parce que vous parlez de la situation.

> modèle : Pourquoi es-tu rentré à 9 h 30 hier soir ? (être très fatigué(e))
> **Pourquoi ? Parce que j'étais très fatigué(e) !**

1. Pourquoi as-tu fait une promenade hier soir ? (faire très beau)
2. Pourquoi est-ce que toi et tes amis, vous êtes restés chez vous vendredi soir ? (ne pas vouloir aller au théâtre)
3. Pourquoi as-tu décidé de passer par le bureau de tabac ? (avoir besoin d'acheter des timbres)
4. Pourquoi est-ce que ta sœur n'est pas allée au match de basket ? (être malade)
5. Pourquoi as-tu vendu ta chaîne-stéréo ? (ne pas marcher très bien)
6. Pourquoi est-ce que Maria et Denise ont passé l'après-midi à la bibliothèque ? (avoir beaucoup de devoirs)
7. Pourquoi est-ce que tu as séché (*skipped*) ton cours de maths ? (ne pas pouvoir trouver mon manuel)

Exercice C : Stop !

Utilisez les éléments de texte suivants (et d'autres encore) pour imaginer quelques interruptions dans la vie des personnes indiquées.

> modèle : Je travaillais dans le jardin quand Marie a téléphoné.

A	faisait B	quand X	a fait Y
ma mère	écouter la radio	quelques amis	arriver chez nous
je	faire du vélo	nous	rencontrer un(e) camarade
mon / ma prof de français	dîner au restaurant	mon grand-père	téléphoner
	nager dans le lac	tu	avoir un accident
mon cousin	être au centre d'achats	il / elle	décider d'acheter du vin
mes copains	jouer au golf	Mathieu	commencer à pleuvoir
mon frère et moi	aller au cinéma	le petit ami de ma sœur	retourner à la maison
Hélène	travailler dans le jardin	je	voir quelque chose de bizarre
mes vieilles tantes	regarder un clip (*video*) à la télé	la police	attraper une souris
?	boire de la bière	ils / elles	perdre (*lose*) ma carte de crédit
?	parler avec un voisin (*neighbour*)		mourir
?	jouer du piano	?	acheter un disque

Exercice D : Le début d'une histoire

1. Inventez la première phrase d'une histoire, en décrivant une scène. Utilisez l'imparfait. Écrivez cette phrase et passez votre feuille à votre voisin(e).
2. Imaginez la première action et écrivez-la (au passé composé).

La classe pourra décider de continuer une des histoires.

Exercice E : Cet été-là ...

Pensez au meilleur été de votre vie. Votre partenaire va vous poser quelques questions et ensuite elle / il va essayer de raconter à la classe les détails essentiels de votre été merveilleux. N'oubliez pas de changer de rôles avant de terminer l'activité.

Quelques questions pour vous lancer (*to get you going*) :

*   Quel âge aviez-vous cet été-là ?
*   Où étiez-vous ?
*   Que faisiez-vous ?
*   Aviez-vous envie de faire autre chose ?
*   Racontez un événement (*event*) spécial, une aventure, un incident, etc.

Exercice F : Un peu d'imagination !

Comment imaginez-vous l'enfance de Maria ? De Jocelyne ? De Gabrielle ? De Gérard ? Avec un(e) partenaire, choisissez un personnage de *Bonne Route* et préparez sa biographie.

II. Exprimer des notions de temps et d'espace; indiquer la manière

La formation des adverbes

We frequently wish to indicate *when, where,* or *how* something's done, and one of the most common ways to do so is to add an adverb to a sentence.

> *Maria* : Tu sais que nous sommes à quelques kilomètres **seulement** de la frontière belge.

Just as we normally add *-ly* to an adjective to form an adverb in English (*clear* → *clearly*), most French adverbs are formed by adding **-ment** to the corresponding adjective. Observe the following:

*   If the adjective ends in a consonant, add **-ment** to the *feminine* form of that adjective.

    complet / complète   **complètement**
    impulsif / impulsive   **impulsivement**

- If the adjective ends in a vowel, add **-ment** to the *masculine* form of the adjective.

    calme / calme   **calmement**

    poli / polie   **poliment**

- If the masculine form of the adjective ends in **-ant** or **-ent**, the corresponding adverb ends in **-amment** or **-emment**. Note that both forms are pronounced in the same manner.

    constant   **constamment**

    évident   **évidemment**

> **Rappel !** *Adverbes*
>
> You have also actively used the following short adverbs:
>
> **assez, aujourd'hui, aussi, beaucoup, bien, déjà, demain, (pas) encore, enfin, hier, là, là-bas, maintenant, mal, mieux, partout, peu, peut-être, presque, quelquefois, souvent, surtout, très, trop, vite**

La place des adverbes dans la phrase

Adverbs may occur at various points in a sentence.

Maintenant, je vais au cinéma.
Je vais **maintenant** au cinéma.
Je vais au cinéma **maintenant.**

- Typically, adverbs immediately follow verbs.

    Nous habitons **ici** en juillet et août ...
    Elle a téléphoné **immédiatement** quand elle a vu l'annonce.

- Most of the short adverbs listed above precede the past participle when the verb is in the **passé composé**.

    Je vous ai **peut-être** dit que ...
    Il a **déjà** fini son résumé.

    Exceptions include: **hier**, **demain**, **ici**, **là** and **là-bas**. Most adverbs in **-ment** also usually *follow* the past participle:

    Elle a téléphoné **immédiatement** ...

- In the immediate future, or when an adverb modifies an infinitive, the adverb may precede *or* follow the infinitive, although the first structure is somewhat more frequent, especially with the short adverbs.

Elle va **bientôt** partir en Suisse. / Elle va partir **bientôt** en Suisse.
J'essaie de **bien** travailler. / J'essaie de travailler **bien**.

Allez-y !

Exercice A : Pratique pratique

Donnez l'adverbe qui correspond aux adjectifs suivants :

Adjectif	Adverbe	Adjectif	Adverbe
discret		concret	
actif		attentif	
personnel		naturel	
intellectuel		patient	
récent		intelligent	
méchant		indépendant	
heureux		généreux	
sérieux		général	
principal		léger	
doux		faux	
sec		franc	
premier		sincère	
nécessaire		honnête	
facile		ordinaire	
triste		agréable	

Exercice B : Où, quand et comment ...

Répondez aux questions suivantes en utilisant un adverbe dans la réponse :

1. Comment travailles-tu ?
2. Comment parle ta mère ?
3. Comment réponds-tu en classe de français ?
4. Comment conduis-tu ? (conduire = *to drive*)
5. Comment t'habilles-tu pour venir à l'université ?
6. Comment t'habilles-tu pour aller au restaurant ?
7. Comment parles-tu quand tu es fâché(e) ?

Exercice C : Phrase incomplète

Finissez les phrases suivantes en ajoutant un adverbe et un contexte.

> modèle : Je souffre.
>> Je souffre horriblement quand j'ai un rhume.

1. J'écoute...
2. Je comprends...
3. Je parle...
4. Je proteste ...
5. Je travaille...
6. Je chante...

Exercice D : Mini-interview

Posez quelques questions à votre voisin(e) pour découvrir comment il / elle fait les activités suivantes.

> modèle : Est-ce que tu as joué récemment au tennis ?

1. jouer au badminton
2. assister à (*attend*) un concert
3. répondre aux questions d'un sondage (*poll*) téléphonique
4. regarder une émission fascinante à la télé
5. faire un long voyage
6. préparer un examen
7. inviter un(e) ami(e) à passer une soirée ensemble
8. acheter un cadeau très cher
9. arriver en classe en retard
10. comprendre les questions du prof

III. Exprimer des notions de temps (suite)

Les prépositions depuis, pendant, pour, dans, en

In the dialogue, Maria and Gérard discussed time periods:

> *Gérard* : J'ai pu me promener **pendant** quelques heures ...
> *Maria* : J'espère y passer une semaine [à Paris] entière, **dans** deux mois, pendant les vacances de février.

Rappel !

You will remember from Chapter 1 that the preposition **depuis** is used with a verb in the present tense to indicate an action that began in the past and is still going on in the present.

Ils **habitent** à Calgary **depuis** une dizaine d'années.
*They have been living in Calgary **for** about ten years.*
Ils **habitent** à Calgary **depuis** 1993.
*They have been living in Calgary **since** 1993.*
... **depuis** longtemps ils **réussissent** à s'entendre assez bien, après tout.
... for a long time, they have been getting along successfully, after all.

- The preposition **pendant** is used to indicate the total duration of an activity. The verb may be either past, present, or future.

  J'ai étudié **pendant** (*for*) trois heures hier soir.
  Je travaille **pendant** cinq heures le samedi.
  Je voyagerai **pendant** deux mois l'été prochain.

  Note that the preposition **pendant** may be omitted in this construction.

  J'ai travaillé trois heures hier soir.

- Use the preposition **pour** to express the future time limits of an activity that has yet to take place. The verb of the sentence is normally **aller, partir** or **venir**.

  Elle **va** à Regina **pour** quatre jours.
  Ils **partent** en Suisse **pour** trois mois.

- Whereas the preposition **dans** followed by an expression of time indicates at what point in the future an action will take place, the preposition **en** simply indicates the time required to perform an action. Compare:

  Il va faire ce travail **dans** trois jours. *The work will be started three days from now.*
  Il a fait ce travail **en** deux heures. *Two hours in all were necessary to do the work.*

Dans 10 ans, vous habiterez à Bruxelles et vous serez trilingue.

Exercice A : Depuis, pendant, pour, dans ou en ?

1. Maria a attendu Gérard une _____ demi-heure. (for)
2. Gérard retournera à Poitiers _____ deux jours. (in)
3. Les Sawchuk / O'Brien sont à Roquevaire _____ septembre. (since)
4. Les Charbonneau partent à la Martinique _____ un an. (for)
5. Jocelyne s'est installée dans son appartement au Sénégal _____ trois jours. (in)
6. Robert habite à Québec _____ six mois. (for)

Exercice B : En d'autres mots

Fournissez la préposition qui convient pour terminer chaque phrase.

1. J'ai commencé le projet à 2 h et je l'ai fini à 5 h.
    J'ai fait le projet _____ trois heures.
2. Monique est venue habiter à Bruxelles en 2000, et elle est encore là.
    Monique habite à Bruxelles _____ _____ ans.
3. Gérard est venu à Charleville vendredi et il est reparti lundi.
    Gérard est resté à Charleville _____ trois jours.
4. C'est le 5 février. Mon anniversaire est le 19 février.
    Mon anniversaire est _____ deux semaines.
5. Marc a l'intention d'aller à Montréal le 3 mai et de revenir le 3 juin.
    Marc va à Montréal _____ un mois.

Exercice C : Le professeur sur la sellette (*on the hot seat*)

Pensez à une ou deux questions que vous avez envie de poser à votre professeur. Utilisez une des prépositions de la question précédente.

> modèle : **Depuis** combien de temps enseignez-vous le français ?
> Partirez-vous au Québec **pour** quelques semaines, cet été ?

IV. Bien s'exprimer : les verbes conjugués comme mettre

> **Rappel !**
>
> In Chapter 5 you learned the conjugation of the high frequency verb **mettre** (*to put, put on*) .

Gérard confides:

> *Gérard* : Et je **me suis promis** aussi de me promener dans la vallée de la Meuse.

*   Along with **promettre** (*to promise*), several useful verbs are conjugated like **mettre: admettre** (*to admit*), **permettre** (*to permit*),) and **remettre** (*to hand in; to put off, to put back, postpone*).

- Note the structures accompanying the verbs **promettre** et **permettre**:

(verbe) + **à** quelqu'un + **de** + inf.
Jean **a promis** à Evelyne **de** l'aider.
Je ne te **permets** pas **d'**aller au cinéma ce soir.

Vocabulaire actif : *Expressions avec **mettre***

se mettre à (+ inf.)	*to begin*
mettre la table	*set the table*
se mettre à table	*sit down at the table*
se mettre en colère	*to get angry*

Allez-y !

Exercice A : Pratique pratique

Remplacez les blancs par la forme convenable des verbes indiqués entre parenthèses :

1. Il _____ son manteau d'hiver hier; il faisait froid. (mettre)
2. Evelyne _____ la table tous les soirs. (mettre)
3. Tu as tort de _____ en colère comme ça ! (se mettre)
4. D'habitude, à quelle heure est-ce qu'ils _____ à étudier ? (se mettre)
5. Nous vous _____ d'arriver à l'heure. (promettre)
6. Tu _____ que ce n'est pas une bonne idée, n'est-ce pas ?(admettre)
7. Yves _____ à son fils d'aller au cinéma vendredi dernier. (permettre)
8. _____ vos devoirs après-demain, s'il vous plaît. (remettre)

Exercice B : Et encore des questions personnelles !

Répondez aux questions suivantes ou posez-les à votre voisin(e):

1. Aimez-vous mettre un T-shirt et un jean pour venir en classe ?
2. Quand vous étiez plus jeune, qui mettait la table chez vous ?
3. À quelle heure est-ce que votre famille se mettait à table le soir ? Et maintenant ?
4. Est-ce que vous admettez facilement que vous avez tort ?
5. Qu'est-ce que vous faites quand vous vous mettez en colère ?
6. Si vous avez un essai à écrire, est-ce que vous vous mettez au travail tout de suite, ou attendez-vous la dernière minute ?
7. Il n'est pas difficile de prendre de bonnes résolutions. Qu'est-ce que vous avez promis de changer au début de l'année ?

ZUT, IL SE MET À PLEUVOIR !

Le ciel est, par-dessus le toit (Paul Verlaine)

Pré-lecture

Paul Verlaine

Le poète Paul Verlaine (1844-1896) est connu° pour la musicalité de ses poèmes : il cherchait à mettre en valeur les sons avant le sens° des mots. Un grand nombre de ses poèmes ont été mis en musique par les grands compositeurs du XIXᵉ siècle. Verlaine était également° connu pour sa vie scandaleuse. Alcoolique, il battait sa mère, sa femme et même son enfant. Il est devenue l'amant° du jeune poète révolutionnaire et visionnaire, Arthur Rimbaud (qui est né à Charleville et y a passé sa jeunesse). Verlaine et Rimbaud ont eu des rapports orageux° ; en 1873, pendant une dispute, Verlaine a blessé° Rimbaud d'un coup de revolver. Verlaine a été condamné à deux ans de prison; il a écrit le poème *Le ciel est, par-dessus le toit* peu après son emprisonnement. Plus tard, en prison, il a retrouvé la foi religieuse de son enfance.

known
emphasize sounds over meaning

equally
lover

stormy relationship
wounded

Le ciel est, par-dessus le toit...

Paul Verlaine

above

rocks its palm frond

bell

rings

lament

gentle noise

you, there

Le ciel est, par-dessus° le toit,
Si bleu, si calme !
Un arbre, par-dessus le toit,
Berce sa palme°.
La cloche°, dans le ciel qu'on voit,
Doucement tinte°.
Un oiseau sur l'arbre qu'on voit
Chante sa plainte°.
Mon Dieu, Mon Dieu, la vie est là,
Simple et tranquille.
Cette paisible rumeur-là°
Vient de la ville.
— Qu'as-tu fait, toi que voilà°
Pleurant sans cesse,
Dis, qu'as-tu fait, toi que voilà,
De ta jeunesse ?

Allez-y !

Exercice A : Réactions

Discutez de ces questions avec deux ou trois autres étudiants.

1. Choisissez un seul mot qui représente pour vous le thème central du poème. Expliquez.
2. Quels sons sont évoqués ? Quel en est l'effet ?
3. Quels éléments du poème vous semblent particulièrement « musicaux » ? Expliquez.
4. Décrivez les éléments visuels des deux premières strophes (*stanzas*). Pourquoi, à votre avis, les a-t-il choisies ?

Exercice B : Rédaction

Regardez par la fenêtre de votre chambre et composez un poème simple basé sur ce que vous voyez.

Activités d'intégration

Sujet de discussion ou de rédaction

1. Vous êtes membre d'une commission qui doit proposer des changements au système scolaire de votre région. Quels changements allez-vous proposer au niveau (*level*) secondaire ? Et au niveau universitaire ?
2. Imaginez la conversation entre vous et votre mère ou père une semaine avant votre départ pour une année en Europe.
3. Vous allez commencer votre premier «vrai » emploi, mais vous avez des inquiétudes. Exprimez-les à votre voisin(e), qui va vous encourager.

Vocabulaire actif

Exprimer l'inquiétude, p. 357
Encourager, rassurer, p. 357
Expressions avec mettre, p. 372

Noms
l'auteur(e) *mf author*
la bourse *bursary/scholarship*
le calendrier *calendar*
le compte bancaire *bank account*
l'école primaire/secondaire *f primary/ secondary school*
l'emploi *m job*
l'étape *f stage/step*
la fin *end*
le groupe *group*
la littérature *literature*
Noël *Christmas*
l'occasion *f occasion/opportunity/chance*
Pâques *Easter*
la pièce de théâtre *play*
la poésie *poetry*
le poète *poet*
la recherche *research*
la rentrée (scolaire) *return (to school)*
le roman (policier) *(detective) novel*
le style *style*
la surprise *surprise*
le timbre *stamp*

Verbes
admettre° *to admit*
disputer *to dispute*
diviser *to divide*
échouer *to fail*
employer *to use*
éprouver *to feel*
profiter (de) *to take advantage (of)*
promettre° *to promise*
remettre° *to hand in*
se baigner *to go swimming*
se réunir *to meet*

Adjectifs
blessé(e) *injured*
impressionnant(e) *impressive*

Adverbes
calmement *calmly*
constamment *constantly*
couramment *commonly/fluently*
immédiatement *immediately*
impulsivement *impulsively*
justement *as a matter of fact/exactly*
particulièrement *particularly*
plutôt *rather*
poliment *politely*

Autres
comme prévu *as planned*

° verb presentation in chapter

Les Charbonneau à la Martinique

Mise en contexte

Les Charbonneau passent une soirée chez un collègue martiniquais, à Fort-de-France.

Objectifs communicatifs

Scène 1

Exprimer des quantités
Raconter une histoire : relier une série
   d'événements dans le passé

Scène 2

Parler du temps qu'il fait et des vêtements
Bien s'exprimer : les verbes **savoir** et **connaître**
Bien s'exprimer : le conditionnel
Exprimer des oppositions ou des contrastes

Structures et expressions

Scène 1

Quelques expressions de quantité
Le pronom en : synthèse
Le plus-que-parfait

Scène 2

Les verbes savoir et connaître
Le conditionnel
Les pronoms démonstratifs

Vocabulaire actif

Scène 1

Expressions de quantité; poids et mesures
Situer les événements au passé
Mots

Scène 2

Le temps qu'il fait
Les vêtements : par temps chaud / par temps
   froid

Culture

La Martinique : sa cuisine, sa langue créole
La Martinique : son climat, ses coutumes

Chapitre 11

Fort-de-France

Maison martiniquaise

Scène 1

Les spécialités de la région

Sur le vif !

C'est le mois de janvier. Réjean Charbonneau et sa femme Cécile sont à la Martinique[1] depuis le mois de septembre. Vous vous rappelez peut-être que M. Charbonneau fait un échange cette année avec un professeur martiniquais.

Cette conversation a lieu chez une famille martiniquaise, les Londé. Max Londé est un collègue de M. Charbonneau à l'Université des Antilles-Guyane à Fort-de-France. Les deux familles se connaissent depuis 20 ans, date du dernier séjour à la Martinique des Charbonneau.

M. Londé : Ma foi, vous aviez bien dit avant de partir, il y a vingt ans, que vous reviendriez un jour passer une autre année à Fort-de-France. Et vous revoilà°!

Here you are again!

Mme Londé : Mais oui, ça nous fait bien plaisir de vous retrouver autour de notre table. Voyons, Réjean, Cécile, un autre petit bout° de gâteau ? Une autre tasse de café peut-être ?

bit

5

M. Charbonneau : Non, je vous remercie. C'était délicieux, mais j'ai très bien mangé[2].

Mme Charbonneau : Eh bien, gourmande que je suis, je prendrais volontiers encore une toute petite tranche° de gâteau et un autre café. Votre gâteau au coco³ est tellement bon ! Vous pourriez m'en donner la recette, Hélène ?

a very small slice

Mme Londé : (*Elle sourit.*) Vous oubliez, Cécile, que nous ne préparons pas souvent nos desserts nous-mêmes. Il y a tant de bons pâtissiers que nous préférons acheter nos pâtisseries toutes faites°. (*Elle hésite.*) Alors, voici ma recette. Vous prenez votre sac° et vous descendez à la pâtisserie. Vous demandez un gâteau au coco, vous le payez, et voilà ! (*Tout le monde rit. Puis elle continue.*) Par contre, si vous pouviez me donner votre recette de la tarte au sucre⁴, ça me ferait grand plaisir. Je me souviens encore des bons plats québécois que nous avons mangés lors de° notre séjour au Québec.

ready made
purse

during

Mme Charbonneau : Vous êtes bien gentille. Oui, bien sûr, je vais vous donner la recette. Tenez, je la connais par cœur, cette recette-là. Il vous faudrait° quatre cuillerées à table° de beurre, que vous mélangerez bien avec trois quarts de tasse de cassonade°, deux tasses de lait et un tiers de tasse de farine. Avec cela, une demi-cuillerée à thé de sel, deux œufs et un quart de cuillerée à thé de vanille, et voilà ! Le tout se met dans une croûte° ordinaire, puis on le fait cuire comme d'habitude.

you would need; tablespoons
brown sugar

crust/shell

Mme Londé : (*Elle finit de prendre note de la recette.*) Merci, je la garderai précieusement.

Mme Charbonneau : Il n'y a pas de quoi. (*Elle regarde le bol de fruits sur la table.*) Dommage° que les fruits tropicaux coûtent si cher chez nous. J'en mangerais° tous les jours.

Too bad
would eat

M. Charbonneau : C'est vrai. Ils sont délicieux, mais ils coûtent les yeux de la tête° au Québec.

they cost an arm and a leg

(*Ils passent au salon pour continuer à bavarder°.*)

chat

Pour en savoir plus

1. La Martinique, une île volcanique dans les Antilles (voir la carte au début du livre), fait partie de la France. Ancienne colonie française, elle est devenue un département d'outre-mer° en 1946. La Guadeloupe, une autre île antillaise, est également un département français.

overseas

   Fort-de-France est le chef-lieu° de la Martinique. La ville a une population d'environ 100 000 personnes sur un total d'environ 400 000 pour l'île tout entière.

principal city

La forêt tropicale et les trois Pitons
(Martinique)

2. Notez que l'on dit «J'ai très bien mangé.» ou bien «Je n'ai plus faim.» en français. Ne traduisez surtout pas de l'anglais pour dire *I'm full*, puisque «Je suis plein.» veut dire «Je suis ivre.» (*I'm drunk.*) !

3. La noix de coco est un fruit de la Martinique et il n'est pas surprenant qu'on l'utilise pour faire des gâteaux. Les Martiniquais font aussi un type de gâteau riche en œufs qui s'appelle le «pain doux». On trouve également toutes les pâtisseries françaises célèbres : les éclairs au chocolat, les choux à la crème°, les mille-feuilles° ...

cream puffs; Napoleons

4. La tarte au sucre est une spécialité québécoise. Les Québécois font aussi —vous l'aurez deviné°!—une tarte au sucre d'érable°.

will have guessed; maple

Vous avez bien compris ?

Où est la réalité ?

Corrigez les phrases là où c'est nécessaire pour refléter ce qui s'est passé.

1. Les Charbonneau ont dîné chez les Londé.
2. Max Londé est un collègue de M. Charbonneau à l'université.
3. Hélène donne la recette du gâteau au coco à Cécile Charbonneau.
4. Ça fait deux ans que les Charbonneau ne sont pas venus à la Martinique.
5. Les Charbonneau adorent les fruits tropicaux.
6. Les Charbonneau mangent des fruits tropicaux tous les jours ou Québec.
7. La cuisine martiniquaise ressemble plus à la cuisine française qu'à la cuisine québécoise.
8. La scène a lieu en été.

Réflexions sur la culture

1. La cuisine martiniquaise est assez épicée (*spicy*). En Martinique, on mange beaucoup de poissons et de crustacés (*shellfish*) et beaucoup de fruits tropicaux. On y trouve aussi la cuisine française traditionnelle. Aimeriez-vous manger à la martiniquaise ? Expliquez.

On prépare le crabe pour le marché.

2. La cuisine d'une région est presque toujours influencée par son climat et sa géographie, et aussi par les ethnies (*ethnic groups*) qui sont venues s'y installer. Quelles sont les influences à la Martinique ? Dans votre propre région et dans quelques autres régions de votre pays ?

Fonctions et observations langagières

I. Exprimer des quantités

Expressions de quantité

You have already learned a number of ways to express quantities.

Rappel !			
combien de	*how much/many*	une dizaine	*around ten*
beaucoup de	*a lot*	une douzaine	*a dozen*
peu de	*little/few*	une quinzaine	*around 15*
un peu de	*a little*	une vingtaine	*around 20*
assez de	*enough*	une trentaine	*around 30*
trop de	*too much/too many*	une centaine	*around 100*
plus de	*more*	un millier	*around 1000*
moins de	*less*	une boîte de	*a box, can*
autant de	*as much/as many*	une bouteille de	*a bottle*
tant de	*so much/so many*	une tasse de	*a cup*
un litre	*a liter*	un kilo	*a kilo*
(demi-litre) de	*(half-liter)*	(demi-kilo) de	*(half-kilo)*
une tranche de	*a slice*	un verre de	*a glass*

These expressions are followed *directly* by a noun: **beaucoup d'amis; peu d'argent; une dizaine de personnes**.

- You may have noticed several new expressions of quantity in the conversation *Les Charbonneau à la Martinique*. They are included in the list below:

Vocabulaire actif : *Expressions de quantité; poids et mesures*

un bol de (fruits)	*a bowl of*
une cuillerée de (sucre)	*a spoonful of*
un morceau de (gâteau)	*a piece of*
un petit bout de (gâteau)	*a little bit of*
un carton de (lait)	*a container of*
un pot de (moutarde)	*a jar of*
(100) grammes de	
une livre de	*a pound of*
la moitié (de)	*half (of)*
un quart (de)	*a quarter (of)*
un tiers (de)	*a third (of)*
peser	*to weigh*
lourd	*heavy*
léger	*light*
un centimètre	
un mètre	
un kilomètre	

- As with the expressions of quantity you have already learned, the definite article is used with nouns only when one wishes to refer to a *specific* item.

> Un autre bout **de** gâteau = *another bit of cake*
> Un autre bout **du** gâteau = *another bit of **the** cake*

Allez-y !

Exercice A : Pratique pratique

Combinez les éléments suivants pour dire ce que vous avez pris au petit déjeuner :

une tasse de	pain
un verre de	céréales
un bol de	café
une tranche de	beurre
un peu de	jus d'orange

Exercice B : Les provisions

Vous êtes au marché de Fort-de-France. Combinez les quantités et les produits pour dire ce que vous allez acheter. Attention à la logique : n'oubliez pas que vous êtes à la Martinique ! Comparez votre liste à celle d'un(e) camarade de classe.

Que choisir au marché de Fort-de-France ?

quantités

une bouteille de	___ grammes de
une boîte de	___ kilos de
un pot de	___ litres de
un carton de	etc.

produits

mélasse (*molasses*)	gruyère *m*
lait de poule (*eggnog*)	fromage cheddar
riz *m*	vin canadien
miel *m*	vin français
Shreddies	cassonade (*brown sugar*)
rhum *m*	soupe Campbell's
Coca Cola	moutarde de Dijon
mangues *f*	lait *m*
bananes *f*	

Exercice C : Mon sandwich préféré

Expliquez comment faire le sandwich que vous mangez le plus souvent ou votre omelette préférée.

> modèle : Mon sandwich préféré s'appelle un croque-monsieur.
> D'abord, vous prenez deux tranches de pain. Ensuite …

ingrédients possibles

votre sandwich	votre omelette
le rosbif	les œufs *m eggs*
le poulet	les champignons *m mushrooms*
le jambon	la chair à saucisse *sausage meat*
le thon *tuna*	les oignons *m*
le salami	les poivrons verts *green peppers*
le fromage	le fromage
le beurre d'arachide	le bacon
peanut butter	le jambon
la confiture *jam*	le sel; le poivre *salt; pepper*
la laitue, la tomate,	
la mayonnaise, la moutarde	
?	?

Le pronom en : synthèse

You may have noticed the pronoun **en** used a number of times in this conversation. For example:

> *Madame Charbonneau* : Votre gâteau au coco est tellement bon ! Vous pourriez m'**en** donner la recette, Hélène ?
> ... Dommage que les fruits tropicaux coûtent si cher chez nous. J'**en** mangerais tous les jours.

Rappel et Synthèse !

En replaces a noun preceded by an indefinite article (**un, une, des**), by a partitive article (**du, de la**), or by **de** in the negative. With the exception of the singular indefinite article (**un, une**), the articles are dropped.

> Tu as **une voiture** ? Oui, j'**en** ai **une**.
> Prends-tu **des bananes** ? Oui, j'**en** prends.
> Veux-tu **du café** ? Oui, j'**en** veux.
> Je n'ai pas **d'argent**. Et toi ? Je n'**en** ai pas, moi non plus.

In addition, the pronoun **en** may also replace a noun in the following situations:

- When preceded by the preposition **de**, **du**, **de la**:

  > As-tu besoin **de** ta voiture ? Oui, j'**en** ai besoin.
  > Ce café vient-il **du** Costa Rica ? Oui, il **en** vient.

- In an expression of quantity:

  > Y a-t-il **beaucoup de** neige au Québec ? Oui, il y **en** a **beaucoup**.
  > Est-ce qu'elle a mangé **une tranche de** gâteau ? Oui, elle **en** a mangé **une tranche**.

Exercice A : Pratique pratique

Répondez aux questions suivantes en utilisant le pronom **en** :

1. Avez-vous un chat ?
2. Mettez-vous du sucre dans votre thé ?
3. Avez-vous mangé des œufs ce matin ?
4. Les Martiniquais mangent-ils beaucoup de fruits ?
5. Et vous ? Mangez-vous assez de fruits et de légumes ?
6. Au restaurant, commandez-vous souvent de la pizza ?
7. Combien de tasses de café prenez-vous par jour ?
8. Avez-vous assez de temps libre ?
9. Avez-vous assez d'argent ?
10. Avez-vous besoin de vacances ?

Exercice B : La tarte au sucre

Avez-vous assez d'ingrédients à la maison pour faire une tarte au sucre ? Travaillez avec une autre personne. L'une (A) regardera la liste, à gauche, des ingrédients et des quantités nécessaires. L'autre (B) regardera la liste, à droite, des ingrédients disponibles et demandera quelles quantités il faut utiliser. Bon appétit !

> modèle : B - Combien de beurre faut-il ?
> A - Il **en** faut 4 cuillerées à table.
> B - Ça va, nous **en** avons assez. Et combien d'œufs ?
> A - Il **en** faut 2.
> B - Nous **en** avons seulement un. Il faut **en** acheter, etc.

Personne A : ingrédients nécessaires

4 c. à table de beurre
3/4 de tasse de cassonade
2 tasses de lait
1/3 de tasse de farine
1/2 c. à thé de sel
2 œufs
1/4 de c. à thé de vanille

Personne B : ingrédients disponibles

1 tasse de beurre
1/2 tasse de cassonade
un litre de lait
un kilo de farine
une boîte de sel
1 œuf
pas de vanille

Exercice C : Les besoins des étudiants

En groupes, discutez de ce qu'il faut avoir quand on est étudiant. Ensuite, comparez les idées de différents groupes.

- du temps libre
- un emploi à temps partiel
- de la patience
- des profs sympas
- de l'ambition
- du courage
- de l'argent
- ???

modèle : - As-tu assez de temps libre ?

- Non, je n'**en** ai certainement pas assez, mais Dieu sait que j'**en** ai besoin !

Ensuite, considérez l'époque où vous étiez à l'école secondaire et comparez vos réponses. (Utilisez l'imparfait.)

modèle : - Avais-tu du temps libre ?

- J'**en** avais plus que maintenant.

II. Raconter une histoire : relier une série d'événements dans le passé

Le plus-que-parfait

It is common, when relating a series of events, to distinguish between an event that took place in past time and another one that took place at an *even earlier* period in past time. The tense normally used to discuss the action which occurred *first* is the pluperfect, or **plus-que-parfait**. For example, M. Londé had this to say when greeting the Charbonneaus:

Monsieur Londé : ... vous **aviez** bien **dit** avant de partir ... que vous reviendriez° un jour ...

would come back

M. Charbonneau had made a promise (note the use of **had** + verb in English) and *subsequently* left the island.

- The tense is formed by combining the *imperfect* tense of the auxiliary verb **avoir** or **être** as appropriate and the past participle. Here are the forms of the **plus-que-parfait** for the verbs **manger** and **sortir**:

manger

j'**avais mangé**	nous **avions mangé**
tu **avais mangé**	vous **aviez mangé**
elle / il / on **avait mangé**	elles / ils **avaient mangé**

sortir

j'**étais sorti(e)**	nous **étions sorti(e)s**
tu **étais sorti(e)**	vous **étiez sorti(e)(s)**
elle **était sortie**	elles **étaient sorties**
il / on **était sorti**	ils **étaient sortis**

- The rules for the agreement of the past participle are the same as for the **passé composé**. This is true for *all* compound tenses in French.

Exercice A : Pratique pratique

Fournissez la forme correcte du plus-que-parfait dans les phrases suivantes :

Avant d'arriver à l'université ce matin,

1. je (promener mon chien)
2. je (déjeuner)
3. je (parler à ma meilleure amie)
4. je (aller au magasin)
5. je (se laver les cheveux)

Répétez ensuite l'exercice en utilisant comme pronom sujet : nous, vous, mes parents, Marie, tu

Exercice B : L'enfant précoce

Sylvie pense qu'elle était une fille bien plus précoce que sa copine Valérie. Inventez leur dialogue en suivant le modèle.

modèle : apprendre à nager / trois ans
écrire un roman

Valérie : Moi, j'avais appris à nager avant l'âge de quatre ans.
Sylvie : Ah, oui ? Eh bien, moi j'avais déjà écrit un roman à cet âge-là !

1. apprendre à parler / avant l'âge d'un an
apprendre à marcher
2. commencer à jouer du piano / avant l'âge de deux ans et demi
composer une symphonie
3. faire du ski / avant l'âge de quatre ans
faire de la luge
4. apprendre à jouer aux échecs *(chess)* / avant l'âge de six ans
gagner un tournoi *(tournament)* d'échecs
5. apprendre à parler deux langues étrangères / avant l'âge de neuf ans
lire un roman en russe
6. aller seule au cinéma / avant l'âge de onze ans
tourner *(make)* un film
7. choisir son futur métier / avant l'âge de quatorze ans
créer un résumé
8. piloter un avion / avant l'âge de dix-huit ans
faire du parachutisme

Exercice C : Je me demande un peu ...

Est-ce que votre partenaire avait déjà fait les choses suivantes avant de commencer ses études à l'université ?

modèle : étudier un peu le français
**Est-ce que tu avais déjà étudié un peu le français
avant de commencer tes études à l'université ?**

1. étudier l'espagnol
2. apprendre à cuisiner

3. voir un concert rock dans sa ville
4. avoir un emploi à temps partiel
5. être acteur / actrice dans une pièce de théâtre
6. travailler comme bénévole (*volunteer*)
7. faire du saut à l'élastique (*bungie*)
8. vivre loin de sa famille

Exercice D : Si seulement j'avais pu être là à l'heure ...

Imaginez ce qui s'était déjà passé dans les situations suivantes.

> modèle : Vous êtes arrivé(e) en retard en classe ce matin,.
> Quand je suis arrivé(e) en classe ce matin, le prof d'histoire avait déjà commencé à parler de la Renaissance et tout le monde avait déjà pris beaucoup de notes.

Vous êtes aussi arrivé(e) en retard pour ...

1. un rendez-vous au café avec votre petit(e) ami(e)
2. votre repas d'anniversaire à la maison
3. un film que vous vouliez voir avec un ami
4. un rendez-vous avec votre dentiste
5. un avion qui devait vous emmener en vacances à Tahiti
6. un rendez-vous avec votre prof pour expliquer pourquoi vous semblez rêver si souvent en classe ...

- The following expressions are among those that you will find useful when linking past events. Various combinations of these and other adverbial expressions are of course possible.

> Exemple : Ce matin, j'ai enfin retrouvé mon portefeuille; je l'**avais perdu** avant-hier.

Vocabulaire actif : *Situer les événements au passé*	
ce matin, cette nuit	*this morning, last night*
ce jour-là	*that day*
hier, avant-hier	*yesterday, the day before yesterday*
cette semaine	*this week*
la semaine dernière, précédente	*the previous or last week*
le mois dernier, précédent	*the previous or last month*
l'année dernière, précédente	*the previous or last year*
à cette époque-là	*in those days*
à un moment donné, ensuite	*at one point, next*
auparavant	*previously, beforehand*

Exercice A : On est bien curieux !

Posez les questions suivantes à votre partenaire :

1. À quelle heure t'es-tu réveillé(e) ce matin ?
2. As-tu bien dormi cette nuit ?
3. Es-tu sorti(e) hier soir ? Et avant-hier soir ?
4. Combien de fois es-tu allé(e) au gymnase cette semaine ? Et la semaine dernière ?
5. Combien de fois es-tu allé(e) au cinéma le mois dernier ?
6. Où habitais-tu l'année dernière ? Et l'année précédente ?
7. Pense à ton enfance. Aimais-tu l'été à cette époque-là ? Et l'hiver ?

Exercice B : L'interrogation

Demandez à trois personnes de quitter la salle de classe pendant quelques minutes. Pendant leur absence, imaginez un crime qui aurait été commis (*which allegedly took place*) sur le campus. Les trois étudiants sont des suspects. Interrogez-les sur leurs activités dans le but d'identifier le (la) coupable (*the guilty party*).

Exercice C : Une histoire

Composez une histoire à partir des éléments proposés. Utilisez les expressions de la liste **Situer les événements au passé** et choisissez le temps verbal qui convient (*imparfait, passé composé, plus-que-parfait*).

décider de faire du camping
emprunter (*borrow*) l'équipement nécessaire
acheter les provisions
choisir le site, la date
réserver le site
etc.

La mer à Fort-de-France (Martinique)

Scène 2

Contrastes

Sur le vif !

La conversation se poursuit.

M. Charbonneau : Pense donc un peu, Cécile. Nous voici au mois de janvier en manches courtes et sandales, en train de respirer l'odeur des fleurs et de faire des promenades sur la plage[1]. Au Québec, nos pauvres compatriotes doivent se lever tôt tous les matins pour pelleter° la neige. Ah ... ça fait un bon changement !

Mme Charbonneau : C'est vrai. La vie semble bien douce ici par rapport au° Canada.

M. Londé : Oui, mais la nature n'est pas toujours calme. Du mauvais temps, nous en avons aussi, vous savez. Vous ne connaissez pas l'hivernage[1] ici. Ce n'est pas la saison de la neige, mais celle des pluies, et il y a quelquefois des cyclones violents. Et qui sait si la montagne Pelée[2] va encore entrer en éruption°?

Mme Charbonneau : C'est vrai. Nous, au Québec, nous savons qu'il va neiger fort et faire froid chaque hiver. Si on annonce une grande tempête de neige, nous pouvons toujours nous réfugier° à la maison devant un feu de bois° et attendre que ça se termine. Mais où se réfugier en cas de cyclone, avec des vents de 200 km à l'heure, des pluies torrentielles ? Il doit y avoir beaucoup de destruction.

---

shovel

compared with

erupt

take refuge; wood fire

M. Londé : Oh oui, il y en a beaucoup ! Ça peut être effrayant°. Mais on s'habitue à° tout. La nature est comme ça, ici. Là où il y a des tremblements de terre, les gens savent que la possibilité existe toujours. C'est la vie, n'est-ce pas ? [20]

frightening
get used to

Mme Londé : Écoutez, il n'y a pas de tornade ce soir ! Ce serait bien agréable de finir notre soirée par une petite promenade sur la plage, non ? On y va ?

(Les quatre amis se dirigent vers la plage, derrière la maison des Londé. Là, ils rencontrent Yves, le neveu de M. Londé, avec son amie, Aline.) [25]

M. Charbonneau : Quelle belle plage ! Toujours la même ... Mais la Martinique a bien changé depuis mon dernier séjour ici. Vous n'allez pas me croire, les jeunes, mais il y a 20 ans il n'y avait pas d'autoroutes comme celles qui relient° maintenant les petites villes et la capitale. Et puis, vous étudiez maintenant le créole[3] à l'école, n'est-ce pas ? Qu'est-ce que vous pensez de cela ? [30]

link

Yves : Je suis fier d'étudier ma langue maternelle à l'école.

Aline : Moi aussi. J'aime bien le français, mais je me sentirais à moitié absente si le créole ne faisait pas partie de ma vie à l'école.

M. Londé : C'est comme ça que je me sentais quand j'avais votre âge, vous savez. On n'avait même pas le droit de parler créole à l'école. Ceux qui le faisaient risquaient la punition. C'est bien de revaloriser° nos racines°. [35]

to reassert the value of; roots

Yves : Oui, et en même temps nous entrons dans l'ère moderne avec notre magnifique complexe sportif de Fort-de-France,[4] tout beau, tout nouveau. Il a plus de 16 000 places assises et la billetterie° et la sécurité sont informatisées°. [40]

ticket purchasing system; computerized

Mme Charbonneau : Imaginez les changements que nous trouverons à notre prochaine visite !

Mme Londé : Promettez-nous seulement qu'il ne faudra pas attendre 20 ans encore pour vous revoir !

Pour en savoir plus

1. La Martinique jouit d'°un climat tropical tempéré : les températures minima et maxima se situent entre 22°C et 30°C toute l'année, avec une humidité élevée (entre 65% et 91%). La saison des pluies, de juin à novembre, s'appelle «l'hivernage». De juillet à septembre, il y a des risques de cyclones ou d'ouragans°.

enjoys

hurricanes

2. L'éruption de la montagne Pelée, en 1902, a complètement détruit la ville de Saint-Pierre et a fait 38 000 morts. Le seul survivant, le prisonnier Auguste Cyparis, se trouvait dans un cachot°. Il est fréquent de trouver des allusions à ce tragique événement dans la littérature francophone des Antilles.

prison cell

depending on

fans; soccer

3. Le créole est une langue que l'on trouve aux Antilles (ainsi qu'en Louisiane et dans beaucoup d'autres pays). Il y a plusieurs langues créoles, chacune étant le résultat du contact de différents peuples et langues. Elles sont composées d'éléments français, espagnols, portugais, néerlandais et de langues africaines (avec des éléments différents pour chaque créole, suivant° l'histoire coloniale du pays en question). Le créole est la langue maternelle des Antillais et c'est la langue qu'ils parlent de préférence entre eux. Pourtant—nous venons de le voir dans la conversation—jusqu'à récemment, ils n'avaient pas le droit de parler créole à l'école.

4. Le stade de Dillon, à Fort-de-France, répond à la demande d'installation sportives au niveau du département tout entier. C'est un lieu où les très nombreux mordus° du football°, de l'athlétisme et du rugby peuvent venir applaudir leurs équipes.

Vous avez bien compris ?

Vrai ou faux ?

Corrigez le sens des phrases si elles sont incorrectes.

1. Les Charbonneau passent plusieurs mois à la Martinique tous les six ou sept ans.
2. La Martinique est une petite île assez isolée et la vie y change très lentement.
3. Il fait toujours beau à la Martinique.
4. Autrefois, les enfants n'avaient pas le droit de parler créole à l'école.
5. La plupart des Martiniquais ont de plus en plus honte de parler créole.
6. La Martinique s'est beaucoup modernisée.
7. Beaucoup de Martiniquais adorent le football.

Réflexions sur la culture

1. Qu'est-ce qui vous intéresse le plus à la Martinique ? Est-ce que l'idée d'y faire un séjour prolongé vous tente ? Commentez.
2. Quels sports font partie de votre culture ? Que savez-vous des complexes sportifs réservés à ces sports ?

Fonctions et observations langagières

I. Parler du temps qu'il fait et des vêtements

Le temps qu'il fait

In Chapter 5 you learned some basic vocabulary relative to the weather. The conversation *Les Charbonneau à la Martinique* included some vocabulary for rather extreme weather conditions. Below is a list of those, as well as of other more common weather phenomena:

> **Vocabulaire actif :** *Le temps qu'il fait*
>
> | | |
> |---|---|
> | un ouragan | *hurricane* |
> | un cyclone | |
> | un tremblement de terre | *earthquake* |
> | une éruption volcanique | |
> | une tempête de neige | *snowstorm* |
> | une averse | *shower* |
> | des pluies torrentielles | *torrential rains* |
> | ensoleillé | *sunny* |
> | nuageux | *cloudy* |
> | sec-sèche | *dry* |
> | humide | *moist / damp* |
> | pelleter la neige | *to shovel snow* |
> | une souffleuse | *snowblower* |

Exercice A : Le climat

Si possible, travaillez avec quelqu'un qui ne vient pas de la même région que vous. Posez des questions afin de savoir si cette personne connaît les phénomènes météorologiques suivants. Demandez-lui d'en indiquer la fréquence :

jamais - rarement - quelquefois - assez souvent - souvent

- des éruptions volcaniques
- des tremblements de terre
- des ouragans
- des cyclones
- des pluies torrentielles
- des vents violents
- des tempêtes de neige
- des journées très chaudes et sèches
- des journées très chaudes et humides

> modèle : Chez toi, y a-t-il souvent des cyclones ?
> **Non, il n'y en a jamais.**

Exercice B : Où sommes-nous ?

Inventez une prévision météorologique. Les autres étudiants devront identifier la région impliquée.

Les vêtements : par temps chaud / par temps froid

The Charbonneau's wardrobe in Martinique is no doubt radically different from what they normally wear in the winter ! Many of the articles of clothing appropriate to both a cold North-American winter and a much warmer Caribbean winter are included in the list below:

Vocabulaire actif : *Les vêtements : par temps chaud / par temps froid*

un blouson	*jacket*
un manteau d'hiver	*winter coat*
un imperméable	*raincoat*
un anorak	*ski jacket*
une robe en coton	*cotton dress*
une robe en laine	*wool dress*
une chemise à manches courtes	*short-sleeved shirt*
une chemise à manches longues	*long-sleeved shirt*
un T-shirt	
une tuque	*ski cap*
un débardeur	*tank-top*
une écharpe	*scarf*
un foulard (en soie)	*(silk) scarf*
un short	
des gants fourrés	*lined gloves*
un maillot de bain	*bathing suit*
un pull-over (un pull)	
des bottes de pluie	*rain boots*
un sweat-shirt (un sweat)	
des sandales	
des chaussettes (en laine)	*socks (woolen)*
des tennis	*sneakers*
des bottes de neige	*winter boots*
des lunettes de soleil	*sunglasses*
des chaussures de cuir	*leather shoes*
un parapluie	*umbrella*
à manches longues / courtes	*long/short-sleeved*

Rappel !

porter *wear, carry;* **mettre** *put on;* **s'habiller** *to get dressed*

Allez-y !

Exercice A : Faisons nos bagages !

Vous vous préparez pour un voyage au mont Sainte-Anne pendant les vacances de février. Qu'est-ce que vous allez porter et qu'est-ce que vous allez mettre dans votre valise ? Pensez au confort aussi bien qu'à la mode. Et pour une semaine à la Guadeloupe, à la même saison ?

Exercice B : Où acheter ?

Dites où vous achetez (ou avez acheté) les vêtements dans la liste précédente. Comparez votre réponse à celle de votre voisin(e).

> modèle : J'ai acheté mon blouson à la Baie.
>
> Ah oui ? Moi, mes parents m'ont offert ce blouson pour mon anniversaire.

II. Bien s'exprimer : les verbes savoir et connaître

You have already seen the verbs **savoir** and **connaître**, both of which mean *to know*. Their meanings are not exactly the same, however, and they are not interchangeable. Here are a few examples from this chapter's conversations:

> Les deux familles **se connaissent** depuis 20 ans.
> *Monsieur Londé* : Du mauvais temps, nous en avons aussi, vous **savez**. Vous ne **connaissez** pas l'hivernage ici ... Et qui **sait** si la montagne Pelée va encore entrer en éruption ?

- The verb **connaître** is always used with a noun or pronoun and primarily means to know people, to be familiar with things or places.

> Connaissez-vous **Québec** ? Non, je connais très peu **Québec**.
> Connais-tu **Hélène** ? Oui, je **la** connais bien.

NEL · *Scène 2   Contrastes*   **395**

connaître

je conn**ais**	nous conn**aissons**
tu conn**ais**	vous conn**aissez**
elle / il / on conn**aît**	elles / ils conn**aissent**

participe passé : connu (j'ai connu)
futur : connaîtr-

Note that the verb **reconnaître** (*to recognize*) is conjugated like **connaître.**

Allez-y !

Exercice A : Pratique pratique

Complétez les phrases suivantes avec la forme correcte du verbe **connaître** (au présent de l'indicatif) :

1. _____-vous Ottawa ?
   Je _____ un peu Ottawa.
2. Tes parents _____-ils bien tes amis ?
   Ils en _____ certains.
3. Nous _____ bien notre prof de français.
   _____-tu bien ton prof de biologie ?
4. Mon chien est très affectueux. Il _____ tout le monde dans le quartier.

Maintenant, imaginez un contexte passé et refaites l'exercice en utilisant l'imparfait.

- The verb **savoir** means *to have knowledge* of or *to know how.*

savoir

je **sais**	nous **savons**
tu **sais**	vous **savez**
elle / il / on **sait**	elles / ils **savent**

participe passé : su (j'ai su)
futur : saur- (je saurai)

Savoir may be used alone, as in sentence 1 below, with a subordinate clause as in sentences 2 and 3, or with an infinitive as in sentence 4. When it is used with a noun or pronoun, as in sentence 5, it has the meaning of knowing *by heart* (**savoir par cœur**), or it may be used with a pronoun to refer back to an entire idea as in sentence 6.

1. Du mauvais temps, nous en avons aussi, vous savez.
2. Et qui sait si la montagne Pelée va encore entrer en éruption ?
3. Nous savons qu'il va neiger ...
4. Elle sait programmer un ordinateur.
5. L'hymne (*anthem*) national ? Je le sais par cœur.
6. On m'a dit que **les Charbonneau étaient en Martinique**. Oui, je le sais.

Exercice A : Pratique pratique

Complétez les phrases suivantes avec la forme correcte du verbe **savoir** (au présent de l'indicatif) :

1. _____-tu l'alphabet grec ?
   Non, mais je _____ l'alphabet cyrillique parce que j'ai étudié le russe.
2. Il va neiger aujourd'hui, tu _____. Tu devrais mettre tes bottes !
   Oui, papa, je _____ ! Je ne suis plus un bébé !
3. Il y a une chanson française pour enfants qui s'appelle, _____-*vous planter les choux ?*
4. J'ai trop de travail ! Les profs ne _____-ils pas que nous suivons plusieurs cours ?
5. Y a-t-il des poèmes que tu _____ par cœur ?
6. Je _____ danser la valse. Et toi ?

Exercice B : Pratique pratique

Choisissez la forme convenable de **savoir** ou **connaître**.

1. Est-ce que tu _____ que Marguerite est malade ?
2. Nous _____ assez mal la cuisine japonaise.
3. Murielle _____ Jean depuis plus de quinze ans.
4. Ils ne _____ pas encore parler allemand.
5. _____ - ils mieux la Martinique ou la Guadeloupe ?
6. Tu _____ assez bien leur tante, n'est-ce pas ?
7. Je _____, je _____, c'est une très mauvaise idée !

Exercice C : Connaissances géographiques

Demandez à une autre personne si elle connaît les villes suivantes. Ajoutez d'autres villes à la liste si vous le voulez.

> modèle : Connais-tu Montréal ?
> **Non, je n'y suis jamais allé(e), mais je sais que c'est une grande ville cosmopolite.**
> **Oui, je connais un peu (assez bien, très bien) Montréal.**

1. New York
2. Londres
3. Ottawa
4. San Francisco
5. Saint-Pierre
6. Winnipeg
7. Fort-de-France
8. Québec

Exercice D : Qui sait jouer au golf ?

Circulez dans la classe pour trouver une ou deux personnes qui possèdent les compétences voulues.

1. _____ sait jouer au golf.
2. _____ et _____ savent jouer au tennis.
3. _____ sait jouer au bridge.
4. _____ et _____ savent jouer du piano.

5. _____ sait jouer de la flûte.
6. _____ sait faire un soufflé au fromage.
7. _____ et _____ savent faire du ski alpin.
8. _____ sait faire du ski de fond.

Exercice E : Autrefois et à l'avenir

Comparez vos compétences dans le passé et à l'avenir. Identifiez trois activités.

> modèle : Quand j'avais 10 ans, je savais sauter à la corde *(jump rope)*.
> Quand j'aurai 60 ans, je saurai parler italien, et je connaîtrai
> plusieurs pays parce que je voyagerai beaucoup.

III. Bien s'exprimer : le conditionnel

In *Contrastes*, we saw a new verb structure:

> *Aline* : ... Je me **sentirais** à moitié absente si le créole ne faisait pas partie
> de ma vie à l'école.

It is useful at this point to learn the *conditional* mood, since it has several important functions in French. Its meaning normally corresponds to "would + verb" in English, for example, *I would sing, I would go*, etc.

This use of the conditional expresses the consequence of a contrary-to-fact hypothesis.

> Reality : I *do* speak Creole in school and I *feel* fully present there.
> Hypothesis : If Creole *were not* part of my social life, I *would feel* half
> absent.

La formation du conditionnel présent

- Simply add the endings of the *imperfect* tense to the *future* stems (both regular and irregular) that you have learned in earlier chapters. For once, there are *no* exceptions!

future stem + imperfect ending = present conditional

- The conditional of the regular verbs **parler**, **finir**, **vendre** and the irregular verb **faire** will serve as examples:

	parler	**finir**	**vendre**	**faire**
je	parlerais	finirais	vendrais	ferais
tu	parlerais	finirais	vendrais	ferais
elle / il / on	parlerait	finirait	vendrait	ferait
nous	parlerions	finirions	vendrions	ferions
vous	parleriez	finiriez	vendriez	feriez
elles / ils	parleraient	finiraient	vendraient	feraient

- Before continuing, you may wish to review the irregular future stems you learned in Chapter 8 (p. 279).

Allez-y !

Exercice A : Pratique pratique

Conjuguez oralement les verbes suivants au présent du conditionnel :

1. regarder (je, tu)
2. rougir (ils, nous)
3. répondre (tu, vous)
4. venir (je, elle)
5. avoir (nous, elles)
6. savoir (je, nous)
7. pouvoir (ils, tu)
8. aller (il, vous)
9. être (nous, elle)
10. falloir (il)

Emplois du conditionnel

Rappel !

To speak politely in expressing requests or suggestions rather than somewhat brusquely or bluntly, the conditional is chosen rather than the present tense. The conditional of the verbs **vouloir, pouvoir** and **devoir** are used frequently in this context. Compare:

Je **veux** (*want*) vous voir.

Je **voudrais** (*would like*) vous voir.

Pouvez-vous (*can you*) le faire ?

Pourriez-vous (*could you/would you be able to*) le faire ?

Vous **devez** (*must*) lui parler.

Vous **devriez** (*should/ought to*) lui parler.

Allez-y !

Exercice A : Un peu de diplomatie !

Quand on est pressé, on a souvent tendance à parler un peu brusquement. Reformulez les remarques suivantes pour les rendre un peu moins abruptes.

modèle : Vous avez l'heure ?
Pourriez-vous m'indiquer l'heure ? etc.

1. Je veux vous voir dans dix minutes.
2. Pouvez-vous m'apporter le dossier sur les pluies acides ?
3. Vous devez être chez moi à six heures.
4. Peux-tu m'aider à finir ce rapport ?
5. Voulez-vous me taper (*type*) cette lettre tout de suite ?
6. Vous ne devez pas être en retard pour la réunion.

Exercice B : Franchement, à ta place ...

Quels conseils donneriez-vous à un(e) ami(e) dans les situations suivantes ?

> modèle : Je n'ai pas envie d'aller au laboratoire de langues aujourd'hui.
>
> **Ah bon ? À ta place, j'irais au labo tout de même.**
> ou
> **Tu as raison, tu pourrais aller au labo demain, après tout !**

1. J'ai une nouvelle carte de crédit; je vais acheter un lecteur de disques compacts.
2. Je vais aussi acheter un micro-ordinateur; c'est très pratique pour les devoirs.
3. J'ai un prêt-étudiant (*student loan*) cette année, mais je n'ai pas l'intention de le rembourser.
4. J'ai trop maigri (*lost too much weight*) récemment. Je vais prendre cinq repas par jour cette semaine.
5. On m'a proposé un très bon emploi d'été hier, mais je voulais aller dans le Yukon en juillet.
6. J'ai un examen de biologie demain matin, mais il y a un match de basket au Pavillon des Sports, ce soir. Je pense que je vais emporter mes notes de biologie au match.

The conditional has other uses as well.

- **Indirect speech:** You will perhaps remember the comment in *Les Charbonneau à la Martinique* :

> *Monsieur Londé* : ... vous **aviez** bien **dit** ... que vous **reviendriez** un jour passer une autre année à Fort-de-France.

Choose the conditional when indicating, in *past* time, what someone said *would* take place in the future. Compare:

Elle **dit** qu'elle **sera** là.	*She says she will be there.*
Elle **a dit** qu'elle **serait** là.	*She said she would be there.*

Allez-y !

Exercice A : Mais non, il n'a jamais dit ça !

On pense souvent qu'on a bien compris à quel moment quelque chose doit se passer, mais il peut y avoir des malentendus.

modèle : Paul arrivera vers cinq heures. (six heures)
Mais non, il a dit qu'il arriverait vers six heures.

1. Marc sera ici à dix heures. (dix heures et demie)
2. Christine partira en Colombie-Britannique demain. (lundi)
3. Jean et Christophe finiront leurs analyses ce soir. (pendant le week-end)
4. Madeleine ira à Trois-Rivières en mai. (en juillet)
5. J'aurai le temps de t'aider demain soir. (demain matin)
6. Robert achètera le vélo jeudi. (la semaine prochaine)

- **Making hypotheses:** The examples below, also taken from the dialogue, serve to illustrate this equally important use of the conditional.

> *Madame Londé* : ... si vous pouviez me donner votre recette de la tarte au sucre, ça me **ferait** grand plaisir.
>
> *Madame Charbonneau* : Dommage que les fruits tropicaux coûtent si cher chez nous. J'en **mangerais** tous les jours.

We will return to this point in the next chapter.

Allez-y !

Exercice A : Imaginons un peu

En quoi votre vie serait-elle différente si vous aviez un âge différent, si vous habitiez dans une autre ville (un autre pays) ou si vous étiez membre du sexe opposé ?

> modèle : Si j'habitais à la Martinique, je parlerais créole et français. Je n'aurais pas de bottes d'hiver ni d'anorak. Mes amis canadiens viendraient me voir chaque année. Je serais bien content(e) !

IV. Exprimer des oppositions ou des contrastes

Les pronoms démonstratifs

We frequently use a pronoun to refer to the *second* element of two items that are being contrasted. For example, when M. Londé was comparing the winter season of France and Martinique, he said:

> *Monsieur Londé* : Ce n'est pas la saison de la neige, mais **celle** des pluies ...

- **Celle** is one of the *demonstrative pronouns* of French. Note first the forms of these pronouns:

	sing.	*pl.*
m	**celui**	**ceux**
f	**celle**	**celles**
	this one/that one/the one	*these/those/the ones*

- Demonstrative pronouns may not be used alone unless they are followed by a prepositional phrase (**celle des pluies** in the example above) or by a relative pronoun (**qui, que,** etc.) as in another example from the dialogue:

  Monsieur Londé : **Ceux** qui le faisaient risquaient la punition.

- Adding the suffixes **-ci** and **-là** provides precision, as in the following examples:

  Quel vélo préfères-tu, **celui-ci** ou **celui-là** ? (*this one or that one*)
  Il ne sait pas quelles bottes acheter. **Celles-ci** (*these*) coûtent très cher, mais **celles-là** (*those*) sont assez laides.

> **Rappel !**
>
> The suffixes **-ci** and **-là** are also used with demonstrative adjectives. For example:
>
> **Cet** hôtel-**ci** est meilleur que **celui-là.**

- Demonstrative pronouns followed by the preposition **de** are frequently used to indicate possession.

  Le chien ? Je pense que c'est **celui de** Raymond. (*Raymond's*)
  J'aime bien les tableaux de Lemieux, mais je préfère **ceux de** Riopelle. (*Riopelle's*)

- The demonstrative pronoun **ça** (*that*), frequently seen earlier in informal conversations, refers to general situations rather than definite items. It is a contraction of the more formal **cela.** Both **ça** and **cela** refer back to an idea.

  Maria : Passer la journée dans un train, c'est fatigant, **ça.**

Ceci introduces an idea.

  Écoutez bien; **ceci** est très important.

Allez-y !

Exercice A : Pratique pratique

Imitez le modèle en travaillant avec un(e) autre étudiant(e). Changez de rôle au milieu de l'exercice.

> modèle : voiture (beau)
> *Vous* : Cette voiture-ci est très belle.
> *Votre partenaire* : Oui, mais **celle-là** est encore plus belle.

1. affiche (beau)
2. gâteau (appétissant)
3. tableaux (joli)
4. maison (grand)
5. robes (élégant)
6. arbre (beau)

Exercice B : Préparez vos réponses !

Posez les questions suivantes à votre voisin(e); comparez vos réponses.

1. Préfères-tu la musique des années soixante-dix ou celle des années quatre-vingt-dix ?
2. Si tu as le choix, portes-tu tes propres vêtements, ceux de tes frères et sœurs, ou ceux de tes ami(e)s ?
3. Es-tu tenté(e) de revoir les films que tu as beaucoup aimés, ou de voir ceux que tu n'as pas encore vus ?
4. As-tu tendance à respecter les idées de tes parents ou celles de tes camarades ?
5. À quel cours as-tu le plus envie de réussir : à ce cours de français ou à celui que tu considères le plus difficile cette année ?

Exercice C : Le marché imaginaire

Créez un marché imaginaire dans votre classe à partir des possessions des étudiants : deux ou trois manteaux, sacs, stylos, paires de bottes, paires de lunettes, etc ! Une personne jouera le rôle du vendeur / de la vendeuse et les autres membres de la classe seront les clients.

> modèle : Vendeur / Vendeuse : Vous désirez ?
> Client(e) : Je cherche un nouveau manteau.
> Vendeur / Vendeuse: Préférez-vous celui-ci ou celui-là ?
> Client(e) : J'aime bien celui en laine beige.

Plus loin

Lettre de Réjean Charbonneau

Pré-lecture

Réjean Charbonneau envoie à Jane, au Québec, une lettre à inclure dans son prochain numéro du *Journal*. Avant de parler de la Martinique, il va mentionner la Nouvelle-Angleterre francophone. Qu'en savez-vous déjà ? Et la Martinique elle-même, la connaissiez-vous déjà un peu avant de lire ce chapitre de *Bonne route* ? Que saviez-vous de la situation linguistique là-bas ?

Fort-de-France,
le 28 janvier

Chère Jane,

J'ai bien apprécié ta lettre et les nouvelles que tu me donnes de tes activités. Je suis très heureux d'apprendre que tu as eu l'occasion de visiter* ta famille en Nouvelle-Angleterre et que Gabrielle a pu t'accompagner. Moi aussi, j'ai été fasciné de trouver dans cette région tant de traces vivantes de la présence française en Amérique du Nord. Et les ancêtres des francophones qui habitent cette région venaient, comme tu le sais bien, du Québec !

La Martinique a bien changé depuis mon dernier séjour ici il y a 20 ans. Je la trouve bien plus moderne (il y a maintenant des autoroutes qui relient les petites villes et la capitale) et plus française. Il y a eu une immigration importante de «métros»[1] (les Français de France) entre 1975 et 1995. Mais en même temps j'ai l'impression que les Martiniquais deviennent de plus en plus Martiniquais, et fiers de l'être ! Je vois que le créole est enseigné à l'école et à l'université, et qu'il y a toute une nouvelle littérature écrite en créole ou bien en créole et français mélangés°. Est-ce que tu savais que l'écrivain martiniquais Patrick Chamoiseau a remporté° le Prix Goncourt pour son roman *Texaco* ?

Tu m'as demandé de te donner quelques exemples de la langue créole de la Martinique. Il y a beaucoup de mots français, tu le sais déjà ... En plus, il y a des mots de source anglaise : *saucepan* est devenu *chassepagne* et *sideboard* est devenu *saïbote*. L'espagnol a donné quelques mots aussi : *hijo* (fils) est devenu *yche*. Il est intéressant de voir que quelques mots d'origine caraïbe (indienne) sont passés dans la langue française : hamac, canari, manioc° et bien d'autres. Je vais te faire travailler maintenant ! Voici quelques proverbes créoles de la Martinique. Peux-tu en deviner la traduction en français ?

— Chien pa ka fé chattes!

— Trop pressé pa ka fé jou ouvé.

— Coup cout'las en d'leau, pa ça quiffé trace.

J'espère que ton séjour continue à être agréable et profitable, et que tu vas pouvoir continuer à explorer le Québec pendant tes fins de semaine et congés. Grand bonjour à Gabrielle et à Robert, et à tous les autres enseignants et étudiants du programme d'immersion.

Bien cordialement,
Réjean Charbonneau

* Comparez : visiter quelqu'un (Can.); rendre visite à quelqu'un (Fr.)

Réflexions sur la culture

1. «Les métros» sont les Français de la France métropolitaine qui viennent vivre aux Antilles. Il existe depuis un certain temps des tensions entre les «métros» et les Martiniquais, qui se manifestent à l'occasion° par des actes de violence. En même temps, la Martinique connaît depuis un certain temps une importante émigration de ces habitants autochtones° vers la

mixed
won

manioc : petit arbre tropical

at times

native

France et l'Europe francophone. Les Blancs descendants des propriétaires de plantations sont désignés sous le nom de «békés».

Allez-y !

Exercice A : Devinez encore ...

Avez-vous pu deviner le sens des proverbes créoles mentionnés dans la lettre ? Trouvez et discutez deux ou trois proverbes de France et de votre propre culture.

Exercice B : Vrai ou faux ?

Corrigez le sens des phrases s'il le faut.

1. Réjean Charbonneau n'a pas encore visité la Nouvelle-Angleterre.
2. Les Francophones de la Nouvelle-Angleterre sont des descendants des Québécois.
3. La démographie de la Martinique n'a pas beaucoup changé.
4. Les écrivains martiniquais n'écrivent pas en créole.
5. Les Français et les Martiniquais ont toujours vécu (*lived*) harmonieusement.
6. Le créole martiniquais comprend des mots d'origine espagnole.

Exercice C : Rédaction

Imaginez et composez la lettre que Jane a envoyée à Réjean Charbonneau. Comparez les versions de plusieurs personnes différentes.

Activités d'intégration

Moi, j'aime le «blaff». Et toi ?

Discutez de votre recette favorite avec un(e) voisin(e). Vos goûts sont-ils similaires ? Qu'est-ce que vous détestez manger, vous et votre voisin(e) ? Qu'est-ce que vous aimez ? Qu'est-ce que vous mangeriez si vous étiez en vacances à la Martinique pendant une semaine ?

N.B. Le « blaff » est un plat martiniquais à base de poisson.

Les climats canadiens : recherche et discussion

Décrivez les variétés de climats qui existent au Canada. Quel est le climat que vous préférez ? Pourquoi ?

Si j'étais...

Composez un petit paragraphe à partir de l'un des débuts de phrase suivants :

Si j'étais une fleur / un arbre ...
Si j'étais un chien / un chat ...
Si j'étais une balle (raquette) de tennis ...
Si j'étais un poisson ...

Vocabulaire actif

Expressions de quantité; poids et mesures, p. 382
Situer les événements au passé, p. 388
Le temps qu'il fait, p. 393
Les vêtements : par temps chaud / par temps froid,
    p. 394

Noms

le beurre *butter*
le beurre d'arachide *peanut butter*
le changement *change*
la confiture *jam*
la destruction *destruction*
le feu (de bois) *(wood) fire*
l'immigration *f immigration*
le métier *job/profession/occupation*
la noix *nut*
l'œuf *m egg*
le poivre *pepper*
le sac *(hand) bag*
le sel *salt*
le sucre *sugar*
la tarte *pie/tart*

Verbes

annoncer *to announce/to forecast*
avoir lieu *to take place*
bavarder *to chat*
connaître° *to know*
corriger *to correct*
enseigner *to teach*
exister *to exist*
maigrir *to lose weight*

° verb presentation in chapter

mélanger *to mix*
payer *to pay*
reconnaître° *to recognize*
remercier *to thank*
remporter *to win*
respirer *to breathe (in)*
savoir° *to know*
terminer *to finish*

Adjectifs

autochtone *native*
disponible *available*
effrayant(e) *frightening*
épicé(e) *spicy*
fier-fière *proud*
gourmand(e) *greedy*

Adverbes

brusquement *brusquely/suddenly*
également *equally/also*
fort *loudly, with intensity*

Prépositions

suivant *according to/depending on*

Autres

à l'occasion *at times*
Et vous revoilà ! *Here you are again!*
Il n'y a pas de quoi. *Don't mention it/It's a pleasure/
    Not at all.*
par rapport à *compared to*

Jocelyne à Dakar

Mise en contexte

Jocelyne, chez une amie sénégalaise, fait un faux pas. Visite au musée.

Objectifs communicatifs

Scène 1

Exprimer des émotions
Vivre des conflits interpersonnels
Exprimer la négation : synthèse
Bien s'exprimer : les pronoms relatifs **qui** et **que**

Scène 2

Introduire un sujet, y renvoyer
Faire des hypothèses

Structures et expressions

Scène 1

L'expression **manquer à**
Les adverbes et adjectifs de négation
Les pronoms relatifs **qui** et **que**

Scène 2

Il est + adjectif + **de** + infinitif
C'est – il / elle est
Si + les temps verbaux

Vocabulaire actif

Scène 1

Exprimer des émotions
Exprimer la colère
S'excuser, pardonner
Négations

Culture

Les malentendus interculturels
La conception de la vie et de l'individualisme
    au Sénégal et en Amérique du Nord
Les fiançailles, le mariage – traditions et
    coutumes
Les traditions artistiques

Chapitre 12

La ville de Dakar au Sénégal

Femme ouolof au Sénégal

Scène 1

misunderstanding

Un malentendu°

Sur le vif !

C'est le début du mois de février. Jocelyne est à Dakar[1], la capitale du Sénégal, depuis septembre. Elle y travaille comme enseignante dans une école élémentaire. Cette conversation se passe chez sa collègue et amie Fatou[2] Sorano, qui habite dans un appartement avec sa mère. Celle-ci° travaille à l'Hôtel de l'Indépendance, près du centre-ville.

The latter

quiet

Maman : Ça fait longtemps qu'on ne t'a pas vue, et tu es bien silencieuse° aujourd'hui, ma fille[3]. Tu es malade ? Veux-tu aller te reposer un peu ? C'est peut-être la chaleur qui te fatigue.

Jocelyne : Non, non, Maman. Ce n'est pas ça. *(Elle soupire.)* Je suppose que
5 j'ai le mal du pays°. J'ai pensé à ma famille pendant la saison de Noël; c'est la première fois que je passe les fêtes de Noël loin d'eux. Et puis, mon ami Robert et moi, nous nous sommes fiancés°, mais ça fait bien cinq mois que nous ne nous sommes pas vus. Si seulement il était un peu plus près, je me sentirais bien mieux.

I'm homesick

we got engaged

She gets angry.

10 **Maman** : *(Elle se fâche.°)* Enfin, voyons, Jocelyne ! Tu dis que tu es l'amie de Fatou, et moi, je te considère comme ma propre fille. Mais tu avais des ennuis que tu n'as pas voulu nous confier°? Est-ce qu'on ne mérite plus ta confiance[3]?

share with us

Jocelyne : (*Elle se sent confuse.°*) Je vous demande pardon, Maman. Je ne voulais pas du tout vous fâcher. — *embarrassed*

Fatou : Il faut l'excuser, Maman. La vie est différente au Canada. Je suis sûre qu'elle ne voulait pas te vexer. — 15

Jocelyne : Oui, Maman, c'est bien vrai. Vous êtes ma deuxième mère, et je vous aime beaucoup. Je voulais cacher mes peines° simplement parce que je ne voulais pas vous importuner°. — *troubles* / *bother*

Maman : (*Elle est encore froissée°, mais elle se calme.*) Enfin, je comprends que c'est différent chez toi. Mais n'oublie pas que je suis là pour toi si quelque chose te trouble. Il est normal de parler à sa mère. — 20 / *offended*

Jocelyne : Oui, Maman. Puisqu'on en parle, je peux avouer° que je m'ennuyais° beaucoup de ma famille en décembre. Et je m'ennuyais même de la neige. — *admit* / *to miss* / 25

Fatou : Comment ?! Tu t'ennuyais de ta famille et de la neige ?! Mais elles n'étaient pas là; comment pouvais-tu t'en ennuyer ?

Jocelyne : Voilà peut-être un autre malentendu ... je crois ... Ça veut dire qu'elles me manquaient. On le dit comme ça au Québec.

Fatou : On en apprend des choses°, hein Maman ? — 30 / *We sure are learning a lot*

Maman : Enfin, de toute façon, nous nous comprenons maintenant. Et je pense que tu as annoncé une très joyeuse nouvelle ! Tu vas donc te marier ?

Jocelyne : Oui ! Mon fiancé s'appelle Robert Therrien. J'ai fait sa connaissance l'été dernier quand je travaillais à l'Université Laval.

Maman : Et vous décidez ça tout seuls, toi et ton jeune homme ? Les parents n'ont rien° à dire ? — 35 / *nothing*

Jocelyne : Ben, j'ai peur de vous offenser une fois de plus°. Chez nous, les jeunes décident eux-mêmes de se marier, et ils annoncent la nouvelle° à leurs parents. D'habitude, les parents sont heureux du choix, ou font semblant° de l'être ! — *once again* / *news* / *pretend* / 40

Fatou : Tu sais, Maman, ça se passe plus ou moins° comme ça ici, du moins° dans les villes[4]. — *more or less; at least*

Jocelyne : Est-ce qu'on pourrait faire un dîner spécial «en famille» pour fêter mes fiançailles°? C'est la tradition chez moi. — *engagement*

Maman : (*Elle n'hésite pas.*) Oui. Nous allons t'offrir° un grand repas de fête. (*Elle sourit.*) Mais pas de champagne ! — 45 / *give*

Jocelyne : Oui, oui. Ça, au moins, je le sais !

Pour en savoir plus

1. Dakar est une ville moderne qui compte environ 1,8 million d'habitants, environ un cinquième° de la population du Sénégal. Le nom Dakar dérive du nom d'un arbre qui y pousse en abondance - le tamarinier°. Dakar est un centre culturel très important en Afrique occidentale; c'est là que beaucoup de jeunes Africains, originaires de nombreux pays, viennent poursuivre° leurs études universitaires.

2. Fatou est un prénom sénégalais et musulman°. Le Sénégal est un pays à majorité musulmane (92%), comme bien d'autres pays de l'Afrique sub-saharienne. Au Sénégal, les Ouolofs sont musulmans alors que les Sérères (un autre groupe ethnique) sont chrétiens.

3. Dans une famille sénégalaise, comme ailleurs en Afrique, l'amie d'une fille est «adoptée» par la mère. L'amie est alors considérée comme un membre de la famille et appelle la mère «maman».

   La famille joue un rôle primordial dans la société africaine. Si la mère de Fatou se fâche dans la conversation, c'est parce qu'elle se sent insultée, comme ses remarques l'indiquent. L'individualisme et le stoïcisme ne sont pas des qualités valorisées°. Au contraire, les valeurs importantes sont liées° à la collectivité, à l'aide aux autres membres du groupe ou de la famille.

   Remarque : Au Sénégal, on souhaite la bienvenue à quelqu'un en disant : «teranga».

4. Traditionnellement, les parents ont leur mot° à dire, au Sénégal, lorsque les jeunes désirent se marier. Ils ont le droit d'approuver ou de refuser le choix d'une jeune personne. Cependant, comme le dit Fatou, les parents ont tendance à approuver le choix de leurs enfants.

one-fifth
tamarind

continue
moslem

valued; tied

opinion

Vous avez bien compris ?

Démontrez votre compréhension de la conversation en écrivant la carte postale que Jocelyne aurait pu (*might have*) écrire à ses parents pour leur raconter son faux pas et pour leur dire comment elle se sent (*feels*). Il n'y a pas beaucoup de place sur une carte postale, alors limitez-vous à 10 lignes.

Étapes à suivre :
- Discutez avec quelques camarades de classe des choses à dire.
- Écrivez un brouillon (*first draft*).
- Montrez votre brouillon à un(e) camarade de classe pour faire
  - une critique des idées
  - une critique de l'organisation des idées
  - une critique du français.
- Révisez et écrivez une version finale.

La grande Mosquée à Touba (Sénégal)

Réflexions sur la culture

1. Est-il fréquent chez vous qu'une mère «adopte» les amis ou amies de son enfant ? Discutez de l'attitude habituelle des mères nord-américaines envers les amis de leurs enfants et comparez-la à l'attitude de «Maman».

2. La politesse est ancrée dans la culture. Avez-vous déjà fait un faux pas culturel ? Au contraire, est-ce que quelqu'un d'une autre culture vous a déjà choqué(e) or offensé(e) ? Comparez vos expériences.

Fonctions et observations langagières

I. Exprimer des émotions

The conversation *Un malentendu* revolves around the expression of both positive and negative emotions. For example:

> *Jocelyne* : Je suppose que j'ai le mal du pays ...

- Following is a list of useful vocabulary for expressing emotions, much of which you know already:

<table>
<tr><td colspan="2">Vocabulaire actif : Exprimer des émotions</td></tr>
<tr><td>Verbs / verbal expressions</td><td>Nouns</td></tr>
<tr><td>avoir hâte de (+ inf.) to be in a hurry to...</td><td>l'amour love</td></tr>
<tr><td>avoir le mal du pays to be homesick</td><td>le bonheur happiness
la confiance trust</td></tr>
<tr><td>ne pas avoir le moral to be down in the dumps</td><td>la déception disappointment
le deuil mourning</td></tr>
<tr><td>avouer to confess/to admit</td><td>l'inquiétude worry</td></tr>
<tr><td>(se) calmer to calm (oneself) down</td><td>la joie joy</td></tr>
<tr><td>choquer to shock</td><td>la peine sorrow</td></tr>
<tr><td>ennuyer to bother</td><td>la tristesse sorrow</td></tr>
<tr><td>s'ennuyer to be bored</td><td></td></tr>
<tr><td>s'ennuyer de[1] to miss (Can.)</td><td>Adjectives</td></tr>
<tr><td>éprouver (de la peine, etc.) to feel (sorrow)</td><td>calme calm</td></tr>
<tr><td>(se) fâcher to anger/to get angry</td><td>choqué(e) shocked
confus(e) embarrassed</td></tr>
<tr><td>faire de la peine à quelqu'un to hurt someone (emotionally)</td><td>content(e) pleased/happy
déçu(e) disappointed</td></tr>
<tr><td>faire semblant de to pretend</td><td>dégoûté(e) disgusted</td></tr>
<tr><td>gêner to embarrass</td><td>fâché(e) angry</td></tr>
<tr><td>manquer à quelqu'un[1] to be missed by someone</td><td>frustré(e) / frustrant frustrated/ frustrating</td></tr>
<tr><td>offenser to offend</td><td>gêné(e) ill-at-ease</td></tr>
<tr><td>pleurer to cry</td><td>heureux-heureuse happy</td></tr>
<tr><td>(se) rassurer to reassure (oneself)</td><td>joyeux-joyeuse joyful</td></tr>
<tr><td>rire to laugh</td><td>offensé(e) offended</td></tr>
<tr><td>se sentir (+ adj.) to feel</td><td>surpris(e) / surprenant surprised/ surprising</td></tr>
<tr><td>soupirer to sigh</td><td></td></tr>
<tr><td>surprendre to surprise</td><td>triste sad</td></tr>
<tr><td>troubler to bother/to trouble</td><td>troublé(e) troubled</td></tr>
<tr><td>vexer to annoy</td><td>vexé(e) annoyed</td></tr>
<tr><td colspan="2">[1] In Quebec, people may use the expression s'ennuyer de rather than manquer. Je m'ennuie de mes parents = Mes parents me manquent.</td></tr>
</table>

- The verb **manquer** has a peculiar structure. It is the thing or person "missed" that is the *subject* of the sentence, and the "misser" is the *indirect object*:

La neige me manque.   *I miss the snow.*
Tu manques à tes parents.   *Your parents miss you.*

This is similar to the verb **plaire à** that you have already seen:

Ce film me plaît.

Allez-y !

Exercice A : La nostalgie

Habitez-vous cette année loin de votre ville ou village natal ? (Si la réponse est «non», imaginez que vous passez l'année à Dakar.) Vous êtes sans doute nostalgique, en pensant aux choses familières qui ne sont pas là. Faites une liste de cinq choses ou personnes pour lesquelles vous êtes nostalgique et exprimez l'idée deux fois : une fois avec le verbe *manquer* et une fois avec le verbe *s'ennuyer de*.

> modèle : Mon chat me manque.
>   Je m'ennuie de mon chat.

Comparez ensuite les résultats des membres de la classe.

Exercice B : Des sentiments

Comment vous sentez-vous, probablement, dans les situations suivantes ? Attention ! Il y a plusieurs réponses possibles.

> modèle : Votre chien a mangé votre devoir de français.
> **Je suis en colère. / Je suis fâché(e). / Je trouve ça drôle. / Je pleure.**
> **Je suis bien content(e) ! / Je me sens inquiet (inquiète).**

1. Vous êtes loin de votre famille, le jour de votre anniversaire, pour la première fois.
2. Vous avez perdu 100 $ dans l'autobus.
3. Vous avez gagné 1000 $ à la loterie.
4. Vous avez échoué à (*failed*) votre examen d'histoire.
5. Votre meilleur(e) ami(e) a oublié votre anniversaire.
6. Votre meilleur(e) ami(e) est partie en Afrique pour un an.
7. C'est le mois de janvier. Il y a une grosse tempête de neige.
8. C'est le mois de mai. Il y a une grosse tempête de neige.
9. Votre ami(e) ne vous invite pas à sa party.
10. Votre ordinateur est en panne (*out of order, broken down*).

Exercice C : Le malentendu

Décrivez les **sentiments**, **désirs** et **actions** des trois personnages dans la conversation *Un malentendu*.

	sentiments	**désirs**	**actions**
Jocelyne :			
Fatou :			
Maman :			

II. Vivre des conflits interpersonnels

Faire des reproches, critiquer

The conversation *Un malentendu* illustrates a conflictual interpersonal situation. Jocelyne unwittingly insults her Senegalese mother, who expresses her hurt feelings.

- Maman expresses her anger and dismay, when she says:

  Maman : **Enfin, voyons, Jocelyne !** *Look here, Jocelyne!*

It is important to note that it is not purely and simply the words that express her anger, but also the tone of voice. The same words accompanied by a different intonation might well be used to calm or placate someone.

Vocabulaire actif : *Exprimer la colère*

se fâcher / se mettre en colère	*to get angry*
Ça m'enrage !	*That makes me very angry!*
Ça me rend furieux / furieuse !	*That's infuriating!*
Enfin, voyons !	*Look here!*
(Mais) c'est inadmissible !	*This is unacceptable!*
(Mais) c'est insupportable !	*This is unacceptable!*
Ce n'est pas possible !	*This is unbelievable!*
Là, tu vas / vous allez trop loin !	*You've gone too far!*

- Maman then goes on to explain why she feels insulted, even betrayed, by Jocelyne's actions. There is a contrast between the supposed facts of the relationship (friendship, family ties) and Jocelyne's concealment of her feelings:

  Maman : Tu dis que ... Mais ...

- Later in the conversation, after she has calmed down somewhat, Maman gives instructions to Jocelyne regarding the behaviour she expects:

  Maman : Mais n'oublie pas que ... Il est normal de parler ...

S'excuser, pardonner

- When she understands that she has offended Maman, Jocelyne immediately asks her forgiveness:

Jocelyne : Je vous demande pardon, Maman. *Please forgive me, Maman.*

«Pardon ! »
Salif Diao (Sénégal) et Patrick Vieira (France) entrent en collision.

> **Vocabulaire actif :** *S'excuser*
>
> Je vous (te) demande pardon ... *Please forgive me...*
> Oh, pardon ! *Oh, sorry! (for a slight offence, such as stepping on toes)*
> Pardon ... *Excuse me... (when stepping in front of someone, for example)*
> Excusez-moi ... *Excuse me... (when interrupting, or arriving late, for example)*
> Je suis désolé(e) *I'm sorry*

- Jocelyne then goes on to explain her actions, to show that her intentions were good:

Jocelyne : Je ne voulais pas du tout vous fâcher.

- Maman listens, then expresses her understanding as a sign of forgiveness:

Maman : Enfin, je comprends ...

> **Vocabulaire actif :** *Pardonner*
>
> Enfin, je comprends ...
> Bon, ça va. Ce n'est pas bien grave.   *It's OK. It's not serious.*
> Il n'y a pas de mal.   *There's no harm done.*
> Ça ne fait rien.   *It doesn't matter.*
> Ne vous en faites pas. / Ne t'en fais pas.   *Don't worry about it.*
> Bon, ça va. C'est fini maintenant.   *It's OK. It's all over now.*

> **À noter !**
>
> Resolving an interpersonal conflict involves much more than knowing words. It is a question of cultural norms and practices. North Americans, for example, often tend to *distance* themselves from someone who has offended them ("giving the cold shoulder") rather than forthrightly expressing anger.
>
> North Americans are sometimes surprised by the aggressiveness of French people. This is because the same cultural norms do not apply. French people tend to express their negative feelings in a more forthright manner.

Dans les jeux de rôles suivants, il s'agit d'exprimer des émotions. Il serait intéressant de comparer les résultats des hommes et des femmes dans la classe.

Exercice A : Un chandail perdu

Votre petit frère / petite sœur a emprunté, sans vous en demander la permission, votre chandail préféré. Malheureusement, le chandail est perdu. Continuez la conversation :

Vous : Dis-moi, Dominique, as-tu vu mon chandail rouge ?
Dominique : Euh ...

Exercice B : En retard pour le dîner

Votre père prépare un soufflé au fromage pour le dîner. Vous arrivez en retard. Tout le monde vous a attendu, et le soufflé est raté (*ruined*). Continuez la conversation :

Vous : Bonjour, tout le monde. Désolé(e) d'être en retard.
Votre père :

Exercice C : Les peines de cœur !

Votre copain / copine a l'air terriblement triste. Vous essayez de savoir ce qui ne va pas. Cette personne vous avoue enfin qu'elle est offensée ... Elle se sent abandonnée parce que vous ne sortez plus très souvent ensemble. Improvisez un dialogue.

III. Exprimer la négation : synthèse

> **Rappel !**
>
> In addition to the basic negative structure **ne...pas**, you have already seen the negations **ne...jamais** (*never*), **ne...plus** (*no longer, not any more*) and **ne...pas encore** (*not yet*). See Chapters 3 and 4.

As you listened to the conversation, you heard other negative structures.

Maman : Est-ce qu'on ne mérite plus ta confiance ?
Jocelyne : Je **ne** voulais **pas du tout** vous fâcher.

The most important expressions to remember when you are making a negative statement or comment follow:

Vocabulaire actif : *Négations*

ne...pas	*not*	**ne...personne**	*nobody/no one*
ne...pas du tout	*not at all*	**ne...rien**	*nothing*
ne...pas encore	*not yet*	**ne...aucun**	*not any/not a single/no*
ne...jamais	*never*	**ne...ni...ni**	*neither...nor*
ne...plus	*no longer/not any more*		
moi (toi, etc.) non plus		*me (you, etc.) neither*	
ne...que	*only*		

- Both **ne...personne** (*no-one, nobody*) and **ne...rien** (*nothing*) may be used as subjects, direct objects and objects of prepositions. When used as subjects, the word order is **personne ne...** and **rien ne...**

> **Personne ne** m'écoute.   **Rien ne** les intéresse.
> Il **n**'a besoin de **personne**.   Je **ne** fais **rien** ce soir.

- **Aucun(e)** can be an adjective or a pronoun:

> Aucun des films ne m'intéresse. (*adj.*) *None of the films interest me.*
> Aucun ne m'intéresse. (*pronoun*) *None interests me.*

> Aucune étudiante n'est venue. (*adj.*) *No student came.*
> Aucune n'est venue. (*pronoun*) *None came.*

À noter !

1. When used as an adjective with a plural noun, you need to use the preposition **de** and a modifier: Aucun des films …. Aucun de mes amis… Aucune de ces maisons…
2. The verb is *singular* if **aucun** is the subject.

In a compound tense, both **aucun** and **personne** *follow* the past participle, but **rien** precedes it.

> Elle **n**'a vu **aucun** des films.
> Je **n**'avais rencontré **personne** dans le parc.

But: Elle n'a **rien** perdu pendant le voyage.

Exercice A : Pratique pratique

Répondez aux questions suivantes au négatif, en employant **ne...personne, ne...rien** ou **ne...aucun(e).**

1. Est-ce que quelqu'un vous connaît à Dakar ?
2. Est-ce que vous connaissez quelqu'un à Dakar ?
3. Parlez-vous italien à quelqu'un ?
4. Est-ce que quelque chose vous inquiète ?
5. Achetez-vous quelque chose sur l'internet ?
6. Pensez-vous à quelque chose de spécial ?
7. Avez-vous vu quelqu'un ?
8. Avez-vous vu quelque chose ?
9. Est-ce que tous vos amis parlent japonais ?
10. Avez-vous lu tous les livres à la bibliothèque ?

- In the negation **ne...ni...ni...**(neither...nor), do not use partitive or indefinite articles in front of the negated items. However, definite articles remain. Note the word order if the negation is part of a compound subject.

   Je **n**'ai **ni** nièce **ni** neveu.
   Je **ne** bois **ni** café **ni** thé.
   Il **n**'aime **ni** les épinards **ni** les artichauts.
   Ni mon père **ni** ma mère **ne** sont à la maison en ce moment.

Exercice A : Pratique pratique

Répondez aux questions suivantes au négatif, en employant **ne...ni...ni.**

1. Avez-vous des frères et des sœurs ?
2. Avez-vous bu de la bière et du champagne ce matin ?
3. Aimez-vous le jazz et le swing ?
4. Paul et Louise sont-ils tous les deux malades ?
5. Connaissez-vous Paris et Dakar ?

The expression **ni l'un(e)...ni l'autre** can frequently be useful.

   Myriam et Pauline ? Je **n**'ai vu **ni l'une ni l'autre**.

- The second element of the expressions **ne...aucun(e)** (*no/not any/not a single*), and **ne...que** (*only*) immediately precedes the negated or limited item. **Ne...que** may normally be replaced by the adverb **seulement**.

   Aucun ami **n**'est venu à la soirée.
   Je **ne** pouvais suggérer **aucune** solution.
   Il **n**'a **que** quatorze ans. / Il a **seulement** quatorze ans.

Allez-y !

Exercice A : Pratique pratique

Exprimez la même idée en employant **ne...que** à la place de **seulement.**

1. J'ai seulement une sœur.
2. J'ai seulement 5 $.
3. J'ai visité un pays seulement.
4. Je parle une langue seulement.

Exercice B : Pratique pratique

Dites le contraire de l'idée exprimée, en utilisant **ne...aucun(e).**

1. Je connais tous tes amis.
2. J'ai toutes sortes d'idées !
3. J'ai fini tous mes devoirs.
4. J'ai vu tous les films qui passent au cinéma en ce moment.

• In brief answers to questions, do not use **ne** with negations. Note as well the equivalents to *me too, me neither.*

> Tu n'as pas aimé le concert ? **Pas du tout !**
> Qui t'a téléphoné ? **Personne !**
> Quoi de neuf ? **Rien !**
> Je vais chez Tom demain soir. **Moi aussi**. (affirmatif)
> Je ne vais pas chez Tom demain soir. **Moi non plus.** (négatif)

Allez-y !

Exercice A : Pratique pratique

Donnez une réponse courte, au négatif, à ces questions :

1. As-tu aimé ce livre ?
2. Qu'est-ce que tu fais ?
3. Qui est-ce que tu as vu ?
4. J'aime la pizza. Et toi ?
5. Je n'aime pas les anchois (*anchovies*). Et toi ?

Exercice B : Le grand pessimiste!

Guillaume a tendance à voir les choses du mauvais côté. Il a du mal (*trouble*) à finir un projet pour son cours de biologie. Nathalie essaie de l'encourager. Qu'est-ce qu'il répond ?

> modèle : Quelqu'un pourra t'aider à finir ton projet.
> **Mais non, personne ne pourra m'aider à finir mon projet.**

1. Tu trouveras quelqu'un pour t'aider avec tes recherches bibliographiques.
2. Marjorie ou Ralph auront le temps de te donner un coup de main (*pitch in and help*).
3. Tu as déjà écrit ton introduction, n'est-ce pas ?

4. Tu vas sûrement trouver quelque chose dans une des revues scientifiques.
5. Tu as souvent de très bonnes idées à la dernière minute.
6. Tu as encore la possibilité de demander au prof de t'aider un peu.
7. Tout le monde a les mêmes problèmes que toi.
8. Mais tu finis toujours tes projets avant la date limite !

Exercice C : Un mini-sondage

En petits groupes, posez-vous quelques-unes des questions suivantes. La plupart des réponses risquent d'être négatives !

1. Est-ce que tu as toujours deux ou trois mille dollars dans ton compte bancaire ?
   (**Rappel !** - **toujours** a le sens de *always* ou de *still* en français.)
2. As-tu déjà lu presque tous tes manuels (*school texts*) cette année ?
3. Tu as déjà visité le Sénégal, n'est-ce pas ?
4. Est-ce que tu aimerais manger des fourmis (*ants*) au chocolat et des cuisses de grenouille (*frogs' legs*) ?
5. Tu as encore dix-sept ans, n'est-ce pas ?
6. Si tu étais absolument sans le sou (*broke*), est-ce que quelqu'un te prêterait deux mille dollars pour t'aider à payer tes frais d'inscription ?
7. Quand tu as essayé d'acheter quelques vêtements, récemment, as-tu trouvé quelque chose qui correspondait parfaitement à tes goûts ?
8. Et as-tu trouvé quelqu'un qui t'a dit honnêtement si ton choix était bon ?
9. As-tu vendu quelque chose sur E-bay ?
10. Voudrais-tu encore des questions ?

IV. Bien s'exprimer : les pronoms relatifs qui et que

Look at the following excerpts from *Un malentendu*.

Cette conversation se passe chez (...) <u>Fatou Sorano</u>, **qui** habite dans un appartement avec sa mère.

Maman : Mais tu avais <u>des ennuis</u> **que** tu n'a pas voulu nous confier ?

- **Qui** and **que**, as used here, are called *relative pronouns;* they are so named because they establish a relationship, or link, between two parts of a complex sentence. Both pronouns can refer to persons *or* things.

If the above sentences were broken down into two short sentences, they would be:

Cette conversation se passe chez **Fatou Sorano**.
Fatou Sorano habite dans un appartement avec sa mère.

Mais tu avais **des ennuis**.
Tu n'a pas voulu nous confier **ces ennuis** ?

You can see that the pronoun **qui** replaces **Fatou Sorano**, which is the *subject* of the second short sentence. This becomes the *relative clause* in the long sentence. The relative pronoun **que** replaces **ces ennuis**, which is the *direct* *object* of the second short sentence. Note that **que** contracts to **qu'** before a vowel:

Il y a des étudiants **qu'**elle ne connaît pas.

	part of speech in relative clause	replaces
qui	subject	person or thing
que	direct object	person or thing

- The relative pronoun and the entire relative clause is placed immediately after what is called the *antecedent*, the word(s) replaced in the relative clause.

  Fatou Sorano, **qui** habite avec sa mère, a invité Jocelyne à dîner.
  Le poulet aux arachides est *un plat* **que** les Sénégalais mangent fréquemment.

Allez-y !

Exercice A : Pratique pratique

Combinez les phrases suivantes à l'aide du pronom relatif **qui.** Notez qu'il remplace le sujet de la deuxième phrase :

modèle : J'ai lu <u>un livre</u>. <u>Ce livre</u> m'a beaucoup intéressé(e).
J'ai lu un livre qui m'a beaucoup intéressé(e).

1. J'ai regardé <u>une émission</u>. <u>Elle</u> était bizarre.
2. Le haut-bois est <u>un instrument de musique</u>. <u>Cet instrument</u> est difficile à apprendre.
3. Paul Verlaine était <u>poète</u>. <u>Ce poète</u> cherchait la musicalité de la poésie.
4. George Sand était <u>écrivain</u>. <u>Cet écrivain</u> a écrit plus de 80 romans.
5. <u>Ma mère</u> aime voyager. <u>Elle</u> a 75 ans.

Exercice B : Pratique pratique

Combinez les phrases suivantes à l'aide du pronom relatif **que.** Notez qu'il remplace l'objet direct de la deuxième phrase :

modèle : J'ai lu <u>un livre</u>. J'ai trouvé <u>le livre</u> bizarre.
J'ai lu un livre que j'ai trouvé bizarre.

1. J'ai regardé <u>une émission</u>. Je n'ai pas aimé <u>cette émission</u>.
2. Le haut-bois est <u>un instrument de musique</u>. J'aime beaucoup <u>cet instrument</u>.
3. Paul Verlaine était <u>poète</u>. Les Impressionnistes aimaient bien <u>ce poète</u>.
4. George Sand était <u>écrivain</u>. Je ne <u>la</u> connaissais pas avant cette année.
5. <u>Ma mère</u> aime voyager. J'admire beaucoup <u>ma mère</u>.

Exercice C : Pratique pratique

Combinez les deux phrases à l'aide du pronom relatif **qui** ou **que**.

1. Le poulet aux arachides est un plat. On mange ce plat dans beaucoup de pays africains.
2. Le poulet aux arachides est un plat. Ce plat contient plusieurs légumes.
3. Le Sénégal est un pays. Ce pays se trouve en Afrique occidentale.
4. Le Sénégal est un pays. Je ne connais pas ce pays.
5. Fatou est une femme. Elle travaille avec Jocelyne.
6. Robert n'est pas venu au Sénégal. Robert est le fiancé de Jocelyne.
7. Robert n'est pas venu au Sénégal. Fatou et sa mère ne le connaissent pas.

Exercice D : Vous rappelez-vous ?

Terminez les phrases logiquement, en vous basant sur la conversation *Un malentendu* et les notes *Pour en savoir plus*. Attention ! Ne copiez pas les phrases du texte.

1. Dakar est une ville qui / que ...
2. Jocelyne pense à Robert, qui / que ...
3. La mère de Fatou se fâche contre Jocelyne, qui / que ...
4. Jocelyne se comporte (*behaves*) comme les Nord-Américains, qui / que ...
5. Maman voudrait que Jocelyne lui parle des problèmes qui / que ...
6. Jocelyne pense aux vacances, qui / que ...
7. Jocelyne sait que le champagne est une boisson qui / que ...
8. L'individualisme et le stoïcisme sont des valeurs qui / que ...

Exercice E : Devinettes : personnages célèbres / objets couramment utilisés

Proposez à votre partenaire ou à la classe de décrire une personne bien connue ou un objet de tous les jours. Utilisez les pronoms relatifs **qui** et **que** dans les définitions.

> modèles : C'est une Québécoise **qui** chante.
> C'est une artiste **que** les Québécois aiment beaucoup.
> C'est quelque chose **qui** ne coûte pas très cher.
> C'est quelque chose **que** les dentistes donnent à leurs patients.
> C'est ...

Sculptures au musée des Arts africains à Dakar

En ville

Sur le vif !

Jocelyne et Fatou visitent le musée des Arts africains[1] en compagnie de Souleye Diop, l'ami de Fatou.

Jocelyne : Il est passionnant de voir tant de toiles ! Si on cherche des scènes de la vie typique d'autrefois, on en trouve facilement. Mais regarde cette toile-là. Elle est formidable ! Il y a tant de couleurs et de lignes qu'il est difficile de deviner ce que c'est.

5 **Souleye** : En effet, chaque artiste a son style très personnel. Mais ils essaient tous de faire la même chose : montrer qu'ils sont liés à leur histoire, à leur culture. Il est important de connaître son passé. Comme l'a dit l'Américain Marcus Garvey : «Un peuple qui ne connaît pas son histoire est comme un arbre sans racines.»

10 **Fatou** : Autrefois, tu sais, les Sénégalais ne s'intéressaient pas trop à l'art de leur pays. À l'époque de la colonisation, on laissait partir en Europe de nombreux objets d'art de type traditionnel - des masques, des statuettes, etc.

Souleye : Mais après l'indépendance[2], le gouvernement a commencé à encourager les arts, y compris la peinture. Le premier président, Léopold Sédar 15 Senghor[3], s'est intéressé personnellement à l'expression artistique des Sénégalais. Dakar a attiré les meilleurs talents d'Afrique et du monde. Et nous en voyons ici le beau résultat.

Jocelyne : Que c'est donc beau ! Fatou, ces peintures pleines de couleurs m'ont inspirée. Pourrais-tu m'aider à choisir une belle robe sénégalaise, que je porterai pour mon mariage ? J'aime tellement les tissus° et les couleurs ici.

Fatou : (*surprise*) Je croyais que les mariées° portaient le blanc chez vous. C'est drôle; tu sais qu'ici, le blanc c'est la couleur du deuil°.

Jocelyne : C'est vrai. Traditionnellement, les mariées portent le blanc. Mais de nos jours°, on a beaucoup de liberté. Moi, j'aimerais porter une robe sénégalaise. Comme ça, vous ferez partie de° la cérémonie.

Fatou : Eh bien, oui, on va t'aider à trouver une belle robe. Il y a un célèbre village d'artisans près de Dakar, où il y a d'excellents tisserands°. Veux-tu y aller cet après-midi ?

Souleye : Si j'avais plus de temps cet après-midi, je vous accompagnerais très volontiers, mais les affaires m'appellent ...

Fatou : Tu viens toujours dîner à la maison ce soir ? On va manger un poulet aux arachides°.[4] On t'attend à 8 heures ?

Souleye : Parfait. À ce soir, donc. Au revoir, Jocelyne.

Jocelyne : Au revoir, Souleye !

20	fabrics
	brides
	mourning
	nowadays
25	you will be part of
	weavers
30	
	peanuts

Pour en savoir plus

1. Le musée abrite° une des meilleures collections d'art africain en Afrique occidentale.
2. Le Sénégal, ancienne colonie française, est devenu indépendant en 1960.
3. Senghor (1906–2001) a été réélu quatre fois à la présidence. Poète et écrivain renommé, Senghor a été élu en 1984 à la prestigieuse Académie française, le premier Noir à recevoir cet honneur.
4. L'économie du Sénégal est fondée sur l'agriculture : le Sénégal est le premier pays exportateur d'arachides au monde. De nos jours, la pêche, le tourisme et l'exploitation minière sont devenues des secteurs importants de l'économie.

Léopold Sédar Senghor

Transport d'arachides (Sénégal)

Vous avez bien compris ?

Relisez la conversation et répondez **Vrai** ou **Faux** aux remarques suivantes. Si vous répondez **Faux**, essayez de corriger la phrase.

1. Jocelyne préfère l'art représentatif.
2. Les artistes sénégalais ont tous le même style.
3. Léopold Sédar Senghor est resté président pendant longtemps.
4. La couleur du deuil, au Sénégal, est le noir.

Répondez aux questions suivantes.

1. Pourquoi l'art du Sénégal s'est-il renouvelé à partir des années 60 ?
2. Pourquoi Fatou est-elle surprise à l'idée que Jocelyne puisse (*might*) porter une robe sénégalaise pour son mariage ?

Réflexions sur la culture

1. Est-ce que l'art joue un rôle important dans votre vie ? Expliquez.
2. Pensez-vous qu'il «est important de connaître son passé» ? Donnez des exemples pour justifier votre réponse.
3. Aimeriez-vous faire comme Jocelyne, vivre (*live*) un an dans un pays africain ? Expliquez vos raisons.

Tisserand sénégalais

Fonctions et observations langagières

I. Introduire un sujet, y renvoyer

Introduire un sujet (Il est...de)

When instructing Jocelyne as to appropriate behaviour, Maman says:

Maman : Il est normal de parler à sa mère.

il est + adjective + **de** + infinitive

This construction is widely used, often (as above) to express an opinion about actions.

Il est important de dormir assez.
Il est frustrant de perdre un livre.
Il est encourageant de recevoir de bonnes notes.

> **À noter !**
>
> **il** est = *it is*
> - This is an *impersonal* construction.
> - This construction serves to *introduce* an action, idea, etc.

Renvoyer à un sujet (Ce, Il / Elle)

The impersonal construction **c'est** + *adjective* may also be used to express an opinion about actions or ideas. It is important to note here that **c'est** + *adjective* is normally used to *refer back* to something. Compare:

Il est important de dormir assez.
Je sais que **c**'est important, mais **c**'est difficile.

In this case, **c'** refers back to **dormir assez**.

Quelqu'un a attaqué une jeune femme sur le campus hier soir.
C'est choquant !

In the second case, **c'** refers back to the entire event described.

Synthèse

• **"Impersonal" constructions**

> **Il est** + adjective + **de** + infinitive : *introduces* an idea
> **C'est** + adjective : *refers back* to an idea

• **"Personal" constructions**

> **C'est / Ce sont** + noun (including profession) : identifies a person or thing
> **C'est / Ce sont** + noun + adjective : describes a person or thing
> **C'est / Ce sont** + noun + prepositional phrase : describes a person or thing

> **il / elle / ils / elles** + **être** +   adjective   refers back to and describes
>   + profession   a person or thing

Exercice A : Ma famille

Présentez et décrivez quelques membres de votre famille.

modèle :

Mon père est électricien.	**ou**	Mon père, c'est un électricien.
Il est très compétent.	**ou**	C'est un électricien très compétent.
Il est montréalais.	**ou**	C'est un Montréalais.
Il est grand et sportif.	**ou**	C'est un homme grand et sportif.

Exercice B : Quiz culturel

Décrivez les personnages célèbres qui suivent, après avoir indiqué leur profession. (Notez qu'il faut utiliser l'imparfait pour les personnages historiques.)

modèle : Jean-Pierre Rampal

Jean-Pierre Rampal est flûtiste. Il est français. C'est un flûtiste superbe !

1.	Michel Tremblay	**a.** chanteuse acadienne
2.	Victor Hugo	**b.** musicien français
3.	Léopold Sédar Senghor	**h.** couturière française
4.	Claude Debussy	**c.** furet québécois
5.	Coco Chanel	**d.** écrivain français
6.	Mariama Bâ	**e.** patineurs canadiens
7.	Edith Butler	**f.** écrivain québécois
8.	Gaston	**g.** écrivain sénégalaise
9.	Jamie Salé et David Pelletier	**i.** écrivain sénégalais

Youssou N'Dour, musicien sénégalais renommé

Exercice C : Conseils aux nouveaux étudiants !

Imaginez que vous donnez des conseils à un(e) camarade de première année. Indiquez sa réaction.

> modèle : acheter les livres de cours
> - Il est important d'acheter les livres de cours.
> - **Je sais que c'est important, mais c'est tellement cher !**

adjectifs utiles

amusant	nécessaire
cher	poli / impoli
difficile	possible / impossible
ennuyeux	utile / inutile

1. payer les frais de scolarité à temps (*on time*)
2. poser des questions aux professeurs
3. participer aux discussions en classe
4. participer aux clubs d'étudiants
5. faire du sport au centre sportif
6. aller aux matchs de hockey
7. sortir en groupe le soir
8. dormir en classe

II. Faire des hypothèses

Un événement qui pourrait avoir lieu

Several combinations of verb tenses are possible in French when discussing hypothetical situations.

- If the hypothetical situation is presented in an "if" (**si**) clause in which the verb is in the *present* tense, the verb in the "result" clause may be *present, future* or *imperative.*

  Si on **cherche** des scènes de la vie typique d'autrefois, on en **trouve** facilement.
  Si tu **vois** Souleye, **dis**-lui de me téléphoner.
  D'accord, si je **vois** Souleye, je lui **dirai** de te téléphoner.

  S'il **pleut**, Jocelyne, n'**oublie** pas ton parapluie.
  Maman, j'**apporte** toujours mon parapluie s'il **pleut**.

Hypotheses I: Outcome possible or probable

the condition	the result
Si + présent	présent
	impératif
	futur

Exercice A : Imaginez les conséquences ...

Terminez les phrases logiquement :

1. Vous voulez acheter un nouveau livre, mais vous n'avez pas assez d'argent. Vous en demandez à votre ami : «Si tu peux me prêter de l'argent, ...»
2. Vous téléphonez à votre mère à son travail : «Si elle n'est pas là, je ...»
3. Vous allez à votre banque : «Si la banque est fermée ...»
4. Vous voulez voir un nouveau film : «S'il n'y a plus de billets (*tickets*), ...»
5. C'est le soir de l'Halloween, et vous n'avez presque plus de bonbons à donner aux enfants : «Si je n'ai pas assez de bonbons pour tous les enfants qui viennent, ...»
6. Ton ami a de la fièvre : «Si tu es malade, ...»

Un événement peu probable ou contraire à la réalité

Consider the examples below taken from recent dialogues:

> *Souleye* : Si j'**avais** plus de temps cet après-midi, je vous **accompagnerais** ...
>
> *Jocelyne* : Si seulement il [Robert] **était** un peu plus près, je me **sentirais** bien mieux.

- The above conditions are contrary to fact and the sentences express some improbable or even imaginary result, not a likely one. In this case, the verb of the **si** clause is in the *imperfect* tense, and the result clause is in the *conditional*.

Hypotheses II: Contrary to fact

the condition	the result
Si + imparfait	conditionnel présent

> **Rappel !**
>
> You will remember the rule for the formation of the conditional from the previous chapter. Simply add the *endings* of the imperfect tense to the *stem* (both regular and irregular) of the future tense. For example:
>
> je **parlerais** *I would speak*   j'**irais** *I would go*

- Although several English translations may be possible, the **si** clause will be followed by the imperfect tense in French if there is uncertainty about the outcome of the hypothesis.

S'il **neigeait**, je **ferais** du ski aujourd'hui.

If it	*snowed* *were snowing,* *were to snow*	}	*I'd go skiing today.*

- Either the **si** clause or the result clause may come first in a French sentence.

  S'il neigeait, je ferais du ski aujourd'hui.
  or
  Je ferais du ski aujourd'hui **s**'il neigeait.

Allez-y !

Exercice A : Moi, si ...

Les personnages de *Bonne route* se demandent de temps en temps ce qu'ils feraient s'ils changeaient de profession ou d'occupation. Qu'est-ce qu'ils disent ? Et vous, que feriez-vous si vous n'étiez pas en train d'étudier ?

> modèle : (Michael) artiste peintre / être acteur
> **Si je n'étais pas artiste peintre, je serais acteur.**

1. (Maria) étudiante / être instructrice de danse aérobique
2. (Réjean) professeur à l'école d'immersion / faire de la recherche
3. (Jocelyne) monitrice / devenir tisserande
4. (Robert) étudiant / voyager dans l'ouest du Canada
5. (Heather) chercheuse scientifique / écrire des romans policiers
6. (Gabrielle) animatrice / étudier la musique classique
7. (Jane) étudiante / travailler dans une station de ski au Colorado

Exercice B : On peut toujours rêver !

Posez les questions suivantes à un(e) camarade de classe et ajoutez-en d'autres si vous voulez.

1. Que ferais-tu si ton / ta prof était malade aujourd'hui ?
2. Que dirais-tu si ta famille devait déménager (*move*) en Norvège ?
3. Et si tu ne pouvais pas les accompagner, est-ce que tu serais très déçu(e) (*disappointed*) ?
4. Que ferais-tu s'il y avait une immense tempête de neige et l'université était fermée demain ?
5. Si tu pouvais faire exactement ce que tu voulais, qu'est-ce que tu ferais cet été ?
6. Que dirais-tu si tu héritais de 50 000 $ légués par une tante riche ?
7. Serais-tu content(e) si je ne te posais pas d'autres questions ?

Imaginez une dernière question : «Que feriez-vous si ... » Posez-la à votre prof.

Plus loin

Montréal noir

Pré-lecture

Montréal, vous le savez déjà, est la deuxième ville francophone du monde. Connaissez-vous assez bien la ville ? Discutez de ses caractéristiques principales avec un(e) camarade de classe.

Quel est selon vous le pourcentage approximatif de Noirs qui habitent Montréal ? D'où viennent-ils surtout ? À votre avis, le racisme y est-il un problème assez grave ?

Montréal noir

Un reportage de
Christian Rioux

Pat Dillon et moi avons grandi dans la même ville, le même quartier, le même immeuble. Mais nous ne le savions pas. Elle habitait au rez-de-chaussée, moi au deuxième. Elle avait vue sur la rue, ma chambre donnait sur la cour°. Elle fréquentait l'école publique anglaise, j'allais à l'école privée française.

Tous deux minoritaires, chacun° à sa façon: elle la seule enfant noire de la rue Victoria, j'étais le seul à parler français. Vingt-cinq ans plus tard, ce bout de rue poussiéreux° en bordure° de Côte-des-Neiges est devenu «la Main» des 100 000 Noirs de Montréal.

C'est ici que débarquent° les enfants de domestiques° jamaïcains (comme elle), les *boat people* haïtiens et les étudiants sénégalais. Ils s'entassent° à cinq ou six dans les petits appartements de brique de la rue Linton, où ça sent les épices. Dans la pièce du fond° de l'encens brûle° sur de petits autels vaudou. Aux murs, des photos de Michael Manley ou de Malcolm X.

C'est ici, m'explique Michael Mark, que les jeunes Jamaïcains apprennent à devenir des Blacks: «Avant d'arriver à Montréal je ne savais même pas que j'étais noir ! Je n'en avais pas conscience.» [...]

Feindre d'ignorer° qu'on est noir, me dit un jeune Jamaïcain en colère, serait le pire des racismes : «J'aime mieux me faire traiter de sale nègre, au moins la situation est claire ! »

À l'autre bout de la ville, le paisible° quartier Ahunstic cache la même rage sous ses grands ormes° centenaires. «Comment ça se fait que lorsque Bruny Surin gagne une médaille aux Jeux olympiques, il est québécois, et que s'il violait une fille, il serait tout à coup Noir ? demande Joseph Guy Indy, 17 ans. À l'école, tout le monde se regroupe par couleur, pis nous on est Noirs.»

Je lui ai demandé quelle autre communauté que les Haïtiens pouvait se vanter°, après 20 ans, de compter 250 médecins, 150 ingénieurs et encore plus d'infirmières°, de fonctionnaires° et d'universitaires ... Joseph a haussé les épaules°.

Quand j'ai appris à Michelbon Jolibois, son copain, que l'Assemblée nationale avait déjà compté un député noir (Jean Alfred, de 1976 à 1981), il a douté puis m'a lancé° : «Évidemment, ils ont trouvé le moyen de s'en débarasser°.» Ils ? «Oui, les Blancs ! »

Dans son bureau du Westmount High School, Garvin Jeffers réplique° à chacun des exemples de réussite noire. «On trompe° les Noirs en leur laissant entendre° qu'ils pourront vivre comme tout le monde dans cette société. Nous sommes définis par notre couleur de notre naissance à notre mort. Ce n'est pas drôle, mais c'est la dure réalité. Nous sommes tous des descendants d'esclaves° et, fondamentalement, des Africains.»

«C'est faux !», répond Bergman Fleury, conseiller à l'intégration à l'école secondaire Joseph-François-Perrault. «La communauté noire, ça n'existe pas ! C'est une invention de l'esprit. Les «porte-parole noirs» ne représentent personne.»

«Les Haïtiens se sont débarrassés de l'esclavage il y a plus de 150 ans et il y a plus de cultures différentes en Afrique que dans toute l'Europe. Haïtiens, Jamaïcains et Sénégalais n'ont rien en commun que la couleur de leur peau. Et encore, il y a beaucoup de teintes° de noir.»

Les Haïtiens, qui représentent la moitié des Noirs de Montréal, se démarquent° fréquemment de la Ligue des Noirs du Québec présidée par Dan Philip, un professionnel de la lutte antiraciste. Ils affirment que les Noirs n'ont pas tous la même culture et ne sauraient être représentés par les mêmes

overlooked the yard

each one

dusty; near / alongside

land; servants
pile (up)

back room; incense burns

pretending not to know

peaceful
elms

to boast
nurses; civil servants
shrugged his shoulders

retorts
get rid of
replies
deceives
implying

slaves

shades

distinguish / differentiate themselves

organisations. Les militants, comme Garvin Jeffers, écoutent leurs arguments avec un léger sourire en se disant qu'un jour «ils finiront bien par découvrir qu'eux aussi ils sont noirs».

(*L'actualité*)

Allez-y !

Exercice A : À débattre

1. Croyez-vous qu'il existe encore quelques quartiers, à Montréal, où très peu de gens parlent français ? Expliquez.
2. Est-ce que les immigrants haïtiens, jamaïcains et sénégalais risquent de s'adapter difficilement à la vie montréalaise ? Lesquels ont peut-être le plus de difficultés ? Pourquoi ?
3. Quels aspects de la culture québécoise seraient, à votre avis, les plus surprenants pour ces immigrants ?
4. Expliquez la phrase suivante du texte (c'est un jeune Jamaïcain qui parle) : «Avant d'arriver à Montréal, je ne savais même pas que j'étais noir.»
5. «Haïtiens, Jamaïcains et Sénégalais n'ont rien en commun que la couleur de leur peau.» Discutez.

Exercice B : Rédaction

Dans votre ville ou votre région, le racisme se manifeste-t-il de façon ouverte ? Y voit-on souvent d'autres formes de discrimination ?
ou bien ...
En principe, êtes-vous en faveur du «melting-pot» ou de la valorisation des diverses ethnies qui composent votre société ?

Activités d'intégration

Les malentendus interculturels

Selon un proverbe africain, «La bouche qui mange ne parle pas.» (Il est poli de prendre le repas en silence.) Imaginez donc un repas où des Africains et des Nord-Américains dînent ensemble (dans une famille nord-américaine ou sénégalaise). Le malentendu, entre eux, est évident. Imaginez les détails du dîner et jouez la scène. Voici les étapes à suivre :

- Mettez-vous en groupes de quatre personnes : un père (nord-américain ou sénégalais), une mère (nord-américaine ou sénégalaise), leur enfant d'environ 20 ans, l'ami(e) de leur enfant, appartenant à l'autre culture;
- Discutez de vos personnages et donnez-leur une personnalité (travail de collaboration);
- Identifiez les détails de la scène : où, quand, ce que vous mangez, etc.
- En fonction de la personnalité définie, identifiez les attitudes et les actions des personnages;
- Jouez la scène et comparez les résultats de différents groupes.

Jeu de rôle

«Maman» rencontre une amie et lui raconte ce qui est arrivé avec Jocelyne.

- Mettez-vous d'abord en groupes de trois personnes - trois «Mamans» ensemble, trois «amies» ensemble. Les membres de chaque groupe discutent de leurs attitudes et décident de ce qu'elles vont dire.
- Maintenant, jouez la scène en groupes de deux (une «Maman» + une «amie») mais (Attention !) sans utiliser de notes.
- Quelques groupes de deux jouent la scène devant la classe.
- Comparez ces versions différentes.

Analyse

À votre avis, le gouvernement joue-t-il un rôle positif ou négatif vis-à-vis des arts (beaux-arts, musique, théâtre, etc.) ou dans d'autres domaines, comme la télévision ? Expliquez votre point de vue, puis défendez-le à l'aide d'exemples.

Le Palais présidentiel de la République du Sénégal

Vocabulaire actif

Exprimer des émotions, p. 413
Exprimer la colère, p. 415
S'excuser, p. 416
Pardonner, p. 416
Négations, p. 418

Noms

le bout *end*
la caractéristique *characteristic*
la cérémonie *ceremony*
la colonisation *colonization*
la confiance *confidence*
la date limite *deadline*
les ennuis *m troubles/worries*
le faux pas *social error*
les fiançailles *f engagement*
le-la fonctionnaire *civil servant*
l'habitant(e) *m / f inhabitant*
la liberté *liberty/freedom*
le malentendu *misunderstanding*
le mariage *marriage*
le marié-la mariée *groom/bride*
le membre *member*
la naissance *birth*
la peau *skin*
la politesse *politeness*
le porte-parole *spokesman/spokeswoman*
la propriété *property*
la réussite *success*

Verbes

approuver *to approve*
brûler *to burn*
considérer *to consider*
déménager *to move*
donner un coup de main *to pitch in and help*

emprunter *to borrow*
excuser *to excuse*
faire partie de *to be a part/member of*
falloir (il faut) *to be necessary*
fatiguer *to tire*
fêter *to celebrate*
justifier *to justify*
participer *to participate*
rencontrer *to meet*
se comporter *to behave*
se vanter *to boast*
supposer *to suppose*
traiter *to treat*

Adjectifs

chrétien(ne) *Christian*
désespéré(e) *desperate/in despair*
élu(e) *elected*
encourageant(e) *encouraging*
final(e) *final*
impoli(e) *impolite*
industriel(le) *industrial*
inutile *useless*
musulman(e) *Moslem*
silencieux-silencieuse *silent*
utile *useful*

Adverbes

ailleurs *elsewhere*
de toute façon *in any case*
donc *therefore*
du moins *at least*
plus ou moins *more or less*
tout à coup *suddenly/all at once*
une fois de plus *once again*

Un environnement préoccupant

Mise en contexte

Heather et Michael se promènent avec quelques amis; la discussion porte sur l'environnement.

Objectifs communicatifs

Scène 1

Discuter et débattre
- Exprimer des réactions émotives
- Exprimer des possibilités, des doutes

Bien s'exprimer : les pronoms relatifs

Scène 2

Mener des discussions

Bien s'exprimer : les pronoms toniques (synthèse)

Demander des renseignements (suite)

Structures et expressions

Scène 1

Le présent et le passé du subjonctif
- après des locutions verbales qui expriment des émotions
- après des locutions verbales qui expriment la possibilité, le doute, la condition
- après certaines conjonctions

Les pronoms relatifs **dont, lequel**

Le pronom indéfini **ce, ce qui**, etc.

Scène 2

Les pronoms toniques

Les pronoms interrogatifs

Vocabulaire actif

Scène 1

Exprimer un sentiment, une émotion

Exprimer la possibilité, le doute

Le subjonctif après certaines conjonctions

Scène 2

Prendre la parole

Être d'accord / ne pas être d'accord

Introduire un nouveau point de vue

Culture

Le mouvement écologique en France

Le racisme en France

Chapitre 13

Il faut qu'on protège l'environnement !

Le port de Marseille

Scène 1

Discussion d'un problème

Sur le vif !

Heather et Michael se promènent à Marseille, avec Marie-Josée Lacoste et son ami. Hassan El Nouty est étudiant en médecine, alors que Marie-Josée est, comme Heather, biologiste, et vient de finir ses études.

journals

Hassan : Vous savez, on parle de plus en plus des allergies dans les revues° médicales. Je suis persuadé, moi, que les gens ont plus d'allergies de nos jours que dans le passé. C'est une véritable crise. Regardez, par exemple ...

5   **Michael** : Attends un peu, Hassan. Je n'en suis pas convaincu, moi. N'est-il pas possible, tout simplement, que les gens viennent consulter leur médecin maintenant, alors qu'il y a 50 ans ils ...

Marie-Josée : Écoute, Michael, il ne faut pas être naïf ! Je connais plusieurs Parisiens dont les allergies étaient si fortes qu'ils ont dû quitter la ville. Depuis qu'ils vivent loin de la pollution, ils sont en parfaite santé.

10   **Heather** : Exactement. Ça me fait penser à une amie de Toronto - tu te rappelles Charlotte, hein, Michael ? Eh bien, elle était incapable de rester à Toronto, tellement la pollution la gênait. Elle est partie en Arizona, et ça va très bien maintenant.

watch out for

Michael : Oui, d'accord, mais en Arizona elle devra se méfier° du soleil ! Vous
15   savez, je trouve incroyable que le gouvernement dise aux Canadiens maintenant qu'il faut à tout prix éviter de rester au soleil. Imaginez donc! On

voudrait qu'on garde les enfants à l'intérieur° pendant l'été ... Andy serait bien °inside
malheureux, lui, si on refusait de le laisser° jouer dehors° en été. On va trop °let; outside
loin, c'est ...

Hassan : Mais non, Michael, tu exagères comme d'habitude. Tu n'es pas un 20
peu Marseillais[1], par hasard ? Il n'est pas question de s'enfermer dans la
maison. Mais il est très important que les gens - les enfants surtout - prennent
des précautions. À moins d'avoir la peau basanée° comme moi, il faut qu'ils °swarthy
portent un chapeau, qu'ils se mettent une crème ...

Heather : Justement. Et vous savez pourquoi c'est nécessaire, tout ça ? On 25
revient toujours à la pollution. On est en train de° détruire la couche° d'ozone. °in the process of; layer
Il est quand même étonnant qu'on n'ait pas encore éliminé tous les produits
dangereux.

Marie-Josée : Au contraire, les lois du marché° font que les producteurs °laws of the market place
continuent de fabriquer les produits qui se vendent°. Les gens disent qu'ils se 30 °sell
soucient de° l'environnement et qu'ils veulent le protéger ... à condition que° °are concerned about; provided that
ça ne dérange pas leurs habitudes.

Hassan : Et pourtant° les grosses entreprises° n'ont pas besoin de voir baisser °yet; big companies
leurs profits. La technologie du recyclage et la production de produits moins
nocifs° offrent justement d'énormes possibilités pour des entreprises prêtes à 35 °dangerous
investir dans ces recherches. On peut fabriquer des produits sains et tout aussi
faciles d'usage que les anciens. Et, avec un peu d'effort, on peut changer les
habitudes d'achat et de recyclage[2].

Heather : D'accord, mais vous vous rendez compte que les nouveaux procédés
de fabrication créent aussi de la pollution ... 40

Pour en savoir plus

1. Les Marseillais ont la réputation d'exagérer beaucoup. Il y a une blague° °joke
   marseillaise célèbre qui mentionne une sardine «si grosse qu'elle a bouché° °blocked
   le Vieux Port». (La sardine en question, bien sûr, était un bateau !)
2. On a déjà fait des tentatives pour remédier aux problèmes de
   l'environnement qui touchent aux déchets° et à leur recyclage. Bien qu'on °refuse
   y trouve beaucoup de sacs en plastique, un certain nombre de Français se
   servent du filet° traditionnel lorsqu'ils font leurs courses; on a également °string bag
   installé d'énormes bacs° à bouteilles dans les villes, pour recycler les °bins
   bouteilles en verre, par exemple.

Boîte à recyclage entre Cassis et Marseille

Vous avez bien compris ?

Mise au point sur les problèmes de l'environnement

Au cours de la conversation, les personnages ont abordé plusieurs problèmes. Cochez (*tick off*) dans la liste ci-dessous ceux qui ont été mentionnés et dites s'ils sont aussi graves en France qu'en Amérique du Nord.

- la contamination des poissons
- les produits chimiques
- la pollution de la mer
- le bruit excessif dans les grandes villes
- la contamination de l'eau potable
- le recyclage
- la pollution de l'air
- l'atmosphère de la terre

Il faut mettre de la crème solaire

Réflexions sur la culture

1. Êtes-vous optimiste ou pessimiste face à l'avenir de notre planète ? À votre avis, que faut-il faire pour réaliser les transformations écologiques nécessaires à la survie de la terre ?
2. Dans votre famille, pratiquez-vous le recyclage et l'achat de produits moins nocifs pour l'environnement ?
3. Quelles questions écologiques sont les plus importantes dans votre ville ou région ?

Fonctions et observations langagières

I. Discuter et débattre

Exprimer des réactions émotives

The French love to debate. We are now going to look at some of the ways discussions unfold.

Here is an emotional reaction from *Discussion d'un problème* :

> *Michael* : Vous savez, je trouve incroyable que le gouvernement dise aux Canadiens maintenant qu'il faut à tout prix éviter de rester au soleil.

> **Rappel !**
>
> In Chapter 7, you learned the forms of the present subjunctive, and learned that the subjunctive is required after expressions of *necessity* (e.g. **Il faut que…**), *will* (e.g. **Je veux que…**), *desire* (e.g. **Je voudrais que…**), and *opinion* (e.g. **Il vaut mieux que…**).

The following exercise will help you review the basics of the subjunctive.

Allez-y !

Exercice A : Pratique pratique

Fournissez la forme correcte du subjonctif des verbes entre parenthèses. Répétez chaque phrase avec les trois pronoms sujets proposés.

> modèle : Maman veut que tu / nous / ils (manger) tout de suite.
> Maman veut que tu manges tout de suite.
> que nous mangions…
> qu'ils mangent…

1. Il faut que tu / ils / vous (être) chez moi à 6 h.
2. Elle exige (*demands*) que je / nous / vous (finir) ce travail aujourd'hui.
3. Il vaut mieux que nous / elle / tu (partir) cet après-midi.
4. Je voudrais que vous / elles / tu (répondre) à ce message.

- The subjunctive must be used following expressions of emotions that include the conjunction **que**.

- The subjunctive is also required after verbs that express an emotional reaction to something **... je trouve incroyable que ...** in the example above. Below are some other verbs that belong to this category:

Vocabulaire actif : *Exprimer un sentiment, une émotion*

avoir honte / peur que...	*to be ashamed/afraid that...*
craindre (je crains que ...)	*to fear (I fear that...)*
être content(e) / mécontent(e) /	*to be glad/displeased*
heureux-heureuse /	*happy/*
malheureux-malheureuse /	*unhappy*
désolé(e) / ravi(e) / surpris(e) /	*sorry/delighted/surprised*
triste, (etc.) que ...	*sad, etc. that...*
Ça m'étonnerait que ...	*It would surprise me that...*
Il est quand même étonnant que...	*It is nevertheless astounding*
(Je suis étonné(e) que)	*that...(I am astounded that...)*
Je trouve incroyable / ridicule /	*I find it unbelievable /*
absurde, (etc.) que ...	*ridiculous / absurd, (etc.) that...*
L'important, c'est que ...	*What is important is that...*

Allez-y !

Exercice A : Pratique pratique

Ajoutez une expression d'émotion au début de chacune des phrases suivantes, et mettez par conséquent le deuxième verbe au subjonctif.

> modèle : L'eau est polluée.
> Il est déplorable que l'eau soit polluée.

1. De plus en plus de gens pratiquent le recyclage.
2. La couche d'ozone est menacée.
3. Les gens ont de plus en plus d'allergies de nos jours.
4. Il y a des partis politiques «verts» en France et ailleurs en Europe.
5. Nous ne protégeons pas assez les espèces en danger.

Exercice B : L'environnement nous préoccupe !

Reconstituez les opinions exprimées en associant les éléments des deux colonnes.

Michael trouve incroyable que ...	il y a de plus en plus d'allergies de nos jours
Je suis heureux-heureuse que ...	les gens vont chez leur médecin très souvent
Tu n'es pas étonné(e) que ...	Charlotte ne peut pas rester à Toronto à cause de la pollution

Exprimer des possibilités, des doutes

In the course of the discussion on the environment - as in most discussions - possibilities, hypotheses, and conditions are presented as part of the rational process.

> *Michael* : **N'est-il pas possible**, tout simplement, que les gens **viennent** consulter leur médecin maintenant, alors qu'il y a 50 ans ils ...

Recyclage de l'aluminium

• In addition to the uses of the subjunctive that you have already learned, the subjunctive may also express the following possibilities and doubts:

Vocabulaire actif : *Exprimer la possibilité, le doute*

Il est possible que ...	*It is possible that...*
N'est-il pas possible que ...	*Isn't it possible that...*
Il n'est pas impossible que ...	*It's not impossible that...*
Je doute que ...	*I doubt that...*
Il se peut que ...	*It is possible that...*
Il n'est pas certain que ...	*It is not certain that...*
Il est peu probable que ...	*It is unlikely that...*

Remember that the subjunctive is used to express **doubt**. Therefore, expressions of **probability** do not take the subjunctive. ("Il est probable que je **viendrai**.")

Allez-y !

Exercice A : Pratique pratique

Finissez les phrases suivantes en choisissant l'indicatif ou le subjonctif :

1. Je doute qu'il y (avoir) _____ assez de protection des ressources naturelles.
2. Je suis sûr(e) que certaines espèces animales (être) _____ en danger de disparition.
3. Il n'est pas certain que nous (avoir) _____ assez d'eau pure.
4. Il est évident que nous (devoir) _____ protéger les forêts tropicales.
5. Il se peut que les gouvernements (être) _____ persuadés du besoin d'agir.

L'emploi du subjonctif après certaines conjonctions

Marie-Josée expressed her concern by using a conjunction relating to a condition:

> *Marie-Josée* : Les gens disent qu'ils se soucient de l'environnement et qu'ils veulent le protéger ... **à condition que** ça ne **dérange** pas leurs habitudes.

• Many other conjunctions require the subjunctive, for example:

Je partirai **avant qu**'elle **vienne.**

Tu peux passer l'examen **bien que** tu **sois** en retard.

Elle a travaillé toute sa vie **afin que** ses enfants **aient** une vie facile.

Vocabulaire actif : *Le subjonctif après certaines conjonctions*

à condition que ...	*on condition that...*
afin que ...	*so that/in order that...*
à moins que ...	*unless...*
avant que ...	*before...*
bien que ...	*although...*
jusqu'à ce que ...	*until...*
pour que ...	*so that/in order that...*
pourvu que ...	*provided that...*
sans que ...	*without...*

Le subjonctif de quelques verbes irréguliers

- Here are the subjunctive forms of several common irregular verbs:

aller	boire	croire	devoir	faire
que j'**aille**	**boive**	**croie**	**doive**	**fasse**
que tu **ailles**	**boives**	**croies**	**doives**	**fasses**
qu'elle / il / on **aille**	**boive**	**croie**	**doive**	**fasse**
que nous **allions**	**buvions**	**croyions**	**devions**	**fassions**
que vous **alliez**	**buviez**	**croyiez**	**deviez**	**fassiez**
qu'elles / ils **aillent**	**boivent**	**croient**	**doivent**	**fassent**

pouvoir	prendre	savoir	venir	vouloir
que je **puisse**	**prenne**	**sache**	**vienne**	**veuille**
que tu **puisses**	**prennes**	**saches**	**viennes**	**veuilles**
qu'elle / il / on / **puisse**	**prenne**	**sache**	**vienne**	**veuille**
que nous **puissions**	**prenions**	**sachions**	**venions**	**voulions**
que vous **puissiez**	**preniez**	**sachiez**	**veniez**	**vouliez**
qu'elles / ils **puissent**	**prennent**	**sachent**	**viennent**	**veuillent**

voir (*see* **croire**)

Allez-y !

Exercice A : Quelques situations

Complétez les phrases suivantes en employant les expressions indiquées.

modèle : Je vous verrai demain, à moins que ... (vous / partir ce soir).

Je vous verrai demain à moins que vous *partiez* ce soir.

---

1. Marie-Josée mettra une crème sur la peau de ses enfants afin que ... (ils / ne pas prendre un coup de soleil [*to get sunburned*])
2. Elle va m'attendre jusqu'à ce que ... (je / faire mes devoirs)
3. Téléphone-nous à moins que ... (tu / aller à la bibliothèque)
4. Ils vous écriront une lettre pourvu que ... (vous / répondre tout de suite)
5. Mes parents sont arrivés sans que ... (je / le savoir)
6. Essayons de nous retrouver à la gare pour que ... (nous / pouvoir prendre le même train)
7. Je te dirai un secret à condition que ... tu / ne pas le répéter
8. Je sortirai avec toi bien que ... je / être fatigué(e)
9. Je voudrais te donner ce message avant que ... tu / partir

So far, you have learned to use the present subjunctive. Now let's look at an example of the past subjunctive.

Le passé du subjonctif

Heather explained her feelings about dangerous products:

> *Heather* : Il est quand même étonnant qu'on n'**ait** pas encore **éliminé** tous les produits dangereux.

- The **passé du subjonctif** is formed by putting the auxiliary verbs **avoir** or **être** in the present subjunctive and adding the past participle.

- The **passé du subjonctif** is used in the same circumstances as the present subjunctive but, the action of the verb in the subordinate clause (the subjunctive) occurs **before** the action of the verb in the main clause.

Let us look at some examples of verbs in the **passé du subjonctif**:

> Elle est contente que tu **sois venu(e)** hier soir.
> Vous ne trouvez pas ridicule que les gens **aient produit** tant de déchets ?

- Here are the conjugations of an **avoir** verb, an **être** verb, and a **pronominal** verb in the **passé du subjonctif**:

parler	aller	se laver

Exemple : L'important, c'est ...

parler	aller	se laver
que j'**aie parlé**	je **sois allé(e)**	je **me sois lavé(e)**
que tu **aies parlé**	**sois allé(e)**	te **sois lavé(e)**
qu'elle **ait parlé**	**soit allée**	se **soit lavée**
qu'il / on **ait parlé**	**soit allé**	se **soit lavé**
que nous **ayons parlé**	**soyons allé(e)s**	**nous nous soyons lavé(e)s**
que vous **ayez parlé**	**soyez allé(e)(s)**	**vous vous soyez lavé(e)(s)**
qu'elles **aient parlé**	**soient allées**	se **soient lavées**
qu'ils **aient parlé**	**soient allés**	se **soient lavés**

Allez-y !

Exercice A : Pratique pratique

Conjuguez le verbe entre parenthèses au passé du subjonctif.

1. Je suis ravi(e) que mes parents (venir) _____ me chercher à l'aéroport.
2. Je suis bien content(e) que les Canadiens (gagner) _____ hier soir.
3. Il est dommage que tu (perdre) _____ ton chat !
4. Il est regrettable que mon voisin (mettre) _____ des produits chimiques sur son gazon (*lawn*).
5. Nous sommes fiers que le Canada (remporter) _____ plusieurs médailles d'or aux Jeux olympiques.
6. Je trouve admirable que ma nièce (protester) _____ contre les injustices.
7. J'attendrai jusqu'à ce que les enfants (se coucher) _____.
8. Tout ira bien pourvu que tu (ne rien oublier) _____.
9. Jean est furieux que ses amis (partir) _____ sans lui.

Exercice B : Réactions

Faites une liste de cinq événements de l'année dernière. Ensuite, exprimez une opinion ou une émotion au sujet de chaque événement (ce qui vous obligera à utiliser le passé du subjonctif).

> modèle : Mon père a pris sa retraite (*retired*).
>
> Je trouve incroyable que mon père ait pris sa retraite : il me semble jeune !

II. Bien s'exprimer : les pronoms relatifs

Dont, ce qui, lequel

> **Rappel !**
>
> In Chapter 12 you learned the use of the relative pronouns **qui** (subject) and **que** (direct object).

You now have the chance to learn some additional relative pronouns. Look at the example below, taken from the dialogue:

> *Marie-Josée* : Je connais plusieurs Parisiens **dont** les allergies étaient si fortes qu'ils ont dû quitter la ville.

- **dont** (*whom, which, of whom, of which, whose*) replaces **de** + noun and refers to people or things.

> J'ai eu A+ à mon test de chimie. Je suis fier **de** cette note.
> **C'est une note *dont* je suis fier.**
> *This is a mark of which I am proud.*

> Voilà Edith Butler. Je vous ai parlé **de** cette chanteuse.
> **C'est la chanteuse *dont* je vous ai parlé.**
> *This is the singer about whom I talked to you.*

Exercice A : Pratique pratique

Faites une phrase en employant le pronom relatif *dont*, en suivant le modèle.

> modèle : J'ai besoin de cette voiture. (C'est la voiture…)
> C'est la voiture dont j'ai besoin.

1. Je suis fier (fière) de mon éducation. (C'est quelque chose…)
2. Je t'ai parlé de cette situation. (C'est la situation …)
3. J'ai besoin de cette réponse. (C'est la réponse…)
4. J'ai envie de ce manteau. (C'est le manteau…)
5. J'ai honte de cette erreur. (C'est l'erreur …)
6. Je suis content(e) de ces résultats. (Ce sont les résultats …)
7. Je connais le fils de cette femme. (C'est la femme …)

- **ce qui, ce que** (*what, that which*) and **ce dont** (*what, that of which*) are *indefinite relative pronouns*. They refer to ideas, events, etc. that do not have a number or gender or a specific antecedent.

> **Ce qui** me plaît surtout, c'est la musique classique.
> *What (the thing that) pleases me most is classical music.*

> Savez-vous **ce qu**'elle a dit ?
> *Do you know what she said?*

> Nous ne pouvons pas trouver **ce dont** nous avons besoin.
> *We can't find what we need.*

Exercice A : Pratique pratique

Finissez les phrases suivantes en utilisant **ce qui** (sujet), **ce que** (obj. direct), ou **ce dont** (de + préposition).

1. Je vais te dire _____ je pense.
2. Peux-tu me dire _____ se passe ?
3. _____ m'inquiète, c'est que les gens refusent de collaborer.
4. Je vais te dire _____ les enfants ont besoin.
5. Pourriez-vous me dire _____ vous avez parlé ?
6. Elle va t'expliquer _____ les employés veulent.
7. Le gouvernement veut savoir _____ les citoyens ont peur.

- **lequel, laquelle, lesquels, lesquelles** (*who, whom, which*) are *relative pronouns* used after prepositions to refer to persons or things.

> Je suis assis à côté d'une jeune fille. C'est ma sœur. →
> La jeune fille **à côté de laquelle** je suis assis est ma sœur.
> *The girl next to whom I am sitting is my sister.*

L'aisance dans laquelle vous vivrez à la retraite pourrait bien dépendre du choix de votre interlocuteur.

J'ai trouvé mon ami dans la gare. C'est la gare de Lyon. →
La gare **dans laquelle** j'ai trouvé mon ami est la gare de Lyon.
The train station in which I found my friend is the gare de Lyon.

Allez-y !

Exercice A : Pratique pratique

Finissez les phrases suivantes en utilisant **lequel**, **laquelle**, **lesquels**, **lesquelles**.

1. L'Arche est une communauté pour _____ Jean Vanier travaille depuis longtemps.
2. Le Québec est une province dans _____ j'aimerais vivre.
3. Voici le sofa derrière _____ j'ai trouvé mon portefeuille.
4. Je vais te montrer l'ordinateur avec _____ j'ai écrit ma thèse.
5. Voici mes dictionnaires, sans _____ je ne pourrais pas travailler.
6. Connais-tu l'agence de voyage à côté de _____ j'habite ?
7. Paris, Dakar, Bruxelles : voici des villes pour _____ j'ai beaucoup d'admiration.

Exercice B : Faites le bon choix !

Complétez les phrases suivantes avec le pronom relatif qui convient.

1. Michael est une personne avec _____ on aime discuter.
2. Il n'est pas convaincu que les mers _____ il a vues sont toutes polluées.
3. Nous n'avons pas les solutions _____ nous avons besoin pour résoudre tous les problèmes de l'environnement.
4. _____ me gêne, c'est que les grandes entreprises n'ont pas fait assez pour éliminer la pollution.
5. Ne sais-tu pas _____ elles ont envie de faire ? Gagner de l'argent, c'est la seule chose les intéresse !
6. Je ne suis pas d'accord avec _____ vous dites des grandes entreprises. Elles tiennent compte de l'avis (*opinion*) du public.
7. Voilà le terrain vague (*lot*) sur _____ il y a toujours des déchets.
8. C'est surtout le sexisme _____ j'essaie de combattre dans la société d'aujourd'hui.
9. Savez-vous _____ nous avons besoin pour améliorer le monde ?
10. Les lacs dans _____ il y avait tant de pollution ont été purifiés.

Exercice C : Ma ville idéale (*à deux*)

Répondez aux questions personnelles suivantes en employant un pronom relatif.

> modèle : Quelle sorte de ville aimeriez-vous habiter ?
> **J'aimerais habiter une ville *dans laquelle* ...**
> ou bien ...
> **La ville *dans laquelle* j'aimerais habiter ...**

1. Dans quelle sorte de ville voudriez-vous habiter ?
2. Est-ce que votre ville serait très propre ?
3. Quels problèmes pourrait-il y avoir dans votre ville ?

4. Auriez-vous besoin de réformes en ce qui concerne la pollution et la protection de l'environnement ? Lesquelles ?

5. Que faudrait-il faire (*should be done*) pour améliorer la qualité de la vie dans votre ville ?

Exercice D : Propositions pour un environnement propre
(*par groupes*)

Cherchez ensemble des solutions aux problèmes de l'environnement et présentez-les à la classe. Employez le plus grand nombre possible de pronoms relatifs.

> modèles : Les solutions **que** nous allons proposer sont ...
>
> **Ce dont** nous avons besoin pour éliminer la pollution, c'est ...
>
> Les problèmes **qui** nous menacent le plus, en ce moment, sont ...

La Méditerranée depuis la basilique de Notre-Dame-de-la-Garde à Marseille

Scène 2

Il faut agir !

Sur le vif !

Les amis interrompent leur promenade pour admirer la mer.

swimming

Marie-Josée : Voilà ! (*Elle fait un geste de la main.*) Nous avons devant nous la belle Méditerranée. On pourrait croire que c'est le paradis de la baignade°, n'est-ce pas ? Cependant, chaque année il y a de nombreux cas d'infections causées par ses eaux polluées. Et beaucoup de plages ici sont fermées pendant 5 l'été à cause de la pollution. Heather et moi, nous ne le savons que trop bien ! Les lacs et les rivières sont pollués aussi ... Ça ne m'étonnerait pas qu'on nous interdise de manger du poisson, d'ici quelques années°, si on n'arrive pas à diminuer la pollution.

a few years from now

Heather : Ça ne me surprendrait pas. Nous l'avons déjà vu en Amérique du 10 Nord. Il y avait, à une époque, beaucoup de poissons contaminés par le mercure. L'empoisonnement au mercure avait même durement frappé° certaines populations autochtones°. On nous conseillait de ne manger qu'une petite quantité de poisson par semaine.

hit hard
native

concentration

Michael : Mais, peu à peu, on a réussi à diminuer le taux° de mercure dans 15 l'eau, à plusieurs endroits. Les Grands Lacs contiennent moins de contaminants qu'auparavant, grâce aux accords passés entre les gouvernements canadien et américain. Vous allez encore me traiter de° naïf, mais il faut quand même rester optimiste.

call me

Marie-Josée : Et qu'est-ce qui te rend si optimiste ? Tu es un vrai artiste qui ne 20 voit pas la réalité.

Michael : (*Il s'énerve.*) Ce n'est pas juste de dire ça, Marie-Josée, et tu le sais bien. Oui, je suis un artiste, et oui, je cherche la beauté. Mais je vois aussi la laideur° dans la société, et j'essaie d'y changer quelque chose. Je travaille 10 heures par semaine pour S.O.S.-Racisme[1], pour aider à combattre un gros problème de pollution mentale.

ugliness

25

Hassan : C'est vrai, ce que tu dis là. Il y a beaucoup de racisme en France - et ailleurs°. Par exemple, mes ancêtres arabes avaient fondé la première école de médecine en Europe, près d'ici, à Montpellier, au XIVe siècle[2]. Mais de nos jours, les Arabes et d'autres travailleurs immigrés occupent souvent les emplois les moins bien rémunérés de la société française et peuvent souffrir de stéréotypes négatifs.

elsewhere

30

Michael : Il y a du racisme partout dans le monde, et du sexisme, et bien d'autres problèmes. L'important, c'est que chaque individu fasse quelque chose. Vous vous demandez pourquoi je suis optimiste ? Je vais vous le dire. Je fais confiance à la jeune génération. Les jeunes, eux, sont conscients° des problèmes et ils n'accepteront pas qu'on détruise° leur monde. Ils refuseront d'être victimes; ils feront partie de° la solution et non pas du problème. Voilà ce qui me rend optimiste. Et puis, c'est vrai, je fais un effort pour voir et pour goûter à la beauté de la Terre.

35

aware
destroy
will be a part of

Marie-Josée : (*Un peu gênée.*) Voyons, Michael, ne te fâche pas pour de bon. Tu sais bien que nous, Français, on aime discuter[3]. On ne cherchait pas à t'insulter. D'ailleurs, tu as raison. C'est vrai qu'on se laisse trop décourager. On devrait continuer chacun à faire un petit quelque chose. C'est ce qui compte.

40

Pour en savoir plus

1. S.O.S.-Racisme est une organisation dont le but° est de combattre le racisme en France. Le racisme se manifeste contre les groupes d'immigrés les plus importants : les Arabes et les Noirs africains. Un politicien français d'extrême-droite, Jean-Marie Le Pen, a lancé un mouvement contre l'immigration. Son parti, le Front national, a obtenu jusqu'à 17% du vote aux élections. En 2002, Le Pen est arrivé en troisième position aux élections présidentielles. S'il y a des Français qui le suivent, il y en a bien d'autres qui considèrent son message raciste.

goal

Manifestants unis contre le racisme (Paris)

2. La Faculté de médecine de Montpellier, fondée au XIVe siècle par les Arabes, jouit depuis ce temps d'une réputation des plus prestigieuses. Les Arabes ont transmis° aux Européens beaucoup de connaissances scientifiques (en médecine et en mathématiques, notamment).

3. Les Français discutent avec une passion qui surprend souvent les Anglo-Saxons. La passion pour la discussion n'est pas synonyme de colère, cependant, et c'est pour cette raison que Marie-Josée tient à apaiser° Michael.

Vous avez bien compris ?

Répondez aux questions suivantes :

1. La pollution des eaux semble-t-elle être un problème grave en France ? Expliquez.
2. Les poissons en Amérique du Nord sont-ils encore contaminés par le mercure ?
3. A-t-on réussi à diminuer la pollution des Grands Lacs ?
4. Quels groupes ethniques sont victimes du racisme en France ? Et chez vous ?

Réflexions sur la culture

1. Avez-vous essayé de résoudre des problèmes concernant l'environnement ? Lequel vous intéresse le plus ? Comment peut-on encourager les gens à s'engager (*get involved*) ? En petits groupes, discutez de vos opinions.
2. Y a-t-il des groupes ou des mouvements anti-racistes chez vous ?
3. Y a-t-il un lien entre l'environnement et la violence ou le racisme ?

Fonctions et observations langagières

I. Mener des discussions

Prendre la parole

Throughout the two chapter dialogues the characters interact in a number of ways: by taking the floor (sometimes abruptly), agreeing and/or disagreeing, and changing the subject. Notice in the example below how Marie-Josée gets into the conversation while Michael is speaking:

Michael : N'est-il pas possible, tout simplement, que les gens viennent consulter leur médecin maintenant, alors qu'il y a 50 ans ils ...
Marie-Josée : Écoute, Michael. Il ne faut pas être naïf ! Je connais ...

The type of intervention in the example above occurs on many occasions in this dialogue.

Indiquer son accord ou son désaccord

Let us look at some of the ways a discussion takes shape and evolves. Below are examples of agreement and disagreement from the first dialogue:

Heather : Exactement.
Michael : **Je n'en suis pas convaincu**, moi.
Hassan : **Mais non**, Michael, **tu exagères**, comme d'habitude.

Introduire un nouveau point de vue

Introducing a new viewpoint is a common strategy in a discussion. Study the examples below:

Marie-Josée : Écoute, Michael. Il ne faut pas être naïf ! Je connais plusieurs Parisiens dont les allergies étaient si fortes qu'ils ont dû quitter la ville.
Heather : Exactement. Ça me fait penser à une amie de Toronto ...

> **Vocabulaire actif :** *Introduire un nouveau point de vue*
>
> | | |
> |---|---|
> | Ça me fait penser à ... | *That reminds me of, makes me think about...* |
> | Écoutez / Écoute ... | *Listen...* |
> | (Mais) n'oublions pas que ... | *(But) let's not forget that...* |
> | Tu te rappelles / Vous vous rappelez que ... | *You remember that...* |
> | Voyons ... | *Let's see...* |

Allez-y !

Activité à proposer à des groupes de trois personnes.

Examinez divers points de vue et partis pris (*biases*). Une première personne commentera une situation. La deuxième personne exprimera son accord ou désaccord. La troisième prendra la parole pour introduire un nouveau point de vue.

> modèle : Les gens qui visitent des salons de bronzage (*tanning*) risquent de développer le cancer de la peau.
>
> Tu as tout à fait raison. Il est incroyable que les gens ne comprennent pas le danger !
>
> Mais n'oublions pas que les gens peuvent contrôler le temps qu'ils y passent. Ce n'est pas aussi dangereux que cela.

Exercice A : D'accord, mais à mon avis ...

1. Les gens ont plus d'allergies aujourd'hui parce que le taux de pollution est plus élevé.
2. On n'a pas encore établi suffisamment le lien (*link*) entre la pollution de l'air et la maladie.
3. Il est incroyable qu'on dise aux Nord-Américains d'éviter le soleil.
4. Les incendies sont nécessaires pour que la forêt se renouvelle (*renew itself*).
5. Bien que la couche d'ozone soit en danger maintenant, les scientifiques rectifieront bientôt la situation.
6. On va continuer à décimer nos forêts, à moins que les grandes entreprises adoptent de nouveaux procédés d'emballage (*packaging*).
7. La surabondance de matières grasses (*fats*) dans la nourriture, elle aussi, est une forme de pollution.

Exercice B : Voyons, il ne faut pas être naïf ! (*par groupes*)

Identifiez un problème social qui vous préoccupe. Employez toutes les stratégies possibles pour prendre la parole et amener les autres à partager votre opinion.

> modèle : - Moi, je crois que les problèmes de violence et de racisme vont de pair (*together*).
>
> Il est évident que ...
>
> - Attends un peu. **Il ne faut pas être naïf !** La violence est due à plusieurs facteurs ...

II. Bien s'exprimer : les pronoms toniques (synthèse)

In the conversations for this chapter many stressed pronouns were in evidence, for example:

> *Michael* : Je n'en suis pas convaincu, moi.
> *Marie-Josée* : Heather et moi, nous ne le savons que trop bien !

Rappel !

The forms of the stressed pronouns are:

moi	**nous**
toi	**vous**
elle	**elles**
lui	**eux**

You have already learned the following uses of stressed pronouns:

- To indicate possession (**être + à**):

    C'est ton chien ? Oui, il est **à moi**.

- For emphasis:

    Moi, j'aurais bien aimé rester plus longtemps là-bas.

- After a preposition

    Pour **elle**, c'est un rêve.

Stressed pronouns have other important uses in French as well.

- After **c'est** and **ce sont**:

    Est-ce que c'est Philippe ? Oui, c'est **lui**.
    Est-ce que ce sont les amies de Francine ? Oui, ce sont **elles**.
    C'est **vous** qui avez fait cela ? Oui, c'est **moi**.

- For additional emphasis:

    Tu peux le faire **toi-même**.   Ils vont y aller **eux-mêmes**.
    *You can do it **yourself**.*   *They're going to go **themselves**.*

    Nous avons fait la tarte **nous-mêmes**.
    *We made the pie **ourselves**.*

- In compound subjects:

    Marie-Josée : Heather et **moi**, nous ne le savons que trop bien !
    Toi et **moi**, nous sommes du même pays, n'est-ce pas ?

- Used alone in short phrases or sentences that have no verb:

> Qui veut aller au cinéma demain ? **Moi !**
> Qui voudrait faire la vaisselle ? Pas **nous !**
> Les frères de Marc détestent les champignons. **Eux** aussi ?
> Je n'ai pas envie de sortir ce soir. **Nous** non plus.

Allez-y !

Exercice A : Où est la vérité ?

Répondez aux questions suivantes.

> modèle : C'est toi qui fais partie de S.O.S. -Racisme ?
> **Non, ce n'est pas moi, c'est mon frère.**
> Ce sont Robert et Paul qui ont jeté les cannettes (*pop cans*) sur le trottoir (*sidewalk*) ?
> **Oui, ce sont eux.**

1. Est-ce que c'est l'usine (*factory*) de conditionnement du jus d'orange qui contamine le lac et les poissons ?
2. C'est nous qui avons contribué au problème de la pollution ?
3. C'est Hassan qui vient du Maroc, n'est-ce pas ?
4. Ce sont les gouvernements canadien et américain qui ont passé des accords sur les produits toxiques ?
5. Ce sont les autres qui doivent faire des efforts pour réduire la pollution ?

Exercice B : Encore un peu de pub !

Il est important d'insister sur les bonnes qualités du produit qu'on veut vendre. Inventez quelques slogans ou annonces publicitaires pour des produits réels ou fictifs. N'oubliez pas de dessiner une illustration appropriée à votre annonce.

> modèles : Moi et mes camarades, nous mangeons du müsli tous les jours.
> Pour nous, une journée sans müsli, c'est comme un mois sans soleil ! Pour vous aussi, n'est-ce pas ?
>
> Cuisa-matic. Le robot qui fait tout lui-même ! Le robot qui cuisine ... comme un chef !

Exercice C : Ça reste entre nous, hein ?

C'est le moment des confidences et il faut répondre (fictivement si vous voulez !) à toutes sortes de questions indiscrètes.

> modèle : Es-tu sorti(e) avec Philippe hier soir ?
> **Bien sûr, je suis sorti(e) avec lui. Lui et moi, nous sortons tout le temps ensemble.**
> ou bien ...
> **Mais non, je ne suis pas sorti(e) avec lui. Nous deux, c'est fini depuis longtemps !**

1. Est-ce que c'est toi qui as eu un accident d'auto la fin de semaine passée ?

2. De quoi est-ce que vous parlez quand vous vous retrouvez entre amis ?
3. Moi, je demande souvent de l'argent à mes parents. Et toi ?
4. Est-ce que tu es allé(e) au cinéma avec ta blonde / ton chum vendredi soir ?
5. Et tes copains, qu'est-ce qu'ils ont fait vendredi soir ?
6. Moi-même, je n'étudie pas beaucoup pendant la fin de semaine. Toi non plus, je suppose ?
7. Est-ce que tu recycles toutes tes cannettes vides ?

III. Demander des renseignements (suite)

Quelques pronoms interrogatifs (synthèse)

> **Rappel !**
>
> In previous chapters of *Bonne route* you have learned various ways to ask for information. You learned several ways to ask *yes/no* questions (by intonation, **est-ce que**, **n'est-ce pas** and inversion), you were introduced to the interrogative adverbs (**quand, comment, combien, où,** and **pourquoi**) and finally, in Chapter 9, you worked with the interrogative adjective **quel/ quelle** and the interrogative pronouns **qui, qu'est-ce qui** and **qu'est-ce que.**

- It is now time to examine the interrogative pronouns of French more closely. The chart below summarizes the forms and functions of the principal interrogative pronouns of French:

Les pronoms interrogatifs

	subject		direct object	object of a preposition
person	**qui**	or	**qui** (+ inversion)	(à) **qui** (+ inversion)
	qui est-ce qui		**qui est-ce que**	(à) **qui est-ce que**
thing	**qu'est-ce qui**		**que** (+ inversion)	(à) **quoi** (+ inversion)
			qu'est-ce que	(à) **quoi est-ce que**

> **À noter !**
>
> 1. There is no short form for the subject pronoun that refers to a thing.
> 2. The verb is singular after a subject pronoun.
>
>   Qui est venu? Mes amis.

modèle : Une enquête *(investigation)* policière : la sculpture disparue

- **Qui** a remarqué que la sculpture avait disparu ?
  (**Qui est-ce qui** a remarqué que la sculpture avait disparu ?)
- **Qui** est-ce que vous avez vu près de la maison ?
  (**Qui** avez-vous vu près de la maison ?)
- **À qui** avez-vous parlé de la sculpture disparue ?
  Chez qui avez-vous dîné hier soir ?
- **Qu'est-ce qui** était à côté de la sculpture ?
- **Qu'est-ce que** vous avez fait quand vous avez noté l'absence de la sculpture ?
  (**Qu'**avez-vous fait quand vous avez noté l'absence de la sculpture ?)
- **Avec quoi** a-t-on cassé la fenêtre ?

Le pronom interrogatif lequel

Finally, the interrogative adjective **quel** (*which*) has a corresponding interrogative pronoun **lequel** (*which one*). Just as the forms of the adjective **quel** vary for number and gender, there are four forms of the pronoun **lequel**, **laquelle**, **lesquels** and **lesquelles**. For example:

Laquelle (de ces chemises) a-t-il achetée ?
Lesquels (de ces étudiants) viendront ?

The usual rules for contractions apply to these forms. Compare:

De **quel** livre parlez-vous ? **Duquel** (= de + lequel) parlez-vous ?
À **quelles** femmes parlez-vous ? **Auxquelles** (= à + lesquelles) parlez-vous ?

Allez-y !

Exercice A : Pratique pratique

Posez une question à partir des phrases suivantes.

> modèle : <u>Mes parents</u> sont partis en voyage.
> <u>Qui</u> est parti en voyage ? (<u>Qui est-ce qui</u> est parti en voyage ?)

1. Nous parlons de <u>la grève</u> (*strike*).
2. <u>Les employés de la poste</u> sont en grève.
3. Ils veulent <u>une meilleure sécurité de l'emploi</u>.
4. Les patrons *(bosses)* aimeraient avoir <u>moins d'employés à temps plein</u>.
5. <u>Les lettres</u> sont bloquées à la poste.
6. Les employés blâment <u>les patrons.</u>
7. Les patrons blâment <u>l'économie</u>.
8. <u>Les gens</u> sont frustrés.
9. Nous pouvons compter sur <u>une longue grève !</u>

Exercice B : Le grand départ !

Vous organisez un voyage en Asie et votre ami(e) voudrait en savoir un peu plus sur ce voyage. Quelles vont être ses questions ? Utilisez **lequel**, **laquelle**, etc.

> modèle : *Vous* : Nous allons visiter quatre pays d'Asie.
>
> *Votre ami(e)* : Ah bon ? Lesquels allez-vous visiter ?

1. J'ai essayé plusieurs agences de voyage avant d'en choisir une.
2. Un des employés de cette agence m'a été particulièrement utile.
3. J'ai appris qu'il faut avoir un visa pour visiter certains pays.
4. Nous avons déjà choisi presque tous nos hôtels.
5. Un des pays d'Asie m'a toujours fasciné.
6. Je vais enfin pouvoir visiter la ville de mes rêves !
7. Ma femme et deux de nos enfants vont m'accompagner.

Exercice C : Jeu de rôles

Le moment est enfin venu : c'est le dernier jour du semestre ! Imaginez la discussion que vous allez avoir avec vos camarades de classe. Par exemple :

– Dieu merci, le semestre est fini. Je n'ai jamais tant étudié ! Et toi, lequel de tes cours a été le plus difficile ?

– Moi ? Le cours de psychologie, je crois. Mais tous les profs ont été assez exigeants (*demanding*). Pour qui as-tu travaillé le plus ?

– J'ai travaillé énormément en sociologie. Dis, c'est bientôt les grandes vacances. Qu'est-ce que tu vas faire cet été ? Etc.

Le Fonds mondial pour la nature-Canada : rapport

Pré-lecture

Les ours blancs deviennent de plus en plus maigres. Leurs territoires de chasse sont en train de fondre. Et nous sommes les seuls responsables de cette situation ! Alors que nous accusons un retard important, nous devrions être des chefs de file mondiaux en matière de réduction des émissions toxiques !

Pete Ewins, directeur du Programme de conservation de l'Arctique

L'ANNÉE 2001 : UN OPTIMISME RENOUVELÉ.

Le Fonds mondial pour la nature-Canada (WWF) a pour mission de veiller à la conservation de la biodiversité, d'assurer l'utilisation durable des ressources renouvelables et de promouvoir des mesures de réduction de la pollution.

Chaque année, nous déployons des ressources financières et scientifiques accrues dans notre lutte contre la dégradation croissante de la nature. Nous consolidons nos rapports avec tous ceux et celles préoccupés par la question. Et nous perfectionnons les compétences qui nous permettent de concilier les intérêts de chacun.

Au WWF, nous n'appartenons ni à la gauche ni à la droite; nous ne sommes ni conservateurs, ni radicaux, ni quelque part entre les deux. Avant tout, nous résolvons des problèmes. Nous cernons les menaces qui pèsent sur l'environnement et nous travaillons de concert avec les collectivités, les gouvernements et l'industrie pour trouver des solutions innovatrices.

FAITS SAILLANTS

Le WWF a favorisé la création d'aires protégées de plusieurs millions d'hectares, dont 1 167 000 en Alberta seulement.

Grâce au WWF, la baleine noire est maintenant sur la voie d'un rétablissement remarquable.

Le WWF a incité le Canada à signer et ratifier la Convention des Nations Unies sur les polluants organiques persistants.

Grâce à l'appui du WWF, la municipalité de Hudson a gagné sa cause historique en Cour suprême, donnant ainsi à la population le droit de contrôler l'usage des pesticides sur le territoire municipal.

Avec le concours du WWF, Tembec Inc. s'est engagée à rendre d'ici 2005 toutes ses zones forestières au Canada (13 millions d'hectares) conformes aux normes de bonnes pratiques forestières du Forest Stewardship Council (FSC).

Mme Eloise Davis a fait don de 2,045 millions de dollars au WWF, la plus importante somme jamais attribuée par un particulier à la conservation au Canada.

L'Arctique canadien abrite les écosystèmes intacts les plus vastes de la planète. À cause des pressions exercées par l'industrie et de la pollution provenant du sud, ceux-ci sont sérieusement menacés.

Nous avons accru radicalement les efforts de sauvegarde d'habitats menacés, et ce en collaborant avec les Premières nations pour encourager l'exploitation durable des ressources, en étudiant les effets des changements climatiques sur les espèces sauvages et en promouvant une forte réduction de la pollution toxique.

Le Canada est le pays dont les zones côtières sont de loin les plus longues de toute la planète, et qui dispose des réserves d'eau douce les plus importantes. Or, nous nous sommes, pour l'instant, à peine mouillé le bout de l'orteil en matière de conservation marine. Nous accusons un retard considérable comparativement à de nombreux autres pays.

Le WWF s'est donné pour mission de créer des zones phares de protection marine (ZPM) sur chacune des trois régions côtières canadiennes et dans les Grands Lacs. Notre but ultime? Parachever, d'ici 2010, le réseau national de ZPM le plus important au monde!

UNE SEULE ÉQUIPE, 60 000 HÉROS

Les Canadiens sont de plus en plus soucieux des questions qui touchent directement leur environnement. Ils sont plus nombreux à appuyer le WWF en contribuant temps et argent, et en endossant ouvertement la cause que nous défendons.

Un taux d'adoption record. Les gens ont répondu avec enthousiasme au programme *Adoptez un ours blanc.*

Exercice A : Avez-vous bien compris ?

Répondez aux questions suivantes en vous basant sur la lecture.

1. Pourquoi les ours blancs sont-ils en danger ?
2. Combien coûte l'adoption d'un ours blanc ?
3. Le Canada devrait-il se féliciter pour ses effortss en conservation marine ?
4. Quel est l'objectif de WWF en ce qui concerne l'écologie marine ?
5. Les Canadiens soutiennent-ils mieux que d'autre pays, ou moins bien, les questions écologiques ?
6. Pourquoi le WWF croit-il qu'il y a lieu d'être optimiste ?

Exercice B : Rédaction

1. Créez une brochure qui invite les gens à adopter un ours blanc.
2. Écrivez une lettre à votre député (*MP/MPP*) dans laquelle vous soulevez une question écologique importante pour votre région.

Activités d'intégration

Un débat

Organisez un débat en classe sur une question qui vous intéresse.

Quelques sujets de discussion

- les programmes de recyclage
- l'énergie nucléaire
- l'immigration et le racisme
- la protection des espèces en voie de disparition
- les médias et la violence
- les sans-abri (*homeless*)
- les familles et l'environnement
- la guerre (identifier le pays)

Le revers de la médaille

Imaginez que vous êtes un arbre, un lac, un courant d'air, un nuage, une bouteille en plastique, un poisson, etc. Qu'est-ce que vous diriez à la race humaine ? Employez le plus grand nombre possible de pronoms relatifs.

> modèle : Le lac - **Ce qui** me gêne le plus, c'est l'huile et l'essence que les gens déversent (*dump*) partout en utilisant leurs bateaux à moteur. Ils ne savent pas **ce dont** j'ai besoin pour rester propre et clair. **Ce qu**'ils font est impardonnable ! Ils me polluent avec des déchets de toutes sortes **qui** bouchent (*block up*) mes anses (*coves*) et mes ruisseaux (*streams*), etc.

Vocabulaire actif

Exprimer un sentiment, une émotion, p. 444
Exprimer la possibilité, le doute, p. 445
Le subjonctif après certaines conjonctions, p. 446
Prendre la parole, p. 455
Être d'accord / ne pas être d'accord, p. 455
Introduire un nouveau point de vue, p. 456

Noms

le but *goal*
la cannette *can*
la condition *condition*
la couche d'ozone *ozone layer*
la crainte *fear*
la crise *crisis*
les déchets *m waste products/refuse*
le désastre *disaster*
la disparition *disappearance*
l'écologie *f ecology*
l'emballage *m packaging*
l'empoisonnement *m poisoning*
l'enquête *f inquiry/investigation*
l'espèce *f species*
l'essence *f gasoline*

l'évolution *f evolution/development*
la fabrication *manufacture/making*
la forêt *forest*
le gouvernement *government*
la guerre *war*
le lien *link*
la menace *menace/threat*
le monde *world*
la planète *planet*
la plante *plant*
le point de vue *point of view*
la publicité *advertising/ad*
le recyclage *recycling*
la réalité *reality*
la rivière *river*
le(la) sans-abri *homeless person*
la solution *solution*
la survie *survival*
l'usage *m use*
l'usine *f factory*
la vérité *truth*
la victime *victim*
la violence *violence*

(continued on next page)

Verbes

augmenter *to increase*
craindre *to fear*
créer *to create*
déranger *to disturb*
détruire *to destroy*
déverser *to dump*
diminuer *to reduce*
disparaître *to disappear*
éliminer *to eliminate*
être conscient(e) de *to be aware of*
éviter *to avoid*
insister *to insist*
insulter *to insult*
interdire *to forbid*
menacer *to menace/to threaten*
mourir *to die*
pousser *to grow*
protéger *to protect*
réduire *to reduce*
refuser *to refuse*
résoudre *to resolve*
se décourager *to get discouraged*
se méfier *to watch out for*
se servir de *to use*
s'engager *to get involved*
se rendre compte (de) *to realize*

Adjectifs

chimique *chemical*
contaminé(e) *contaminated*
controversé(e) *controversial*
médical(e) *medical*
nocif (nocive) *dangerous/noxious/harmful*
pollué(e) *polluted*
toxique *toxic*
véritable *real*
vide *empty*

Adverbes

à l'intérieur *inside*
dehors *outside*
n'importe où *anywhere*
pourtant *yet/nevertheless*

Autres

par hasard *by chance*
à cause de *because of*
à tout prix *at any cost*
pour de bon *for good*

De retour à Québec

Mise en contexte

Jocelyne Tremblay, Robert Therrien et les Charbonneau se retrouvent au mois de juin à Québec et échangent des nouvelles. Ils discutent de leurs expériences passées et de leurs projets, puis des expériences et projets des autres membres de la classe. Ils montrent aussi les lettres et cartes postales que ces derniers (*the latter*) ont envoyées.

Objectifs communicatifs

Scène 1

Exprimer des vœux; féliciter
Faire des hypothèses (suite)
Faire des hypothèses (synthèse)
Relier une série d'événements futurs
Parler de personnes ou de choses non définies
Les pronoms possessifs

Scène 2

Synthèse

Structures et expressions

Scène 1

Le passé du conditionnel
Le futur antérieur
Les pronoms et adverbes indéfinis
Les pronoms possessifs

Vocabulaire actif

Scène 1

Vœux et félicitations
Relier une série d'événements

Culture

L'identité québécoise et le nationalisme au
  Québec
La Saint-Jean Baptiste au Québec
Le folklore
Synthèse

Chapitre

De retour à Québec

On fête la Saint-Jean Baptiste à Montréal.

Scène 1

Retrouvailles

Sur le vif !

C'est le début du mois de juin. Jocelyne vient de rentrer du Sénégal. M. et Mme Charbonneau viennent, eux, de rentrer de la Martinique. Ils se retrouvent, avec Robert, chez les Charbonneau.

M. Charbonneau : Ah, je dois dire que je suis bien content de me retrouver au Québec[1]. J'ai passé une année merveilleuse, mais c'est toujours un plaisir de revenir chez nous.

Mme Charbonneau : Eh bien, moi, j'aurais bien aimé rester plus longtemps
5   là-bas. Si tu n'avais pas décidé d'enseigner dans le programme d'immersion en juillet et août, on aurait pu passer l'été à la Martinique.

M. Charbonneau : Oui … c'est-à-dire que tu aurais pu trouver quelques bonnes recettes de plus pour ton livre.

Jocelyne : Vous avez trouvé beaucoup de nouvelles recettes, Madame ? Je
10   pourrais vous en donner quelques-unes, par exemple ma recette sénégalaise favorite, la soupe à l'arachide. C'est délicieux—très épicé.

Mme Charbonneau : Oui, Jocelyne, j'aimerais beaucoup connaître cette recette. J'ai pas mal° de recettes du Maghreb², mais je n'en ai pas encore assez du reste de l'Afrique³.

quite a few

Robert : Quand aurez-vous fini votre livre, Madame ? J'ai hâte de le lire ! 15

Mme Charbonneau : Ah, tu es gentil. Écoute, si tout va bien, je l'aurai terminé avant la fin de l'été. Je t'en donnerai un exemplaire° dès que° je l'aurai publié.

copy; as soon as

Jocelyne : (*Elle sourit à Robert.*) Eh bien, Robert et moi, nous nous serons installés dans notre propre appartement avant la fin de l'été. J'ai parfois du mal à y croire. 20

M. Charbonneau : Tous mes vœux de bonheur, mes petits, à l'occasion de vos fiançailles. C'est pour quand, la grande fête ?

Jocelyne : Ce sera le 22 juin, deux jours avant la fête nationale⁴. La famille de Robert n'a jamais été au Québec pour la Saint-Jean. Ils ont très envie de voir ça. 25

M. Charbonneau : Ah, oui. Et, bien entendu, vous allez au Sénégal en voyage de noces° ?

honeymoon

Robert : Oh non, un voyage de noces pareil°, c'est beaucoup trop dispendieux. Le nôtre° sera bien plus modeste.

like that
ours

Mme Charbonneau : Vous n'avez pas encore trouvé de travail, je suppose ? 30

Jocelyne : Si, j'ai eu de la chance. J'ai trouvé un poste dans un collège, où je vais enseigner le tissage.

Mme Charbonneau : Félicitations, Jocelyne ! Tu le mérites bien. Et toi, Robert ?

Robert : Eh bien, moi, j'ai décidé de faire une maîtrise en ethnologie ici, à Laval, car° le folklore me passionne de plus en plus. 35

for

Pour en savoir plus

1. Beaucoup de Québécois ont un attachement plus profond pour le Québec que pour le Canada, au point que bon nombre d'entre eux entrevoient un projet de pays pour le Québec. (Voir aussi la note 4.)
2. Le Maghreb désigne l'ensemble des pays du Nord-Ouest de l'Afrique, qui sont essentiellement des pays arabes. Le Maghreb comprend plusieurs anciennes colonies françaises : l'Algérie, le Maroc, la Tunisie. Le nom «Maghreb» dérive de l'arabe *al-Maghrib*, «endroit où le soleil se couche» (voir la carte au début du livre).
3. L'Afrique sub-saharienne comprend des pays à population en grande majorité noire. L'influence arabe s'y fait sentir, cependant, puisque la religion musulmane y occupe une place très importante.
4. La fête de la Saint-Jean, le 24 juin, est la fête nationale du Québec, alors que le premier juillet, fête du Canada, représente tout au plus° un jour de congé° pour beaucoup de Québécois francophones. Le mouvement nationaliste et le Parti Québécois ont connu des hauts et des bas° pendant les dernières décennies°.

at the most
day off
ups and downs
decades

Mosquée Mohammed V à Casablanca
(Maroc)

Vous avez bien compris ?

De retour à Québec

Quels sont les sentiments et les projets de ces personnages au moment de leur retour à Québec ? Développez votre réponse.

1. Jocelyne
2. Robert
3. M. Charbonneau
4. Mme Charbonneau

Réflexions sur la culture

1. Pourquoi un grand nombre de Québécois considèrent-ils le Québec comme leur pays ? Pourquoi d'autres Québécois considèrent-ils le Canada comme leur pays ? Cherchez dans un dictionnaire les mots «pays» et «nation» pour vous aider dans votre discussion.
2. Croyez-vous que le Québec se séparera du Canada ? Quelle serait votre réaction ? Commentez.

Fonctions et observations langagières

I. Exprimer des vœux; féliciter

You will have noted two types of congratulations in this conversation:

- When Jocelyne and Robert talk about their forthcoming wedding, M. Charbonneau says:

  Monsieur Charbonneau : Tous mes vœux de bonheur, mes petits, à l'occasion de vos fiançailles.

Note that in French, one expresses a wish for happiness rather than congratulations. This would be equally true of anniversaries and birthdays.

- When Jocelyne announces that she has found a job, on the other hand, Mme Charbonneau congratulates her:

  Madame Charbonneau : Félicitations, Jocelyne ! Tu le mérites bien.

Congratulations are in order, in French, for what is seen as an achievement.

Vocabulaire actif : *Vœux et félicitations*

Meilleurs vœux !	*Best wishes!*
Bon anniversaire !	*Happy birthday!*
Joyeux Noël !	*Merry Christmas!*
Joyeuses Pâques !	*Happy Easter!*
Tous mes vœux (de bonheur) !	*All best wishes!*
(Toutes mes) Félicitations !	*Congratulations!*
féliciter (de / pour)	*to congratulate (about)*
Je vous (te) félicite !	
Bravo !	
Chapeau ! (*fam.*)	*Well done! (hats off to you)*

Allez-y !

Exercice A : Réactions

Que diriez-vous dans les situations suivantes ?

1. Votre tante vient de se marier.
2. Votre frère vient de se fiancer.
3. Votre sœur a gagné une course (*race*).
4. Votre mère vient de recevoir un diplôme.
5. Mme Charbonneau vient de finir son livre.
6. Votre professeur de flûte a gagné un concours (*competition*) de musique.
7. Votre voisine vient d'avoir un bébé.
8. Votre meilleur(e) ami(e) a publié un poème.

II. Faire des hypothèses (suite)

Le passé du conditionnel

You saw several examples in the conversation of hypotheses that relate to *contrary-to-fact past situations*:

> *Madame Charbonneau* : Si tu n'avais pas décidé d'enseigner dans le programme d'immersion en juillet et août, **on aurait pu** passer l'été à la Martinique.

The verb form in bold print is the *past conditional* tense.

- **Formation : Avoir** or **être** in the *present conditional* + past participle

pouvoir	aller
j'**aurais pu**	je **serais allé(e)**
tu **aurais pu**	tu **serais allé(e)**
elle / il / on **aurait pu**	elle / il / on **serait allé(e)**
nous **aurions pu**	nous **serions allé(e)s**
vous **auriez pu**	vous **seriez allé(e)(s)**
elles / ils **auraient pu**	elles / ils **seraient allée(s)**

- **Use :**

  The past conditional is most often part of a complex sentence. One part of the sentence expresses a contrary-to-fact past condition, the other part expresses the hypothesized result of that condition.

past condition	hypothesized result
si + plus-que-parfait	**conditionnel passé**
Si tu n'**avais** pas **décidé** ...	on **aurait pu** ...

Allez-y !

Exercice A : Pratique pratique

Votre réveil-matin n'a pas sonné. Par conséquent, vous vous êtes réveillé(e) tard, vous n'avez pas eu le temps de déjeuner, vous êtes parti(e) sans avoir bu de café, vous êtes arrivé(e) en retard à l'université et vous avez manqué votre examen de maths. Imaginez toutes les différences si votre réveil-matin avait sonné.

> modèle : Si mon réveil-matin avait sonné, je me serais réveillé(e) à l'heure….

Ensuite, refaites l'exercice en changeant de sujet (*nous, tu, il, elles, vous*).

Exercice B : Imaginez les conséquences !

Inventez une fin pour les phrases suivantes :

1. Si Jocelyne n'avait pas été animatrice à Laval, ...
2. Si M. Charbonneau ne s'était pas intéressé à la littérature antillaise, ...
3. Si Mme Charbonneau n'était pas allée à la Martinique, ...
4. Si Gérard était resté pêcheur comme son père, ...
5. Si Maria avait étudié l'italien, ...
6. Si les enfants de Michael et Heather n'avaient pas étudié le français avant d'aller en France, ...
7. Si Jane avait grandi à El Paso, ...
8. Si Robert n'était pas venu à Laval, ...
9. Si Heather n'avait pas accepté le poste à Marseille, ...

Exercice C : À quelle époque auriez-vous aimé vivre ?

Le magazine *L'actualité* a posé cette question à un certain nombre de francophones célèbres. Voici quelques réponses :

Antonine Maillet (écrivaine acadienne) aurait aimé connaître un moment historique «d'intense vitalité», comme par exemple l'époque de Jeanne d'Arc. Elle explique : «J'aime mieux le jour de la bataille que le soir de la victoire.»

Normand Brathwaite (animateur d'une émission radiophonique au Québec) «ne changerait rien à sa vie ... Parce qu'en "homme de couleur" il est confiant que la mode des skin heads et du Ku Klux Klan sera passée et que les relations interraciales seront plus harmonieuses.»

(*L'actualité*)

Qu'en pensez-vous ? Qu'en pense votre voisin(e) ?

Antonine Maillet : vivre à l'époque de Jeanne d'Arc

L'histoire réinventée

Dressez une liste de cinq événements importants de l'année dernière ou d'une année récente. Ensuite, imaginez les conséquences si ces événements n'avaient pas eu lieu.

> modèle : Mes parents ont émigré au Canada.
> **Si mes parents n'avaient pas émigré au Canada, je serais né(e) en Grèce.**

III. Faire des hypothèses (synthèse)

You have now learned how to make hypotheses of several types and in several time frames. The following chart summarizes the verb tenses used to express the different contexts:

Normand Brathwaite : le meilleur est encore à venir

Les hypothèses

type	condition (*si +*)		hypothesized result	
	time	tense	time	tense
1. true	present	*présent*	present	*présent / impératif*

Si je **suis** fatigué(e), je me **couche** de bonne heure.
Si tu **es** fatigué(e), **va** te coucher !

2. possible	future	*présent*	future	*futur / impératif*

Si tu **vois** Pierre, tu lui **diras** de me téléphoner ?
Si tu **vois** Pierre, **dis**-lui de me téléphoner.

3. contrary-to-fact	present	*imparfait*	present	*conditionnel présent*

Si j'**étais** riche, j'**irais** vivre en Provence.

4. contrary-to-fact	past	*plus-que-parfait*	past	*conditionnel passé*

Si j'**avais été** fatigué(e), je me **serais couché(e)** tôt.

5. contrary-to-fact	past	*plus-que-parfait*	present	*conditionnel présent*

Si je n'**avais** pas **étudié** les mathématiques, je ne **comprendrais** pas les statistiques.

Allez-y !

Exercice A : Un peu d'imagination, s'il vous plaît !

Imaginez l'autre moitié des phrases proposées.

modèle : **Je viendrai chez toi demain ... si j'ai le temps.**

1. S'il fait mauvais demain, ...
2. Si je ne peux pas venir en classe demain, ...
3. Si tu es malade, ...
4. Si je n'avais pas autant de travail, ...
5. Si mes parents habitaient à la Martinique, ...
6. Si j'avais 60 ans ...
7. Si j'avais su que le professeur était malade, ...
8. Si j'étais né(e) au Maroc ...
9. Si je m'étais réveillé(e) à 6h ce matin ...

Exercice B : Si je n'avais pas décidé de faire des études à l'université, ...

Discutez avec un(e) camarade de classe. Qu'est-ce que vous feriez / Qu'est-ce que vous auriez fait si vous n'aviez pas décidé de faire des études ? En quoi votre vie serait-elle / aurait-elle été différente cette année ?

Exercice C : Rêvons un peu !

Finissez les phrases suivantes :

1. Je ferai un voyage cet été si…
2. J'obtiendrai un emploi d'été si …
3. Téléphone-moi si …
4. Je serais heureux (heureuse) si …
5. Je serais choqué(e) si …
6. Le Canada serait un meilleur pays si …
7. J'aurais appris à parler portugais si …
8. Je t'aurais fait un gâteau si …
9. J'aurais nettoyé (*cleaned*) l'appartement si …

IV. Relier une série d'événements futurs

Le futur antérieur

When Robert asks Mme Charbonneau about the progress of her cookbook, she refers to two different future events, and situates the action of one with respect to the other:

Madame Charbonneau : Je t'en **donnerai** un exemplaire dès que je l'**aurai publié.**
                          (2)   (1)

The future action indicated by the number **(1)** will occur before the other future action. This notion is expressed by the future perfect, or **futur antérieur**.

- The tense is formed by **avoir** or **être** in the future tense + **participe passé :**

  … je l'**aurai publié.**
  … elle **sera partie.**
  … nous nous **serons réveillés.**

- The two future events are often linked by a conjunction that precedes the **futur antérieur :**

  Je te téléphonerai **dès que (aussitôt que)** *je serai arrivé(e).*
  Quand (Lorsque) *tu auras fini* ce roman, tu me le prêteras ?
  Je te dirai ce que je pense du film **après que** *je l'aurai vu.*

Vocabulaire actif : *Relier une série d'événements*

conjonctions de temps

quand *when*	lorsque *when*
dès que *as soon as*	aussitôt que *as soon as*
après que *after*	

- The reference point in the future is not always another action, as in the above examples. Sometimes it is simply a fixed point in time:

> **dans** (x) ans (mois, semaines, jours) *in (x) years, etc.*
> Dans trois ans, j'**aurai fini** mes études.

> **avant** (date) *by (date)*
> J'**aurai fini** ce livre avant la fin de la semaine.

> **d'ici** (quelques jours, etc.) *within (a few days, etc.)*
> Le bébé **sera né** d'ici trois semaines.

Allez-y !

Exercice A : Pratique pratique

Conjuguez les verbes dans le texte suivant au futur antérieur.

Avant d'avoir 30 ans, je (visiter) _____ toutes les provinces du Canada, je (monter) _____ en haut de la tour Eiffel, je (apprendre) _____ à jouer d'un instrument de musique, je (finir) _____ mes études, je (s'installer) _____ dans un appartement et je (obtenir) _____ mon premier emploi.

Refaites l'exercice en changeant le sujet (*tu, nous, elle, ils*).

Exercice B : Les voyages forment la jeunesse !

Reliez les deux actions par une conjonction et situez-les à l'avenir.

> modèle: choisir une destination / acheter les billets d'avion
>
> **Dès que nous aurons choisi une destination, nous achèterons les billets d'avion.**

1. fixer notre itinéraire / réserver les logements
2. établir notre budget / réserver une voiture à louer
3. arriver à l'hôtel / monter les bagages
4. défaire les bagages / faire un tour de la ville
5. lire le guide touristique / choisir les sites à visiter

Exercice C : Votre avenir

Imaginez ce que vous aurez fait et ce que vous ferez aux moments indiqués.

> modèle : Dans 5 ans …
>
> **j'aurai obtenu mon diplôme en biologie et j'étudierai la médecine.**

1. Dans 1 an …
2. Dans 10 ans …
3. Dans 20 ans …
4. Dans 30 ans …
5. Dans 50 ans …

V. Parler de personnes ou de choses non définies

You are already familiar with many indefinite adjectives and pronouns, which refer to unspecified people and things. Here you will see some further uses of them.

Quelques, quelques-uns / quelques-unes, plusieurs, certains, un(e) autre, d'autres

In the dialogue, the characters discussed indefinite recipes and indefinite numbers of them:

> *Monsieur Charbonneau* : … tu aurais pu trouver **quelques** bonnes recettes …
>
> *Jocelyne* : Vous avez trouvé beaucoup de nouvelles recettes, Madame ?
>
> *Jocelyne* : Je pourrais vous **en** donner **quelques-unes** …

> **Rappel !**
>
> You will remember that the adjectives **quelques** (*a few*) and **plusieurs** (*several*) express an indefinite quantity, an unspecified small number or people or things. As *adjectives*, they precede the nouns they modify:
>
> **quelques** amis   **plusieurs** livres

- At times, we wish to designate an indefinite subset of things or people. In this case, we use the indefinite *pronoun* form, **quelques-uns / quelques-unes**, **plusieurs**.

    quelques-uns de mes amis *a few of my friends*

    plusieurs de mes livres *several of my books*

- The same happens with **certains / certaines, un(e) autre** and **d'autres**:

    As-tu lu les livres de Jacques Ferron ?
    J'**en** ai lu **certains**. (= J'ai lu certains de ses livres.)

    Ce café était très bon; donnez-m'**en un autre**, s'il vous plaît.

Symon Lette joue le rôle du marchand de feu dans le carnaval à Fort-de-France. Le marchand de feu est quelqu'un de traditionnel dans le folklore martiniquais

Quelque chose / ne ... rien; quelqu'un / ne ... personne

- You are already familiar with these pronouns. If you wish to use an adjective to modify them, the preposition **de** must precede the adjective. Note that the adjective used will take the masculine singular form.

  C'est **quelque chose** *de* **fantastique**, la fête nationale.
  Ils n'ont **rien** dit *de* **spécial**.
  Quelqu'un *de* **moins courageux** serait rentré au pays.

- The adjective **autre** is often combined with these pronouns, taking on the meaning *else*:

  Je n'ai **rien** *d'autre* à te dire. *I have nothing else to say to you.*
  Voulez-vous voir **quelque chose** *d'autre* ? *Would you like to see something else?*

Chacun / chacune; aucun / aucune

The pronouns **chacun(e)** (*each one*) correspond to the adjective **chaque**; in the case of **aucun(e)** (*no/none*), the adjective and pronouns have the same form.

Pronoms :   J'ai invité mes amis à une soirée.
　　　　　　　 Chacun (d'entre eux) s'est bien amusé.
　　　　　　　 Aucun (d'entre eux) ne s'est ennuyé.
　　　　　　　 J'ai trois sœurs.
　　　　　　　 Chacune (d'entre elles) est médecin.
　　　　　　　 Aucune (d'entre elles) n'est secrétaire.

Adjectifs :   **Aucune** personne n'est partie avant deux heures du matin.
　　　　　　　 Chaque fête est importante.
　　　　　　　 Il n'y a **aucun** dictionnaire russe à la bibliothèque.

Allez-y !

Exercice A : À la recherche de quelqu'un de spécial

Vous essayez de définir les qualités idéales de certaines personnes. Comparez vos idées à celles d'un(e) camarade de classe.

　　　modèle : joueur / joueuse de basketball
　　　　　　Il faut quelqu'un de grand (de sportif, de rapide).

1. un(e) co-locataire
2. un(e) professeur(e)
3. un(e) secrétaire du Club français
4. un trésorier / une trésorière du Club français
5. un(e) président(e) du Club français
6. un gardien / une gardienne d'enfants (*babysitter*)
7. un(e) jockey
8. un(e) clown
9. un époux / une épouse
10. un(e) premier ministre

Exercice B : J'ai vu quelque chose de bizarre !

En allant à l'université, vous avez vu quelque chose qui vous a frappé(e). Racontez-le à votre camarade de classe. (Chacun couvre une colonne et parle des éléments de l'autre colonne.)

> modèle : un accident d'automobile
> - J'ai vu quelque chose d'horrible !
> - Ah oui ? Qu'est-ce que c'était ?
> - Un accident d'automobile.

1. une girafe dans le parc
2. une famille de canards qui traversaient la rue
3. un enfant perdu qui pleurait (*was crying*)
4. un chien qui parlait
5. un serpent énorme
6. un extra-terrestre
7. mon acteur préféré / mon actrice préférée
8. un incendie (*fire*)

Exercice C : Mes amis et amies

Combien de vos amis ou amies conviennent à (*match*) la situation ?

> modèle : jouer au basketball
> **Certains de mes amis jouent au basketball.**
> **Aucun de mes amis ne joue au basketball.**
> **Certaines de mes amies jouent au basketball.**
> **Aucune de mes amies ne joue au basketball.**

1. jouer de la guitare
2. voyager souvent
3. travailler 20 heures par semaine
4. être marié(e)s
5. être monté(e)s à cheval
6. aimer le ballet
7. être allé(e)s en Europe
8. avoir fait du parachutisme
9. être abonné(e)s à un service Internet

VI. Les pronoms possessifs

In the conversation, M. Charbonneau asks whether Robert and Jocelyne will take their honeymoon in Senegal. He receives the following response:

> *Robert* : Oh, non, un voyage de noces pareil, c'est beaucoup trop dispendieux. **Le nôtre** sera bien plus modeste.

In order to avoid repetition (**notre voyage de noces**), Robert uses a possessive pronoun. The following chart provides the forms of the possessive pronouns, along with the possessive adjectives:

Adjectifs possessifs

singulier		**pluriel**
masculin	**féminin**	
mon père	**ma** mère	**mes** parents
ton père	**ta** mère	**tes** parents
son père	**sa** mère	**ses** parents
notre père / mère		**nos** parents
votre père / mère		**vos** parents
leur père / mère		**leurs** parents

Pronoms possessifs

singulier		**pluriel**	
masculin	**féminin**	**masculin**	**féminin**
le mien	**la mienne**	**les miens**	**les miennes**
le tien	**la tienne**	**les tiens**	**les tiennes**
le sien	**la sienne**	**les siens**	**les siennes**
le nôtre	**la nôtre**	**les nôtres**	
le vôtre	**la vôtre**	**les vôtres**	
le leur	**la leur**	**les leurs**	

Allez-y !

Exercice A : Pratique pratique

Fournissez l'adjectif et le pronom possessif qui conviennent.

> modèle : Marie – livres *m*
> ses livres; les siens

1. Georges : vacances *f*
2. mes parents : maison *f*
3. Mélanie : chat *m*
4. Jérôme : sœur *f*
5. Nicolas : frères *m*
6. nous : appartement *m*
7. tu : idée *f*
8. vous : voiture *f*
9. je : amis *m*

Exercice B : La mienne est plus vieille.

Comparez certaines de vos possessions avec celles d'un(e) camarade de classe. Utilisez des adjectifs variés.

> modèle : J'ai une bicyclette neuve. Et toi ?
> ***La mienne*** est assez vieille.

possessions

dictionnaire *m*	radio *f*	parapluie *m*	bottes *f*
stylo *m*	imprimante *f*	chaîne stéréo *f*	ordinateur *m*

DICTIONNAIRE/DISQUE COMPACT

Exercice C : Imaginons un peu ...

Comparez votre vie à celle des personnages du livre, en répondant aux questions. Expliquez votre réponse à un(e) camarade de classe. (Utilisez chaque fois un pronom possessif.)

1. À votre avis, les études de Robert seront-elles aussi intéressantes que les vôtres ?
2. L'emploi de Jocelyne est-il plus intéressant que celui que vous espérez avoir un jour ?
3. La recette favorite de Jocelyne est-elle plus épicée que la vôtre ?
4. La soirée chez les Charbonneau est-elle moins amusante que la vôtre ?

Vue aérienne de Québec

Perspectives d'avenir

Sur le vif !

Jocelyne, Robert et les Charbonneau continuent à discuter des activités et projets des autres membres de la classe. Ils échangent les lettres et cartes postales qu'ils ont reçues.

M. Charbonneau : Dites-moi, vous avez des nouvelles de vos camarades ? Moi, j'ai reçu une lettre de Heather et Michael. Je sais qu'ils vont rentrer avec les enfants à Halifax, en juillet.

Robert : Gérard m'a écrit récemment. Il sera en France cet été; il va interviewer des gens pour sa thèse. Et Maria va rester un an de plus en France, au lieu de°   5   instead of
rentrer tout de suite.

M. Charbonneau : Ah, je viens d'y penser ! Écoutez, ceci va vous surprendre. Gabrielle a passé toute l'année à Laval, comme vous le savez. Eh bien, sans rien dire à personne, elle apprenait le cri°. Figurez-vous qu'elle va enseigner dans un   Cree
petit hameau° du Manitoba[1], au nord.   10   village

Mme Charbonneau : Elle a l'esprit d'aventure, celle-là. Je l'envie° un peu ...   envy
Et Jane ? Qu'est-ce qu'elle devient°?   What's she up to?

Jocelyne : Elle va rentrer au Vermont. Elle a encore un an d'études à faire au Collège Middlebury.[2] Je me demande si elle accepterait de continuer à publier notre journal.   15

Robert : Il faut le lui demander—comme on dit, «Qui ne demande rien, n'a rien»°! Ce serait drôle d'avoir une grande réunion dans 15 ou 20 ans, hein ? Imaginez donc ! Qui sait ce que nous serons devenus ?

(proverbe français)

Pour en savoir plus

native people

1. Au Canada, il y a 11 groupes majeurs d'autochtones° et 11 groupes linguistiques, chacun d'eux étant divisé en trois ou quatre groupes. Les Algonquins, par exemple, rassemblent les Cris, les Blackfoot et les Ojibways. Il existe également beaucoup de personnes de race mixte, que l'on appelle des Métis. Certains Métis parlent français, comme c'était le cas pour leur chef, Louis Riel. Dans toutes les réserves indiennes, et surtout dans celles qui se trouvent au nord, on manque d'enseignants. On a établi des programmes pour augmenter les effectifs (*numbers*) du personnel enseignant autochtone.

2. Le Collège Middlebury, fondé en 1800, est très connu pour ses écoles langagières d'été où on offre des cours en 7 langues étrangères. On peut également faire des études de maîtrise et de doctorat. Le collège a 2 campus, l'un en ville et l'autre à Breadloaf Mountain.

Enfant autochtone

Vous avez bien compris ?

Les projets d'avenir

Quels projets ont-ils fait ?

1. Maria
2. Gabrielle
3. Gérard
4. Heather et Michael
5. Jane

e. interviewer les gens
f. rentrer au Vermont
g. enseigner dans un petit hameau
h. rester encore une année en France
i. rentrer à Halifax

Réflexions sur la culture

Comment imaginez-vous la vie dans une réserve indienne située dans le nord du Canada ? Faites quelques recherches pour vérifier vos impressions.

Lettres venues d'ailleurs

Le collège Middlebury (Vermont)

Lettre du collège Middlebury, au Vermont (-Jane)

le 20 août

Salut les amis,

Comme ça me fait plaisir de recevoir vos lettres et de les faire publier dans ce journal ! Bien qu'on ait terminé le cours d'immersion il y a un an, vous me manquez tous. Je tiens tellement à continuer notre amitié par correspondance. En vous lisant, j'étais étonnée° par le nombre d'expériences intéressantes que vous avez eues depuis la fin du cours et j'espère que vous vous amuserez autant que moi à lire les aventures de nos collègues.

    Pour ma part, je suis retournée à Middlebury fin août pour profiter du beau temps qu'il y fait et pour découvrir des lieux francophones en Nouvelle-Angleterre. Mon séjour à Québec a piqué énormément ma curiosité pour les mœurs°, les coutumes et la langue françaises dans mon propre pays. J'ai donc décidé de faire un petit tour à bicycle autour du lac Champlain avant la rentrée et de visiter des villages d'origine française dans le coin. Comme je roulais° au nord de Middlebury parmi ses «monts verts», je suis tombée d'abord sur Vergennes, village typique du Vermont où il n'y a presque aucune trace d'une présence francophone sauf pour quelques noms de famille qu'on voit sur les enseignes° de certains commerçants. Ensuite, j'ai gagné Monkton et sa «banlieue», Monkton Ridge et East Monkton. Toujours pas d'évidence

astounded

manners

was riding

signs

placename

d'un héritage français malgré la parenté évidente de ce nom de lieu° avec la ville de Moncton au Nouveau-Brunswick ! Un peu découragée, j'ai repris mon chemin le long du lac Champlain tout en espérant y trouver d'autres communes à nom français mais je n'ai pas eu de chance ! Enfin, arrivée au bord du lac, j'ai pris le petit pont qui va dans Grand Isle et, éventuellement, dans Isle la Motte. En longeant° l'île, je réfléchissais à l'année que je venais de passer au Canada où je vivais pleinement la culture québécoise et appréciais la diversité des peuples francophones dans ce pays. Je compte retourner un jour à ces petits villages de la Nouvelle-Angleterre pour interviewer leurs habitants et, qui sait, pour faire peut-être un film sur leur histoire.

riding along

Ceci dit, je vous rappelle que je m'étais inscrite à Laval à temps plein. J'y ai suivi des cours de langue et de littérature franco-canadienne y compris un cours sur le cinéma québécois. J'estime beaucoup les films de Denys Arcand, surtout son *Jésus de Montréal*, film génial et bouleversant ! Ce qui me frappe le plus chez les cinéastes québécois, c'est leur sens d'identité et d'appartenance° à une tradition bien enracinée° en leur «patrie», mais aussi leur dynamisme et côté innovateur dans le domaine des arts. Arcand, à mon avis, symbolise parfaitement cette tendance. J'aimerais donc continuer de suivre cette voie° dans mes cours à Middlebury et, si ma directrice de mémoire me le permet, j'essaierai de réaliser un film documentaire sur les francophones de la Nouvelle-Angleterre, sorte de ciné-document.

belonging; rooted

path

Pensées amicales,
Jane

Allez-y !

1. Faites quelques recherches sur une ville francophone de l'Amérique du Nord. Racontez à la classe ce que vous avez découvert. Voici quelques suggestions de villes : Gravelbourg (Saskatchewan), Saint-Boniface (Manitoba), la Pointe-de-l'Église (Nouvelle-Écosse), Lewiston (dans le Maine), Fort Edward (dans l'État de New York). Il y en a beaucoup d'autres !

2. Avez-vous eu l'occasion de voir des films québécois ? Des films français ? En quoi sont-ils différents des films américains ? Lesquels préférez-vous ? Pourquoi ?

Vignobles près de Saint-Preuil (France)

Lettre de Poitiers (-Gérard)

le 5 février

Chers amis,

J'ai décidé de vous parler de mes études. Pourquoi un Acadien du Nouveau-Brunswick irait-il étudier la dialectologie dans le centre-ouest de la France, dans le Poitou-Charentes ? C'est parce que les ancêtres des Acadiens venaient surtout de cette région (alors que les ancêtres des Québécois venaient surtout du nord-ouest, de Normandie et de Bretagne). Je suis en quelque sorte en quête° de mes racines°.

    C'est étonnant de voir la ressemblance entre le patois de cette région et mon dialecte acadien. (Un patois — pour vous, les non-linguistes — est un parler local et rural.) J'ai l'impression de découvrir mon histoire personnelle. Voilà pourquoi je suis venu ici.

    J'ai interviewé une famille de viticulteurs° la semaine dernière. C'était très intéressant ! Mme Magnan, qui doit avoir 75 ans, est la seule qui parle encore patois; son fils et ses petits-enfants comprennent le patois mais ne le parlent pas. Par conséquent, il disparaîtra sans doute avec la génération qui suivra. Je trouve ça triste.

    Le village de Mme Magnan n'a presque pas de jeunes; ils grandissent, partent pour la ville quand ils ont terminé l'école secondaire et, pour la plupart, ne reviennent pas à la campagne. Les Magnan étaient des viticulteurs, mais les petits-enfants de Mme Magnan (qui terminent l'école secondaire) comptent quitter le village pour étudier les mathématiques et le droit°.

    Je suis un peu comme ces enfants, maintenant que j'y pense ... Je suis fils de pêcheur°; j'ai rêvé de quitter mon village pour étudier dans «la grande ville de Moncton», puis je suis parti à Laval et ensuite en France. Je me sens tiraillé° entre deux désirs : préserver l'esprit de famille et de communauté de mon village natal ... et faire carrière en linguistique, ce qui m'obligerait sans doute à quitter ma province. Je ne sais pas. Cela me trouble de temps en temps, surtout en ce moment, après avoir rendu visite aux Magnan. Enfin, je vais continuer mes études, de toute façon. Quand viendra le moment de faire un choix de carrière, je saurai ce qui me convient° le mieux. (Comme vous le sentez sans doute, j'ai un peu le mal du pays ces jours-ci; toute lettre sera la bienvenue !)

Je vous embrasse tous et toutes,
Gérard

on a quest; roots

winegrowers

law

fisherman

torn

suits

1. Avez-vous jamais envisagé de partir à la recherche de vos racines ? Si vous le faisiez, où iriez-vous ? Pourquoi est-ce que cela vous intéresse ou ne vous intéresse pas ?
2. Est-il possible d'avoir l'esprit de communauté dans une ville ? Si oui, quelles sont les conditions nécessaires à son développement ?

Lettre de Québec (-Gabrielle)

le 7 mars

Chère Jane,

Même si je ne suis pas partie du Québec, je t'envoie quelque chose pour ton journal, pour donner un petit goût du Canada à nos amis voyageurs.

J'ai eu cet automne l'occasion de travailler avec un autre groupe qui passe par le programme d'immersion. J'aime beaucoup ce travail, parce que les gens qui s'y inscrivent sont tellement divers. Cette fois-ci il y a un juge qui veut devenir bilingue, un type qui rêve d'être fonctionnaire et qui doit faire preuve de bilinguisme fonctionnel, des jeunes de toutes les provinces et de plusieurs États, et quelques étudiants étrangers. Je me fais de nouveaux amis, et surtout, je découvre que l'enseignement est sans aucun doute la profession qui m'est destinée. J'adore ça !

J'ai fait une autre découverte cet automne. Je me suis fait une nouvelle amie — Brigitte — dont la grand-mère est amérindienne. Du coup, je me suis mise à lire tout ce que j'ai pu sur l'histoire des Amérindiens du Manitoba, et plus je lisais, plus je voulais en savoir. Comme sa grand-mère était Cri, j'ai décidé d'essayer d'apprendre le cri. C'est très différent du français et de l'anglais. Et j'ai décroché° un poste comme enseignante au nord, dans une réserve crie. Cela me permettra de tirer profit de ma formation en maths et en enseignement. Et ce sera passionnant !

Pensées cordiales de
Gabrielle

landed a job

1. Beaucoup d'Amérindiens essaient aujourd'hui d'éviter les mariages mixtes à cause de l'assimilation culturelle qui peut en résulter. Y a-t-il un parallèle entre cette attitude et l'imposition du français comme langue officielle au Québec ?
2. Quels sont les Amérindiens qui habitent dans votre région ? Que savez-vous de leur histoire et de leurs défis (challenges) actuels (current) ?

Lettre de Québec (-Robert)

le 25 juillet

Bonjour, tout le monde !

Premièrement, la grande nouvelle — Jocelyne et moi, nous allons nous marier. Nous venons de fêter nos fiançailles à Chicoutimi, et mes parents ont été ravis de fêter aussi la Saint-Jean-Baptiste pour la première fois.

J'ai suivi un cours, au semestre d'hiver, qui m'a amené à changer mes objectifs — c'était un cours sur la littérature orale, le folklore des francophones hors Québec. Je ne peux pas vous dire combien cela m'a plu. Quand je suis allé à Sudbury au mois de juin, j'ai montré le livre de cours à mon grand-père; il connaissait toutes les histoires et m'en a raconté d'autres. Je trouve fascinant de découvrir cette littérature populaire qui n'existe que dans la tradition orale, et qui disparaîtra si quelqu'un ne la transcrit pas. Par conséquent, j'ai décidé de me réorienter dans les études, et de faire une maîtrise en ethnologie.

Amicalement,
Robert

Allez-y !

1. Quel est l'âge idéal pour se marier ? Pourquoi ?
2. Quelles traditions orales existent dans votre famille (anecdotes ou histoires) ? Est-ce que les traditions orales représentent l'un des aspects de votre culture ? Quelle est leur importance, à votre avis ?

Danseuse sénégalaise

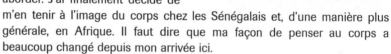

Lettre de Dakar
(–Jocelyne)

le 3 novembre

Mes chers amis,

Mon séjour au Sénégal me fait remettre en question° plusieurs aspects de la vie nord-américaine. Il y a tellement de choses dont je voudrais vous parler (la conception de l'amitié, de la famille et de la communauté; la nouvelle littérature qui montre la fierté d'être noir ...), mais je n'ai pas le temps de tout aborder. J'ai finalement décidé de m'en tenir à l'image du corps chez les Sénégalais et, d'une manière plus générale, en Afrique. Il faut dire que ma façon de penser au corps a beaucoup changé depuis mon arrivée ici.

Quand j'étais plus jeune, je suivais un régime°, parce que je me trouvais toujours trop grosse. Je faisais comme la plupart des Nord-Américaines : je poursuivais l'idéal d'un corps mince° et svelte, sans rondeurs et surtout sans adiposité. J'ai été surprise de constater que la beauté féminine, ici, ne dépend pas de la minceur; au contraire, les femmes semblent contentes de leurs formes pleines, surtout aux hanches. Une troupe de danseurs en tournée m'a fascinée. Chez les femmes, c'est le «derrière» que les costumes mettaient en relief°. Les danseuses avaient toutes le corps bien développé et bien proportionné mais, pour la plupart, n'étaient pas minces. (Vous voyez que mon attitude a changé — même mon choix de mots le révèle !).

Alors, depuis un bout de temps, je cesse de penser tellement à mon corps et je ne suis plus un régime. Je pense que j'ai pris quelques kilos, mais cela m'est tout à fait égal°. Je me sens libérée. Avant de venir ici, je ne pouvais m'empêcher de penser à mon corps et, surtout, je n'en étais jamais satisfaite. Je me demande si ma nouvelle philosophie pourra survivre à toutes les pressions° au Canada. Je l'espère !

Amitiés de
Jocelyne

call into question

diet

slender

emphasized

that doesn't bother me at all

pressures

 Allez-y !

1. Êtes-vous d'accord avec Jocelyne ? Est-ce que la société nord-américaine donne aux femmes une image répressive de leur corps ? Commentez.

2. De nos jours, on parle beaucoup de maladies comme l'anorexie et la boulimie. D'après ce que vous avez lu sur l'image du corps au Sénégal, pensez-vous que ces maladies y seraient plus (ou moins) répandues (*widespread*) qu'ici ?

Lettre de Roquevaire (~Michael)

Tableau de Cézanne

le 8 juillet

Salut à tout le monde,

Nous voici prêts à retourner à Halifax après une année magnifique au pays du soleil. Vu la diversité de nos expériences et les différences entre nos activités, Heather et moi, nous avons décidé de vous écrire chacun à son tour pour vous mettre au courant de nos vies respectives en Provence. Moi, je m'occuperai de vous raconter mes nouvelles et celles de nos enfants. Mais par où commencer ? Alors, conforme à mon rôle d'artiste, je vous dirai que dès notre installation à Roquevaire, j'étais ébloui° par la beauté de cette province avec ses pays ensoleillés, ses pins-parasol à perte de vue° et ses côtes d'argile°. J'ai tout de suite éprouvé° le besoin de contempler ces lieux et de les capter sur ma toile°. Chaque week-end, pendant plusieurs mois, nous sommes sortis pour admirer le site qu'un autre artiste avait rendu célèbre. On est allé à Arles voir les cafés et les champs ensoleillés chers à Van Gogh. On a visité le pays d'Aix et la Sainte-Victoire, montagne qui le domine; c'est là où le génie de Cézanne s'est épanoui°. Enfin, plus près de chez nous, on a souvent fait des randonnées° en montagne pour suivre les pistes° que le jeune héros de *La Gloire de mon Père*, un film sur la vie du grand auteur Pagnol, avait prises pendant sa jeunesse. Naturellement, mes premières impressions esthétiques ont été contrebalancées par mon tempérament rabelaisien ! Partout où nous allions, je voyais des vignobles° et je savais que là où croît la vigne° on offre une dégustation gratuite de vin° ! Ah, que ça m'a fait du bien de boire un coup et de fumer un mégot° sans que l'on me sermonne comme au Canada ! En France, du moins, je ne me sentais plus comme membre d'une minorité persécutée.

En plus des «bains culturels» de mes premiers jours, j'ai dû me charger de choses plus pratiques. Au début, les enfants ont eu du mal à s'adapter aux longues journées d'école. Juste avant midi, chaque jour, j'allais donc au pain, avant de retrouver Andy et Emily à l'école. Une fois arrivés chez nous, nous passions une heure à manger et à discuter avant qu'ils fassent la sieste. C'est le déjeuner français traditionnel, mais beaucoup de commerces ne ferment plus au milieu de la journée. Quand deux heures sonnaient, je les ramenais à l'école et rentrais chez moi. Parfois, au lieu de peindre, je regardais mon feuilleton préféré. Que la télé en France est différente de chez nous ! La moitié des pubs° exposent des femmes à moitié nues, ce qui ne me déplaît pas du tout, vous savez, mais la nudité m'y semble tout à fait gratuite ainsi que l'érotisme que l'on trouve sur plusieurs chaînes. D'autre part, il y a de très bonnes émissions des spectacles et concerts qui font revivre la chanson

dazzled

as far as the eye can see

clay hills; felt

canvas

unfolded

hikes

trails

vineyards

vine; free winetasting

cigarette

commercials

populaire des années quarante et cinquante et, surtout, des télé-romans comme celui que je préfère et qu'on filme près de Cassis. Dans ce drame figurent les mœurs provençales et la vie traditionnelle aux prises avec une société moderne.

Bien amicalement,
Michael

Allez-y !

1. Connaissez-vous d'autres artistes français (sculpteurs, romanciers, cinéastes, etc.) qui ont été influencés par leur environnement et, surtout, par la vie en plein air (*outdoors*) ? À quelle école appartenaient-ils ? Qu'en pensez-vous ?

2. Que pensez-vous de la journée scolaire (à l'élémentaire) en France ? Aimeriez-vous passer deux heures à la maison à l'heure du déjeuner, avant de rentrer à l'école ? Discutez.

Lettre de Fort-de-France (~M. Charbonneau)

le 22 avril.

Chers collègues, chers étudiants :

Vous aurez sans doute lu ma dernière lettre et deviné mon enthousiasme pour la Martinique, sa culture et sa littérature. Par un coup de bonheur, plusieurs sociétés littéraires antillaises et françaises ont organisé cette automne un colloque° sur la littérature des Caraïbes. Alors je vais vous raconter les détails de ces rencontres, car je crois que ça risque de° vous intéresser tous.

   Les «secondes rencontres littéraires des Caraïbes» ont eu lieu d'abord à Paris, ensuite à la Martinique. Ce sont surtout ces dernières qui m'ont fasciné. Il y a eu des tables rondes dans différents centres culturels et littéraires, à Fort-de-France. Parmi les personnalités participantes, on comptait des poètes et écrivains martiniquais tels que Patrick Chamoiseau, dont le roman *Texaco* a reçu le Prix Goncourt, et Raphaël Confiant, qui a rédigé des essais sur la langue et la littérature créoles en collaboration avec Chamoiseau. On remarquait aussi la présence de deux Guadeloupéens : le poète et critique littéraire Ernest Pépin et l'écrivaine Gisèle Pineau. Enfin, Franketienne — peintre, poète, romancier et dramaturge d'Haïti — est l'auteur d'une œuvre importante en français et en créole.

   Quant aux tables rondes, elles n'étaient pas à court° de sujets passionnants : image de la femme dans la littérature caraïbe, langue orale et langue écrite, esprit des lieux et surnaturel entre autres. J'ai donc eu l'occasion de participer à ces discussions, si pertinentes pour celles et ceux qui désirent connaître la littérature antillaise d'aujourd'hui. Cela va m'aider beaucoup dans mon enseignement à Laval cette année, d'autant plus que°

colloquium
stands a good chance of

short

all the more so because

j'envisage de présenter maintenant la littérature francophone comme un grand tissu à thèmes entrelacés et à voix multiples.

Bien cordialement,
Réjean Charbonneau

Allez-y !

1. À quelles tables rondes aimeriez-vous assister ? Quels sujets vous passionnent le plus ? Pourquoi ? Est-ce que votre université a déjà organisé un colloque sur la littérature et l'ethnicité ? Quel(s) sujet d'étude a-t-on abordé(s) ?

Lettre de Roquevaire (–Heather)

le 26 mars

Salut, tout le monde !

Nous sommes bien installés à Roquevaire maintenant, et nous regrettons de devoir rentrer bientôt au Canada. Nous aimerions pouvoir rester plus longtemps.

J'ai finalement décidé de vous parler de deux choses assez différentes. Premièrement, comme vous le savez déjà si vous avez reçu ma première lettre, les Français ont beaucoup de vacances, cinq semaines par an — au minimum. Au début, je croyais que les Français devaient être un peu paresseux; ils ont énormément de vacances comparativement aux Nord-Américains, et ils en parlent constamment. Je croyais même qu'ils n'étaient peut-être pas très sérieux au travail ... Mais au bout de quelques mois, j'ai changé d'avis. Il me semble maintenant que les Français travaillent de façon très intensive et qu'ils s'amusent de façon tout aussi intensive en vacances. L'économie française n'est pas celle d'un pays de paresseux, et il y a eu beaucoup d'innovations et de découvertes° technologiques faites par des Françaises et des Français. À la réflexion, c'est sans doute la perspective de cinq semaines de vacances qui donne aux Français l'énergie de travailler fort le reste de l'année. Je crois que nous devrions les imiter en Amérique du Nord ! À Halifax, j'ai une amie fonctionnaire° qui n'a droit qu'à deux semaines de vacances par an. C'est affreux°!

La deuxième chose qui me frappe ici, c'est la notion de l'espace° personnel. En Amérique du Nord, étant donné° que le Canada et les États-Unis sont des pays énormes, nous avons l'habitude d'avoir beaucoup d'espace personnel. Pour la plupart, les Nord-Américains préfèrent habiter une maison plutôt qu'un appartement, et beaucoup d'entre eux peuvent le faire. On veut avoir un petit espace vert autour de la maison, une chambre pour chaque enfant et une salle de récréation dans la maison. C'est très différent dans les villes françaises. Comme la population est très dense en Europe, ce ne sont que les riches qui peuvent s'acheter une maison

discoveries

civil servant
horrible
space
given

indépendante (qu'ils ont l'habitude d'appeler leur «villa»). Beaucoup de gens vivent dans un appartement qu'ils louent ou achètent à la place d'une maison. Il est tout à fait normal que les enfants partagent une chambre, et il est rare qu'il y ait une salle de récréation. En plus, les dimensions de chaque pièce d'un appartement ou d'une maison typique sont plus petites qu'en Amérique du Nord. Je me sens presque gênée quand je pense aux dimensions généreuse de notre maison et de notre jardin à Halifax. En conséquence, je me demande si nous avons vraiment «besoin» de tout l'espace dont nous avons l'habitude chez nous. Les Français n'ont pas l'impression de souffrir d'un manque d'espace. Oh, et on remarque aussi une perception différente de l'espace personnel quand deux personnes se parlent. Ici, on se met tellement près l'un de l'autre ! Je me sentais mal à l'aise les premières semaines, jusqu'au moment où je me suis rendue compte que les collègues français se parlent normalement à une proximité qui chez nous est réservée à l'intimité. Maintenant je trouve cela fascinant ! Alors, soyez prévenus° – dans nos premières conversations, je me tiendrai probablement nez à nez avec vous !

Pensées amicales de
Heather

forewarned

Allez-y !

1. Pensez-vous que les travailleurs de votre région ont assez de vacances ? Pensez-vous que les gens travailleraient plus fort s'ils avaient en perspective cinq semaines de vacances ?
2. Connaissez-vous des personnes dans votre communauté qui ont des conceptions de «l'espace personnel» différentes des vôtres ? Décrivez ces coutumes et l'effet qu'elles ont sur vous.

Activités d'intégration

Rédaction

Choisissez un pays (ou une région) francophone et faites des recherches afin de pouvoir en discuter. (Ceci peut être un travail d'équipe.) Identifiez les ressources et les besoins de «votre» pays, puis formulez une proposition à soumettre à un sommet francophone. (Lorsque ce travail est fait, la classe peut tenir un mini-sommet de la francophonie en classe.)

Remue-méninges

Imaginez en quoi notre monde aura changé :

1. Le Canada, dans 100 ans;
2. Les États-Unis, dans 100 ans;
3. Les études universitaires, dans 50 ans.

Drapeaux à la Défense (Paris)

Le bilan

Imaginez que vous avez 80 ans et que vous faites le bilan de votre vie. Qu'est-ce que vous feriez différemment si vous pouviez la refaire ? Qu'est-ce que vous auriez dû faire (ou n'auriez pas dû faire) pendant votre jeunesse ? Et plus tard, pendant votre vieillesse ?

Vocabulaire actif

Vœux et félicitations, p. 473
Relier une série d'événements, p. 477

Noms

la banlieue *suburbs/outskirts*
la chaîne *channel*
le concours *competition*
la coutume *custom*
le défi *challenge*
la demande *request*
le désir *wish/desire*
le diplôme *diploma*
la fierté *pride*
le juge *judge*
le manque *lack*
les mœurs *f manners/customs*
la pensée *thought*
le poste *position*
le retour *return*
le sang *blood*
le viticulteur *wine grower*
le vœu *wish*
le voyage de noces *honeymoon*

Verbes

appartenir à *to belong to/to be a member of*
constater *to notice*
envier *to envy*
ignorer *to be unaware of*
imiter *to imitate*
obliger *to oblige*
passionner *to fascinate*
réaliser *to realize/to make/to carry out*
se charger de *to take care of*
se séparer *to separate/to part*

Adjectifs

actuel(le) *present (day)*
affreux (affreuse) *horrible*
amical(e) *friendly*
bilingue *bilingual*
bouleversant(e) *deeply moving/overwhelming*
enraciné(e) *rooted*
gratuit(e) *free/gratuitous*
mondial(e) *world*
universitaire *university*

Adverbes

à l'heure actuelle *at present*
bien entendu *of course*
de retour *back*
finalement *finally*
par conséquent *consequently/therefore*
pas mal *a fair bit*
sans doute *undoubtedly*

Prépositions

malgré *in spite of/despite*
au lieu de *instead of*

Conjonctions

car *for/because*
cependant *however*

Autres

à partir de *from*
amicalement *regards/best wishes*
pas mal de *quite a few*

Appendix A

International phonetic alphabet

Vowels

a	la
A	pâte
e	été
E	fête
le	le
i	midi
o	dos
O	votre
P	deux
{	leur
u	nous
y	du
A	dans
E	vin
O	mon
{	un

Consonants

b	beau
d	danger
f	fin
g	gare
k	quand
l	livre
m	maman
n	non
p	petit
r	rêve
s	sa
t	tête
v	victoire
z	zéro
S	chien
Z	juge
≠	montagne

Semivowels

j	famille, métier, crayon
w	Louis, voici
·	lui, depuis

Appendix B

Glossary of grammatical terms

You may find it more difficult to learn French if you are unfamiliar with some of the terms used in explanations of French structure. The following reference list may help you, particularly when you are studying at home or in the language laboratory. Since your instructor may well wish to use French explanations in class, we provide the translation of most terms in French. Each item, as well as being defined, is illustrated with one or two examples, usually in both English and French.

adjective (**adjectif** *m*)
An *adjective* describes or qualifies a noun or a pronoun.

> a *happy* child   **un enfant *heureux***

It is customary for adjectives to be sub-categorized according to the manner in which they qualify nouns. For example:

A *demonstrative adjective* (**adjectif démonstratif**) indicates or points out a *particular* item.

> *this* table   ***cette* table**

A *descriptive adjective* (**adjectif descriptif**) indicates a certain quality, specifying what *kind* of an item is being discussed.

> a *cloudy* sky   **un ciel *nuageux***

An *interrogative adjective* (**adjectif interrogatif**) seeks information about a person or thing.

> *which* students...?   ***quels* étudiants ... ?**
> *what* assignment...?   ***quel* devoir ... ?**

A *possessive adjective* (**adjectif possessif**) indicates ownership.
> *my* book   ***mon* livre**

Note that English adjectives do not change in form, whereas French adjectives must change or *agree* according to the *gender* (masculine/feminine) and *number* (singular/plural) of the noun they qualify or modify.

adverb (**adverbe** *m*)
Adverbs give further information about a verb, an adjective or another adverb. They typically indicate notions of time (when), place (where), manner (how), quantity (how many), intensity (how much), etc.

> He sings (verb) *well*.   **Il chante *bien*.**

very large (adjective)	*très* **grand**
too slowly (adverb)	*trop* **lentement**

agreement (**accord** *m*)

In French, articles, adjectives and verbs may change their forms, depending on whether a related noun or pronoun is masculine or feminine in *gender*, singular or plural in *number*.

le petit chien	**les petits chiens**
il travaille	**ils travaillent**

antecedent (see: *relative pronoun*)

article (**article** *m*)

An *article* is a short word placed before a noun to indicate whether the noun refers to a specific or non-specific person, thing, activity or idea, or, in French, to a general category of items.

A *definite article* (**article défini**) normally indicates a particular item or a general category.

the woman	*la* **femme**
computers	*les* **ordinateurs**

An *indefinite article* (**article indéfini**) precedes an unspecified person, thing, idea, etc.

a boy	*un* **garçon**
a meeting	*une* **réunion**
some cherries	*des* **cerises**

In French, a *partitive article* (**article partitif**) indicates an indefinite quantity of a specific item. *Partitive articles* are always singular, and are usually translated by *some* or *any* in English.

du **thé**	*some/any* tea
de la **viande**	*some/any* meat

auxiliary verb (**verbe auxiliaire** *m*)

Often called a *helping* verb, an *auxiliary verb* is used in French in conjunction with a main verb to indicate a change to a past tense.

Elle marche.	She walks.
Elle *a* marché.	She *has* walked.

clause (**proposition** *f*)

A clause is a group of words containing at least a subject and a verb.

A main or principal clause (**proposition principale**) expresses a complete thought and can stand alone. (see also: *sentence*)

You are right.	**Vous avez raison.**

A *subordinate* or *dependent clause* (**proposition subordonnée**) cannot stand alone and occurs in conjunction with a main clause.

> I think that you are right.   **Je pense que vous avez raison**.

cognate (**mot apparenté** *m*)
A word that is very similar or identical in meaning or appearance to a word in another language is called a *cognate*. Be aware of the *pronunciation* of the cognate in the second language!

> **intelligent**   *intelligent*
> **la liberté**   *liberty*

comparative (**comparatif** *m*) (see also: *superlative*)
The *comparative* structure compares a quality pertaining to someone or something with the same quality in someone or something else. One person or item may have as much, more, or less of the quality than the other. Both adjectives and adverbs may be compared.

> a *smaller* house   **une *plus petite* maison** (adjective)
> *as high* a salary   **un salaire *aussi élevé*** (adjective)
> *less* quickly   ***moins* vite** (adverb)

conditional (see: *mood*)

conjugation (**conjugaison** *f*)
The *conjugation* of a verb shows all six forms of that verb (three singular, three plural) for a particular *tense* (present, future, etc.)

conjunction (**conjonction** *f*) (see also: *clause*)
A *conjunction* links a group of words within a sentence. A *coordinating conjunction* links two elements of equal value.

> ups *and* downs
> **les hauts *et* les bas**
> I work hard *but* I have fun as well.
> **Je travaille dur *mais* je m'amuse aussi.**

A *subordinating conjunction* joins a main clause and a subordinate clause.

> *When* you arrive, I'll be there.
> ***Quand* vous arriverez, je serai là.**

contraction (**contraction** *f*)
A contraction is a shortened or truncated form. Contractions are normally optional in English but compulsory in French.

> do not → ***don't*** ; à + le → ***au***

direct / indirect speech (**discours** *m* **direct / rapporté**)
Direct speech is an exact quotation of what has been said. *Indirect speech* is a report or summary of what someone else has said.

> (He said:) "I'll be there tomorrow." (direct speech)
> He said (that) he would be there tomorrow. (indirect speech)

ending (**terminaison** *f*)

French verbs have both a *stem* (**racine** *f*) (sometimes called a *root*) and various *endings*.

> **chanter** (inf.)   **chant-**(stem)
>
> **je chant*e***   **nous chant*ons*** etc.

Irregular verbs may have several different *stems*.

> **aller** (inf.)   **nous all*ons***   **nous ir*ons***   etc.

gender (**genre** *m*) In English, nouns do not have a grammatical gender. In French, *all* nouns (included borrowed words) are classified as either *masculine* or *feminine*.

> ***le*** téléphone   ***la*** télévision

Pronouns, adjectives and articles also may change form according to the gender of the nouns they replace or qualify.

> ***le vieux*** château   →   ***la vieille*** maison
>
> ***le mien***   →   ***la mienne***

idiom / idiomatic expression (**idiotisme** *m* **/ expression idiomatique** *f*)

If the meaning of the individual words in an expression is different from that of the expression taken as a whole, the latter is said to be an *idiom*.

> **faire** (to make)   +   **la queue** (tail)   →
>
> **faire la queue**   to line up

imperative (see: *mood*)

indicative (see: *mood*)

infinitive (**infinitif** *m*) (see also: *ending*)

The most basic form of a verb (that found in a dictionary) is called an *infinitive*.

> **danser**   to dance

invariable (**invariable**)

A form that does not change depending on its context is called *invariable*. The forms of French adjectives, for example, vary according to the *number* and *gender* of the noun they modify. Adverbs and prepositions, however, remain invariable.

inversion (**inversion** *f*)

The normal word order in both English and French sentences is: subject + verb. If the verb *precedes* the subject, the structure is called *inversion*.

> They are late.   *Are they* late ?
>
> **Ils sont en retard.**   ***Sont-ils* en retard ?**

mood (**mode** *m*) (see also: *tense*)

Verbs may be classified in terms of both *mood* and *tense*. A mood may be subdivided into several different tenses. In French, there are four moods which express the *attitude* or *point of view* that the speaker is adopting about his/her remarks. The *forms* of verbs vary for *both* mood and tense.

The *indicative mood* (**l'indicatif** *m*) is the most common of the four moods of French and is used to talk about actual states or actions ; it may be called the *factual* mood. Several tenses (the present, the past, the future, etc.) are in the *indicative mood.*

je *vais* I go   **je *suis allé*** I went   **j'*irai*** I will go

The *imperative mood* (**l'impératif** *m*) is used to give orders or to make suggestions.

Partez à quatre heures.   Leave at four o'clock.
Partons à quatre heures.   Let's leave at four o'clock.

The *subjunctive mood* (**le subjonctif**) expresses the attitudes or feelings of the speaker about states or actions. The present and past are the most common subjunctive tense in French.

J'aimerais que Suzanne *soit / ait été* ici.
I wish that Susan *were/had been* here.

The *conditional mood* (**le conditionnel**) normally completes the statement of a contrary-to-fact possibility. It is used a great deal in discussing hypotheses. Once again, there is both a present and past conditional in French.

Si j'avais le temps, j'*irais* au cinéma.
Si j'avais eu le temps, je *serais allé* au cinéma.
If I had / had had the time, I would go / would have gone to the movies.

noun (**nom** *m*) (see also: *gender; number*)
A *noun* is the name of a person, place, thing, concept or activity. Unless it is the name of a person, a noun will normally be accompanied by an *article* in French.

Mary	**Marie**
Alberta	**l'Alberta**
lamp	**une lampe**
democracy	**la démocratie**
discussion	**une discussion**

number (**nombre** *m*)
Number refers to the distinction between *singular* (one person or thing) and *plural* (more than one person or thing). Nouns, pronouns, verbs, articles and adjectives all change form to indicate number in French.

je *me* lave   **nous *nous* lavons**
le petit anim*al*   **les petits anim*aux***

object (**complément d'objet** *m*)

A basic sentence normally contains a *subject* and a *verb*. It may, depending on the verb, contain as well a noun or pronoun related to that verb. These nouns or pronouns are designated as *objects*.

A *direct object* (**complément d'objet direct**) receives the action of the verb "directly", that is, without a preposition.

He looks at the sunset.   **Il regarde le coucher de soleil.**

An *indirect object* (**complément d'objet indirect**) is related to the verb by the preposition *to* (**à**).

They talk *to* the animals.   **Ils parlent *aux* animaux.**

After the verb or in other grammatical contexts, nouns or pronouns preceded by a preposition other than *to* are simply called *objects of the preposition*.

with the dentist   ***avec* le(la) dentiste**
with him / *with* her   ***avec* lui / avec elle**

participle (**participe** *m*)

A *participle* is used either in combination with an auxiliary verb to indicate a specific tense or, by itself, as an adjective to describe something. When combined with an auxiliary verb in French, it is normally called a *past participle* (**participe passé**).

J'ai *écrit* deux lettres.   I have *written* two letters.
la langue *écrite*   the *written* language

parts of speech (**les parties** *f* **du discours**)

Both English and French classify words according to their functions in sentences. The principal parts of speech in both languages are: *noun, pronoun, verb, adverb, adjective, article, preposition* and *conjunction*.

person (**personne** *f*)

Subject (and object) pronouns are divided into three *persons* and may be further subdivided into *singular* and *plural*. For example:
the person(s) speaking: *first person*

s.: I walk   *je* **marche**   pl.: we walk   ***nous* marchons**
the person(s) to whom one is speaking: *second person*
s.: you walk   *tu* **marches** / *vous* **marchez**   pl.: *vous* **marchez**
the person(s) one is speaking about: *third person*
s.: she walks   *elle* **marche**   pl.: they walk   ***elles* marchent**

phrase (**locution** *f*)

A *phrase* is a group of words that form a grammatical unit. There are *prepositional phrases, adverbial phrases,* etc.

***après* la classe**   *after* the class
tout de suite   *right away*

prefix (**préfixe** *m*)
A combination or one or more letters added to the beginning of a word to
change its meaning is called a *prefix*.

*a*symmetric	**a*symétrique**	*contra*dict	**contre*dire**

preposition (**préposition** *f*)
A *preposition* is an invariable functional word that indicates the relationship
between a noun or pronoun and another part of a sentence.

She was *in* the library. **Elle était *dans* la bibliothèque.**
He left *without* them. **Il est parti *sans* eux.**

pronoun (**pronom** *m*)
A *pronoun* is used in place of, or has the same function as, a **noun**.

Mark is studying German. ***Marc* étudie l'allemand.**
He is studying German. ***Il* étudie l'allemand.**
There are several different kinds of pronouns.

Personal pronouns (**les pronoms personnels**) have various forms and
uses. They may be used as *subjects*, as *direct* or *indirect objects*, as *objects
of a preposition*, as *emphatic forms*, etc.

I see Jane. ***Je* vois Jeanne.** (subject)
Jane sees *me*. **Jeanne *me* voit.** (direct object)
Jane talks *to me*. **Jeanne *me* parle.** (indirect object)
I dine with *her*. **Je dîne avec *elle*.** (object of a preposition)
He's not nice. ***Lui*, il n'est pas gentil.** (emphatic form)

A *demonstrative pronoun* (**pronom démonstratif**) usually replaces a
previously mentioned noun; the noun may or may not have been
accompanied by a *demonstrative adjective*.

Give me *the/ this* book. **Donnez-moi *le / ce* livre.**
This one? ***Celui-ci* ?**

An *indefinite pronoun* (**pronom indéfini**) refers to an unspecified or
unidentified person or thing.

Somebody left a message. ***Quelqu'un* a laissé un message.**
Did you lose *something*? **Avez-vous perdu *quelque chose* ?**

Interrogative pronouns (**les pronoms interrogatifs**) ask for
information about someone or something.

Who phoned you? ***Qui* vous a téléphoné ?**
What did she want? ***Qu'est-ce qu'* elle voulait ?**

Reflexive and *reciprocal pronouns* (**les pronoms réfléchis et
réciproques**) may function both as direct and indirect objects. They
always refer back to the subject of a sentence.

They see *themselves* in the mirror.
Ils *se* voient dans la glace. (reflexive; direct object)
They talk *to each other* every day.
Elles *se* parlent tous les jours. (reciprocal;indirect object)

A *relative pronoun* (**pronom relatif**) stands for a previously introduced noun called the *antecedent* (**antécédent** *m*) and introduces a *subordinate clause*.

> *The man who* was here has left.
> *L'homme qui* était là est parti.
>
> *The film that* we saw was boring.
> *Le film que* nous avons vu était ennuyeux.

sentence (**phrase** *f*)

A *sentence*, a group of one or more words, expresses a complete thought. The major elements of a sentence are organized around its verb or verbs.

> Anne-Marie *gives* the book to her sister.
> **Anne-Marie *donne* le livre à sa sœur.**
>   subj.   verb dir. obj. ind. obj.

Declarative sentences (**les phrases déclaratives**) make a statement, *interrogative sentences* (**les phrases interrogatives**) ask a question, and *imperative sentences* (**les phrases impératives**) give a command. All types of sentences may either be *affirmative* or *negative*.

stem (see: *ending*)

subject (**sujet** *m*)

Who or *what* does the action of a verb is called the *subject* of that verb. It often, but not always, precedes the verb.

> *Michael* speaks French.
> *Michael* **parle français.**
>
> Is *he* at the university?
> **Est-*il* à l'université ?**
>
> *The car* isn't working well.
> *L'auto* **ne marche pas bien.**

subjunctive (see: *mood*)

suffix (**suffixe** *m*)

A *suffix* is a letter or group of letters added to the end of a word to change its meaning or grammatical function.

> courage*ous*   **courag*eux***   rapid*ly*   **rapide*ment***

superlative (**superlatif** *m*) (see also: *comparative*)

The *superlative* is a comparative form that indicates the highest or lowest degree of a particular quality. Both adjectives and adverbs have superlative forms.

> *the most* intelligent pupil
> **l'élève *le plus* intelligent**
> (adjective)
>
> *the least* quickly
> ***le moins* vite** (adverb)

tense (**temps** *m*)

The *tense* of a verb essentially indicates the *time* at which its action or condition takes place. Tenses may be *simple* (**simple**), containing one word only, or *compound* (**composé**), containing two or more words. Here are, with examples, the six main tenses of French.

simple tenses	*compound tenses*
present **présent**	past perfect **passé composé**
(**je prends** I take)	(**j'ai pris** I took)
imperfect **imparfait**	pluperfect **plus-que-parfait**
(**je prenais** I was taking)	(**j'avais pris** I had taken)
future **futur**	future perfect **futur antérieur**
(**je prendrai** I will take)	(**j'aurai pris** I will have taken)

verb (**verbe** *m*) (see also: *sentence*)

The *verb* is the central element of a sentence, since other major sentence components are directly related to it. It is the word that indicates the action performed by the *subject* or, together with the words that follow it, the state or the condition of the subject.

| Gabrielle *sings* well. | **Gabrielle *chante* bien.** |
| I *am very happy*. | **Je *suis très heureux*.** |

Appendix C

Verbs

Regular verbs

Infinitif Participes	Indicatif Présent	Imparfait	Passé composé	Plus-que-parfait
parler parlant parlé	parle parles parle parlons parlez parlent	parlais parlais parlait parlions parliez parlaient	ai parlé as parlé a parlé avons parlé avez parlé ont parlé	avais parlé avais parlé avait parlé avions parlé aviez parlé avaient parlé
finir finissant fini	finis finis finit finissons finissez finissent	finissais finissais finissait finissions finissiez finissaient	ai fini as fini a fini avons fini avez fini ont fini	avais fini avais fini avait fini avions fini aviez fini avaient fini
rendre rendant rendu	rends rends rend rendons rendez rendent	rendais rendais rendait rendions rendiez rendaient	ai rendu as rendu a rendu avons rendu avez rendu ont rendu	avais rendu avais rendu avait rendu avions rendu aviez rendu avaient rendu
partir **(dormir,** **s'endormir,** **mentir, sentir** **servir, sortir)** partant parti	pars pars part partons partez partent	partais partais partait partions partiez partaient	suis parti(e) es parti(e) est parti(e) sommes parti(e)s êtes parti(e)(s) sont parti(e)s	étais parti(e) étais parti(e) était parti(e) étions parti(e)s étiez parti(e)(s) étaient parti(e)s
acheter (amener, **emmener, lever,** **mener, promener)** achetant acheté	achète achètes achète achetons achetez achètent	achetais achetais achetait achetions achetiez achetaient	ai acheté as acheté a acheté avons acheté avez acheté ont acheté	avais acheté avais acheté avait acheté avions acheté aviez acheté avaient acheté
préférer **(considérer,** **espérer, exagérer,** **inquiéter, protéger,** **répéter, suggérer)** préférant préféré	préfère préfères préfère préférons préférez préfèrent	préférais préférais préférait préférions préfériez préféraient	ai préféré as préféré a préféré avons préféré avez préféré ont préféré	avais préféré avais préféré avait préféré avions préféré aviez préféré avaient préféré

| | | Conditionnel | | Impératif | Subjonctif | |
Futur	Futur antérieur	Présent	Passé		Présent	Passé
parlerai	aurai parlé	parlerais	aurais parlé		parle	aie parlé
parleras	auras parlé	parlerais	aurais parlé	parle	parles	aies parlé
parlera	aura parlé	parlerait	aurait parlé		parle	ait parlé
parlerons	aurons parlé	parlerions	aurions parlé	parlons	parlions	ayons parlé
parlerez	aurez parlé	parleriez	auriez parlé	parlez	parliez	ayez parlé
parleront	auront parlé	parleraient	auraient parlé		parlent	aient parlé
finirai	aurai fini	finirais	aurais fini		finisse	aie fini
finiras	auras fini	finirais	aurais fini	finis	finisses	aies fini
finira	aura fini	finirait	aurait fini		finisse	ait fini
finirons	aurons fini	finirions	aurions fini	finissons	finissions	ayons fini
finirez	aurez fini	finiriez	auriez fini	finissez	finissiez	ayez fini
finiront	auront fini	finiraient	auraient fini		finissent	aient fini
rendrai	aurai rendu	rendrais	aurais rendu		rende	aie rendu
rendras	auras rendu	rendrais	aurais rendu	rends	rendes	aies rendu
rendra	aura rendu	rendrait	aurait rendu		rende	ait rendu
rendrons	aurons rendu	rendrions	aurions rendu	rendons	rendions	ayons rendu
rendrez	aurez rendu	rendriez	auriez rendu	rendez	rendiez	ayez rendu
rendront	auront rendu	rendraient	auraient rendu		rendent	aient rendu
partirai	serai parti(e)	partirais	serais parti(e)		parte	sois parti(e)
partiras	seras parti(e)	partirais	serais parti(e)	pars	partes	sois parti(e)
partira	sera parti(e)	partirait	serait parti(e)		parte	soit parti(e)
partirons	serons parti(e)s	partirions	serions parti(e)s	partons	partions	soyons parti(e)s
partirez	serez parti(e)(s)	partiriez	seriez parti(e)(s)	partez	partiez	soyez parti(e)(s)
partiront	seront parti(e)s	partiraient	seraient parti(e)s		partent	soient parti(e)s
achèterai	aurai acheté	achèterais	aurais acheté		achète	aie acheté
achèteras	auras acheté	achèterais	aurais acheté	achète	achètes	aies acheté
achètera	aura acheté	achèterait	aurait acheté		achète	ait acheté
achèterons	aurons acheté	achèterions	aurions acheté	achetons	achetions	ayons acheté
achèterez	aurez acheté	achèteriez	auriez acheté	achetez	achetiez	ayez acheté
achèteront	auront acheté	achèteraient	auraient acheté		achètent	aient acheté
préférerai	aurai préféré	préférerais	aurais préféré		préfère	aie préféré
préféreras	auras préféré	préférerais	aurais préféré	préfère	préfères	aies préféré
préférera	aura préféré	préférerait	aurait préféré		préfère	ait préféré
préférerons	aurons préféré	préférerions	aurions préféré	préférons	préférions	ayons préféré
préférerez	aurez préféré	préféreriez	auriez préféré	préférez	préfériez	ayez préféré
préféreront	auront préféré	préféreraient	auraient préféré		préfèrent	aient préféré

Regular verbs

Infinitif Participes	Indicatif Présent	Imparfait	Passé composé	Plus-que-parfait
manger (**arranger,** **changer, corriger,** **déranger, diriger,** **encourager, nager,** **voyager**) mangeant mangé	mange manges mange mangeons mangez mangent	mangeais mangeais mangeait mangions mangiez mangeaient	ai mangé as mangé a mangé avons mangé avez mangé ont mangé	avais mangé avais mangé avait mangé avions mangé aviez mangé avaient mangé
payer (**ennuyer,** **essayer**) payant payé	paie paies paie payons payez paient	payais payais payait payions payiez payaient	ai payé as payé a payé avons payé avez payé ont payé	avais payé avais payé avait payé avions payé aviez payé avaient payé
commencer commençant commencé	commence commences commence commençons commencez commencent	commençais commençais commençait commencions commenciez commençaient	ai commencé as commencé a commencé avons commencé avez commencé ont commencé	avais commencé avais commencé avait commencé avions commencé aviez commencé avaient commencé
appeler (**rappeler**) appelant appelé	appelle appelles appelle appelons appelez appellent	appelais appelais appelait appelions appeliez appelaient	ai appelé as appelé a appelé avons appelé avez appelé ont appelé	avais appelé avais appelé avait appelé avions appelé aviez appelé avaient appelé
être étant été	suis es est sommes êtes sont	étais étais était étions étiez étaient	ai été as été a été avons été avez été ont été	avais été avais été avait été avions été aviez été avaient été
avoir ayant eu	ai as a avons avez ont	avais avais avait avions aviez avaient	ai eu as eu a eu avons eu avez eu ont eu	avais eu avais eu avait eu avions eu aviez eu avaient eu

Futur	Futur antérieur	Conditionnel		Impératif	Subjonctif	
		Présent	Passé		Présent	Passé
mangerai	aurai mangé	mangerais	aurais mangé		mange	aie mangé
mangeras	auras mangé	mangerais	aurais mangé	mange	manges	aies mangé
mangera	aura mangé	mangerait	aurait mangé		mange	ait mangé
mangerons	aurons mangé	mangerions	aurions mangé	mangeons	mangions	ayons mangé
mangerez	aurez mangé	mangeriez	auriez mangé	mangez	mangiez	ayez mangé
mangeront	auront mangé	mangeraient	auraient mangé		mangent	aient mangé
paierai	aurai payé	paierais	aurais payé		paie	aie payé
paieras	auras payé	paierais	aurais payé	paie	paies	aies payé
paiera	aura payé	paierait	aurait payé		paie	ait payé
paierons	aurons payé	paierions	aurions payé	payons	payions	ayons payé
paierez	aurez payé	paieriez	auriez payé	payez	payiez	ayez payé
paieront	auront payé	paieraient	auraient payé		paient	aient payé
commencerai	aurai commencé	commencerais	aurais commencé		commence	aie commencé
commenceras	auras commencé	commencerais	aurais commencé	commence	commences	aies commencé
commencera	aura commencé	commencerait	aurait commencé		commence	ait commencé
commencerons	aurons commencé	commencerions	aurions commencé	commençons	commencions	ayons commencé
commencerez	aurez commencé	commenceriez	auriez commencé	commencez	commenciez	ayez commencé
commenceront	auront commencé	commenceraient	auraient commencé		commencent	aient commencé
appellerai	aurai appelé	appellerais	aurais appelé		appelle	aie appelé
appelleras	auras appelé	appellerais	aurais appelé	appelle	appelles	aies appelé
appellera	aura appelé	appellerait	aurait appelé		appelle	ait appelé
appellerons	aurons appelé	appellerions	aurions appelé	appelons	appelions	ayons appelé
appellerez	aurez appelé	appelleriez	auriez appelé	appelez	appeliez	ayez appelé
appelleront	auront appelé	appelleraient	auraient appelé		appellent	aient appelé
serai	aurai été	serais	aurais été		sois	aie été
seras	auras été	serais	aurais été	sois	sois	aies été
sera	aura été	serait	aurait été		soit	ait été
serons	aurons été	serions	aurions été	soyons	soyons	ayons été
serez	aurez été	seriez	auriez été	soyez	soyez	ayez été
seront	auront été	seraient	auraient été		soient	aient été
aurai	aurai eu	aurais	aurais eu		aie	aie eu
auras	auras eu	aurais	aurais eu	aie	aies	aies eu
aura	aura eu	aurait	aurait eu		ait	ait eu
aurons	aurons eu	aurions	aurions eu	ayons	ayons	ayons eu
aurez	aurez eu	auriez	auriez eu	ayez	ayez	ayez eu
auront	auront eu	auraient	auraient eu		aient	aient eu

Irregular verbs

Each verb in this list is conjugated like the model indicated by the number. See the table of irregular verbs for the models.

admettre 15
(s')apercevoir 24
apprendre 23
commettre 15
comprendre 23
construire 4
couvrir 19
décevoir 24
découvrir 19
décrire 10
devenir 29
disparaître 5
inscrire 10
introduire 4
obtenir 29
paraître 5
permettre 15
poursuivre 27
prévoir 31
produire 4
promettre 15
reconduire 4
reconnaître 5
redire 9
relire 14
remettre 15
retenir 29
revenir 29
revoir 31
satisfaire 12
souffrir 18
se souvenir 29
surprendre 23
se taire 20
tenir 29
traduire 4

Infinitif / Participes	Indicatif / Présent	Imparfait	Passé composé	Plus-que-parfait
1 **aller** allant allé	vais vas va allons allez vont	allais allais allait allions alliez allaient	suis allé(e) es allé(e) est allé(e) sommes allé(e)s êtes allé(e)(s) sont allé(e)s	étais allé(e) étais allé(e) était allé(e) étions allé(e)s étiez allé(e)(s) étaient allé(e)s
2 **s'asseoir** s'asseyant assis	m'assieds t'assieds s'assied nous asseyons vous asseyez s'asseyent	m'asseyais t'asseyais s'asseyait nous asseyions vous asseyiez s'asseyaient	me suis assis(e) t'es assis(e) s'est assis(e) nous sommes assis(es) vous êtes assis(e)(s) se sont assis(es)	m'étais assis(e) t'étais assis(e) s'était assis(e) nous étions assis(es) vous étiez assis(e)(s) s'étaient assis(es)
3 **boire** buvant bu	bois bois boit buvons buvez boivent	buvais buvais buvait buvions buviez buvaient	ai bu as bu a bu avons bu avez bu ont bu	avais bu avais bu avait bu avions bu aviez bu avaient bu
4 **conduire** conduisant conduit	conduis conduis conduit conduisons conduisez conduisent	conduisais conduisais conduisait conduisions conduisiez conduisaient	ai conduit as conduit a conduit avons conduit avez conduit ont conduit	avais conduit avais conduit avait conduit avions conduit aviez conduit avaient conduit
5 **connaître** connaissant connu	connais connais connaît connaissons connaissez connaissent	connaissais connaissais connaissait connaissions conaissiez connaissaient	ai connu as connu a connu avons connu avez connu ont connu	avais connu avais connu avait connu avions connu aviez connu avaient connu
6 **courir** courant couru	cours cours court courons courez courent	courais courais courait courions couriez couraient	ai couru as couru a couru avons couru avez couru ont couru	avais couru avais couru avait couru avions couru aviez couru avaient couru
7 **croire** croyant cru	crois crois croit croyons croyez croient	croyais croyais croyait croyions croyiez croyaient	ai cru as cru a cru avons cru avez cru ont cru	avais cru avais cru avait cru avions cru aviez cru avaient cru
8 **devoir** devant dû	dois dois doit devons devez doivent	devais devais devait devions deviez devaient	ai dû as dû a dû avons dû avez dû ont dû	avais dû avais dû avait dû avions dû aviez dû avaient dû

		Conditionnel		Impératif	Subjonctif	
Futur	Futur antérieur	Présent	Passé		Présent	Passé
irai	serai allé(e)	irais	serais allé(e)		aille	sois allé(e)
iras	seras allé(e)	irais	serais allé(e)	va	ailles	sois allé(e)
ira	sera allé(e)	irait	serait allé(e)		aille	soit allé(e)
irons	serons allé(e)s	irions	serions allé(e)s	allons	allions	soyons allé(e)s
irez	serez allé(e)(s)	iriez	seriez allé(e)(s)	allez	alliez	soyez allé(e)(s)
iront	seront allé(e)s	iraient	seraient allé(e)s		aillent	soient allé(e)s
m'assiérai	me serai assis(e)	m'assiérais	me serais assis(e)		m'asseye	me sois assis(e)
t'assiéras	te seras assis(e)	t'assiérais	te serais assis(e)	assieds-toi	t'asseyes	te sois assis(e)
s'assiéra	se sera assis(e)	s'assiérait	se serait assis(e)		s'asseye	se soit assis(e)
nous assiérons	nous serons assis(es)	nous assiérions	nous serions assis(es)	asseyons-nous	nous asseyions	nous soyons assis(es)
vous assiérez	vous serez assis(e)(s)	vous assiériez	vous seriez assis(e)(s)	asseyez-vous	vous asseyiez	vous soyez assis(es)
s'assiéront	se seront assis(es)	s'assiéraient	se seraient assis(es)		s'asseyent	se soient assis(es)
boirai	aurai bu	boirais	aurais bu		boive	aie bu
boiras	auras bu	boirais	aurais bu	bois	boives	aies bu
boira	aura bu	boirait	aurait bu		boive	ait bu
boirons	aurons bu	boirions	aurions bu	buvons	buvions	ayons bu
boirez	aurez bu	boiriez	auriez bu	buvez	buviez	ayez bu
boiront	auront bu	boiraient	auraient bu		boivent	aient bu
conduirai	aurai conduit	conduirais	aurais conduit		conduise	aie conduit
conduiras	auras conduit	conduirais	aurais conduit	conduis	conduises	aies conduit
conduira	aura conduit	conduirait	aurait conduit		conduise	ait conduit
conduirons	aurons conduit	conduirions	aurions conduit	conduisons	conduisions	ayons conduit
conduirez	aurez conduit	conduiriez	auriez conduit	conduisez	conduisiez	ayez conduit
conduiront	auront conduit	conduiraient	auraient conduit		conduisent	aient conduit
connaîtrai	aurai connu	connaîtrais	aurais connu		connaisse	aie connu
connaîtras	auras connu	connaîtrais	aurais connu	connais	connaisses	aies connu
connaîtra	aura connu	connaîtrait	aurait connu		connaisse	ait connu
connaîtrons	aurons connu	connaîtrions	aurions connu	connaissons	connaissions	ayons connu
connaîtrez	aurez connu	connaîtriez	auriez connu	connaissez	connaissiez	ayez connu
connaîtront	auront connu	connaîtraient	auraient connu		connaissent	aient connu
courrai	aurai couru	courrais	aurais couru		coure	aie couru
courras	auras couru	courrais	aurais couru	cours	coures	aies couru
courra	aura couru	courrait	aurait couru		coure	ait couru
courrons	aurons couru	courrions	aurions couru	courons	courions	ayons couru
courrez	aurez couru	courriez	auriez couru	courez	couriez	ayez couru
courront	auront couru	courraient	auraient couru		courent	aient couru
croirai	aurai cru	croirais	aurais cru		croie	aie cru
croiras	auras cru	croirais	aurais cru	crois	croies	aies cru
croira	aura cru	croirait	aurait cru		croie	ait cru
croirons	aurons cru	croirions	aurions cru	croyons	croyions	ayons cru
croirez	aurez cru	croiriez	auriez cru	croyez	croyiez	ayez cru
croiront	auront cru	croiraient	auraient cru		croient	aient cru
devrai	aurai dû	devrais	aurais dû		doive	aie dû
devras	auras dû	devrais	aurais dû	dois	doives	aies dû
devra	aura dû	devrait	aurait dû		doive	ait dû
devrons	aurons dû	devrions	aurions dû	devons	devions	ayons dû
devrez	aurez dû	devriez	auriez dû	devez	deviez	ayez dû
devront	auront dû	devraient	auraient dû		doivent	aient dû

Infinitif Participes	Indicatif Présent	Imparfait	Passé composé	Plus-que-parfait
9 **dire** disant dit	dis dis dit disons dites disent	disais disais disait disions disiez disaient	ai dit as dit a dit avons dit avez dit ont dit	avais dit avais dit avait dit avions dit aviez dit avaient dit
10 **écrire** écrivant écrit	écris écris écrit écrivons écrivez écrivent	écrivais écrivais écrivait écrivions écriviez écrivaient	ai écrit as écrit a écrit avons écrit avez écrit ont écrit	avais écrit avais écrit avait écrit avions écrit aviez écrit avaient écrit
11 **envoyer** envoyant envoyé	envoie envoies envoie envoyons envoyez envoient	envoyais envoyais envoyait envoyions envoyiez envoyaient	ai envoyé as envoyé a envoyé avons envoyé avez envoyé ont envoyé	avais envoyé avais envoyé avait envoyé avions envoyé aviez envoyé avaient envoyé
12 **faire** faisant fait	fais fais fait faisons faites font	faisais faisais faisait faisions faisiez faisaient	ai fait as fait a fait avons fait avez fait ont fait	avais fait avais fait avait fait avions fait aviez fait avaient fait
13 **falloir** fallu	il faut	il fallait	il a fallu	il avait fallu
14 **lire** lisant lu	lis lis lit lisons lisez lisent	lisais lisais lisait lisions lisiez lisaient	ai lu as lu a lu avons lu avez lu ont lu	avais lu avais lu avait lu avions lu aviez lu avaient lu
15 **mettre** mettant mis	mets mets met mettons mettez mettent	mettais mettais mettait mettions mettiez mettaient	ai mis as mis a mis avons mis avez mis ont mis	avais mis avais mis avait mis avions mis aviez mis avaient mis
16 **mourir** mourant mort	meurs meurs meurt mourons mourez meurent	mourais mourais mourait mourions mouriez mouraient	suis mort(e) es mort(e) est mort(e) sommes mort(e)s êtes mort(e)(s) sont mort(e)s	étais mort(e) étais mort(e) était mort(e) étions mort(e)s étiez mort(e)(s) étaient mort(e)s

Futur	Futur antérieur	Conditionnel Présent	Conditionnel Passé	Impératif	Subjonctif Présent	Subjonctif Passé
dirai	aurai dit	dirais	aurais dit		dise	aie dit
diras	auras dit	dirais	aurais dit	dis	dises	aies dit
dira	aura dit	dirait	aurait dit		dise	ait dit
dirons	aurons dit	dirions	aurions dit	disons	disions	ayons dit
direz	aurez dit	diriez	auriez dit	dites	disiez	ayez dit
diront	auront dit	diraient	auraient dit		disent	aient dit
écrirai	aurai écrit	écrirais	aurais écrit		écrive	aie écrit
écriras	auras écrit	écrirais	aurais écrit	écris	écrives	aies écrit
écrira	aura écrit	écrirait	aurait écrit		écrive	ait écrit
écrirons	aurons écrit	écririons	aurions écrit	écrivons	écrivions	ayons écrit
écrirez	aurez écrit	écririez	auriez écrit	écrivez	écriviez	ayez écrit
écriront	auront écrit	écriraient	auraient écrit		écrivent	aient écrit
enverrai	aurai envoyé	enverrais	aurais envoyé		envoie	aie envoyé
enverras	auras envoyé	enverrais	aurais envoyé	envoie	envoies	aies envoyé
enverra	aura envoyé	enverrait	aurait envoyé		envoie	ait envoyé
enverrons	aurons envoyé	enverrions	aurions envoyé	envoyons	envoyions	ayons envoyé
enverrez	aurez envoyé	enverriez	auriez envoyé	envoyez	envoyiez	ayez envoyé
enverront	auront envoyé	enverraient	auraient envoyé		envoient	aient envoyé
ferai	aurai fait	ferais	aurais fait		fasse	aie fait
feras	auras fait	ferais	aurais fait	fais	fasses	aies fait
fera	aura fait	ferait	aurait fait		fasse	ait fait
ferons	aurons fait	ferions	aurions fait	faisons	fassions	ayons fait
ferez	aurez fait	feriez	auriez fait	faites	fassiez	ayez fait
feront	auront fait	feraient	auraient fait		fassent	aient fait
il faudra	il aura fallu	il faudrait	il aurait fallu		il faille	il ait fallu
lirai	aurai lu	lirais	aurais lu		lise	aie lu
liras	auras lu	lirais	aurais lu	lis	lises	aies lu
lira	aura lu	lirait	aurait lu		lise	ait lu
lirons	aurons lu	lirions	aurions lu	lisons	lisions	ayons lu
lirez	aurez lu	liriez	auriez lu	lisez	lisiez	ayez lu
liront	auront lu	liraient	auraient lu		lisent	aient lu
mettrai	aurai mis	mettrais	aurais mis		mette	aie mis
mettras	auras mis	mettrais	aurais mis	mets	mettes	aies mis
mettra	aura mis	mettrait	aurait mis		mette	ait mis
mettrons	aurons mis	mettrions	aurions mis	mettons	mettions	ayons mis
mettrez	aurez mis	mettriez	auriez mis	mettez	mettiez	ayez mis
mettront	auront mis	mettraient	auraient mis		mettent	aient mis
mourrai	serai mort(e)	mourrais	serais mort(e)		meure	sois mort(e)
mourras	seras mort(e)	mourrais	serais mort(e)	meurs	meures	sois mort(e)
mourra	sera mort(e)	mourrait	serait mort(e)		meure	soit mort(e)
mourrons	serons mort(e)s	mourrions	serions mort(e)s	mourons	mourions	soyons mort(e)s
mourrez	serez mort(e)(s)	mourriez	seriez mort(e)(s)	mourez	mouriez	soyez mort(e)(s)
mourront	seront mort(e)s	mourraient	seraient mort(e)s		meurent	soient mort(e)s

Infinitif Participes	Indicatif Présent	Imparfait	Passé composé	Plus-que-parfait
17 **naître** naissant né	nais nais naît naissons naissez naissent	naissais naissais naissait naissions naissiez naissaient	suis né(e) es né(e) est né(e) sommes né(e)s êtes né(e)(s) sont né(e)s	étais né(e) étais né(e) était né(e) étions né(e)s étiez né(e)(s) étaient né(e)s
18 **offrir** offrant offert	offre offres offre offrons offrez offrent	offrais offrais offrait offrions offriez offraient	ai offert as offert a offert avons offert avez offert ont offert	avais offert avais offert avait offert avions offert aviez offert avaient offert
19 **ouvrir** ouvrant ouvert	ouvre ouvres ouvre ouvrons ouvrez ouvrent	ouvrais ouvrais ouvrait ouvrions ouvriez ouvraient	ai ouvert as ouvert a ouvert avons ouvert avez ouvert ont ouvert	avais ouvert avais ouvert avait ouvert avions ouvert aviez ouvert avaient ouvert
20 **plaire** plaisant plu	plais plais plaît plaisons plaisez plaisent	plaisais plaisais plaisait plaisions plaisiez plaisaient	ai plu as plu a plu avons plu avez plu ont plu	avais plu avais plu avait plu avions plu aviez plu avaient plu
21 **pleuvoir** pleuvant plu	pleut	pleuvait	a plu	avait plu
22 **pouvoir** pouvant pu	peux peux peut pouvons pouvez peuvent	pouvais pouvais pouvait pouvions pouviez pouvaient	ai pu as pu a pu avons pu avez pu ont pu	avais pu avais pu avait pu avions pu aviez pu avaient pu
23 **prendre** prenant pris	prends prends prend prenons prenez prennent	prenais prenais prenait prenions preniez prenaient	ai pris as pris a pris avons pris avez pris ont pris	avais pris avais pris avait pris avions pris aviez pris avaient pris
24 **recevoir** recevant reçu	reçois reçois reçoit recevons recevez reçoivent	recevais recevais recevait recevions receviez recevaient	ai reçu as reçu a reçu avons reçu avez reçu ont reçu	avais reçu avais reçu avait reçu avions reçu aviez reçu avaient reçu

Futur	Futur antérieur	Conditionnel Présent	Passé	Impératif	Subjonctif Présent	Passé
naîtrai	serai né(e)	naîtrais	serais né(e)		naisse	sois né(e)
naîtras	seras né(e)	naîtrais	serais né(e)	nais	naisses	sois né(e)
naîtra	sera né(e)	naîtrait	serait né(e)		naisse	soit né(e)
naîtrons	serons né(e)s	naîtrions	serions né(e)s	naissons	naissions	soyons né(e)s
naîtrez	serez né(e)(s)	naîtriez	seriez né(e)(s)	naissez	naissiez	soyez né(e)(s)
naîtront	seront né(e)s	naîtraient	seraient né(e)s		naissent	soient né(e)s
offrirai	aurai offert	offrirais	aurais offert		offre	aie offert
offriras	auras offert	offrirais	aurais offert	offre	offres	aies offert
offrira	aura offert	offrirait	aurait offert		offre	ait offert
offrirons	aurons offert	offririons	aurions offert	offrons	offrions	ayons offert
offrirez	aurez offert	offririez	auriez offert	offrez	offriez	ayez offert
offriront	auront offert	offriraient	auraient offert		offrent	aient offert
ouvrirai	aurai ouvert	ouvrirais	aurais ouvert		ouvre	aie ouvert
ouvriras	auras ouvert	ouvrirais	aurais ouvert	ouvre	ouvres	aies ouvert
ouvrira	aura ouvert	ouvrirait	aurait ouvert		ouvre	ait ouvert
ouvrirons	aurons ouvert	ouvririons	aurions ouvert	ouvrons	ouvrions	ayons ouvert
ouvrirez	aurez ouvert	ouvririez	auriez ouvert	ouvrez	ouvriez	ayez ouvert
ouvriront	auront ouvert	ouvriraient	auraient ouvert		ouvrent	aient ouvert
plairai	aurai plu	plairais	aurais plu		plaise	aie plu
plairas	auras plu	plairais	aurais plu	plais	plaises	aies plu
plaira	aura plu	plairait	aurait plu		plaise	ait plu
plairons	aurons plu	plairions	aurions plu	plaisons	plaisions	ayons plu
plairez	aurez plu	plairiez	auriez plu	plaisez	plaisiez	ayez plu
plairont	auront plu	plairaient	auraient plu		plaisent	aient plu
pleuvra	aura plu	pleuvrait	aurait plu		pleuve	ait plu
pourrai	aurai pu	pourrais	aurais pu		puisse	aie pu
pourras	auras pu	pourrais	aurais pu	(pas d'impératif)	puisses	aies pu
pourra	aura pu	pourrait	aurait pu		puisse	ait pu
pourrons	aurons pu	pourrions	aurions pu		puissions	ayons pu
pourrez	aurez pu	pourriez	auriez pu		puissiez	ayez pu
pourront	auront pu	pourraient	auraient pu		puissent	aient pu
prendrai	aurai pris	prendrais	aurais pris		prenne	aie pris
prendras	auras pris	prendrais	aurais pris	prends	prennes	aies pris
prendra	aura pris	prendrait	aurait pris		prenne	ait pris
prendrons	aurons pris	prendrions	aurions pris	prenons	prenions	ayons pris
prendrez	aurez pris	prendriez	auriez pris	prenez	preniez	ayez pris
prendront	auront pris	prendraient	auraient pris		prennent	aient pris
recevrai	aurai reçu	recevrais	aurais reçu		reçoive	aie reçu
recevras	auras reçu	recevrais	aurais reçu	reçois	reçoives	aies reçu
recevra	aura reçu	recevrait	aurait reçu		reçoive	ait reçu
recevrons	aurons reçu	recevrions	aurions reçu	recevons	recevions	ayons reçu
recevrez	aurez reçu	recevriez	auriez reçu	recevez	receviez	ayez reçu
recevront	auront reçu	recevraient	auraient reçu		reçoivent	aient reçu

Infinitif Participes	Indicatif Présent	Imparfait	Passé composé	Plus-que-parfait
25 **rire** riant ri	ris ris rit rions riez rient	riais riais riait riions riiez riaient	ai ri as ri a ri avons ri avez ri ont ri	avais ri avais ri avait ri avions ri aviez ri avaient ri
26 **savoir** sachant su	sais sais sait savons savez savent	savais savais savait savions saviez savaient	ai su as su a su avons su avez su ont su	avais su avais su avait su avions su aviez su avaient su
27 **suivre** suivant suivi	suis suis suit suivons suivez suivent	suivais suivais suivait suivions suiviez suivaient	ai suivi as suivi a suivi avons suivi avez suivi ont suivi	avais suivi avais suivi avait suivi avions suivi aviez suivi avaient suivi
28 **valoir** valant valu	vaux vaux vaut valons valez valent	valais valais valait valions valiez valaient	ai valu as valu a valu avons valu avez valu ont valu	avais valu avais valu avait valu avions valu aviez valu avaient valu
29 **venir** venant venu	viens viens vient venons venez viennent	venais venais venait venions veniez venaient	suis venu(e) es venu(e) est venu(e) sommes venu(e)s êtes venu(e)(s) sont venu(e)s	étais venu(e) étais venu(e) était venu(e) étions venu(e)s étiez venu(e)(s) étaient venu(e)s
30 **vivre** vivant vécu	vis vis vit vivons vivez vivent	vivais vivais vivait vivions viviez vivaient	ai vécu as vécu a vécu avons vécu avez vécu ont vécu	avais vécu avais vécu avait vécu avions vécu aviez vécu avaient vécu
31 **voir** voyant vu	vois vois voit voyons voyez voient	voyais voyais voyait voyions voyiez voyaient	ai vu as vu a vu avons vu avez vu ont vu	avais vu avais vu avait vu avions vu aviez vu avaient vu
32 **vouloir** voulant voulu	veux veux veut voulons voulez veulent	voulais voulais voulait voulions vouliez voulaient	ai voulu as voulu a voulu avons voulu avez voulu ont voulu	avais voulu avais voulu avait voulu avions voulu aviez voulu avaient voulu

Futur	Futur antérieur	Conditionnel Présent	Conditionnel Passé	Impératif	Subjonctif Présent	Subjonctif Passé
rirai	aurai ri	rirais	aurais ri		rie	aie ri
riras	auras ri	rirais	aurais ri	ris	ries	aies ri
rira	aura ri	rirait	aurait ri		rie	ait ri
rirons	aurons ri	ririons	aurions ri	rions	riions	ayons ri
rirez	aurez ri	ririez	auriez ri	riez	riiez	ayez ri
riront	auront ri	riraient	auraient ri		rient	aient ri
saurai	aurai su	saurais	aurais su		sache	aie su
sauras	auras su	saurais	aurais su	sache	saches	aies su
saura	aura su	saurait	aurait su		sache	ait su
saurons	aurons su	saurions	aurions su	sachons	sachions	ayons su
saurez	aurez su	sauriez	auriez su	sachez	sachiez	ayez su
sauront	auront su	sauraient	auraient su		sachent	aient su
suivrai	aurai suivi	suivrais	aurais suivi		suive	aie suivi
suivras	auras suivi	suivrais	aurais suivi	suis	suives	aies suivi
suivra	aura suivi	suivrait	aurait suivi		suive	ait suivi
suivrons	aurons suivi	suivrions	aurions suivi	suivons	suivions	ayons suivi
suivrez	aurez suivi	suivriez	auriez suivi	suivez	suiviez	ayez suivi
suivront	auront suivi	suivraient	auraient suivi		suivent	aient suivi
vaudrai	aurai valu	vaudrais	aurais valu		vaille	aie valu
vaudras	auras valu	vaudrais	aurais valu	vaux	vailles	aies valu
vaudra	aura valu	vaudrait	aurait valu		vaille	ait valu
vaudrons	aurons valu	vaudrions	aurions valu	valons	valions	ayons valu
vaudrez	aurez valu	vaudriez	auriez valu	valez	valiez	ayez valu
vaudront	auront valu	vaudraient	auraient valu		vaillent	aient valu
viendrai	serai venu(e)	viendrais	serais venu(e)		vienne	sois venu(e)
viendras	seras venu(e)	viendrais	serais venu(e)	viens	viennes	sois venu(e)
viendra	sera venu(e)	viendrait	serait venu(e)		vienne	soit venu(e)
viendrons	serons venu(e)s	viendrions	serions venu(e)s	venons	venions	soyons venu(e)s
viendrez	serez venu(e)(s)	viendriez	seriez venu(e)(s)	venez	veniez	soyez venu(e)(s)
viendront	seront venu(e)s	viendraient	seraient venu(e)s		viennent	soient venu(e)s
vivrai	aurai vécu	vivrais	aurais vécu		vive	avais vécu
vivras	auras vécu	vivrais	aurais vécu	vis	vives	avais vécu
vivra	aura vécu	vivrait	aurait vécu		vive	avait vécu
vivrons	aurons vécu	vivrions	aurions vécu	vivons	vivions	avions vécu
vivrez	aurez vécu	vivriez	auriez vécu	vivez	viviez	aviez vécu
vivront	auront vécu	vivraient	auraient vécu		vivent	avaient vécu
verrai	aurai vu	verrais	aurais vu		voie	aie vu
verras	auras vu	verrais	aurais vu	vois	voies	aies vu
verra	aura vu	verrait	aurait vu		voie	ait vu
verrons	aurons vu	verrions	aurions vu	voyons	voyions	ayons vu
verrez	aurez vu	verriez	auriez vu	voyez	voyiez	ayez vu
verront	auront vu	verraient	auraient vu		voient	aient vu
voudrai	aurai voulu	voudrais	aurais voulu		veuille	aie voulu
voudras	auras voulu	voudrais	aurais voulu	veuille	veuilles	aies voulu
voudra	aura voulu	voudrait	aurait voulu		veuille	ait voulu
voudrons	aurons voulu	voudrions	aurions voulu	veuillons	voulions	ayons voulu
voudrez	aurez voulu	voudriez	auriez voulu	veuillez	vouliez	ayez voulu
voudront	auront voulu	voudraient	auraient voulu		veuillent	aient voulu

Appendix D

Vocabulaire français - anglais

The French-English vocabulary includes all terms taught for active use in *Bonne route !* For active terms, number references indicate the chapter where words are first introduced. Nouns are marked as masculine (*m*) or feminine (*f*). Adjectives are provided in both forms.

à to, at . . . . CP
à bicyclette / à vélo by bike 6
à bientôt ! see you soon! 1
à cause de because of 13
à ce moment-là at that time 8
à cette époque-là in those days 11
à condition que on condition that 13
à côté de next to 4
à demain ! see you tomorrow! 1
à droite (de) to the right (of) 4
à gauche (de) to the left (of) 4
à gauche / à droite to the left/right 8
à l'avenir in the future 8
à l'heure on time 4
à l'heure actuelle at present 14
à l'intérieur inside 13
à l'occasion at times 11
à la campagne in the country 9
à la fois at one and the same time 8
à la prochaine ! be seeing you! 1
à lundi, mardi, mercredi, jeudi, vendredi, samedi, dimanche ! See you Monday, Tuesday, Wednesday, Thursday, Friday, Saturday, Sunday! 1
à merveille wonderfully 8
à mi-chemin (entre) half-way (between) 6
à moins que unless 13
à mon avis in my opinion 2
à motocyclette by motorbike 6
à partir de from 14
à pied on foot 6
à plus tard see you later 3
à tout à l'heure See you in a little while!. 1
à tout prix at any cost 13
à un moment donné at one point 11
absolument absolutely 2
absurde absurd 13
accepter to accept 4
accomplir to accomplish 4
achat *m* purchase 5
acheter to buy 4

acteur(e) / actrice actor (actress) / actress 1
actif / active active 3
actuel(le) present (day) 14
addition *f* bill 4
admettre to admit 10
adorer to adore, love 1
aérobic *m* aerobics 1
affiche *f* poster . . . . CP
affreux / affreuse horrible 14
afin que ... so that, in order that 13
africain(e) African 3
afro-américain(e) African-American . . 3
afro-canadien(ne) African-Canadian . . 3
agence *f* agency 6
agréable agreeable, pleasant 2
agressif / agressive aggressive 3
ah, c'est gentil that's kind of you 3
ailleurs elsewhere 12
aimer to like 1
aimer assez rather like 1
aimer beaucoup like very much 1
aimer bien rather like 1
ajouter to add 9
alcool *m* alcohol 4
algérien(ne) Algerian 3
allemand(e) German 3
aller to go 2
aller à l'hôpital to go to the hospital . . 9
allez ! come on! 4
alors then 4
ambitieux / ambitieuse ambitious . . . 3
américain(e) American 2
amérindien(ne) Native 3
ami(e) *mf* friend 1
amical(e) friendly 14
amicalement regards, best wishes 14
amitié *f* friendship 8
amour *m* love 12
amoureux / amoureuse in love 3
amusant(e) amusing 2
amuser to entertain, to amuse 7
amuser (s'~) to have a good time 5
an *m* year 1
an dernier *m* **/ année dernière** *f* last year 3
ancêtre *mf* ancestor 7
ancien(ne) former, old 11
anglais(e) English 2
anglophone Anglophone 2

animal *m* animal 1
année *f* year 5
annonce *f* announcement/advertisement 8
annoncer to announce, to forecast 11
anorak *m* ski jacket 11
antillaise(e) West Indian 11
août August 5
appartement *m* apartment 7
appartenir à to belong to, to be a member of 14
appel *m* call 9
appeler to call 7
appeler (s'~) to be called, to be named . 7
apporter to bring 4
apprécier to appreciate 9
apprendre to learn 8
approuver to approve 12
après after 2
après que (conj.) after 14
après tout after all 5
après-demain the day after tomorrow . . 8
après-midi *mf* afternoon, in the afternoon 4
arbre *m* tree 9
argent *m* money 4
arrêter (s'~) to stop 7
arrivée *f* arrival 9
arriver to arrive 2
arriver to happen 9
arrogant(e) arrogant 2
artiste *mf* artist 1
asiatique Asiatic 3
asseyez-vous sit down . . . . CP
assez fairly, rather, enough 2
assez bien fairly well 1
assoyez-vous (Can.) sit down . . . . CP
assurance *f* insurance, assurance 9
attendre to wait for 5
attentif / attentive attentive 3
attirer to attract 8
au début at the beginning 9
au lieu de instead of 14
au milieu de in the middle of 4
augmenter to increase 13
aujourd'hui today 8
auparavant previously, beforehand . . . 11
aussi also 1
aussitôt que as soon as 14
australien (ne) Australian 3
auteur(e) author 1

autobiographie *f* autobiography 7
autochtone native 11
automne *m* fall. 5
autre other 2
avant before 2
avant que (conj.) before. 13
avantage *m* advantage 9
avant-hier the day before yesterday. . . . 3
avec with. 4
avenir *m* future. 6
avenue *f* avenue. 8
averse *f* shower 11
avis *m* opinion 2
avocat(e) lawyer 1
avoir to have. CP
avoir besoin de to need 5
avoir chaud to be warm 5
avoir de la fièvre to have a fever 9
avoir de la peine to be sad, upset 8
avoir le moral to be in good spirits 12
avoir des allergies / être allergique à
    to have allergies/to be allergic to. . . . 9
avoir envie de to feel like (having). 5
avoir faim to be hungry. 5
avoir froid to be cold. 5
avoir hâte de to be in a hurry to… 12
avoir honte de to be ashamed of. 6
avoir l'air to seem 3
avoir l'intention de to intend to. 6
avoir la trouille to be scared stiff 10
avoir le mal du pays to be homesick . . . 12
avoir lieu to take place. 11
avoir mal à (à la tête, à la gorge,
    au genou, etc.) to have a headache/
    sore throat/sore knee/etc. 9
avoir mal au cœur to have a stomach
    ache. 9
avoir peur de to be afraid of. 6
avoir raison to be right 4
avoir soif to be thirsty 5
avoir sommeil to be sleepy. 5
avoir tort to be wrong 4
avouer to admit 9
avril April. 5

baigner (se~) to go swimming. 10
baladeur *m* walkman . . . . CP
balai *m* broom 9
ballon-panier (Can.) *m* basketball 1
ballon-volant (Can.) *m* volleyball 1
banane *f* banana 4
bande dessinée *f* comic strip. 7
banlieue *f* suburbs, outskirts. 14
banque *f* bank 4
bas(se) low. 3
bateau *m* boat 3
bavarder to chat 11
beau / belle beautiful 3
beaucoup a lot, many, much. 1

beau-frère *m* brother-in-law 2
beau-père *m* father-in-law. 2
beauté *f* beauty 5
belge Belgian 3
belle-mère *f* mother-in-law 2
belle-sœur *f* sister-in-law 2
bête silly 2
beurre *m* butter 11
beurre d'arachide *m* peanut butter. . . . 11
bicyclette *f* / **bicycle** *m* **(Can.)** bicycle CP
bicyclette *f* / **vélo** *m* **(Fr.)** bicycle. . . . . CP
bien well . . . . CP
bien entendu of course. 14
bien que although 13
bienvenue (Can) welcome, you're
    welcome . . . . CP
bière *f* beer 4
bifteck *m* steak 4
bijouterie *f* jewellery, jeweller's shop . . 9
bijoux *m* jewellery 9
bilingue bilingual 14
billet *m* ticket 14
biographie *f* biography 7
biscuit *m* cookie, cracker 4
bizarre bizarre 2
blanc(he) white - grey (for hair). 2
blanc(he) white 3
blessé(e) injured 10
bleu(e) blue 2
bleuet *m* blueberry 6
blond(e) blonde 2
blouse *f* smock. 5
blouson *m* jacket 5
bœuf *m* beef 4
boire to drink 4
boisson *f* beverage 4
boissons gazeuses *f* **(Fr.)** soft drinks. . . 4
boîte de soupe *f* can, box of soup 11
bol de fruits *m* bowl of fruit 11
bon anniversaire ! happy birthday! 14
bon marché inexpensive. 3
bon séjour ! have a nice stay!. 1
bon weekend ! (Fr.) have a good
    weekend! 1
bonbons *m* candies 9
bonheur *m* happiness 12
bonjour Monsieur / Madame /
    Mademoiselle / Messieurs /
    Mesdames Hello Sir, Madam /
    Miss / Gentlemen / Ladies . . . . CP
bon(ne) good 3
bonne fin de semaine ! (Can.) have
    a good weekend!. 1
bonne journée ! have a good day!. 1
bonne soirée ! have a nice evening! . . . 1
bonsoir good evening 1
botte *f* boot. 5
bottes de neige *f* winter boots 11
bottes de pluie *f* rain boots 11
bouche *f* mouth 9

boucherie *f* butcher shop 9
boulangerie *f* bakery. 9
boulevard *m* boulevard. 8
bouleversant(e) deeply moving,
    overwhelming 14
bourse *f* bursary, scholarship 10
bout *m* bit 11
bouteille (de vin) *f* bottle (of wine) . . . 11
boutique *f* shop 4
bras *m* arm 9
bravo ! Bravo! 14
bref / brève brief 7
breuvage *m* **(Can.)** beverage. 4
bronchite *f* bronchitis 9
brosser (les dents / les cheveux) (se~)
    to brush (one's teeth/hair) 5
brûler to burn 12
brun(e) brown 2
brusquement suddenly, brusquely 11
bulletin météorologique *m* weather
    forecast 5
bureau de poste *m* post office 4
bureaucratie *f* bureaucracy 6
but *m* goal. 13

c'est (bien) vrai ! that's (quite) right! . . . 4
c'est ça that's right . . . . CP
c'est gentil that's kind of you 3
c'est l'essentiel that's the main thing . . . 9
ça that 5
ça ne fait rien it doesn't matter 10
cabine (de diffusion) *f* (broadcast)
    booth 7
cabinet de toilettes *m* toilet 5
cabinet de travail *m* office, study 5
café *m* coffee 2
cafétéria *f* cafeteria. . . . . CP
cahier *m* notebook . . . . CP
caisse de biscuits *f* box of cookies . . . 11
calendrier *m* calendar. 10
calme calm 2
calmement calmly 10
calmer (se~) to calm (oneself) down . . 12
camarade de chambre *mf* roommate . CP
camping *m* camping 3
canadien(ne) *mf* Canadian 3
cancer *m* cancer 9
cannette *f* can 13
canotage *m* boating, canoeing. 3
capitale *f* capital . . . . CP
car for, because. 14
caractéristique *f* characteristic 12
carotte *f* carrot. 4
carrefour *m* intersection 8
carrière *f* career. 7
carte *f* map, card 5
carte *f* menu. 4
carton de lait *m* container of milk 11
casques *m* headphones 7

casser (la jambe, etc.) (se~) to break (one's leg, etc.) 9

cassette / lecteur de cassettes *f / m* cassette/cassette player . . . . CP

ce jour-là that day 11

ce matin this morning 11

ce soir tonight 2

ceinture *f* belt. 5

célèbre famous. 2

célibataire unmarried 2

centimètre *m* centimetre. 11

centre d'achats *m* **(Can.) / centre commercial** *m* **(Fr.)** shopping centre 4

centre-ville *m* downtown area. 7

cependant however. 14

céréales *f* cereal 4

cérémonie *f* ceremony 12

certain(e) certain. 13

cette nuit last night 11

cette semaine this week. 11

chacun(e) each 5

chaîne *f* channel. 14

chaîne stéréo *f* stereo system . . . . . CP

chaise *f* chair 4

chambre *f* room, bedroom . . . . CP

chambre à coucher *f* bedroom 5

champagne *m* champagne. 4

chanceux / chanceuse lucky 3

chandail *m* sweater. 5

changement *m* change. 11

changer to change. 8

chanter to sing. 1

chanteur / chanteuse singer. 1

chapeau ! (fam.) well done! (hats off to you) 14

chapeau *m* hat. 5

chaque each. 9

charcuterie *f* pork-butchery 9

charger de (se~) to take care of 14

charmant(e) charming 2

chat *m* cat . . . . CP

châtain chestnut brown. 2

chaussette *f* sock 5

chaussettes en laine *f* woolen socks . . 11

chaussure *f* shoe. 5

chaussures de cuir *f* leather shoes 11

chemise à manches courtes *f* short-sleeved shirt 11

chemise *f* shirt. 5

chercher to look for 2

cher / chère dear, expensive 3

cheveux *m* hair 2

cheville *f* ankle. 9

chez at the home of 2

chic fashionable 3

chien *m* dog. . . . . CP

chimique chemical. 13

chinois(e) Chinese 3

chocolat *m* chocolate 4

choisir to choose 4

choqué(e) shocked 12

choquer to shock 12

chose *f* thing 2

chrétien(ne) Christian. 12

chutes *f* falls. 5

cidre *m* cider 4

ciel (Le ciel est couvert.) *sky (It's cloudy/ overcast.)* 5

cinéma *m* movie theatre 4

circuler to circulate 3

clair(e) light 2

classe *f* class 1

clavier *m* keyboard 7

client(e) customer 4

cliquer (sur) click (on) 7

cœur *m* heart 9

collant *m* tights 5

collation *f* **(Can.)** snack 2

colonisation *f* colonization 12

combien how many, how much 4

comique comical, funny 2

commander to order 4

comme prévu as planned 10

commencer to begin. 4

comment how 5

commerçant(e) storekeeper 8

commerce *m* business 9

compétent(e) competent 2

complètement completely 2

compliqué(e) complicated 2

comporter (se~) to behave 12

comprendre to understand. 8

comprimé *m* tablet 9

comptable *mf* accountant. 1

compte bancaire *m* bank account 10

compter to intend, to count, to include . . 6

concert *m* concert . . . . CP

concours *m* competition 14

condition *f* condition 13

confiance *f* confidence, trust 12

confiserie *f* sweet-shop. 9

confiture *f* jam 11

confortable comfortable (things only) . . . 2

confus(e) embarrassed 12

congé *m* holiday. 9

connaître to know 11

connu(e) well-known 7

conseil *m* piece of advice, council 6

considérer to consider. 12

constamment constantly. 10

constater to notice. 14

contaminé(e) contaminated. 13

content(e) pleased, happy 2

continuer to continue 4

contre against. 4

controversé(e) controversial 13

convaincu(e) convinced 13

copain / copine friend, pal. 3

coréen(ne) Korean 3

corps *m* body 9

corriger to correct 11

costume *m* suit 5

cou *m* neck. 9

couche d'ozone *f* ozone layer 13

coucher (se~) to go to bed 5

couloir *m* hall. 5

couper le doigt (se) to cut one's finger . 9

courage ! Chin up! 10

courageux / courageuse courageous, brave 3

couramment commonly, fluently 10

courir to run 7

courriel *m* e-mail 7

courrier *m* mail 8

courses *f* shopping, errands 3

court de tennis *m* tennis court . . . . . . CP

court(e) short. 2

cousin(e) cousin 2

coûter to cost 8

coutume *f* custom 14

craindre to fear. 13

crainte *f* fear. 13

cravate *f* necktie 5

crayon *m* pencil. . . . . CP

créer to create 13

crème caramel *f* caramel custard 4

crème glacée *f* **(Can.)** ice cream 4

crémerie *f* dairy 9

crêpe *f* pancake 4

crise *f* crisis. 13

croire to believe 9

crudités *f* assorted raw vegetables, salads. 4

cruel(le) cruel 3

cuillerée de sucre *f* spoonful of sugar . 11

cuisine *f* cuisine, cooking 3

cuisse *f* thigh . . . . , . 9

culturel(le) cultural 3

cyclisme *m* cycling 1

cyclone *m* cyclone 11

d'abord first 4

d'accord yes, agreed 13

d'habitude usually 5

dangereux / dangeureuse dangerous . . 3

dans in . . . . CP

dans le passé in the past 8

danser to dance 1

date *f* date. 5

date limite *f* deadline. 12

de from, for, of . . . . CP

de nos jours currently, nowadays. 6

de retour back 14

de rien you're welcome. . . . . CP

de temps en temps from time to time . . 4

de toute façon in any case 12

débardeur *m* tank-top 11

début *m* beginning. 9

décembre December. 5
déception *f* disappointment 12
déchets *m* waste products, refuse 13
décider to decide. 5
découragé(e) discouraged. 8
décourager (se~) to get discouraged. . 13
découvrir to discover. 9
décrire to describe. 7
déçu(e) disappointed. 12
défi *m* challenge. 14
dégoûté(e) disgusted 12
dehors outside 13
déjà already 3
déjeuner *m* (Can.) breakfast 2
déjeuner *m* (Fr.) lunch 2
délicieux / délicieuse delicious. 3
demain tomorrow . . . . CP
demande *f* request. 14
demander to ask 3
demander (se~) to wonder 7
déménager to move. 12
dentiste *mf* dentist 1
dents *f* teeth 9
départ *m* departure 5
dépêcher (se~) to hurry. 5
dépendre (de) to depend (on). 5
depuis since 1
déranger to disturb 13
dernier / dernière last(final), last(most
    recent) 3
derrière behind 4
dès que as soon as 14
désastre *m* disaster. 13
descendre to go down 5
désespéré(e) desperate, in despair 12
désir *m* wish, desire 14
désirer to desire, to wish for 4
désolé(e) terribly sorry 4
desserts *m* desserts 4
destruction *f* destruction 11
détail *m* detail 9
détendre to loosen. 7
détendre (se~) to relax 5
détester to dislike, hate. 1
détruire to destroy 13
deuil *m* mourning. 12
devant in front of 4
développer to develop. 4
devenir to become 6
déverser to dump. 13
deviner to guess. 9
devoir to owe, to have to, must 7
devoirs *m* homework. 3
dictionnaire *m* dictionary. . . . . CP
différent(e) different 2
difficulté *f* difficulty 9
diminuer to reduce. 13
dîner *m* (Can.) lunch. 2
dîner *m* (Fr.) dinner, supper 2
diplôme *m* diploma 14

dire to say, to tell 8
discuter to discuss 5
disparaître to disappear 13
disparition *f* disappearance 13
disponible available 11
dispute *f* dispute, argument 8
disputer to dispute 10
disque dur *m* hard disk (drive) 7
disque laser (disque compact) *m*
    compact disk . . . . CP
disque souple *m* floppy disk 7
disquette *f* diskette 7
distributeur automatique de billets
    (DAB) *m* / billetterie *f* money
    dispensing machine 8
divers(e) different, various 7
diviser to divide 10
docteur(e) (Can.) doctor 1
doigts *m* fingers 9
dommage (it's) too bad. 9
donc therefore. 12
donner to give 3
donner un coup de to pitch in and
    help 12
dormir to sleep 6
dos *m* back 9
douche *f* shower 8
doucher (se~) to take a shower 5
douleur (aiguë) *f* (sharp, severe) pain . . 9
douter to doubt. 13
doux / douce soft, gentle 3
drapeau *m* flag 3
droguerie *f* hardware store. 9
droit *m* right 7
drôle funny 2
du moins at least 12

eau minérale *f* mineral water 4
échange *m* exchange 6
écharpe *f* scarf 11
échouer to fail 10
école *f* school 1
école primaire / secondaire *f*
    primary/secondary school. 10
écologie *f* ecology 13
économiser to economize, to save. 8
écossais(e) Scottish 3
écouter to listen 1
écouter (la radio) to listen (to the
    radio) 1
écran *m* screen 7
écrire to write 7
écrivain(e) writer. 1
effrayant(e) frightening. 11
également equally, also. 11
église *f* church 4
égoïste selfish 2
électricien(ne) electrician 1
élégant(e) elegant. 2

élève *mf* pupil, student 7
élevé(e) high 7
éliminer to eliminate 13
élu(e) elected 12
emballage *m* packaging 13
embêtant(e) annoying 2
embouteillage *m* traffic jam. 7
embrasser to hug, to kiss 1
émission *f* (TV) show 1
emmener to take along (person) 6
émotif / émotive emotional 4
emploi *m* job 10
employé(e) employee. 8
employer to use. 10
empoisonnement *m* poisoning 13
emprunter to borrow 12
en (résidence) in (residence) . . . . CP
en autobus (Can.) by bus 6
en autocar / en car (Fr.) by (inter city)
    bus 6
en avance early 4
en avion by plane. 6
en bateau by boat 6
en ce moment at the moment 8
en danger in danger 2
en effet indeed. 3
en face de across from 4
en fait in fact 9
en français in French . . . . CP
en général in general 1
en plein air in the open (air), outdoors . . 8
en retard late 4
en tout in any case, anyway 3
en train by train 6
en vacances on holiday 9
envers towards. 8
en voiture by car 6
enchanté(e) ! Delighted. . . . . CP
encore again, still. 2
encourageant(e) encouraging. 12
encourager to encourage 7
endormir (s'~) to fall asleep 5
endroit *m* place 9
énergie *f* energy. 4
énergique energetic 2
enfant *mf* child. 2
enfin finally 2
engager (s'~) to get involved 13
ennuis *m* troubles, worries 12
ennuyer to bore 7
ennuyer to bother. 12
ennuyer (s'~) to be bored 7
ennuyer de (s'~) (Can.) to miss 12
ennuyeux / ennuyeuse boring 3
enquête *f* inquiry, investigation 13
enraciné(e) rooted 14
enrager to make very angry 12
enseignant(e) teacher 7
enseigner to teach 11
ensoleillé(e) *m* sunny. 11

garage *m* garage 5
garçon *m* boy 2
gare *f* train station 4
gâteau *m* cake 4
gêné(e) ill-at-ease 12
gêner to embarrass 12
général(e) general 3
généralement generally 5
généreux / généreuse generous 3
genou *m* knee 9
gens *m* people 9
gentil(le) nice 3
geste *m* gesture 7
glace *f* (Fr.) ice cream 4
gomme *f* eraser . . . . CP
gourmand(e) greedy 11
goût *m* taste 9
goûter *m* (Fr.) snack 2
goûter to taste 6
gouvernement *m* government 13
gramme *m* gram 11
grand magasin *m* department store 9
grand(e) tall 2
grande surface *f* large department store 9
grandir to grow 4
grand-mère *f* grandmother 2
grand-père *m* grandfather 2
grands-parents grandparents 2
gratuit(e) free, gratuitous 14
grave serious 10
grec(que) Greek 3
grenier *m* attic 5
grippe *f* flu 9
gris(e) gray 3
gros(se) big, fat 3
groupe *m* group 10
guérir to cure 9
guérison *f* cure 9
guerre *f* war 10
guichet *m* ticket window 8
guitare *f* guitar . . . . CP

habiller (s' ~) to get dressed 5
habitant(e) inhabitant 12
habiter to live 1
habituer to accustom 7
habituer (s' ~) to get used to 7
haïtien(ne) Haitian 3
hanche *f* hip 9
haricots *m* beans 4
hebdomadaire weekly 9
hélas ! alas! 9
hésiter to hesitate 6
heure time, hour 1
heureusement (que ...) fortunately... . . . 9
heureux / heureuse happy 3
hier yesterday 1
hier après-midi yesterday afternoon 3
hier matin yesterday morning 3

hier soir yesterday evening 3
hiver *m* winter 5
homme *m* man 2
homme d'affaires / femme d'affaires
    businessman/businesswoman 1
honnête honest 2
horaire *m* timetable, schedule 7
horrible horrible 2
hôte *m* host 7
humide moist, damp 11

idéaliste idealistic 2
idée *f* idea 9
identifier to identify 4
ignorer to be unaware of 14
il fait (très) beau it's (very) nice 5
il fait chaud it's warm 5
il fait du soleil it's sunny 5
il fait du vent it's windy 5
il fait frais it's cool 5
il fait froid it's cold 5
il fait mauvais the weather is poor 5
il fait soleil it's sunny 5
il fait très chaud it's very hot 5
il mouille (Can.) it's raining 5
il n'y a pas de quoi don't mention it,it's
    a pleasure, not at all 11
il neige / il va neiger it's snowing/it's
    going to snow 5
il pleut / il va pleuvoir / il a plu it's
    raining/it's going to rain/it rained 5
il se peut que it is possible that 13
il va y avoir un orage there's going to
    be a storm 5
il vaut mieux (+ inf.) it is better to 9
il vente (Can.) it's windy 5
il y a ago 8
il y a there is, there are . . . . CP
il y a des nuages it's (partly) cloudy 5
il y a du brouillard it's foggy 5
île *f* island 5
imaginer to imagine 4
imiter to imitate 14
immédiatement immediately 10
immeuble *m* apartment building 8
immigration *f* immigration 11
imperméable *m* raincoat 5
impoli(e) impolite 12
importance *f* importance 9
important(e) important 2
impressionnant(e) impressive 10
imprimante *f* printer . . . . CP
impulsivement impulsively 10
inadmissible unacceptable 12
incompétent(e) incompetent 2
inconnu(e) unknown 6
inconvénient *m* disadvantage 9
incroyable unbelievable 2
indépendant(e) independent 2

indien(ne) Indian 3
indiquer to indicate, to point out 6
individuel(le) individual, private 9
industriel(le) industrial 12
infection *f* infection 9
infirmier / infirmière nurse 1
informaticien(ne) computer scientist . . . 1
informations (télévisées) *f* (T.V.) news . 7
inquiéter (s' ~) to worry 10
inquiet / inquiète worried 3
inquiétude *f* worry 12
insister to insist 13
installer to install, to put in 7
installer (s' ~) to settle in 7
instrument de musique *m* musical
    instrument . . . . CP
insulter to insult 13
insupportable unacceptable 12
intellectuel(le) intellectual 3
intelligent(e) intelligent 2
interdire to forbid 13
intéressant(e) interesting 2
intéresser to interest 7
intéresser à (s' ~) to be interested in . . . 7
interrompre to interrupt 5
interview *f* interview 7
interviewer to interview 5
inutile useless 12
invité(e) guest 3
inviter to invite 2
irlandais(e) Irish 3
irrité(e) irritated, annoyed 8
israélien(ne) sraelian 3
italien(ne) Italian 3

j'adore I love 1
j'ai l'impression que I have the
    impression 2
j'ai le sentiment que I feel that 2
j'aime I like 1
j'aime assez I rather like 1
j'aime assez bien I like fairly well 1
j'aime beaucoup I like very much 1
j'aime bien I rather like 1
jambe *f* leg 9
jambon *m* ham 4
janvier January 5
japonais(e) Japanese 3
jardins publics *m* public gardens 4
jaune yellow 3
jean *m* jeans 5
je crois que I believe that 2
je déteste I hate 1
je m'appelle ... My name is ... . CP
je m'en fiche I couldn't care less 9
je n'aime pas I don't like 1
je n'aime pas beaucoup I don't like
    much 1
je n'aime pas du tout I don't like at all . . 1

je n'aime pas tellement I am not very
fond of 1
je pense que I think that 2
je préfère / j'aime mieux I prefer 1
je trouve que I find that 2
jeu *m* game 8
jeune young 3
jeunesse *f* youth 6
jogging *m* jogging 3
joie *f* joy 12
joli(e) pretty . . . . CP
joue *f* cheek 9
jouer to play 2
jouet *m* toy 9
jouir de to enjoy 6
jour *m* day 1
journal *m* newspaper 3
journaliste *mf* journalist 1
Joyeuses Pâques ! Happy Easter! 14
Joyeux Noël ! Merry Christmas! 14
joyeux / joyeuse joyful 12
juge *mf* judge 14
juillet July 5
juin June 5
jus de fruits *m* fruit juice 4
jusqu'à up to, as far as 8
jusqu'à ce que until 13
juste just, right 2
justement as a matter of fact, exactly . . . 10
justifier to justify 12

kilo(gramme) *m* kilo(gram) 11
kilomètre *m* kilometre 11
kiosque à journaux *m* *newspaper
stand* 9

là there . . . . CP
la plupart de *f* most 7
là-bas over there 6
laid(e) ugly 2
lait *m* milk 4
laitue *f* lettuce 4
laver (les mains / les cheveux) (se~)
to wash (one's hands/hair) 5
lecteur de cassettes *m* cassette
player . . . . CP
léger / légère light 3
légumes *m* vegetables 4
lendemain *m* the next day 8
lent(e) slow 2
lentement slowly 4
lessive *f* laundry 3
lettre *f* letter 6
lever (se~) to get up 5
liberté *f* liberty, freedom 12
librairie *f* bookstore 9
libre free 4
lien *m* link 13

limonade *f* lemon-lime pop, lemonade . . 4
liqueurs douces *f* **(Can.)** soft drinks 4
lire to read 7
litre *m* litre 11
littérature *f* literature 10
livre *f* pound 11
livre *m* book . . . . CP
local(e) local 7
logiciel *m* software programme 7
loi *f* law 2
loin de far from 3
longer to go along, alongside 8
long(ue) long 2
lorsque when 14
louer to rent 9
lourd(e) heavy 11
lumière *f* light 8
lunettes de soleil *f* sunglasses 11

machine à popcorn *f* popcorn
machine . . . . CP
magasin *m* store 4
magasin de fleurs *m* **(fleuriste** *mf***)**
florist 9
magasin de primeurs *m* vegetable stand 9
magasin de vêtements *m* clothes shop . 9
magazine *m* magazine 7
magnétophone *m* tape recorder . . . . . . CP
magnétoscope *m* VCR . . . . CP
magnifique magnificent 2
mai May 5
maigrir to lose weight 11
maillot de bain *m* bathing suit 11
main *f* hand 9
maintenant now 2
mairie *f* **(Fr.) / hôtel de ville** *m* **(Can.)**
city hall 4
mais but 1
mal badly 1
mal (il n'y a pas de ~) there's no harm
done 12
malentendu *m* misunderstanding 12
malgré in spite of, despite 14
malheureusement unfortunately 3
malheureux / malheureuse unhappy . . 3
malsain(e) unhealthy 4
manche *f* **(à ~ longues / courtes)** sleeve
(long-/short-sleeved) 11
manger to eat 2
manque *m* lack 14
manquer to miss 12
manquer à quelqu'un to be missed by
someone 12
manteau d'hiver *m* winter coat 11
manteau *m* coat 5
maquillage *m* make-up 9
maquiller (se) to put on make up 5
marchand(e) merchant 7
marché *m* market 8

marcher to walk 1
mari *m* husband 2
mariage *m* marriage 12
marié *m* **/ mariée** *f* groom/bride 12
marier to marry off (one's child) 7
marier (se~) to get married 7
marocain(e) Moroccan (inhabitant of
Morocco) 3
mars March 5
martiniquais(e) Martiniquan
(inhabitant of Martinique) 3
matériel *m* hardware 7
matérialiste materialistic 2
matin *m* morning 1
mauvais(e) bad 3
méchant(e) mean 2
mécontent(e) discontented, dissatisfied . 8
médecin *m* **(Fr.)** doctor 1
médical(e) medical 13
médicament *m* medicine 9
méfier (se~) to watch out for 13
Meilleurs Vœux ! Best Wishes! 14
mélanger to mix 11
mèle (Fr.) *m* e-mail 7
membre *m* member 12
même same, itself 3
mémoire *f* memory 7
menace *f* menace, threat 13
menacer to menace, to threaten 13
ménage *m* housecleaning 3
mensuel monthly 9
menton *m* chin 9
menu *m* **(Fr.)** menu 4
mer *f* sea 6
merci thank you . . . . CP
mère *f* mother 2
merveilleux / merveilleuse marvellous . 3
métier *m* job, profession, occupation . . . 11
mètre *m* metre 11
métro *m* subway 8
mettre to put, to put on, to place 5
mettre à (se~) to begin to 7
mettre à table (se~) sit down at the
table 10
mettre au courant keep up to date 7
mettre en colère (se~) to get angry . . 10
mettre la table set the table 10
meubles *m* furniture 9
mexicain(e) Mexican 3
mieux better 1
mignon(ne) cute 3
mince slim 2
moche rotten, lousy 9
moderne modern 2
modeste modest 2
mœurs *f* manners, customs 14
moins less 4
mois *m* month 1
mois dernier *m* last month 3
moitié (de) *f* half (of) 11

moment donné (à un moment donné)
    at one point 11
monde *m* world 13
mondial(e) world 14
monter to go up 7
monter to put up/on 8
montrer to show 3
montre *f* watch 9
moquer de (se~) to make fun of 7
morceau de gâteau *m* piece of cake . . 11
mort *f* death 10
mourir to die 13
mousse (au chocolat) *f* (chocolate)
    mousse 4
moyen(ne) average 3
mur *m* wall 4
musculation *f* body-building 3
musée *m* museum 4
musicien(ne) musician 1
musulman(e) Moslem 12

n'importe où anywhere 13
naïf / naïve naive 3
naissance *f* birth 12
natation *f* swimming 1
naturel(le) natural 3
naviguer sur Internet surf the Web 7
ne ... aucun(e) no/none 12
ne ... jamais never 4
ne ... pas encore not yet 3
ne ... plus no longer 4
ne ... ni ... ni neither ... nor 12
ne ... pas not . . . . CP
ne ... que only 12
ne pas avoir le moral to be down in the
    dumps 12
ne pas être d'accord to disagree 4
ne vous en faites pas don't worry
    about it 7
nécessaire necessary 2
néerlandais(e) Dutch 3
neige *f* snow 5
nerveux / nerveuse nervous 10
neuf / neuve new 3
neveu *m* nephew 2
nez *m* nose 9
nièce *f* niece 2
nigérien(ne) Nigerian 3
nocif / nocive dangerous, noxious,
    harmful 13
Noël Christmas 10
noir(e) black 3
noix *f* nut 11
nom *m* name 3
non no . . . . CP
normalement normally 5
note *f* mark, grade 6
nourriture *f* food 4
nouveau / nouvelle new 3

nouvelles *f* news (broadcast) 7
novembre November 5
nu(e) bare, naked 8
nuageux / nuageuse cloudy 11
nuit *f* night 4
numéro *m* number 1

obéir à to obey 4
obliger to oblige 14
occasion *f* occasion, opportunity,
    chance 10
occuper to occupy 7
occuper de (s'~) to take charge of 7
octobre October 5
œuf *m* egg 11
œuvre (d'art) *f* work (of art) 8
offensé(e) offended 12
offenser to offend 12
oignon *m* onion 4
on a eu chaud ! that was a close call! . . 9
on a eu de la chance ! we were lucky! . . 9
oncle *m* uncle 2
optimiste optimist 2
oral(e) oral 7
ordinaire / extraordinaire
    ordinary/extraordinary 2
ordinairement ordinarily 5
ordinateur *m* computer . . . . CP
ordonnance *f* prescription 9
oreilles *f* ears 9
organiser to organize 1
oser to dare 13
ou or 1
où where . . . . CP
oublier to forget 4
oui yes . . . . CP
ouragan *m* hurricane 11
ouvrier / ouvrière worker,
    working-class 1

pain *m* bread 4
paniquer to panic 10
pantalon *m* trousers 5
papeterie *f* stationery 9
papier *m* paper 9
Pâques Easter 10
par conséquent consequently, therefore 14
par contre on the other hand 8
par exemple for example 1
par hasard by chance 13
par rapport à compared to 11
parapluie *m* umbrella 11
parc *m* park 4
pardon ! sorry, excuse me 12
pardon (demander ~) to ask
    forgiveness 12
pareil(le) the same (thing) 5
parents *m* parents, relatives 2

paresseux / paresseuse lazy 3
parfait(e) perfect 2
parfois sometimes 3
parfum *m* perfume 9
parfumerie *f* cosmetics 9
parler to speak, to talk 1
parmi among 3
partager to share 9
partenaire *mf* partner 5
participer to participate 12
particulièrement particularly 10
partir to leave 6
partout everywhere 5
pas mal a fair bit 14
pas mal de quite a few 14
passé *m* past 6
passé (e) last 3
passeport *m* passport 6
passer to pass (by) 7
passer to spend (time) 5
passer (se~) to happen 7
passer (un examen) to take (an exam) . 6
passionnant(e) fascinating 2
passionner to fascinate 14
pâté *m* meat pie 4
paternel(le) paternal 3
patient(e) patient 2
patinage *m* skating 1
pâtisserie *f* pastry shop 9
pauvre pathetic, poor 3
payer to pay 11
pays *m* country 3
peau *f* skin 12
peigner (se~) to comb one's hair 5
peine *f* sorrow 12
peinture *f* paint 9
peinture *f* painting 3
pelleter la neige to shovel snow 11
pendant during 4
pendant for 6
pensée *f* thought 14
perdre to lose 5
perdre patience to lose one's patience . . 5
perdre son temps to waste one's time . . 5
père *m* father 2
permettez-moi de me présenter
    allow me to introduce myself . . . . . . CP
permettre to permit 5
personne *f* person 2
personnel(le) personal 3
peser to weigh 11
pessimiste pessimist 2
petit bout *m* a little bit 11
petit déjeuner *m* (Fr.) breakfast 2
petit pain *m* roll 4
petit(e) short, small . . . . CP
petite-fille *f* granddaughter 2
petit-fils *m* grandson 2
petits pois *m* peas 4
peu few, little 4

peu de temps a short while, not very long 1
peut-être perhaps, maybe. 4
pharmacie f pharmacy 9
photo f photo, picture 2
piano m piano . . . . CP
pièce de détente f den. 5
pièce de théâtre f play 10
pied m foot 9
pilule f pill. 9
pique-nique m picnic 3
piqûre f needle, injection. 9
pire worse. 7
piscine f swimming pool. . . . . CP
pizza f pizza 4
place f place, spot 2
place f square. 8
plage f beach 5
plaindre to pity. 7
plaindre (de) (se~) to complain (about) 7
plaisanter to joke. 9
plaisir m pleasure 6
plan m plan, map 4
planète f planet 13
plante f plant 13
plat du jour m daily special 4
plats m dishes (restaurant). 4
pleurer to cry 12
plombier / plombière (Can.) plombier / femme plombier mf (Fr.) plumber. . 1
pluie f rain. 5
pluie torrentielle f torrential rain 11
plus ou moins more or less. 12
plus tard later. 8
plusieurs several 4
plutôt rather 10
poème m poem 7
poésie f poetry. 10
poète / poétesse poet 10
point de vue m point of view 13
poire f pear. 4
poisson m fish 4
poissonnerie f fish shop. 9
poitrine f chest. 9
poivre m pepper. 11
poliment politely. 10
politesse f politeness. 12
politique f policy 7
pollué(e) polluted 13
polluer to pollute 4
pollution f pollution 4
pomme f apple. 4
pomme de terre f potato 4
pont m bridge. 5
populaire popular 2
porc m pork 4
porte f door. 4
portefeuille m wallet. 9
porte-parole mf spokesman/ spokeswoman 12

portugais(e) Portuguese 3
poser des questions to ask questions . . 5
poste f post-office 9
poste m position. 14
poste de police m police station 4
pot m jar 11
poulet m chicken. 4
poumon(s) m lung(s) 9
pour for . . . . CP
pour de bon for good. 13
pour que so that, in order that 13
pourquoi why. 2
pourtant yet, nevertheless. 13
pourvu que provided that 13
pousser to grow. 13
pouvoir to be able to 4
pratique f practice 6
pratique practical. 6
précédent(e) preceding 11
préférer / aimer mieux prefer 1
permettre to permit 10
prendre to take. 8
prendre la correspondance to make a (train) connection 8
préparer to prepare 2
préparer à to get ready to. 5
près de near. 4
préserver to preserve 7
pressé(e) hurried. 7
prêt(e) ready 6
prévisions météorologiques (la météo) f the weather forecast 5
principal(e) principal 3
printemps m spring. 5
privé(e) private. 8
prix m price. 5
prix fixe m set menu 4
probable probable 13
probablement probably 5
problème m problem. 2
prochain(e) next 6
produits (d'alimentation) m produce . . 9
professeur(e) (Can.) professeur mf (Fr.) teacher, professor 1
profiter de to take advantage of 10
programme d'immersion m immersion program. . . . . CP
promenade f to take a walk 3
promener to take for a walk/ride 7
promener (se~) to go for a walk/ride . . . 7
promettre to promise. 10
propre own, clean 3
propriétaire mf owner. 9
propriété f property 12
protéger to protect. 13
provisions (de la semaine) (weekly) grocery shopping 3
prudent(e) careful. 2
psychologue mf psychologist. 1
publicité f advertising, ad 13

public / publique public. 3
puce f chip 7
puis then, next 4
puisque since. 3
puissant(e) powerful. 7
pull-over (un pull) m sweater 11
punir to punish 4
pyjama m pyjamas. 5

quai m (train station) platform 8
quand when 1
quart (de) m quarter (of) 11
quartier m quarter, district 3
québécois(e) Quebecer (inhabitant of Québec). 2
quel soulagement ! what a relief! 9
quel temps fait-il ? what is the weather like? 5
quel(le) what/which 3
quelque chose something 5
quelquefois sometimes. 1
qui est-ce ? who is it?. 1
quiche f quiche 4
quitter to leave 7
quotidien(ne) daily 9

raconter à to tell (a story, tale, etc.) to . . 3
radio-réveil m clock-radio . . . . CP
raisin m grape 4
raisin sec m raisin. 4
raisonnable reasonable. 2
ranger to tidy/to organize 8
rapide rapid, fast 9
rappeler to remind. 7
rappeler (se~) to remember 7
raquette (de tennis, de squash, de badminton) f racket (tennis, squash, badminton) . . . . CP
rarement rarely 1
raser (se~) to shave 5
ravi(e) delighted. 14
réagir to react. 5
réaliser to realize, to make, to carry out . 14
réaliste realist. 2
réalité f reality. 13
récemment recently 7
récent(e) recent. 2
recette f recipe. 3
recherche f research 10
recommander to recommend. 9
reconnaître to recognize. 11
recyclage m recycling. 13
réduire to reduce 13
réfléchir to reflect, to think 4
refuser to refuse 13
regarder (la télévision) to watch (television). 1
région f region 3

règle *f* ruler . . . . CP
regretter to regret 4
régulièrement regularly 7
remarquer to notice. 3
remercier to thank 11
remettre to hand in 10
remonter to go up 8
remplir to fill in. 4
remporter to win 11
rencontrer to meet. 12
rendre (un livre, etc.) to return (a book,
    etc.) 5
rendre compte de (se~) to realize 13
rendre visite (à) to visit (someone) 5
renoncer to give up, to renounce 6
rentrée (scolaire) *f* return (to school) . . 10
rentrer (transitive) to put in, to take
    inside 8
rentrer to come back, to return 4
répondre (à) to answer 5
réponse *f* answer, reply 9
repos *m* rest 9
reposer to replace 7
reposer (se~) to rest 5
réserver to reserve. 8
résidence *f* residence . . . . CP
résister to resist 7
résoudre to resolve 13
respirer to breathe (in). 11
ressembler à to look like. 3
restaurant *m* restaurant 4
rester to stay. 4
rester en forme to stay in shape 9
retard *m* lateness, tardiness 7
retour m return. 14
retourner to return 5
retraite *f* retirement, retreat. 9
retrouvailles *f* reunion, get-together . . . 14
retrouver to meet. 2
réunir (se~) to meet 10
réussir to succeed, to manage 4
réussite *f* success 12
rêve *m* dream 6
réveille-matin *m* alarm clock . . . . CP
réveiller (se~) to wake up 5
revenir to come back 5
rêver to dream, to daydream 6
rhume (des foins) *m* (cold/hay) fever. . . 9
riche / pauvre rich/poor. 2
ridicule ridiculous. 13
rire to laugh. 12
rivière *f* river. 13
riz *m* rice. 4
robe en coton *f* cotton dress 11
robe en laine *f* wool dress 11
roman *m* novel. 7
roman (policier) *m* (detective) novel . . 10
rond(e) round. 2
rôti *m* roast 4
rouge red 3

rougir to redden, to blush 4
roux / rousse red (for hair). 2
rue *f* street. 1
russe Russian 3

sac *m* (hand) bag 11
sain(e) healthy. 4
salade *f* salad, lettuce 4
salle à manger *f* dining room. 5
salle de bain *f* bathroom. 5
salle de séjour / salon *m* living room. . . 5
saluer to greet 7
salut ! Hi! . . . . CP
sandales *f* sandals 11
sandwich *m* sandwich 4
sang *m* blood 14
sans without 2
sans doute undoubtedly 14
sans faute without fail 8
sans que without 13
sans-abri *mf* homeless person 13
satisfaisant(e) satisfactory, satisfying . . . 7
saucisse *f* sausage 9
sauf except 9
savoir to know. 11
scientifique *mf* scientist 1
secrétaire *mf* secretary. 1
sec / sèche dry 3
séjour *m* stay 9
sel *m* salt. 11
selon according to 8
semaine *f* week 1
semblable similar. 5
sembler to seem. 4
sénégalais(e) Senegalese (inhabitant of
    Senegal). 3
sensationnel(le) sensational 3
sensible sensitive. 2
sentir to feel, to smell. 6
sentir (à l'aise) (se~) to feel (at ease) . . 5
sentir faible (se~) to feel weak. 9
séparer (se~) to separate, to part 14
septembre September. 5
sérieux / sérieuse serious 3
serrer la main à to shake hands with . . . 9
serveur / serveuse waiter 4
servir to serve. 6
servir de (se~) to use 13
seulement only 5
sexiste / non-sexiste sexist/non-sexist . 2
short *m* shorts 11
si if. 5
sida *m* AIDS 9
siècle *m* century 9
signaler / indiquer to indicate 8
silencieux / silencieuse silent. 12
sincère sincere. 2
sirop *m* syrup 5
site *m* site, area 4

situé(e) situated. 8
situer (se~) to be located. 8
ski alpin / nordique / nautique *m*
    downhill / cross-country / water 1
ski de fond *m* cross-country skiing 3
ski nautique *m* water skiing. 3
skier to ski 1
snob snobbish, conceited 3
social(e) social. 3
société *f* society. 4
sœur *f* sister 2
soie *f* silk. 11
soigner (se~) to take care of oneself . . . 9
soir *m* evening 4
soirée *f* party 2
soldat *m* soldier 10
solide solid, firm. 9
solution *f* solution 13
sommeil *m* sleep 10
sondage *m* poll 9
sortir (transitive) to take out 8
sortir to leave, to go out. 6
souffleuse *f* snowblower 11
soulagé(e) relieved 9
soupe *f* soup. 4
souper *m* (Can.) dinner, supper. 2
soupirer to sigh 12
sourire *m* smile 5
souris *f* mouse 7
sous under 4
sous-sol *m* basement 5
sous-vêtements *m* underwear 5
souvenir *m* memory. 7
souvenir *m* souvenir 4
souvenir (se~) to remember 7
souvent often. 1
spécial du jour (Can.) *m* special of
    the day. 4
spécial(e) special 3
spécialité *f* specialty 5
splendide splendid, great 5
sport *m* sports 3
sportif / sportive athletic 3
steak (haché) *m* (ground) steak 2
stupide stupid. 2
style *m* style 10
stylo *m* pen . . . . CP
sucre *m* sugar. 11
suisse Swiss 3
suivant according to, depending on 11
super super, great . . . . CP
superbe superb 2
supermarché *m* supermarket. 4
supposer to suppose 12
sur on. 1
sûrement surely. 1
surprenant surprising 12
surprendre to surprise. 12
surpris(e) surprised 12
surprise *f* surprise 10

surtout especially 1
survie *f* survival 13
sweat-shirt (un sweat) *m* sweat-shirt . 11
sympathique / sympa (fam.) nice 2
système *m* system 9

tabac (bureau de) tobacco (tobaconnist) 9
table *f* table 4
tableau *m* painting 3
tableau noir *m* blackboard 4
tant so many, so much 4
tant mieux ! all the better! 9
tant pis too bad, so what, never mind . . . 9
tante *f* aunt 2
taper type 7
tarif *m* rate 8
tarte *f* pie, tart 11
tasse de café *f* cup of coffee 11
taux (d'assimilation, de chômage,
      etc.) *m* rate (of assimilation,
      unemployment, etc.) 7
télé *f* TV . . . . CP
téléphone *m* telephone 1
téléphoner à to phone, to call 3
tellement so 5
température *f* temperature 5
tempête (de pluie ou de neige) *f*
      (rain, snow) storm 5
temps *m* time 4
temps *m* weather 5
tennis (chaussures de) *f* sneakers 11
terminer to finish 11
terre *f* property, earth, land 7
tête *f* head 9
thé *m* tea 4
théâtre *m* theatre 4
tiens ! say!, look! 1
tiers (de) third (of) 11
timbre *m* stamp 10
timide shy 2
toile *f* canvas 3
toilettes *f* washroom, toilet 8
tomate *f* tomato 4
tomber to fall 6
toujours always 5
touche *f* key 7
touriste *mf* tourist 4
touristique touristic 4
tourner to turn 8
Tous mes vœux (de bonheur) ! All
      best wishes! 14
tousser to cough 9
tous / toutes les deux both 9
tout à coup suddenly, all at once 12
tout à fait completely 4

tout de même just the same 9
tout de suite immediately 8
tout droit straight ahead 8
tout le monde everyone 1
(Toutes mes) Félicitations !
      Congratulations! 14
toux *f* cough 9
toxique toxic 13
train *m* train 8
traitement de texte *m* word-processing . 7
traiter to treat 12
tranche de gâteau *f* slice of cake 11
transport *m* transportation 6
travail *m* work 4
travailler to work 4
travailleur / travailleuse hard-working . 3
traverser to cross 8
tremblement de terre *m* earthquake . . 11
très very 1
très bien very well 1
triste sad 2
tristesse *f* sorrow 12
tromper to deceive 7
tromper (se~) to make a mistake 7
trop too many, too much 4
troublé(e) troubled 12
troubler to bother, to trouble 12
trouver to find, to feel 2
trouver (se~) to be located 8
T-shirt *m* T-shirt 11
tu as raison / tort de you are right/
      wrong to 2
tu exagères ! vous exagérez ! you're
      going too far! 4
tuque *f* ski cap 11
type *m* sort, type 6
typique typical 5
typiquement typically 5

ukrainien(ne) Ukranian 3
un peu a little 1
un verre de a glass of 4
une (deux) fois par semaine once
      (twice) a week 9
une fois de plus once again 12
universitaire university 14
université *f* university . . . . CP
usage *m* use 13
usine *f* factory 13
utile useful 12
utiliser to use 4

vacances *f* vacation 2
vaisselle *f* dishes 3

vanter (se~) to boast 12
veau *m* veal 4
vendeur / vendeuse salesperson 1
vendre to sell 5
venir to come 2
ventre *m* belly 9
véritable real 13
vérité *f* truth 13
verre *m* glass 4
vers at about (time reference) 5
vers towards 6
vert(e) green 2
vêtements *m* clothing 9
veuf / veuve widowed 3
vexé(e) annoyed 12
vexer to annoy 12
viande *f* meat 4
victime *f* victim 13
vide empty 13
vie *f* life 6
vieux / vieille old 3
village *m* village 6
ville *f* town, city 1
vin *m* wine 2
vin blanc *m* white wine 4
vin rouge *m* red wine 4
violence *f* violence 13
violent(e) violent 2
violet / te purple 3
visage *m* face 9
visite *f* visit 5
visiter to visit 3
viticulteur *m* wine grower 14
vœu *m* wish 14
voici here is . . . . CP
voilà there is . . . . CP
voir to see 9
voiture *f* car . . . . CP
volleyball (Fr.) *m* volleyball 1
vouloir to wish 4
vous trouvez ? do you think so? 3
voyage *m* voyage 3
voyage de noces *m* honeymoon 14
voyager to travel 1
voyons let's see; look here 13
vraiment really 9

W.-C. *m* WC/toilet 8

yeux (œil) *m* eyes 9

zaïrois(e) Zairese (inhabitant of Zaire) . . 3

Vocabulaire anglais - français

belong to, to be a member of appartenir
à 14
belt ceinture *f* 5
Best Wishes! Meilleurs Vœux ! 14
better mieux 1
between entre 4
beverage boisson *f*, breuvage *m* (Can.) . 4
bicycle bicyclette *f* / bicycle *m* (Can.) /
vélo *m* (Fr.) . . . . CP
big, fat gros(se) 3
bilingual bilingue 14
bill addition *f* 4
biography biographie *f* 7
birth naissance *f* 12
bit bout *m* 11
bizarre bizarre 2
black noir(e) 3
blackboard tableau noir *m* 4
blonde blond(e) 2
blood sang *m* 14
blue bleu(e). 2
blueberry bleuet *m* 6
boat bateau *m* 3
boating, canoeing canotage *m* , faire
du canotage 3
body corps *m* 9
body-building faire de la musculation,
musculation *f* 3
book livre *m* . . . . CP
bookstore librairie *f* 9
boot botte *f* 5
bore ennuyer. 7
bored (to be) ennuyer (s'~) 7
boring ennuyeux / ennuyeuse. 3
borrow emprunter 12
both tous / toutes les deux 9
bother ennuyer 12
bother, to trouble troubler 12
bottle (of wine) bouteille (de vin) *f* . . . 11
boulevard boulevard *m* 8
bowl of fruit bol de fruits *m* 11
box of cookies caisse de biscuits *f* 11
boy garçon *m* 2
Bravo! bravo ! 14
bread pain *m* 4
break (one's leg, etc.) casser
(la jambe, etc.) (se~) 9
breakfast déjeuner *m* (Can.) , petit
déjeuner *m* (Fr.) 2
breathe (in) respirer 11
bridge pont *m* 5
brief bref / brève. 7
bring apporter. 4
broadcast booth cabine de diffusion *f* . . 7
bronchitis bronchite *f* 9
broom balai *m* 9
brother frère *m*. 2
brother-in-law beau-frère *m* 2
brown brun(e) 2

brush (one's teeth/hair) brosser
(les dents / les cheveux) (se~) 5
bureaucracy bureaucratie *f* 6
burn brûler 12
bursary, scholarship bourse *f* 10
business commerce *m* 9
businessman/businesswoman homme
d'affaires / femme d'affaires. 1
busy (to be) être en train de (+ inf.) . . . 8
but mais. 1
butcher shop boucherie *f* 9
butter beurre *m*. 11
buy acheter 4
by bike à bicyclette / à vélo. 6
by boat en bateau 6
by bus en autobus (Can.) 6
by (inter-city) bus en autocar / en car
(Fr.) 6
by car en voiture. 6
by chance par hasard 13
by motorbike à motocyclette 6
by plane en avion. 6
by train en train 6

cafeteria cafétéria *f* . . . . CP
cake gâteau *m* 4
calendar calendrier *m* 10
call appeler 7
called, named (to be) appeler (s'~) 7
calm calme 2
calm (oneself) down calmer (se~). . . . 12
calmly calmement 10
camping camping *m* , faire du camping . 3
can cannette *f* 13
can, box of soup boîte de soupe *f* . . . 11
Canadian canadien(ne). 3
cancer cancer *m*. 9
candies bonbons *m* 9
canvas toile *f* 3
capital capitale *f* . . . . CP
car voiture *f* . . . . CP
caramel custard crème caramel *f* 4
career carrière *f* 7
careful prudent(e) 2
carrot carotte *f* 4
cassette/cassette player cassette /
lecteur de cassettes *f* / *m* . . . . CP
cat chat *m*. CP
celebrate fêter 12
centimetre centimètre *m* 11
century siècle *m*. 9
cereal céréales *f* 4
ceremony cérémonie *f* 12
certain certain(e) 13
chair chaise *f* 4
challenge défi *m* 14
champagne champagne *m*. 4
change changer, changement *m*. 8, 11
channel chaîne *f* 14

characteristic caractéristique *f* 12
charming charmant(e). 2
chat bavarder 11
cheek joue *f* 9
cheese fromage *m*. 9
chemical chimique. 13
chest poitrine *f* 9
chestnut brown châtain 2
chicken poulet *m*. 4
child enfant *mf* 2
chin menton *m*. 9
Chin up! courage ! 10
Chinese chinois(e). 3
chip puce *f* 7
chocolate chocolat *m* 4
chocolate mousse mousse au chocolat *f* 4
choose choisir 4
Christian chrétien(ne) 12
Christmas Noël 10
church église *f* 4
cider cidre *m*. 4
circulate circuler 3
city hall mairie *f* (Fr.) / hôtel de ville *m*
(Can.). 4
civil servant fonctionnaire *mf* 1
class classe *f* 1
click (on) cliquer (sur). 7
clock-radio radio-réveil *m* . . . . CP
clothes shop magasin de vêtements *m*. . 9
clothing vêtements *m* 9
cloudy nuageux / nuageuse 11
coat manteau *m*. 5
coffee café *m* 2
cold (to be) avoir froid 5
cold/hay fever rhume des foins *m*. 9
colonization colonisation *f* 12
comb one's hair peigner (se~) 5
come venir 2
come back revenir, rentrer 4, 5
come in! entrez ! . . . . CP
come on! allez ! 4
comfortable (things only) confortable. . 2
comic strip bande dessinée *f* 7
comical, funny comique. 2
commonly, fluently couramment. 10
compact disk disque laser (disque
compact) *m*. . . . . CP
compared to par rapport à 11
competent compétent(e) 2
competition concours *m*. 14
complain (about) plaindre (de) (se~). . . 7
completely complètement. 2
complicated compliqué(e) 2
computer ordinateur *m* . . . . CP
computer scientist informaticien(ne) . . . 1
concert concert *m*. . . . . CP
condition condition *f* 13
confidence, trust confiance *f* 12
congratulate (about) féliciter (de /
pour). 14

congratulations félicitations *f*. 14
consequently, therefore par
    conséquent 14
consider considérer 12
constantly constamment 10
container of milk carton de lait *m* 11
contaminated contaminé(e) 13
continue continuer. 4
controversial controversé(e). 13
convinced convaincu(e) 13
cookie, cracker biscuit *m* 4
cooking faire la cuisine 3
correct corriger. 11
cosmetics parfumerie *f* 9
cost coûter 8
cotton dress robe en coton *f* 11
cough toux *f*, tousser 9
country pays *m* 3
courageous, brave courageux /
    courageuse 3
cousin cousin(e). 2
crazy fou / folle. 3
create créer 13
crisis crise *f* 13
cross traverser 8
cross-country skiing ski de fond 3
cruel cruel(le). 3
cry pleurer. 12
cuisine, cooking cuisine *f* 3
cultural culturel(le) 3
cup of coffee tasse de café *f* 11
cure guérir 9
currently, nowadays de nos jours. 6
custom coutume *f* 14
customer client(e) 4
cut one's finger couper le doigt (se) 9
cute mignon(ne). 3
cycling cyclisme *m*, faire de la
    bicyclette / du vélo 1, 3, 11
cyclone cyclone *m* 11

daily quotidien(ne). 9
daily special plat du jour *m* 4
dairy crémerie *f* 9
dance danser 1
dangerous dangereux / dangeureuse . . . 3
dare oser. 13
dark foncé(e) 2
date date *f* 5
daughter, girl fille *f* 2
day jour *m*. 1
deadline date limite *f* 12
dear, expensive cher / chère 3
death mort *f* 10
deceive tromper. 7
December décembre. 5
decide décider 5
deeply moving, overwhelming
    bouleversant(e) 14

delicious délicieux / délicieuse 3
Delighted, delighted enchanté(e) !,
    ravi(e). CP, 14
den pièce de détente *f* 5
dentist dentiste *mf* 1
department store grand magasin *m* 9
departure départ *m*. 5
depend (on) dépendre (de) 5
describe décrire. 7
desire, wish for désirer. 4
desperate, in despair désespéré(e). . . . 12
desserts desserts *m* 4
destroy détruire 13
destruction destruction *f* 11
detail détail *m*. 9
detective novel roman policier *m*. 10
develop développer 4
dictionary dictionnaire *m* . . . . CP
die mourir 13
different différent(e) , divers(e). 2, 7
difficulty difficulté *f* 9
dining room salle à manger *f* 5
dinner, supper dîner *m* (Fr.) , souper *m*
    (Can.). 2
diploma diplôme *m* 14
disadvantage inconvénient *m* 9
disagree ne pas être d'accord 4
disappear disparaître. 13
disappearance disparition *f* 13
disappointed déçu(e) 12
disappointment déception *f* 12
disaster désastre *m* 13
discontented, dissatisfied mécontent(e) 8
discouraged découragé(e). 8
discover découvrir 9
discuss discuter 5
disgusted dégoûté(e). 12
dishes vaisselle *f* 3
dishes (restaurant) plats *m*. 4
diskette disquette *f* 7
dislike, hate détester. 1
dispute disputer 10
dispute, argument dispute *f* 8
disturb déranger. 13
divide diviser. 10
do, make, play a sport faire 3
do one's best faire de son mieux. 3
do the dishes faire la vaisselle 3
do you think so? vous trouvez ? 3
doctor docteur(e) (Can.) ,
    médecin *m* (Fr.) 1
dog chien *m*. . . . . CP
don't mention it il n'y a pas de quoi . . . 11
don't worry about it ne vous en faites
    pas 7
door porte *f* 4
doubt douter 13
down in the dumps (to be) ne pas
    avoir le moral 12

downhill skiing/ cross-country skiing /
    water skiing ski alpin / nordique /
    nautique *m*, faire du ski alpin /
    nordique / nautique 1, 3
downtown area centre-ville *m* 7
dreadful épouvantable. 9
dream rêve *m*. 6
dream, daydream rêver 6
drink boire. 4
dry sec / sèche 3
dump déverser 13
during pendant. 4
Dutch néerlandais(e) 3

each chacun(e), chaque 5, 9
early en avance 4
ears oreilles *f* 9
earthquake tremblement de terre *m* . . . 11
Easter Pâques. 10
easy facile. 2
eat manger 2
ecology écologie *f* 13
economize, save économiser. 8
egg œuf *m*. 11
elected élu(e). 12
electrician électricien(ne). 1
elegant élégant(e) 2
eliminate éliminer 13
elsewhere ailleurs 12
e-mail courriel *m*, mèle (Fr.) *m* 7
embarrass gêner 12
embarrassed confus(e). 12
emotional émotif / émotive. 4
employee employé(e) 8
empty vide 13
encourage encourager 7
encouraging encourageant(e) 12
end fin *f* 10
energetic énergique 2
energy énergie *f* 4
engagement fiançailles *f* 12
English anglais(e). 2
enjoy jouir de 6
entertain, amuse amuser. 7
envy envier 14
equally, also également. 11
eraser gomme *f* . . . . CP
especially surtout 1
essential essentiel(le) 3
European européen(ne). 3
evening soir *m* 4
event événement *m* 9
everyone tout le monde 1
everywhere partout. 5
evolution, development évolution *f* . . . 13
exactly exactement 10
exaggerate exagérer 6
excellent excellent(e). 2
except sauf 9

exceptional exceptionnel(le). 3
exchange échange *m* 6
excuse excuser. 12
excuse oneself excuser (s' ~). 12
exist exister 11
exotic exotique 1
expenses frais *m* 9
explain expliquer 7
eyes yeux (œil) *m*. 9

face faire face à 7
face visage *m* 9
fact fait *m* 6
factory usine *f* 13
fail échouer 10
fairly, rather, enough assez 2
fairly well assez bien 1
fall automne *m* 5
fall tomber. 6
fall asleep endormir (s'~) 5
falls chutes *f* 5
false faux / fausse 3
famous célèbre. 2
fantastic fantastique . . . . CP
far from loin de. 3
farm ferme *f* 5
farmer fermier / fermière 1
fascinate passionner 14
fascinating passionnant(e) 2
fashionable chic 3
father père *m* 2
father-in-law beau-père *m*. 2
fatigue fatigue *f* 9
fatigued, tired fatigué(e). 1
fear craindre 13
fear crainte *f* 13
feast, holiday fête *f* 5
February février 5
feel éprouver. 10
feel, smell sentir 6
feel (at ease) sentir (à l'aise) (se~). 5
feel like (having) avoir envie de 5
feel weak sentir faible (se~). 9
few, little peu 4
fill in remplir 4
final final(e). 12
finally enfin, finalement 2, 14
find, feel trouver. 2
fingers doigts *m*. 9
finish finir 4
finish terminer. 11
first d'abord. 4
fish poisson *m*. 4
fish shop poissonnerie *f* 9
flag drapeau *m* 3
floor étage *m*. 8
floppy disk disque souple *m*. 7
florist magasin de fleurs *m* (fleuriste *mf*). 9
flour farine *f* 9

flower fleur *f* 9
flu grippe *f* 9
flute flûte *f* . . . . CP
food nourriture *f* 4
foot pied *m* 9
for pour , pendant. . . . . CP, 6
for, because car 14
for example par exemple. 1
for good pour de bon 13
forbid interdire 13
forest forêt *f* 13
forget oublier 4
former, old ancien(ne). 11
fortunately... heureusement (que ...) 9
frank franc(he) 3
frankly franchement. 5
free libre 4
free, gratuitous gratuit(e). 14
French français(e) 2
French fries frites *f* 4
French-speaking francophone 1
friend, pal ami(e) *mf*, copain / copine . 1, 3
friendly amical(e) 14
friendship amitié *f* 8
frightening effrayant(e) 11
from à partir de. 14
from, for, of de . . . . CP
from time to time de temps en temps . . 4
fruit fruits *m* 4
fruit juice jus de fruits *m*. 4
frustrated, frustrating frustré(e) /
    frustrant(e). 12
funny drôle 2
furious furieux / furieuse 12
furniture meubles *m* 9
future avenir *m*. 6

game jeu *m*. 8
garage garage *m* 5
gasoline essence *f* 13
general général(e) 3
generally généralement. 5
generous généreux / généreuse. 3
German allemand(e) 3
gesture geste *m* 7
get along entendre (s'~). 7
get angry mettre en colère (se~) 10
get discouraged décourager (se~) 13
get dressed habiller (s'~) 5
get engaged fiancer (se~) 7
get involved engager (s'~) 13
get married marier (se~) 7
get ready préparer à 5
get some exercise, work out faire de
    l'exercice 9
get up lever (se~). 5
get used habituer (s'~) 7
give donner. 3
give up, renounce renoncer. 6

glass verre *m* 4
glove gant *m*. 5
go aller. 2
go along, alongside longer 8
go down descendre. 5
go for a walk/ride promener (se~) 7
go in, come in entrer 6
go on an excursion, outing faire une
    excursion 5
go swimming baigner (se~). 10
go to bed coucher (se~). 5
go to the hospital aller à l'hôpital 9
go up monter, remonter 7, 8
goal but *m*. 13
good bon(ne) 3
good evening bonsoir. 1
government gouvernement *m* 13
gram gramme *m*. 11
granddaughter petite-fille *f* 2
grandfather grand-père *m* 2
grandmother grand-mère *f* 2
grandparents grands-parents 2
grandson petit-fils *m*. 2
grape raisin *m* 4
gray gris(e) 3
greedy gourmand(e). 11
Greek grec(que) 3
green vert(e). 2
greet saluer. 7
grocery store épicerie *f* 9
groom/bride marié *m* / mariée *f* 12
ground steak steak haché *m* 2
group groupe *m* 10
grow grandir, pousser 4, 13
guess deviner. 9
guest invité(e). 3
guitar guitare *f* . . . . CP

hair cheveux *m*. 2
Haitian haïtien(ne). 3
half (of) moitié (de) *f* 11
half-way (between) à mi-chemin (entre) 6
hall couloir *m* 5
ham jambon *m* 4
hand main *f* 9
hand bag sac *m* 11
hand in remettre. 10
happen passer (se~) , arriver 7, 9
happiness bonheur *m* 12
happy heureux / heureuse. 3
happy birthday! bon anniversaire ! 14
Happy Easter! Joyeuses Pâques !. 14
hard disk (drive) disque dur *m* 7
hardware matériel *m* 7
hardware store droguerie *f* 9
hard-working travailleur / travailleuse. . . 3
hat chapeau *m* 5
have avoir. . . . . CP
have a fever avoir de la fièvre 9

have a good day! bonne journée !. 1

have a good time amuser (s'~) 5

have a good weekend! bonne fin de
semaine ! (Can.), bon weekend ! (Fr.) . 1

**have a headache/ sore throat/sore
knee/etc.** avoir mal à (à la tête,
à la gorge, au genou, etc.) 9

have a nice evening! bonne soirée !. . . . 1

have a nice stay! bon séjour ! 1

have a stomach ache avoir mal au cœur 9

have allergies/ be allergic avoir des
allergies / être allergique à. 9

head tête *f* 9

headphone casque *m* 7

healthy sain(e) 4

hear entendre 5

heart cœur *m* 9

heavy lourd(e). 11

**Hello Sir, Madam / Miss / Gentlemen /
Ladies** bonjour Monsieur /
Madame / Mademoiselle /
Messieurs / Mesdames . . . .

here is voici . . . . CP

here you are again! et vous revoilà !. . . 11

hesitate hésiter 6

Hi! salut !. . . . . CP

high élevé(e). 7

hip hanche *f* 9

hit, impress frapper. 8

holiday congé *m*. 9

homeless person sans-abri *mf* 13

homesick (to be) avoir le mal du pays . 12

homework devoirs *m*. 3

honest honnête 2

honeymoon voyage de noces *m*. 14

hope espérer. 6

horrible horrible , affreux / affreuse . . 2, 14

host hôte *m*. 7

housecleaning ménage *m* , faire le
ménage 3

how comment. 5

how many, how much combien 4

however cependant 14

hug, kiss embrasser. 1

hungry (to be) avoir faim 5

hurricane ouragan *m*. 11

hurried pressé(e) 7

hurry dépêcher (se~). 5

hurt oneself faire mal (se~) 9

hurt someone (emotionally) faire de la
peine à quelqu'un 12

husband mari *m*. 2

I am not very fond of je n'aime pas
tellement 1

I believe that je crois que 2

I couldn't care less je m'en fiche 9

I don't like je n'aime pas. 1

I don't like at all je n'aime pas du tout . . 1

I don't like much je n'aime pas beaucoup 1

I feel that j'ai le sentiment que 2

I find that je trouve que. 2

I hate je déteste 1

I have the impression j'ai l'impression
que. 2

I like j'aime 1

I like fairly well j'aime assez bien 1

I like very much j'aime beaucoup 1

I love j'adore. 1

I prefer je préfère / j'aime mieux. 1

I rather like j'aime assez , ... 1

I think that je pense que. 2

ice cream crème glacée *f* (Can.),
glace *f* (Fr.) 4

idea idée *f* 9

idealistic idéaliste 2

identify identifier 4

if si 5

ill-at-ease gêné(e). 12

imagine imaginer. 4

imitate imiter. 14

immediately tout de suite,
immédiatement 8, 10

immersion program programme
d'immersion *m* . . . . CP

immigration immigration *f* 11

impolite impoli(e). 12

importance importance *f* 9

important important(e) 2

impressive impressionnant(e). 10

impulsively impulsivement 10

in dans . . . . CP

in a hurry to (to be) avoir hâte de. 12

in any case de toute façon 12

in any case, anyway en tout cas. 3

in danger en danger 2

in fact en fait 9

in French en français . . . . CP

in front of devant 4

in general en général 1

in good spirits (to be) avoir le moral . . 12

in love amoureux / amoureuse 3

in my opinion à mon avis 2

in residence en résidence . . . . CP

in spite of, despite malgré 14

in the country à la campagne 9

in the future à l'avenir 8

in the middle of au milieu de. 4

in the open (air), outdoors en plein air. 8

in the past dans le passé 8

in those days à cette époque-là. 11

incompetent incompétent(e) 2

increase augmenter. 13

indeed en effet. 3

independent indépendant(e) 2

Indian indien(ne) 3

indicate signaler / indiquer. 8

indicate, point out indiquer 6

individual, private individuel(le) 9

industrial industriel(le). 12

inexpensive bon marché. 3

infection infection *f* 9

inhabitant habitant(e). 12

injured blessé(e). 10

inquiry, investigation enquête *f* 13

inside à l'intérieur. 13

insist insister. 13

install, put in installer 7

instead of au lieu de 14

insult insulter. 13

insurance, assurance assurance *f* 9

intellectual intellectuel(le) 3

intelligent intelligent(e). 2

intend avoir l'intention de compter 6

interest intéresser 7

interested in (to be) s'intéresser à 7

interesting intéressant(e) 2

Internet Internet 7

interrupt interrompre. 5

intersection carrefour *m* 8

interview interview *f* 7

interview interviewer. 5

invite inviter. 2

Irish irlandais(e) 3

irritated, annoyed irrité(e) 8

island île *f* 5

Israelian israélien(ne) 3

it doesn't matter ça ne fait rien 10

it is better to il vaut mieux (+ inf.) 9

it is possible that il se peut que 13

it's (partly) cloudy il y a des nuages. . . . 5

it's cold il fait froid. 5

it's cool il fait frais. 5

it's foggy il y a du brouillard 5

it's (very) nice il fait (très) beau. 5

it's raining il mouille (Can.). 5

it's raining/it's going to rain/it rained
il pleut / il va pleuvoir / il a plu 5

it's snowing/it's going to snow il neige /
il va neiger. 5

it's sunny il fait (du) soleil. 5

it's too bad dommage. 9

it's very hot il fait très chaud 5

it's warm il fait chaud. 5

it's windy il vente (Can.) , il fait du vent. . 5

Italian italien(ne) 3

jacket blouson *m* 5

jam confiture *f* 11

January janvier. 5

Japanese japonais(e). 3

jar pot *m* 11

jeans jean *m*. 5

jewellery bijoux *m* 9

jewellery, jeweller's shop bijouterie *f* . . 9

job, profession, occupation métier *m*,
emploi *m* 10

jogging jogging *m* 3

joke plaisanter 9
journalist journaliste *mf* 1
joy joie *f* 12
joyful joyeux / joyeuse 12
judge juge *mf* 14
July juillet 5
June juin 5
just, right juste 2
just the same tout de même 9
justify justifier 12

kayaking faire du kayak 3
keep up to date mettre au courant 7
key touche 7
keyboard clavier *m*. 7
kilo(gram) kilo(gramme) *m*. 11
kilometre kilomètre *m* 11
knee genou *m*. 9
know connaître, savoir 11
Korean coréen(ne). 3

lack manque *m*. 14
large department store grande
   surface *f* 9
last (final), last (most recent) dernier /
   dernière 3
last month le mois dernier 3
last night cette nuit 11
last year l'an dernier *m* / l'ánnée
   dernière *f* 3
late en retard 4
lateness, tardiness retard *m* 7
later plus tard 8
laugh rire 12
laundry lessive *f*, faire la lessive. 3
law loi *f* 2
lawyer avocat(e). 1
lazy paresseux / paresseuse 3
learn apprendre 8
leather shoes chaussures de cuir *f* 11
leave partir , quitter 6, 7
leave, go out sortir 6
leg jambe *f* 9
lemon–lime pop, lemonade limonade *f* 4
less moins 4
let's see; look here voyons. 13
letter lettre *f* 6
lettuce laitue *f* 4
liberty, freedom liberté *f* 12
life vie *f* 6
light clair(e) , léger / légère ,
   lumière *f* 2, 3, 8
like aimer 1
like very much aimer beaucoup. 1
lined gloves gants fourrés *m*. 11
link lien *m* 13
listen écouter 1
literature littérature *f* 10

litre litre *m*. 11
live habiter 1
living room salle de séjour / salon *m*. . . . 5
local local(e). 7
located (to be) situer (se~) , trouver
   (se~) 8
long long(ue) 2
look for chercher 2
look like ressembler à 3
loosen détendre 7
lose perdre 5
lose one's patience perdre patience. . . . 5
lose weight maigrir 11
love amour *m* 12
low bas(se) 3
lucky chanceux / chanceuse 3
lunch déjeuner *m* (Fr.), dîner *m* (Can.) . . 2
lung(s) poumon(s) *m*. 9

magazine magazine *m* 7
magnificent magnifique 2
mail courrier *m* 8
make a (train) connection prendre la
   correspondance 8
make a mistake tromper (se~) 7
make fun of moquer de (se~) 7
make progress faire des progrès. 9
make the bed faire le lit 3
make very angry enrager. 12
make-up maquillage *m* 9
man homme *m* 2
manners, customs mœurs *f* 14
manufacture, making fabrication *f*. . . . 13
map, card carte *f* 5
mark, grade note *f* 6
market marché *m*. 8
marriage mariage *m* 12
marry off (one's child) marier. 7
Martiniquan (inhabitant of Martinique)
   martiniquais(e) 3
marvellous merveilleux / merveilleuse. . . 3
materialistic matérialiste. 2
May mai 5
mean méchant(e). 2
meat viande *f* 4
meat pie pâté *m*. 4
medical médical(e) 13
medicine médicament *m*. 9
meet retrouver , réunir (se~) ,
   rencontrer 2, 10, 12
member membre *m* 12
memory mémoire *f*, ... 7
menace, threat menace *f* 13
menace, threaten menacer 13
menu carte *f*, menu *m* (Fr.) 4
merchant marchand(e) 7
Merry Christmas! Joyeux Noël !. 14
metre mètre *m* 11

Mexican mexicain(e). 3
milk lait *m*. 4
mineral water eau minérale *f* 4
miss ennuyer de (s'~) (Can.) , manquer. 12
missed by someone (to be) manquer
   à quelqu'un 12
misunderstanding malentendu *m* 12
mix mélanger. 11
modern moderne 2
modest modeste. 2
moist, damp humide 11
money argent *m*. 4
money dispensing machine distributeur
   automatique de billets (DAB) *m* /
   billetterie *f* 8
month mois *m* 1
monthly mensuel 9
more or less plus ou moins 12
morning matin *m* 1
Moroccan (inhabitant of Morocco)
   marocain(e). 3
Moslem musulman(e) 12
most la plupart (des) 7
mother mère *f* 2
mother-in-law belle-mère *f*. 2
mourning deuil *m*. 12
mouse souris *f* 7
mouth bouche *f* 9
move déménager 12
movie, film film *m* 1
movie theatre cinéma *m*. 4
museum musée *m* 4
musical instrument instrument de
   musique *m* . . . . CP
musician musicien(ne) 1
My name is ... je m'appelle ... . CP

naive naïf / naïve 3
name nom *m* 3
Native amérindien(ne). 3
native autochtone. 11
natural naturel(le) 3
near près de 4
necessary (to be) falloir (il faut) 12
necessary nécessaire 2
neck cou *m*. 9
necktie cravate *f* 5
need avoir besoin de 5
needle, injection piqûre *f* 9
neither ... nor ne ... ni ... ni. 12
nephew neveu *m* 2
nervous nerveux / nerveuse 10
never ne ... jamais. 4
new neuf / neuve, nouveau / nouvelle . . . 3
news (broadcast) nouvelles *f* 7
newspaper journal *m*. 3
newspaper stand kiosque à journaux *m*. 9
next prochain(e). 6
next to à côté de 4

nice fin(e) (Can.) , sympathique / sympa (fam.), gentil(le) 2, 3
niece nièce *f* 2
Nigerian nigérien(ne) 3
night nuit *f* 4
no non. . . . . CP
no/none ne … aucun(e) 12
no longer ne … plus 4
normally normalement 5
nose nez *m*. 9
not ne … pas. CP
not at all il n'y a pas de quoi. 11
not yet ne … pas encore 3
notebook cahier *m* . . . . CP
notice remarquer, constater. 3, 14
novel roman *m* 7
November novembre. 5
now maintenant 2
noxious, harmful nocif / nocive 13
number numéro *m*. 1
nurse infirmier / infirmière. 1
nut noix *f* 11

obey obéir à 4
oblige obliger 14
obviously, evidently évidemment 7
occasion, opportunity, chance occasion *f* 10
occupy occuper 7
October octobre. 5
of course bien entendu 14
offend offenser 12
offended offensé(e) 12
office, study cabinet de travail *m* 5
often souvent 1
old vieux / vieille. 3
on sur. 1
on condition that à condition que 13
on foot à pied. 6
on holiday en vacances. 9
on the other hand par contre. 8
on time à l'heure 4
once (twice) a week une (deux) fois par semaine 9
once again une fois de plus 12
onion oignon *m* 4
only seulement , ne … que 5, 12
operated on (to be) faire opérer (se) . . 9
opinion avis *m* 2
optimist optimiste 2
or ou 1
oral oral(e) 7
order commander. 4
ordinarily ordinairement 5
ordinary/extraordinary ordinaire / extraordinaire 2
organize organiser. 1
other autre 2
outside dehors 13

over there là-bas 6
owe, have , must devoir. 7
own, clean propre 3
owner propriétaire *mf* 9
ozone layer couche d'ozone *f* 13

packaging emballage *m* 13
paint peinture *f* 9
painting peinture *f* , tableau *m* 3
pancake crêpe *f* 4
panic paniquer 10
paper papier *m*. 9
parents, relatives parents 2
park parc *m*. 4
participate participer. 12
particularly particulièrement. 10
partner partenaire *mf* 5
party soirée *f* 2
pass (by) passer 7
passport passeport *m* 6
past passé *m*. 6
pastry shop pâtisserie *f* 9
paternal paternel(le) 3
pathetic, poor pauvre 3
patient patient(e) 2
pay payer. 11
pay attention faire attention 3
peanut butter beurre d'arachide *m* 11
pear poire *f* 4
peas petits pois *m* 4
pen stylo *m* . . . . CP
pencil crayon *m*. . . . . CP
people gens *m* 9
pepper poivre *m* 11
perfect parfait(e) 2
perfume parfum *m*. 9
perhaps, maybe peut-être 4
permit permettre 5,10
person personne *f* 2
personal personnel(le). 3
pessimist pessimiste *mf* 2
pharmacy pharmacie *f* 9
phone, call téléphoner à 3
photo, picture photo *f* 2
piano piano *m*. . . . . CP
picnic pique-nique *m*. 3
pie, tart tarte *f* 11
piece of advice, council conseil *m* 6
piece of cake morceau de gâteau *m* . . . 11
pill pilule *f* 9
pitch in and help aider 12
pity plaindre 7
pizza pizza *f* 4
place endroit, lieu *m* 9
place, spot place *f* 2
plan, map plan *m* 4
planet planète *f* 13
plant plante *f* 13
play jouer 2

play pièce de théâtre *f* 10
pleased, happy content(e) 2
pleasure plaisir *m*. 6
plumber plombier / plombière (Can.) plombier / femme plombier *mf* (Fr.) . . . 1
poem poème *m* 7
poet poète / poétesse. 10
poetry poésie *f*. 10
point of view point de vue *m* 13
poisoning empoisonnement *m* 13
police station poste de police *m* 4
policy politique *f* 7
politely poliment. 10
politeness politesse *f* 12
poll sondage *m*. 9
pollute polluer 4
polluted pollué(e). 13
pollution pollution *f* 4
popcorn machine machine à popcorn *f* . . . . CP
popular populaire. 2
pork porc *m* 4
pork-butchery charcuterie *f* 9
Portuguese portugais(e). 3
position emploi, poste *m* 14
post office bureau de poste *m* , poste *f* 4, 9
poster affiche *f* . . . . CP
potato pomme de terre *f* 4
pound livre *f* 11
powerful puissant(e) 7
practical pratique. 6
practice pratique, clientèle *f* 6
preceding précédent(e). 11
prefer préférer / aimer mieux. 1
prepare préparer 2
prescription ordonnance *f* 9
present (day) actuel(le) 14
preserve préserver. 7
pretend faire semblant de 12
pretty joli(e) . . . . CP
previously, beforehand auparavant. . . . 11
price prix *m*. 5
pride fierté *f* 14
primary/secondary school . . . . école primaire / secondaire *f* 10
principal principal(e) 3
printer imprimante *f* . . . . CP
private privé(e). 8
probable probable 13
probably probablement. 5
problem problème *m* 2
produce produits (d'alimentation) *m* . . . 9
promise promettre 10
property propriété *f* 12
property, earth, land terre *f* 7
protect protéger 13
proud fier / fière 11
provided that pourvu que. 13
psychologist psychologue *mf* 1

public public / publique 3
public gardens jardins publics *m* 4
punish punir 4
pupil, student élève *mf* 7
purchase achat *m* 5
purple violet(te) 3
put, put on, place mettre 5
put in, take inside rentrer (*transitive*) . . . 8
put on make up maquiller (se) 5
put up/on monter 8
pyjamas pyjama *m* 5

quarter (of) quart (de) *m* 11
quarter, district quartier *m* 3
Quebecer (inhabitant of Québec)
    québécois(e) 2
quiche quiche *f* 4
quite a few pas mal de 14

racket (tennis, squash, badminton)
    raquette (de tennis, de squash,
    de badminton) *f* . . . . CP
rain pluie *f* 5
rain, snow storm tempête de pluie,
    tempête de neige *f* 5
rain boots bottes (de pluie) *f* 11
raincoat imperméable *m* 5
raisin raisins sec *m* 4
rapid, fast rapide 9
rarely rarement 1
rate tarif *m* 8
rate (of assimilation, unemployment,
    etc.) taux (d'assimilation, de chômage,
    etc.) *m* 7
rather plutôt 10
rather like aimer assez , ... 1
react réagir 5
read lire 7
ready prêt(e) 6
real véritable 13
realist réaliste 2
reality réalité *f* 13
realize rendre compte de (se~) 13
realize, make, carry out réaliser 14
really vraiment 9
reasonable raisonnable 2
recent récent(e) 2
recently récemment 7
recipe recette *f* 3
recognize reconnaître 11
recommend recommander 9
recycling recyclage *m* 13
red rouge 3
red (for hair) roux / rousse 2
red wine vin rouge *m* 4
redden, blush rougir 4
reduce diminuer , réduire 13
reflect, think réfléchir 4

refuse refuser 13
regards, best wishes amicalement 14
region région *f* 3
regret regretter 4
regularly régulièrement 7
relax détendre (se~) 5
relieved soulagé(e) 9
remember rappeler (se~) ,
    souvenir (se~) 7
remind rappeler 7
rent louer 9
replace reposer 7
request demande *f* 14
research recherche *f* 10
reserve réserver 8
residence résidence *f* . . . . CP
resist résister 7
resolve résoudre 13
rest repos *m* 9
rest reposer (se~) 5
restaurant restaurant *m* 4
retirement, retreat retraite *f* 9
return retourner, retour m 5, 14
return (a book, etc.) rendre (un livre,
    etc.) 5
return (to school) rentrée (scolaire) *f* . 10
reunion, get-together retrouvailles *f* . . 14
rice riz *m* 4
rich/poor riche / pauvre 2
ridiculous ridicule 13
right droit *m* 7
right (to be) avoir raison 4
river rivière *f* 13
roast rôti *m* 4
roll petit pain *m* 4
room, bedroom chambre *f* . . . . CP
roommate camarade de chambre *mf* . . CP
rooted enraciné(e) 14
rotten, lousy moche 9
round rond(e) 2
ruler règle *f* . . . . CP
run courir 7
Russian russe 3

sad triste 2
sad, upset (to be) avoir de la peine . . . 8
salad, lettuce salade *f* 4
salesperson vendeur / vendeuse 1
salt sel *m* 11
same, itself même 3
sandals sandales *f* 11
sandwich sandwich *m* 4
satisfactory, satisfying satisfaisant(e) . . 7
sausage saucisse *f* 9
say, tell dire 8
say!, look! tiens ! 1
scared stiff (to be) avoir la trouille 10
scarf écharpe *f*, foulard *m* 11
school école *f* 1

scientist scientifique *mf* 1
Scottish écossais(e) 3
screen écran *m* 7
sea mer *f* 6
secretary secrétaire *mf* 1
see voir 9
See you in a little while! à tout à
    l'heure 1
see you later à plus tard 3
See you Monday, Tuesday, Wednesday,
    Thursday, Friday, Saturday, Sunday!
    à lundi, mardi, mercredi, jeudi,
    vendredi, samedi, dimanche ! 1
see you soon! à bientôt ! 1
see you tomorrow! à demain ! 1
seeing you! (to be) à la prochaine ! 1
seem avoir l'air , sembler 3, 4
selfish égoïste 2
sell vendre 5
send envoyer 6
Senegalese (inhabitant of Senegal)
    sénégalais(e) 3
sensational sensationnel(le) 3
sensitive sensible 2
separate, part séparer (se~) 14
September septembre 5
serious sérieux / sérieuse , grave 3, 10
serve servir 6
set menu prix fixe *m* 4
set the table mettre la table 10
settle in installer (s'~) 7
several plusieurs 4
sexist/non-sexist sexiste / non-sexiste . . 2
shake hands with serrer la main à 9
share partager 9
sharp, severe pain douleur aiguë *f* 9
shave raser (se~) 5
shirt chemise *f* 5
shock choquer 12
shocked choqué(e) 12
shoe chaussure *f* 5
shop boutique *f* 4
shopping, errands courses *f*, faire les
    courses 3
shopping centre centre d'achats *m*
    (Can.) / centre commercial *m* (Fr.) 4
short while, not very long peu de temps 1
short court(e) 2
short, small petit(e) . . . . CP
shorts short *m* 11
short-sleeved shirt chemise à manches
    courtes *f* 11
shoulder épaule *f* 9
shovel snow pelleter la neige 11
show montrer 3
shower douche *f* 8
shower (rain) averse *f* 11
shy timide 2
sigh soupirer 12
silent silencieux / silencieuse 12

silk soie *f* 11
silly bête 2
similar semblable 5
since depuis, puisque. 1, 3
sincere sincère 2
sing chanter 1
singer chanteur / chanteuse 1
sister sœur *f* 2
sister-in-law belle-sœur *f* 2
sit down asseyez-vous, assoyez-vous
    (Can.). .... CP
sit down at the table mettre à table
    (se~) 10
site, area site *m*. 4
situated situé(e) 8
skateboarding faire de la planche à
    roulette. 3
skating patinage *m* 1
ski skier. 1
ski cap tuque *f*. 11
ski jacket anorak *m* 11
skin peau *f* 12
sky (It's cloudy/overcast.) ciel (Le ciel
    est couvert.). 5
sleep sommeil *m*. 10
sleep (to) dormir 6
sleepy (to be) avoir sommeil 5
sleeve (long-/short-sleeved) manche *f*
    (à ~ longues / courtes). 11
slice of cake tranche de gâteau *f* 11
slim mince. 2
slow lent(e). 2
slowly lentement 4
smile sourire *m*. 5
smock blouse *f* 5
snack collation *f* (Can.) , goûter *m* (Fr.) .. 2
sneakers tennis (chaussures de) *f* 11
sneeze éternuer. 9
snobbish, conceited snob 3
snow neige *f* 5
snowblower souffleuse *f* 11
so tellement. 5
so many, so much tant de 4
so that, in order that afin que, pour que 13
social social(e) 3
social error faux pas *m* 12
society société *f* 4
sock chaussette *f* 5
soft, gentle doux / douce 3
soft drinks boissons gazeuses *f* (Fr.),
    liqueurs douces *f* (Can.). 4
software programme logiciel *m* 7
soldier soldat *m* 10
solid, firm solide 9
solution solution *f* 13
something quelque chose. 5
sometimes quelquefois, parfois 1, 3
son fils *m*. 2
sorrow peine *f*, tristesse *f* 12
sorry, excuse me pardon ! 12

sort, type type *m* 6
soup soupe *f* 4
souvenir souvenir *m*. 4
Spanish espagnol. 3
speak, talk parler. 1
special spécial(e) 3
special of the day spécial du jour
    (Can.) *m* 4
specialty spécialité *f* 5
species espèce *f* 13
spend (time) passer 5
spicy épicé(e) 11
splendid, great splendide. 5
spokesman/spokeswoman porte-
    parole *mf*. 12
spoonful of sugar cuillerée de sucre *f* . 11
sport sport *m* 1, 3
spring printemps *m* 5
square place *f* 8
stage, step étape *f* 10
stamp timbre *m* 10
stand in line faire la queue. 8
stationery papeterie *f* 9
stay rester. 4
stay séjour *m*. 9
stay in shape rester en forme. 9
steak bifteck *m*. 4
stereo system chaîne stéréo *f* .... CP
stop arrêter (s'~) 7
store magasin *m*. 4
storekeeper commerçant(e). 8
straight ahead tout droit. 8
strange étrange 8
stranger, foreigner étranger / étrangère. 8
street rue *f* 1
strong fort(e) 2
student étudiant(e) .... CP
studies études *f* 1
study étudier. 1
stupid stupide. 2
style style *m* 10
suburbs, outskirts banlieue *f* 14
subway métro *m* 8
succeed, manage réussir. 4
success réussite *f* 12
suddenly, all at once tout à coup 12
suddenly, brusquely brusquement 11
sugar sucre *m*. 11
suit costume *m* 5
summer été *m* 5
sunglasses lunettes de soleil *f* 11
sunny ensoleillé(e) 11
super, great super. .... CP
superb superbe 2
supermarket supermarché *m*. 4
supply fournir 4
suppose supposer 12
surely sûrement 1
surprise (to) surprendre 12
surprise surprise *f* 10

surprised surpris(e) 12
surprising, astonishing surprenant(e),
    étonnant(e) 12, 14
survival survie *f* 13
sweater chandail *m,* pull-over (un pull) *m,*
    sweat-shirt (un sweat) *m* 5, 11
sweet-shop confiserie *f* 9
swimming natation *f*, faire de la
    natation 1, 3
swimming pool piscine f .... CP
Swiss suisse. 3
syrup sirop *m* 5
system système *m* 9

table table *f* 4
tablet comprimé *m*. 9
take prendre 8
take (an exam) passer (un examen) 6
take a shower se doucher 5
take a trip faire un voyage 4
take a walk faire une promenade. 3
take advantage of profiter de. 10
take along (person) emmener 6
take care of se charger de 14
take care of oneself se soigner. 9
take charge of s'occuper de. 7
take for a walk/ride promener 7
take out sortir (*transitive*). 8
take place avoir lieu. 11
tall grand(e) 2
tank-top débardeur *m* 11
tape recorder magnétophone *m* ..... CP
taste goût *m*. 9
taste goûter. 6
tea thé *m*. 4
teach enseigner 11
teacher, professor professeur(e) (Can.)
    professeur *mf* (Fr.), enseignant(e) .. 1, 7
team équipe *f* 7
teeth dents *f* 9
telephone téléphone *m*. 1
tell (a story, tale, etc.) raconter une
    histoire. 3
temperature température *f* 5
tennis court court de tennis *m* ...... CP
terribly sorry désolé(e) 4
thank remercier. 11
thank you merci .... CP
that ça 5
that day ce jour-là 11
that was a close call! on a eu chaud ! .. 9
that's (quite) right! c'est (bien) vrai ! ... 4
that's kind of you ah, c'est gentil. 3
that's right c'est ça, c'est juste. ...... CP
that's the main thing c'est l'essentiel .. 9
the day after tomorrow après-demain .. 8
the day before yesterday avant-hier ... 3
the left (of) à gauche (de) 4
the left/right à gauche / à droite 8

winter boots bottes (de neige) *f* 11
winter coat manteau d'hiver *m* 11
wish vœu *m*. 14
wish (to) vouloir, souhaiter 4
wish, desire désir *m*. 14
with avec. 4
with intensity fort 11
without sans, sans que 2, 13
without fail sans faute. 8
wonder demander (se~) 7
wonderful, great formidable 2
wonderfully à merveille. 8
wood fire feu de bois *m*. 11
wool dress robe en laine *f* 11
woolen socks chaussettes en laine *f* . . 11
word-processing traitement de texte *m* . 7
work travail *m*. 4
work (to) travailler. 4

work (of art) œuvre (d'art) *f* 8
work out entraîner (s') 9
worker, working-class ouvrier /
   ouvrière 1
world monde *m* 13
world mondial(e) 14
worried inquiet / inquiète 3
worry inquiétude *f* 12
worry (to) faire (s'en ~), inquiéter
   (s' ~) 10
worse pire. 7
write écrire 7
writer écrivain(e) 1
wrong (to be) avoir tort 4

year an *m* , année *f* 1, 5
yellow jaune 3

yes oui . . . . CP
yes, agreed d'accord. 13
yesterday hier 1
yesterday afternoon hier après-midi. . . . 3
yesterday evening hier soir 3
yesterday morning hier matin 3
yet, nevertheless pourtant. 13
you are right/wrong to tu as raison /
   tort de 2
you're going too far! tu exagères ! vous
   exagérez !. 4
you're welcome de rien. . . . . CP
young jeune 3
youth jeunesse *f* 6

Zairese (inhabitant of Zaire) zaïrois(e) . 3

Credits

Photo Acknowledgements

l=left; r=right; t=top; b=bottom

Mise en route: 1 (l, r) B. Edward Gesner; 2 (tl) B. Edward Gesner, (tr) © Lyne Fortin, (b) J.A. Kraulis/Masterfile; 3 (l) G. Gasquet/Hoa-Qui, (r) Louis Jacob/Parcs Canada; 4 Courtesy Dazmo Musique; 15 Corel; **Chapitre Préliminaire:** 17 Gala/Superstock; 18 Marc Robitaille; 19 Corel; 24 Courtesy of GlaxoSmithKline Inc.; 26 Marc Robitaille; 27 (t) CP Photo Archive, (b) R. Remiorz/CP Photo Archive; 36 Marc Robitaille; **Chapitre 1:** 39 Marc Robitaille; 40 Marc Robitaille; 41 B. Edward Gesner; 45 Edward Gesner/James W. Brown; 49 Corel; 53 Courtesy University of New Brunswick at Saint John; 54 B. Edward Gesner; 63 (all) B. Edward Gesner; **Chapitre 2:** 73 G. Cranna/Index Stock Imagery; 74 PhotoDisc; 76 Health Canada; 83 B. Edward Gesner; 90 B. Edward Gesner; 92 Danny Izzo/Lafayette Convention and Visitors Commission; **Chapitre 3:** 103 Louis Jacob/Parcs Canada; 104 R. Eisele/Corbis/Magma; 105 O. Franken/Corbis/Magma; 106 (tl) J. Pimentel/Corbis/KIPA/Magma, (tr) B. Winiker/Index Stock Imagery, (b) S. Vidler/Superstock; 118 Louis Jacob/Parcs Canada; 120 Paul Casavant Photographe; 122 (t, b) Phil Norton; 123 Phil Norton; **Chapitre 4:** 135 Victor Last; 136 Phil Norton: 141 B. Edward Gesner/James W. Brown; 142 Al Harvey; 151 Victor Last; 152 (c) Lyn Fortin; 154 (t) C. Bland/Eye Ubiquitous/Corbis/Magma, (b) S. Saks/Index Stock Imagery; 158 Courtesy SNCF; 160 B. Edward Gesner; 162 Courtesy SNCF; **Chapitre 5:** 171 B. Edward Gesner; 172 Ken Straiton/firstlight.ca; 174 (c) Lyn Fortin; 177 Technologies Météorologiques Met-Tech Inc.; 185 B. Edward Gesner; 186 B. Edward Gesner; 188 B. Edward Gesner; 189 B. Edward Gesner; 190 Corel; 201 B. Edward Gesner; 207 Premiumstock/firstlight.ca; **Chapitre 6:** 208 B. Edward Gesner; 210 P. Almasy/Corbis/Magma; 213 Courtesy Conseil génénal de la Mayenne; 223 B. Edward Gesner; 224 B. Edward Gesner; 225 (c) Lyne Fortin; 231 James W. Brown; 238 B. Edward Gesner; **Chapitre 7:** 241 Nahoko Miyake/Lafayette Convention and Visitors Commission; 242 Danny Izzo/Lafayette Convention and Visitors Commission; 244 Claude Adams; 251 Courtesy Boulangerie Premiére Moisson; 254 Tina Buckman/Index Stock; 255 B. Edward Gesner; 257 Cliff Deal/Lafayette Convention and Visitors Commission; 265 John Reeves; **Chapitre 8:** 271 Corel; 272 B. Edward Gesner; 274 Corel; 275 Corel; 283 C. Rotkin/Corbis/Magma; 284 J. Hollingworth/Corbis/Magma; 286 (t, b) B. Edward Gesner; 292 Courtesy of VIA Rail Canada, Inc.; 300 RATP-CML-Agence Cartographique; 305 B. Zaunders/Corbis/Magma; **Chapitre 9:** 306 B. Edward Gesner; 308 J.A. Kraulis/Masterfile; 311 (l) Courtesy Radio Canada, (r) Michel Ponomareff/Ponopresse; 324 B. Edward Gesner; 326 (t, b) B. Edward Gesner; 327 Corel; 333 B. Edward Gesner; 338 B. Edward Gesner; **Chapitre 10:** 343 P. Almasy/Corbis/Magma; 344 B. Edward Gesner; 346 James W. Brown; 356 (all) Dick Hemingway; 359 James W. Brown; 360 V. Parys/Corbis/Sygma/Magma; 361 (l) Zefa Visual Media – Germany/Index Stock Imagery, (r) Super Stock; 362 Claude Cortier/firstlight.ca; 373 © Archivo Iconografico, S.A./Corbis/Magma; **Chapitre 11:** 377 E&N Kowall/Corbis/Magma; 378 C. Karnow/Corbis/Magma; 380 B. Edward Gesner; 381 R. Eisele/Corbis/Magma; 383 Christopher Carson; 390 B. Edward Gesner; 392 B. Edward Gesner; **Chapitre 12:** 409 Bettmann/Corbis/Magma; 410 Corbis/Magma; 412 M. Renaudeau/Hoa-Qui; 416 Reuters New Media/Corbis/Magma; 424 M. Renaudeau/Hoa-Qui; 425 (l) M. Renaudeau/Hoa-Qui, (r) AFP/Corbis/Magma; 426 V. Streano/Corbis/Magma; 429 J.M. Lerat/Hoa-Qui; 436 B&C Desjeux/Corbis/Magma; **Chapitre 13:** 439 Premiumstock/firstlight.ca; 440 B. Edward Gesner; 441 James W. Brown; 442 B. Edward Gesner; 445 PhotoDisc; 447 Jess Thomas/Soflac; 449 Reprinted with permission of Scotiabank Group; 452 B. Edward Gesner; 453 O. Franken/Corbis/Magma; 462 PhotoDisc; 464 (t, c) Corel, (b) PhotoDisc; 466 CP Photo Archive; **Chapitre 14:** 469 Gilbert Duclos; 470 R. Remiorz/CP Photo Archive; 472 S. Christopher/Index Stock Imagery; 475 (t) Pierre Dury/Chatelaine, (b) Société de radio-télévision du Québec; 478 AFP Photo/Corbis/Magma; 480 P. Gould/Corbis/Magma; 485 Francis Quirion/Parcs Canada; 486 J. Boissinot/CP Picture Archive; 487 B. Edward Gesner; 489 B. Edward Gesner; 492 B&C Desjeux/Corbis/Magma; 493 Corbis/Magma; 497 E. Garcia/Super Stock.

Text Credits

Mise en route: 4 Richard Martineau, "Le Look, c'est un must," *L'actualité* 1 mai 1992, p. 94. **Chapitre Préliminaire:** 35 "École des langues vivantes" published by Université Laval, 1990. Reprinted with permission. **Chapitre 1: 66-68** Fiche biographique from brochure "École des langues vivantes" published by Université Laval, 1990. Reprinted with permission. **Chapitre 2: 100** Barnabé Laleye, "Résponse," *Présence Africaine,* vol. 116, 1980, p. 107. Reprinted with permission. **Chapitre 4: 166** *Cette semaine au museé, du 28 juillet au 5 août, 1990,* Museé de la civilization (Québec). Reprinted with permission. **Chapitre 5: 201** *Région de Québec: Guidetouristique,* Office de Tourisme et des Congrès de la Communauté urbaine de Québec, 10e edition 1993-94. Reprinted with permission. **Chapitre 7: 260** Line Arsenault. 265 Ronald Bourgeois, "Message du Conseil acadien," *Symphony Nova Scotia* 1992-93. Reprinted with permission. **Chapitre 9: 311** Courtesy Costco. 337 "Un Consommateur … distinct," Printed in *L'actualité,* 1 juin 1992. Reprinted with permission of *Marketing Magazine.* **Chapitre 10:** 374 Arthur Rimbaud, "Le dormeur du val, "*Poésies.* **Chapitre 11:** 398 Line Arsenault. **Chapitre 12: 433** Christian Rioux, "Montréal," *L'actualité,* 15 décember 1992, p. 32-39. **Chapitre 13: 462** Excerpts from the *World Wildlife Fund Canada 2001 Annual Report.* Reprinted with permission. **Chapitre 14: 475** Bruno Dostie, "A quelle époque auriez-vous aimé vivre?" *L'actualité,* 15 octobre 1992, p. 101.

Index